纪念版

中华现代学术名著丛书

近代中国留学史
近代中国教育思想史

舒新城 编著

创于1897 商务印书馆 The Commercial Press

2017年·北京

图书在版编目(CIP)数据

近代中国留学史 近代中国教育思想史/舒新城编著.—北京:商务印书馆,2017
(中华现代学术名著丛书:120年纪念版)
ISBN 978-7-100-15242-6

Ⅰ.①近… Ⅱ.①舒… Ⅲ.①留学教育—教育史—中国—近代 ②教育思想—思想史—中国—近代
Ⅳ.①G649.29 ②G40-092.5

中国版本图书馆CIP数据核字(2017)第223846号

《近代中国留学史》据中华书局1927年版排印
《近代中国教育思想史》据中华书局1928年版排印

中华现代学术名著丛书
(120年纪念版)
近代中国留学史 近代中国教育思想史
舒新城 编著

商 务 印 书 馆 出 版
(北京王府井大街36号 邮政编码100710)
商 务 印 书 馆 发 行
北 京 冠 中 印 刷 厂 印 刷
ISBN 978-7-100-15242-6

2017年12月第1版　开本710×1000 1/16
2017年12月北京第1次印刷　印张37

定价:183.00元

舒新城

(1893—1960)

中华现代学术名著丛书
（120 年纪念版）
出 版 说 明

商务印书馆自 1897 年始创，以“昌明教育，开启民智”为宗旨，于建馆翌年便出版了《马氏文通》，这部学术经典既是中国学术现代化的标志之一，也开启了商务印书馆百年学术出版的序幕。

其后，商务印书馆一直与中华现代学术相伴而行，出版了大批具有鲜明原创精神并富于学术建树的经典著作，诸多开山之著、奠基之作都是在本馆首次问世。这些学术经典的出版，使本馆得以引领现代学术发展，激动社会思想潮流，参与民族新文化的构筑，也分享中国学界的历史荣光。

1949 年以后，本馆虽以逐译世界学术名著、编纂中外辞书为侧重，但原创学术著作的出版从未止步。2009 年起，我馆陆续出版“中华现代学术名著丛书”，全面整理中华现代学术成果，深入探寻现代中国的百年学脉。

丛书收录上自晚清下至 1980 年代末中国原创学术名著（包括外文著作），以人文社会科学为主，涵盖文学、历史学、哲学、法学、政治学、经济学、社会学、教育学、地理学、心理学、科学史等众多学科。意在辨章学术，考镜源流，收录各学科学派的名家名作，展现传统文化的新变，追溯现代文化的根基。丛书立足于精选、精编、精校，冀望无论多少年，皆能傲立于书架，更与“汉译世界学术名著丛书”共相辉映，昭示中华学术与世界学术于思想性和独创性上皆可等量齐观，为中国乃至东方学术在世界范围内赢得应有的地位。

2017 年 2 月 11 日，商务印书馆迎来了 120 岁的生日。为纪念本馆与中华现代学术风雨同行的这段历程，我们整体推出“中华现代学术名著丛书”120 年纪念版（200 种），既有益于文化积累，也便于研读查考，同时向长期支持丛书出版的诸位学界通人致以感激和敬意。

“新故相推，日生不滞。”两个甲子后的今天，商务印书馆又站在了一个新的历史节点上。传承前辈的出版精神，迎接时代的新使命，且行且思，我们责无旁贷。

商务印书馆编辑部

2017 年 11 月

凡　例

一、“中华现代学术名著丛书”收录晚清以迄20世纪80年代末，为中华学人所著，成就斐然、泽被学林之学术著作。入选著作以名著为主，酌量选录名篇合集。

二、入选著作内容、编次一仍其旧，唯各书卷首冠以作者照片、手迹等。卷末附作者学术年表和题解文章，诚邀专家学者撰写而成，意在介绍作者学术成就，著作成书背景、学术价值及版本流变等情况。

三、入选著作率以原刊或作者修订、校阅本为底本，参校他本，正其讹误。前人引书，时有省略更改，倘不失原意，则不以原书文字改动引文；如确需校改，则出脚注说明版本依据，以“编者注”或“校者注”形式说明。

四、作者自有其文字风格，各时代均有其语言习惯，故不按现行用法、写法及表现手法改动原文；原书专名（人名、地名、术语）及译名与今不统一者，亦不作改动。如确系作者笔误、排印舛误、数据计算与外文拼写错误等，则予径改。

五、原书为直（横）排繁体者，除个别特殊情况，均改作横排简体。其中原书无标点或仅有简单断句者，一律改为新式标点，专名号从略。

六、除特殊情况外，原书篇后注移作脚注，双行夹注改为单行夹注。文献著录则从其原貌，稍加统一。

七、原书因年代久远而字迹模糊或纸页残缺者，据所缺字数用“□”表示；字数难以确定者，则用“（下缺）”表示。

目　　录

近代中国留学史

近代中国教育思想史

《近代中国留学史》图表目录

近代中国留学史

序

在未有近代中国教育通史以前,研究近代中国留学史,似乎有点缓其所急。但在现在的中国,留学问题几乎为一切教育问题或政治问题的根本:从近来言论发表的意见,固然足以表示此问题之重要,从国内政治教育实业诸事业无不直接间接为留学生所主持、所影响的事实看来,更足见留学问题关系之重大:此时研究留学史或者不尽是急其所缓白费工夫罢!

我非留学生,然而留学问题之在我脑中占一席地,却有十余年的时间:民国二年我在湖南高等师范英语部读书,学校费重金远从美国预聘一位英文教授,秋季开学到校第一次给我底印象便是"洋公子"三字。他因为在美国习商业而且不大会写中国字的原因,不一星期离开我们,可是"洋公子"三字至今还留传我们同学聚首时的口中。那时我一面对于留学生怀疑,同时自己又极想作留学生,这种矛盾心理,好像极无理由,其实不过社会意识构成虚荣欲与自我理想的判断性在潜意识中互为雄长,并没什么可怪。民国十年服务于吴淞中学,因聘请英文教员得与几位留学生讨论关于中国中学英文教学问题,更觉得留学是中国教育界的重大问题,同时也很注意关于留学问题材料的搜集,民国十三年春,更用怡怡的符号在《中华教育界》发表两篇《论留学生问题》的文章——原定共作五篇,后因事中止。这两种琐事对于《近代中国留学史》自然没有什么关系，但引起我注意留学问题的动机，却由此两种琐事。

我每次想到留学问题，便有"祸患将临"之感；这种情调自然可说是由于"过虑"而发，但无昭示我们发生"过虑"事实，当不致无因而至。本书底目的就在从历史上说明现在留学问题的因果并想求出一条新路径以引导未来。不过作者底识力有限，浅薄研究的结果，只发见中国60年来的留学政策都是以受教育代替研求学术与今后的留学当以研求学术以改进本国文化两事（详见第十五章），一切关于留学问题如自费生、清华生及派遣、管理等等都本此原则求解决；所见虽不敢说尽是，但自觉比从前就问题谈问题之证据充分许多，倘能引起国人之注意而研求更良好的解决方法，则此书为不虚作。

此书所述虽只60年的事实，但因住在地无完备的图书馆与国内统计不发达之故，取材极不容易——尤其是关于统计的材料：我曾函托教育部重要职员代为录留学各种统计，民五以后，竟不可得，故书中所有统计表均以私家著作所发表者为根据——不详备之弊在所难免；不过一切材料均详注来源，便读者查阅原著，从新推证；更望读者随时指正谬误，开示书中未备之材料，以便据以更正增补。

最初搜集关于留学问题的材料时，并不曾想到作一部《留学史》，不过备讨论问题时有较充分之论据而已。及去年开始著《近代中国中学教育史》，搜集材料，选择材料，均不时与留学问题发生关系，后为《中华教育界留学问题专号》作《中国留学小史》时，又搜集些特别关于留学材料，而且有些系由远道友朋处借来，遂费些时间将留学史先整理付印。此书之能早与读者相见，友人陈启天、赵叔愚、向达、李儒勉诸先生供给材料与督促之力居多,谨特别伸谢。其他采用各著作之材料甚多,不及一一列举姓名,统在此敬表谢意。

舒新城

民国十五年五月廿五日南京

第一章　留学创议

留学问题近年已逐渐被人注意，而且毁多而誉少。现在的留学生诚然有许多令人不满的地方，但无留学生，中国的新教育与新文化决不至有今日。设学校、译西籍诚然是今日智识阶级之家常便饭，然而在50年以至于30年前，却是极新奇而困难的事情，非留学外国者不能问津；即现在教育上的学制课程，商业上之银行公司，工业上之机械、制造，无一不是从欧美、日本模仿而来，更无一不是假留学生以直接间接传来。留学生在中国文化上既有如此重大的影响，我们研究近代中国文化，可不注意其渊源之留学史吗？

说到近代留学的渊源，大家都推重曾国藩与李鸿章，以为他们是首先派遣留学生的人，无他们中国便无留学生；新学术、新事业也不会如此发展。中国政府派遣学生出国求学固然是由于他们，但原始发动者却不是他们，也不是他们所说的丁日昌，①而是毕业于美国耶路大学（Yale University）之第一个中国留学生容闳，曾李丁诸人不过因位高权重而负其名耳。无容闳，虽不能一定说中国

① 同治十一年，曾国藩等奏《选派幼童赴美肄业章程折》说："臣国藩上年在津办理洋务，前任江苏巡抚丁日昌奉旨来津会办，屡与臣商榷，拟选聪颖幼童赴泰西各国书院学习军政、船政、算术、制造诸事，约计十余年学成而归，使西人擅长之技，中国皆能谙悉。"（《约章成案汇览》卷32，上）

无留学生,即有也不会如斯之早,而且派遣的方式也许是另一个样子。故欲述留学之渊源,不可不先知容闳。

容闳字纯甫,广东人,于1828年(清道光八年)11月生于距澳门西南可四英里之彼多罗岛(Pedro-Island)南屏镇。1835年至澳门入英国伦敦妇女会古特拉富夫人(Mrs Gutzlaff)所设之西塾,1841年进玛礼孙学校(Morrison School);该校为纪念《英国传道会》所委派之传道员玛礼孙(Dr. Robert Morrison)而设,成立于1839年11月,1842年因香港割于英国,乃迁于香港之山顶,主其事者为美国耶路大学毕业之美国人勃朗(Rev. S. R. Brown)。此时玛礼孙学校之创始班学生共六人,除容外,余为黄胜、黄宽、李刚、周文、唐杰,1846年12月勃朗因病归国,容及二黄均随之去美国。

容等于1847年1月4日乘航船起行,4月12日抵美,三人同入美国麻沙朱色得士州(Massachusetts)之孟松学校(Monson Academy)。容等去美之费用由香港之商人及报馆主笔等数人担负,但只以二年为期。1849年黄胜因病返国,容等期满,因资助者欲二人去英国苏格兰爱丁堡大学习专门,黄宽乃去英学医,七年以第二名毕业,1857年归国悬壶,1879年逝世;容则不愿去英,以乔治亚省"萨伐那妇女会"(The Ladies Association in Savounah, Ga.)之助及自己工作,于1850年入耶路大学,1854年毕业该校,斯年11月由美起行返国。

他返国后,即注意于学习中国语言文字,不久即在香港美代公使处为书记,旋在香港高等审判厅为译员,习律师,但为英人排斥,于1856年8月离香港至上海在海关充翻译,未三日又辞而至英商某丝茶公司为书记,6月公司停业,乃改业翻译,未几又为宝顺公司(Dentd Co.)至湘浙各地调查产茶区域。1860年11月美教士二人至南京谒洪秀全之侄干王而说以七事,[①]冀太平军之能用其言而改造中国。但结果不能如其所期,仍为茶商往来皖赣各省,特别注意社会现象,盖其改造中国之志自去美至今未尝一日衰也。1862 年(同治元年),他正营业九江,曾国藩幕友张世贵、李善兰(壬叔)等迭出相召,于斯年 8 月至安庆见曾,揣曾有建立机器厂之意,乃渐匿其教育计划而先以建立良好机器厂之议进。斯年 10 月奉曾命去美购机器,1865 年春携机器返国,曾保以五品候补同知,指发江苏,10 月入江苏巡抚署为译员,于上海遇上海道丁日昌,颇为相契,初说曾国藩在《江南制造局》中设立兵工学校,继与丁日昌商议他所持之教育计划的进行步骤。孜孜三年(1868—1870,时丁已升江苏巡抚),始将其计划提出于曾国藩,由曾奏准于 1870 年冬着手进行。

容闳生于澳门,但爱护祖国之念甚强,当其在美因香港接济者之期满而又不愿去英国求学时,他所毕业之孟松学校固曾有资送大学之例,但因以传教为条件与他改造中国之志不符,竟毅然拒绝;后归国在香港为美领事之书记与谒太平军之干王,固无时不思求得一改造之机会;在上海为海关翻译,因中国人不能升为税务司之限制,深感国际不平等而忿然去职;及晤曾国藩以为机不可失,遂毅力为之规划,费时数年,始能将其计划实现,爱护中国之忱,诚非一般人所能企及。

他改造中国之计划以派遣留学为最重要,他在自著之《西学东

---

① 七事如下:1. 依正当之军制组织一良好军队;2. 设立武备学校以养成多数有学识军官;3. 建设海军学校;4. 建设善良政府,聘用有经验之人为各部行政顾问;5. 创立银行制度及厘订度量衡标准;6. 颁定各级学校教育制度,以耶稣教圣经列为主课;7. 设立各种实业学校。(《西学东渐记》,页 67)

渐记》中言之最详。该书第十六章题曰“予之教育计划”，述他对于国事之意见与其计划之进行甚详。他所条陈者共有四事：1. 中国自组合资汽船公司，资本职员均须中国自理，不得附外股及用外人为职员；2. 由政府选派颖秀青年送之出洋留学；3. 由政府设法开采矿产；4. 禁止教会干涉词讼。此四条在当时均属重要，但他却以为“此条陈之第1、3、4条，特假以为陪衬，眼光所注而望其必成者自在第2条”。[①] 第2条之原文说：

> 政府宜先派颖秀青年，送之出洋留学，以为国家储蓄人材。派遣之法，初次可先定120名学额以试行之，此120人中，又分为四批，按年递派，每年派送30人；留学期限，定为15年，学生年龄，须以12岁至15岁为度。视第一第二批学生出洋留学，著有成效，则以后即永定为例，每年派出此数。派出时并须以汉文教习同往，庶幼年学生在美，仍可兼习汉文。至学生在外国膳宿入学等事，当另设留学生监督二人以管理之。此项留学经费，可于上海关税项下，提拨数成以充之。[②]

此条陈于1868年上于曾国藩，适曾此时丁内艰，乃于1870年因天津教案，曾及丁日昌、毛昶熙与刘某被派为调停该案四大臣在津聚首，容乃乘机进言于丁，请其向曾重提，曾然其议，由四人联衔奏请，于斯年冬奉旨照准，容乃由丁介绍刑部主事陈兰彬在南京共同商定：1. 派遣学生额数，2. 设立预备学校，3. 筹定经费，4. 酌定出

① 《西学东渐记》，页103。
② 同上，页102。

洋年限诸事。1871 年(同治十年)曾国藩逝世,李鸿章继之,于1872 年夏末派第一批学生 30 人去美。中国政府派遣留学生以此为始,而政府之所以有此举则完全于容闳一人之力。故近代中国留学实以容为创始者。

第二章 留美初期

容闳既建议派学生去美，而当时与外国订有游学条约者，又只有同治七年志刚、孙家谷等使美所订之《中美续约》，[1]故竟由政府派遣学生去美留学。其办法由曾国藩、李鸿章奏准，计划则为容所预定。第一次由曾李二人合奏选派幼童赴美办理章程12条，选派办法、去美学习要项，均见此章程中，兹录于下：

一、商知美国公使照会大伯尔士顿将中国派员每年选送幼童30名，至彼中书院肄业缘由，与之言明，其束修膏火一切均中国自备，并请俟学识明通量材拔入军政船政两院肄习。至赴院规条，悉照美国向章办理。

一、上海设局经理挑选幼童派送出洋等事，拟派大小委员三员，由通商大臣札饬在于上海、宁波、福建、广东等处挑选聪慧幼童十三四岁至二十岁为止。曾经读中国书数年，其亲属情愿送往西国肄业者，即会同地方官取具亲属甘结，并开明年貌籍贯存案，携至上海公局考试。如姿性聪颖，并稍通中国文理者，即在公局暂住，听候齐集出洋，否即撤退，以节縻费。

① 《中美续约》第七款：嗣后中国人欲入美国大小官学学习各等文艺，须照相待最优国之人民一体优待；美国人可以在中国按约指准外国人居住地方设立学堂，中国人亦可在美国一体照办。

一、选送幼童每年以30名为率，四年计120名，驻洋肄业15年后，每年回华30名，由驻洋委员胪列各人所长，听候派用，分别奏赏顶带官阶差事。此系官生，不准在外洋入籍逗留，及私自先回，遽谋别业。

一、赴洋幼童学习一年，如气性顽劣，或不服水土，将来难望成就，应由驻洋委员，随时撤回。如访有金山地方华人，年在15岁内外，西学已有几分工夫者，应由驻洋委员随时募补，以收得人之效，临时斟酌办理。

一、赴洋学习幼童入学之初，所习何书、所肄何业，应由驻洋委员列册登注。四月考验一次，年终注明等第，详载细册，赍送上海道转报。

一、驻洋正副委员二员，每员每月薪水银450两，翻译一员，每月薪水银160两。

一、每年驻洋公费银共约600两，以备医药信资文册纸笔各项杂用。

一、正副委员翻译、教习来回川费，每员银750两。

一、幼童来回川费及衣物等件，每名银790两。

一、幼童驻洋束修膏火屋租衣服食用等项，每年计银400两。

一、每年驻洋委员将一年使费开单知照上海道转报，倘正款有余，仍涓滴归公，若正款实有不足之处，由委员随时知照上海道禀请补给。

一、每年驻洋薪水膏火等费，约给库平银6万两，以20年计之，约需库平银120万两。

此章程为同治十年七月初三日由曾李两人专折会奏，当时总

理衙门覆奏不分满汉子弟择其质地端谨，文理优长，一律送往，李等即据以选派学生，于十一年正月奏请陈兰彬为正委员，容闳为副委员，常川驻美经理一切。因挑选幼童，在沪设局办理，故又奏请刘翰清总理沪局事宜，同时并以曾恒忠为翻译，叶源濬为出洋教习①，并订选派幼童出洋肄业应办章程六条，规定学生中文课程大要及禁令礼仪等。其最要之三条录下：

一、挑选幼童不分满汉子弟，年12岁至16岁为率。收录入局，由沪局查考中学西学分别教导。将来出洋后，肄习西学仍兼讲中学，课以孝经、小学、五经及《国朝律例》等书，随资高下，循序渐进。每遇房虚昴星等日，正副二委员传集各童宣讲《圣谕广训》示以尊君亲上之义，庶不至囿于异学。

一、幼童选定后，取具年貌籍贯暨亲属甘结收局注册，在沪局肄习以六个月为率，察看可以成就，方准资送出洋，仍由沪局造册报明通商大臣转咨总理衙门查考。至洋局课程以四个月考验一次，年终分别等第查报。其成功则以15年为率。中间艺成后游历两年以验所学，然后回至内地候总理衙门酌量器使，奏明委用。此系选定官生，不准半途而废，亦不准入

① 李等派遣诸人均有其特殊资能，其奏折中对于五人所下之考语如下："查有奏调来江之四品衔刑部候补主事陈兰彬夙抱伟志，以用世自命，虽其容貌则粥粥若无能，绝不矜才使气，与之讨论时事皆洞烛几微，盖有远略而具内心者。又运同衔江苏候补同知容闳前在花旗等处最久，而志趣深远，不为习俗所囿。同治二年曾派令出洋购买机器。该员练习外洋风土人情，美国尤熟适之地，足以联外交而窥秘钥。""盐运使衔候补知府刘翰清渊雅纯笃，熟悉洋务。""五品衔监生曾恒忠究心务学兼晓沿海各省土音，堪充翻译事宜；光禄寺典簿附监生叶源濬文笔畅达，留心时务，堪充出洋教习事宜。"（同上，页7、9）

籍外洋,学成后不准在华洋自谋别业。

一、每年八月颁发时宪书由江海关转交税务司递至洋局,恭逢三大节以及朔望等日由驻洋之员率同在事各员以及诸幼童望阙行礼,俾娴仪节而昭诚敬。①

办法既定,及招收学生,当时风气未开,第一批学生不足定额,由容闳亲至香港于英政府所设之学校中遴选少年聪颖而于中西文略有根柢者数人以足其数;且因无报纸传播消息,北方人民不知此事,应征者多粤人,而粤人中又多半为香山籍。故当时百二十名官费生中,南人竟居十之八九。② 同治十一年(1872)夏末,容先去美布置一切,第一批30人,由陈兰彬等带往,分处于新英国省(New England)之各人家,每家二三人不等,为便利监督,彼此相距甚近;后迁哈特福德(Hartford)。1874年乃在哈特福德之克林街(Collins Street)自造一坚固壮丽之屋以为中国留学生事务所,可容职员学生75人,学生则遣往各校就学,国内学生亦继续照预定计划派去。

光绪元年秋(1875)为四批留美学生最后一批赴美之期,为新委员区岳良新翻译邝其照与汉文教习二人带去。斯时因秘鲁招募华工,陈与容均去秘调查,陈急欲请假回国,遂请政府另派委员以代其职,故学生由区等带去。不久陈与容被命为驻美、日、秘三国出使大臣及副大臣,留学教务由区及内阁中书容增祥接办。光绪二年政府另遣吴子登为委员;吴固顽旧,对于学生在美种种举动因其与中国士人习惯相背,已早不满,故抵美对于从前已定之规程,

① 《约章成案汇览》卷32,上。

② 《西学东渐记》,页100。

多所吹求，尤好发官气，对于学生之责难甚多，卒于光绪七年(1881)请准将所有学生一律撤回。①

但留美者尚约十人。② 第一期学生之中有唐绍仪、梁敦彦、詹天佑诸人。③

---

① 《留美中国学生小史》：光绪六年，南丰吴惠善为监督，其人好示威，一如往日之学司。接任之后，即招各生到华盛顿使署中教训，各生谒见时，均不行拜跪礼，监督僚友金某大怒，谓各生适异忘本，目无师长，固无论其学难期成材，即成亦不能为中国用。具奏请将留学生裁撤，署中各员均窃非之，但无敢言者，独容闳力争无效，卒至光绪七年，遂将留学生一律撤回。(柳诒徵编《中国文化史》第三编)

② 《新大陆游记》：哈佛者，中国初次所派出洋学生留学地也。中国初次出洋学生，除归国者外，其余尚留美者约十人；内惟一郑兰生者，于工学心得甚多，有名于纽约，真成就者，此一人也。次则容骙在使馆为翻译，文学甚优，亦一才也。其余或在领事署为译员，或在银行为买办，人人皆有一西妇。(同上)

③ 《留美中国学生会小史》：同治末年，湘乡曾国藩奏请派幼童出洋留学，议成于1870年，使丰顺丁日昌募集学生，翌年适吴川、陈兰彬出使美国，遂命香山容闳率学生同来，以高州区谔良为监督，新会容增祥副之，学生即唐绍仪、梁诚、梁敦彦、容骙、欧阳庚、侯良登、詹天佑、郑兰生等，此为中国学生留美第一期。(同上)

第三章　欧洲留学之始

欧洲留学以沈葆桢于光绪元年派遣福建船厂学生，随法人日意格去法为最早，李鸿章于光绪二年派天津武弁卞长胜等七人随德人李励协去德次之。同治六年，闽督左宗棠奏设船厂于福建，保沈葆桢为船政总理，前后五年造成轮船 3 艘，兵轮 20 艘，分布各海口，并创立拉铁、打铁、铸铁、轮机、水缸诸厂，聘法人日意格为监督，同治十二年来，即筹备派遣闽厂学生去英法两国学习，适台湾事起，中途停止。光绪元年日意格返国，沈乃遣学生数人同赴法国学习船政。当同治十三年（1874），因定购新式后膛枪炮，并托德国克鹿卜炮厂代雇德国都司李励协为教习，以三年为期；光绪二年三月期满返国，李鸿章遣卞长胜、朱耀彩等七人同赴德国学习陆军，以三年为期。[①] 此为中国学生去法德两国之始，但均为大员所遣，非政府正式派送，故学生监督、学习科目均无一定规章，光绪二年十二月李鸿章等奏准派遣福建船厂学生及艺徒 30 名，去英法两国学习海军与制造，并派监督两人董理其事，管理经费等事均有详细章程，兹录如下：

① 据李鸿章光绪五年奏派往外洋华弁学成回华给奖折中所载，当时派遣往德者为卞长胜、朱耀彩、王得胜、杨德明、查连标、袁雨春、刘芳圃七人。卞、朱两人因学业无进步先调回，查袁、刘三人于光绪五年返国，任直隶军职，杨其时病居柏林，王则在柏林就学。

一、奏派华洋监督各一员不分正副，会办出洋肄业事务。俟挈带生徒到英法两国时，由监督公同察看大学堂、大官厂应行学习之处，会同安插，订请精明教习指授。如应调赴别厂或更换教习，仍须会商办理。其督课约束等事亦责成两监督不分畛域。如遇两监督分驻英法之时，则应分投照顾。其华员及生徒经费归华监督支发，洋员洋教习及华文案经费，归洋监督支发。每年底由两监督将支发各数会衔造报。凡调度督率，每事必会同认真探讨，和衷商榷，期于有成。万一意见不合，许即据实呈明通商大臣、船政大臣察夺。

一、选派制造学生14名、制造艺徒4名，交两监督带赴法国学习制造。此项学生即宜另延学堂教习课读，以培根柢，又宜赴厂习艺，以明理法，俾可兼程并进，得收速效，以备总监工之选。其艺徒学成后，可备分厂监工之选。凡所习之艺，均须极新极巧，倘仍习老样，则惟两监督是问。如有他厂新式机器及炮台、兵船、营垒、矿厂应行考订之处，由两监督随时酌带生徒量给。其第一年除酌带量给外，其余生徒，可以无须游历，第二第三四年，约以每年游历60日为率，均不必尽数同行，亦不必拘定时日。

一、选派驾驶学生12名，交两监督带赴英国学习驾驶兵船。此项学生应赴水师学堂先习英书，并另延教习，指授枪炮、水雷等法，俟由两监督陆续送格林回次、抱士穆德大学院肄习其间，并可带赴各厂及炮台兵船矿厂游历，约共一年，再上大铁甲船学习水师各法，约二年，定可有成。但上兵船额可援日本派送肄业之例陆续拔尤，分班派送五六人，其未到班者，仍留大学堂学习。既上兵船，须照中国水师规制，除由留辫发外,可暂改英兵官装束。其费由华监督归经费项下支给。内有刘步蟾、林泰曾二名,前经出洋学习,此次赴英,即可送入大兵船肄业。

一、制造生徒赴法国官学、官厂学习,驾驶学生赴英国格林回次、抱士穆德学堂并铁甲大兵船学习,应请总理衙门先行分别照会驻京之英法公使,咨会本国外务院,准照办理。其英国学习各事,或再由中国驻英钦差大臣,就近咨商办理。两项学生每三个月由华洋监督会同甄别一次,或公请专门洋师甄别。并由华监督酌量调考华文论说。其学生于闲暇时,宜兼习史鉴等有用之书,以期明体达用。所有考册,由两监督汇送船政大臣,转咨通商大臣备核。其驻洋之期,以抵英法都城日起,计满三年为限。未及三年之前四个月,由两监督考验学成者送回供差;其中若有数人将成未成,须续学一年或半年者,届时会同禀候裁夺。总以制造者能放手造作新式船机及全船应需之物,驾驶者能营驾铁甲兵船,回华调度布阵,并有专门洋师考取给予确据者,方为成效。如一切办无成效,将监督议处。

一、制造驾驶两项学生之内,或此外另有学生愿学矿务化学及交涉公法等事者,由监督会商挑选。就其才质所近,分别安插学习,支给教习修金。仍由两监督随时抽查功课,令将逐日所习详记送核,亦以三年为期。学成后公订专门洋师考验确实,给有底据,送回供差。

一、两监督及各项生徒自出洋以迄回华,凡一切肄习功课游历见闻,以及日用晋接之事,均须详注日记,或用药水印出副本,或设循环簿,递次互换,总以每半年汇送船政大臣查核,将簿中所记,由船政抄咨南北洋大臣覆核。或别国有便益新样之船身轮机及一切军火水陆机器，由监督随时探明，觅取图说，分别绘译。务令在洋生徒，考究精确，实能仿效。一面将图说汇送船政衙门察核，所需各费，作正开销。

一、各项生徒如遇所订教习不能认真指教，或别有不便之处，应随时诉明华监督会同洋监督察看确实，妥为安置。若该生徒无故荒废，不求进益，有名无实，及有他项嗜好者，均由两监督会商分别留遣严究，其员生每月家信二次，信资以及医药等费，作正开销。或延洋医，或延驻洋公使之官医，或应另请派拨医生，均于到洋后酌定。万一因攻苦积劳，致有不测之事，则运回等费，作正开销，并给薪费一年半；仍酌量情节，禀请附奏，以示优恤。如有闻讣丁忧者，学生在洋守制27日，另加恤赏，饬该家属具领。

一、此次选派生徒，应由监督溯查考迹，详加验看。如有不应出洋，滥收带往，不能在官学官厂造就，以致剔回者，其回费由监督自给。生徒赴洋后有藉词挟制情事，因而剔回者，即将挟制实在情形，禀请抵华后查明惩究。如咎不在监督者，仍开报回费。实系因病遣回者，不在此例。

一、两监督和衷会办，当互相觉察。万一华监督有敷衍塞责等情弊，而洋监督不行举发，或洋监督有敷衍塞责等情弊，而华监督不行举发者，咎各相等。查有扶同确据，即分别照会咨行，随时撤换，不必俟三年期满。如果事事实际，生徒多优异者，将两监督专折奏请奖叙。

一、此次所议章程，总以三年学有成效为限。若三年后或从此停止，或另开局面，均由船政大臣、通商大臣会商主裁，外人不得干预。

第一批学生于光绪三年二月出国。其时以法人日意格为洋监督，道员李凤苞为华监督，并随员马建忠、文案陈季同、翻译罗丰禄等率同学生于三月到欧，在英法延请教师补习四个月，然后入学校。其在英法分入各校学习之情形，李鸿章言之甚详。他说：

> 溯查出洋生徒在船时各限功课，不令闲旷。既抵英法，专延洋师补教以充根柢；一面偕同洋监督面商英法部臣，将在英之驾驶生先派三名登铁甲船，九生入格令尼次官学，续将官学八生调入铁甲船学习，历赴地中海、大西洋、美利坚、阿非利加、印度洋等处，学习操防排布迎御之法。迨离船后，又专延教习补授电气、枪炮、水雷各法，具有船主凭单给执，并照章酌量游历上厂以广见识。是驾驶诸生在船学习不止原定章程分班五六人上铁甲船已也。其在法之制造生先送四生入削浦官学，五生入多廊官厂，其余派入汕答佃官矿学及科鲁苏民厂，分习开采、烹炼、镕铸等事。旋经商明部臣将汕答等处五生入巴黎官矿学其制造。艺徒初派民厂，补习工艺，续经分送赛隆及向海士登官艺学，该生徒等各照官学所定章程，专门洋师，按年甄别，给执官凭，并酌量游历英法比德各国新式机器船械各厂，以资考订。凡有传习各生徒。俱已竟功。

此次学生之成绩优异者有习制造之魏瀚、陈兆翱、郑清廉、林怡游，习开采镕炼之罗臻禄、林庆升，习驾驶之刘步蟾、林泰曾、蒋超吴、方伯谦、萨镇冰诸人。光绪七年并由李等奏请续派船厂学生10名去英法学习，以后即停止。直至光绪十六年四月由总理衙门奏准出使英、俄、法、德、美五国大臣每届酌带学生二名，共计10

名，均以三年为期；光绪二十一年再奏准派学生分赴俄、英、法、德各四名，共计16名，惟所派学生均以襄赞使署公牍为务，无暇求学，实不能谓为留学生，不过闽厂学生回国，西洋留学以此使署学生相续耳，此20年间可算为西洋留学之初期。

第四章　日本留学之始

甲午战后，中国始知国力远逊于日本，但日本在数十年前固无赫赫之名于世界，而竟一战胜我，则明治维新有以致之。中日比邻，消息易于传播，加以文字障碍又较西洋为少，故去日者甚多。政府派遣学生去日留学始于光绪二十二年（明治二十九年），宏文学院沿革概略说：

往年清国学生之来者，仅清国公使馆私聘教师以学日语二三人而已。其所谓官派留学生者，实以明治二十九年为嚆矢。当时公使祐庚氏经日本政府以十三人学生依嘱高等师范学校长嘉纳氏。于是氏直使同校教授本田增次郎氏当事，更又聘教师数人开始日语日文及普通学科之教授。此等留学生中或罹疾患，或因事故致不得已而半途回国者往往有之。惟唐宝锷、胡宗瀛、戢翼翚、朱光忠、冯訚谟、吕烈煌等皆以良绩卒三年之业。就中如唐宝锷、胡宗瀛、戢翼翚等三人，更进修专门之学。及归国后，再及第殿试，至昨年得赐进士出身。唐宝锷、戢翼翚两氏此次随考察政治大臣戴泽殿下行，任调查日本制度之责，克尽力于开发国运，其影响于清国前途者，正未有艾也。此等留学生卒业之后，当时公使李盛铎氏续送数名，鄂督张之洞氏亦相继咨送。于是嘉纳氏以三矢重松氏充教育主任。此等学生亦以良成绩卒其课程，进修专门之学，迄今尚有得高等学科者。其有既归国者，皆就枢要之地。至三十四年，北京警务学堂亦简派警察学生数十人以托其教育。①

光绪二十四年始由政府令各省选派学生，且视为一种固定的政策。此议倡于日人矢野文雄，首先主张接收此议者为御史杨深秀。此段公案，详载于光绪二十四年总理衙门覆议遴选生徒游学日本事宜折中。兹录其全文于下：

准军机处钞交御史杨深秀片奏泰西各学，自政治、律例、理财、交涉、武备、农工、商务、矿务、有学，日本变新之始，遣聪明学生出洋学习，于泰西诸学，灿然美备。中华欲游学易成，必自日本始。闻日本大开东方协助之会，愿智吾人士，助吾自立，招我游学，供我经费，以著亲好之实。经其驻使矢野文雄函告总署，伏乞饬下总署，速议游学日本章程，选举贡生监之聪明有才年未三十者，在京师听人报名，由总署给照，在外听学政给照等因。光绪二十四年四月十三日奉旨着总理各国事务衙门议奏钦此。查本年闰三月间，准日本使臣矢野文雄函称该国政府拟与中国倍敦友谊，藉悉中国需才孔急，倘选派学生出洋习业，该国自应支其经费；又准该使臣，来署面称，中国如派肄业学生陆续前往日本学堂学习，人数约以二百人为限。经臣等备函致谢，并告以东文学堂，甫经设立，俟酌妥办法，再行函告，该使臣亦称须预议妥章等语。近年以来，日本讲求西

① 宏文学院编辑：《普通科师范科讲义》第一编杂录。

学大著成效，又与中国近在同洲，往来甚便，既经该国函请派往游学，臣等公同商酌，拟即妥订章程，将臣衙门同文馆东文学生酌派数人，并咨行南北洋大臣，以及两广湖广闽浙各督抚，就现设学堂中遴选年幼颖悟、粗通东文诸生，开具衔名，咨报臣衙门知照日本使臣，陆续派往，即由出使日本大臣就近照料，无庸另派监督。各生应支薪水用项，由臣衙门核定数目提拨专款，汇交出使大臣，随时支发。该御史所请在京听人报名由总署给照，在外听学政给照，未免漫无限制，应毋庸议。①

当时派遣西洋学生均有委员或监督伴同照料，留日学生则由出使大臣照料，此为留学管理上之大变更。学生除同文馆之东文生外，外省者大半不通东文，到东势不能不为语言文字之补习，日人高楠顺次郎于明治三十一年六月（光绪二十四年）首创日华学堂专为中国学生补习语言文字及各种学科。该校章程缘起说：

创设本学堂专在教养清国学生，务使学生从速讲习我语言，谙熟我风俗，并修普通各科之学，而为治专门各科之地步，以期培成其材。盖日本国学校之制有普通之学及专门之学……国民始进小学校后，经二十有余载，克成其业。今清国学生离乡负笈，欲按我国学制，淹留多年以毕其业，揆之理势，实属难行。本学堂课程于此，尽心妥筹，务为省功而效于实用，勉就简捷而速成其艺。故本堂课程分为正科、另科：正科则有普通预备科，高等预备科，另科则有预备选科，日语专修

① 《约章成案汇览游学门下》。

> 科，使学生量力修业以培其基，而后再进大学或高等各学以治专门之学。

该校普通预备科为高等及专门学校之预备，修业期二年，授日语、英语、德语、历史、地理、数学、物理、化学诸科。高等预备科为进帝国大学分科之预备肄业期约一年，功课为法学、文学、工学、理学、农学等。预备选科为曾通普通科之学生拟从速进帝国大学或专门学校而设，修业无定期，大约为二年，功课亦无定，可在高等预备科中选习数科。日语专修科专为愿速说日语者而设，专教日语，肄业期限约一年。

当时学生之赴日者为数甚少，该校沿革章中说：

> 本学堂明治三十一年六月开办，专为从速教成清国学生，俾之学习言语及普通各科，以为异日精研高等专门各科之地步。初由浙江省求是书院派来文学生四名，本年（明治三十二年，即光绪二十五年）一月由南洋公学堂派来文学生六名，又有公学生及自备资斧而来者三四人，至今年四月由天津头等学堂、水师学堂、二等学堂派来入本堂专学日语者12人。总计学生共有26人。现在延聘各学科、言语科教习共为10位。

此26学生中，计明治三十一年六月入学之浙江陆世芬、陈幌、钱承志、何燏时、汪有龄，十月入学之浙江吴振麟；三十二年一月入学之浙江章宗祥、富士英，江苏雷奋、胡祖泰、杨荫杭、杨廷栋，二月入学之广东陈玉堂，三月入学之广东郑康耆、黎科、张煜全、王建祖，江苏张奎、周祖培，浙江高淑琦，直隶安庆澜、蔡成煜，安徽金邦平，福建沈琨（尚有一人未详）。[1] 此校独无同文馆学生，大概同文馆东文生已识日本语言文字不必入该校预备之故。

自此而后，各省均派遣学生去日，私费前往者亦多。光绪二十八年七月留日学生钮瑗等五人因保送士官学校问题约集江苏举人吴敬恒、孙揆均等数十人与出使大臣蔡钧发生冲突，至召日警弹压之事，但当时因需才孔急，并未因此中辍。同年北洋大臣袁世凯奏派武卫右军学堂第三届毕业生55名，由监督一人率赴日本入陆军学堂。光绪二十四年管学大臣张百熙奏派余棨昌、曾仪进、黄德章、史锡倬、屠振鹏、朱献文、范熙壬、张耀曾、杜福垣、唐演、冯祖荀、景定成、陈发檀、吴定栈、钟赓言、王桐龄、王舜成、朱炳文、刘成志、顾德邻、苏潼、朱深、成隽、周宣、何培琛、黄艺锡、刘冕执、席聘臣、蒋履曾、王曾宪、陈治安等31人去日。自此而后，各省公私费生之去日者更多，以后即入极盛时期了，当于第六章中详之。

① 《日华学堂章程要览》(《皇朝蓄艾文编》卷16)。

第五章　西洋留学之再兴

自同治十一年派遣学生赴美而后，西洋留学生所习科目均为军事；及闽厂学生停送，虽然出使英美各国大臣随带学生二名至四名出国，但均系襄赞使署文牍，并非专门留学。故西洋留学自光绪八年闽厂学生回国后直可谓之中止。甲午之役，数十年来培植之海军一败涂地，且割地赔款。斯时国人一面鉴于外患之交逼，一面羡日本变法之有成，对于西洋学术已不专慕其坚甲利兵之军事而有物质文明胜我之认识。戊戌之变，虽不曾立将当时革新党之理想实现，但一般民众对于西洋学术之观点却因之而变。慈禧垂帘，因美日等国保护国事犯康有为、梁启超而竭力排外，但时事艰难，对于实学仍须切实讲求，①所以光绪二十五年七月军机大臣面奉谕旨着总理衙门议定派遣学生出洋分入各国农工商等校专门肄业以便回华传授办法，该衙门即据以议定章程六条如下：

> 一、请饬出使大臣就现派出洋学生督令各肄专门之学也。查出使各国大臣每届奏带同文馆学生各二员，系专资办文牍

① 光绪二十四年九月三十日慈禧太后谕各省书院照旧办理停办学堂原文说："书院之设原以讲求实学，并非专为训诂词章；凡天文、地舆、兵法、算学等经世之务皆儒生分内之事，亦不外乎此。是书院之与学堂名异实同，本不必定须更改。现在时势艰难，尤应切实讲求，不得谓一切有用之学，非书院所当有事也。"

之员，自无暇分身肄业。至光绪二十一年冬，臣衙门奏准派学生分驻俄英法德四国肄业，国各4名，共16名，月给薪水银50两，岁需经费9600两，又南北洋及鄂省派赴日本学校各20名，又浙江4名，费由各省筹给，共计已派出洋学生64名。现在出使经费极为支绌，物力甚艰，应先就此项学生察其才性，择尤送入农工商矿学堂肄业，应加津贴并延师经费，准在出使经费项内开支作正报销。又查光绪十二年先后据出使大臣曾纪泽、许景澄咨报转据洋监督师恭萨克禀称出洋学生第一届第二届赴各学堂船炮厂肄业历经各洋官考列，记优次数，分别等第，给予执照。内有能造船械，能开五金矿，能造炮药，能充机器匠首，能充驾驶教习，能办军务工程各若干名，一一注明肄业何堂，从何工师，游历何厂，领有何等官凭，可充何项监工，咨臣衙门立案，上年九月据驻英国使臣罗丰禄文称学生朱敬彝派学制造铁路，王汝维派学矿务，渐有端倪等语，应请饬下各出使大臣，推广办理，并随时照料，稽查功课。

一、请饬选译农工商矿各书，删繁举要使人人易于通晓也。伏查臣衙门同文馆、江南制造局及鄂沪各学，会翻译西书之有用者，已不下数百种，其中如《农学新法》、《蚕务图说》、《农事论略》、《植物学》、种蔗、制糖、养蜂各法，皆农政类也。汽机必以工程，《致富考工记要》、《海塘辑要》、《铸钱工艺》、《电气镀金》、《星辖考辙》、《铁路工程》、《造硫强水法》、《造纸法》之属，皆工政类也。《富国策正续》、生利分利之别，《贸易总册》，皆商政类也。《开煤要法》、《井矿工程》、《冶金录》、《宝藏兴焉》、《西国炼钢》，皆矿政类也。尝见粤刻有《防海新论节要》本，圈点句读，极为简明。西书文多繁复，其不切要者，不妨篇删其句，句删其字，或稍润色之，务使人人易知易行，一览了然。日本人于西学书多加删节而酌改之，得其要领，使适已用，应请饬下南北洋大臣鄂省督抚，各出使大臣，派员翻译有用之书。或聘高材教习如徐建寅、华蘅芳、金楷理、傅兰雅之流，择其于中国土宜物力简当之资，可以家喻户晓，使农与农处，工与工处，商与商交，风气大开，惩劝互用，是与列邦之设博物院劝工场无以异；十年之后，效可睹也。

一、请饬疆吏宽筹常年经费，续派高等学生出洋肄业也。自光绪初年通使西域以来，南北洋闽船政局时有派武弁艺徒已晓方言者，分赴各处工厂肄业之举；或送入法之哈富马赛学堂或赴英之阿姆士庄厂，或赴德之哈次矿厂。学成回华，多有能充教习，才任器师者。现各省应推广筹办出洋后，由出使大臣考校课程大要，以札记译书二事为纲领。

一、出使参赞随员如有精通洋文者，亦可令肄习各学堂也。查历届出使大臣遴选高才之员出洋差遣，本属借资阅历各国政教风俗，与农工商矿各种制度学问，课以日记，归为拜献之资，本系奏定章程。英国中等学堂例定年11以上13以下，方准收入，其上等学堂，则已通翻译者，可以送入。应请饬各出使大臣详查，如有参随人员，已能淹贯语言文字者，择其性之所近，今肄农工商矿各学，习其理兼习其数。如有心知其意，翻订考校，编成专书，实可见之施行者，行之有验，奏明请旨随材录用。

一、俟学生业成回华分派各省农工等艺学堂以开风气也。美国农利甲于欧洲，盖谓农为邦本，故于农政农器最为究心。考百物之异质，审九土之异宜。至各国工政矿务，皆以机器济人力之不足，商政以铁路为纬，以银行为经，讲求不遗余力。学虽分门，实有相成之义，而立国之根基寓焉。现各省设商务局，使官主持，商情之涣者，仍不能聚，徒博虚名，无益实事，不若专设艺学堂，以农工商矿分门课授，先酌聘西教习，一俟业成之艺生回华，即行辞退西教习，悉令此项艺生充当。庶风气广开，可收实效。

一、请将业成回华得有文凭之学生甄别优劣，分发委用，量予官职以资鼓励也。议者谓入外国学堂三年，胜于中国十年。游学之益，幼童不如通人，庶僚尤不如亲贵，此深切时病之言也。俄之前主彼得，愤其国之不强，亲到英和船厂为工役十余年，尽得其制造驾驶之法，归国教练，浸致强大。日本在同治初年，锁港拒敌，旋为美英兵船所乘，发愤求自强之策，历遣榎本武扬、山县有朋、陆奥宗光、伊藤博文等率其徒百余人，游学欧洲各厂，或肄政治工商，或究水陆兵法，学成而归，渐加擢用，损益西法而用之，国势遂日强一日。此遴派亲贵贤能，重出洋之选，其明效大验也。圣明烛微见远，兴学致用，徐图推广，始基立矣。现拟派出洋之员弁学生，资有利钝，成有迟速，向章限三年期满回华，恐未必能速成，自应一律限定六年，学成务以考得优等文凭为度，责成各出使大臣出具切实考语，方准咨送回华。其由同文馆派出者，归臣衙门考试，评定优劣，奏请分发沿海省分差委，其由各省派往者归各督抚考试，一体量材委用，俟有成效，然后准其保奖，酌予升阶，以励成材，而储远器。①

① 《约章成案汇览》卷32上。

此六条章程的条文很有几分像策论文章，但当时政府对于留学的思想却可看出一大部分，其最重要者(1)注意农工商矿等实业科，(2)节译西书，(3)延长学习期间为六年，(4)提倡亲贵游学，(5)奖励回华留学生。惟一切费用均在出使经费内开支，故名额不曾增加，而当时旧党操权，日以排外为事，第二年(光绪二十六年)七月即有拳匪之乱，此章程实不曾实行，不过开西洋留学以学习实业的新途径而已。

拳匪之乱，卒召八国联军入京，致皇帝蒙尘，祸首被惩，遣使谢罪，赔军费，毁炮台，为中国历史上未有之奇辱。国人经此重创，对于西洋文明固怀羡意，而因日本变法而强之成例，举国人士几无不以变法为图强之道：当时疆臣均以改行新政为言，守旧派因事实之逼迫，亦不能顽强不化，横生阻力。故当时变法之议，已成为朝野一致的舆论。而变法首须执法之人：中国素以闭关自守为能，对于西洋文物少有究研，当然少谙熟西洋之人才，于是培植人才之留学政策极其重要。光绪二十七年八月上谕各省选派学生出洋，同年十二月派张百熙为管学大臣，二十八年张氏召对即奏陈京师大学堂宜派学生出洋分习专门以备教习之用，二十九年在京师大学速成科中选余棨昌等 31 人派往日本而外，并选俞同奎等 16 人分赴西洋各国。[1]

此时日本留学生为数为不少，但西洋因费重道远，往者不多，故光绪二十八年九月初四日上谕各省督抚筹款选派学生去欧美各国求学。[2] 而坚甲利兵的思想仍充满大僚脑中，二十九年所以两江

---

① 除俞同奎外为何育杰、周典、潘承福、孙昌炬、薛序镛、林行规、陈祖良、邓寿佶、程经邦、左承诒、范绍濂、刘光谦、魏渤、柏山等 15 人。

② 原谕云："前经降旨饬令各省调派学生出洋游学以资造就。闻近来游学日本者尚不乏人，泰西各国或以道远费多，资选甚少，亟应广开风气，着各省督抚选择明通端正之学生，筹给经费，派往西洋各国讲求专门学问，务期成就真材，以备任使。"

总督张之洞在江南水师学堂调选毕业生8人去英习管轮与驾驶，由陆师学堂选8人去德习步骑炮工各科。同年鄂督端方在湖北各学堂中选8人赴德，10人赴美，4人赴俄，24人赴比，[①]并派曾在美国肄业学成而归之候选同知施肇基为美法两国留学生经理，派德国留学生监督户部员外郎阎海明兼充比国游学监督。

此为西洋留学进行之初期。自光绪三十年至宣统末年，除清华学校之设立与美国留学有特殊关系当专章论列外，还有比国留学，西洋留学通则与欧美陆军留学三事，在西洋留学史中很为重要，兹分述之。

光绪二十九年端方即曾派学生24人至比习实业，但系一省的特殊情形，并非通例。光绪三十年出使比国大臣杨晟因比国学制大备，学费较廉，奏请饬各省分遣学生去比学习路矿制造等科，拟定章程12条，于斯年十二月批准。照章程规定每省自40人至10人，学额几与后来留日学生相等，当时各省虽不能照此派遣，但中国路矿人才以留学比国为多，实杨之力。兹将其订定之章程录下：

一、学生以实年15岁左右，资质聪颖，举止端严，身体强壮，文理明顺四者俱备为合格。

一、各省挑选学生，视省分大小财政赢绌，每省至多40人，

① 张之洞派赴英德之16人姓名不详。端方派赴德国者为锦铨、杨祖谦、李人铎、吴连、庆善明、宾步程、陈篆、马德润、陈篆并顺至法国求学；往美国者为刘庆云、姚臣悫、程毓璘、陶德琨、朱启烈、徐家琛、张继业、杨恩湛、雷以纶、卢静恒；赴俄国者为肖焕烈、夏维松、严式超、刘文彬；所学科目未详。赴比国者为杨荫蕖、吴国良、汪钟岳、罗葆寅、胡秉柯、魏震组、贺子才、史青、黄大伟、禄崇、姚业经、杨循祖、邓风池、刘祥云、许熊章、喻毓西、程光鑫、刘荫勤、李光驷、王治辉、胡瑞年、李以祜、陈宽阮、李彪；学习之科目统名实业。（以上均见《约章成案汇览》卷32下）

少者10人，由督抚酌定额数，通饬各学教职查取近两案入学新生，年在16以内者，询其父兄，如愿令出洋游学，即以所选诸人申送该管知府，俟各县取齐，试以中文，不必问其曾习西文与否。该府摊送几名，照第一条年格择尤送省。查未冠入学，岁科两试多有之，求之一省尤易。虽中文未必即佳，然当不失为明顺。挑选须秉至公，不得瞻徇情面。

一、各学合格者如不足额，可就该省高等学堂暨各府中学堂专取中文佳者充之，不必定选生员，但此项宜居少数。

一、各生由府送省照定额外多数人，由督抚亲加考察，面考中文，一一合格，发交首府，安置总所。派老成委员，与之相处旬日，默察性格行为，即于多送之数，剔其较逊者。名数既定，咨报京师学务处备查。

一、各省派生，远近迟速，势难一律。凡总督兼辖如苏皖赣三省暨其他邻省，可先期会商合计学生五六十人，公派一知法文或英文委员，择数省适中之地会齐到沪，先通知江海关道，预购外洋公司二等船票，由原送委员导之出洋。若偏省无解西文者，但派员送沪，俟有数十人，交江海关派员代送，该员送至比京即行回华。

一、现与比文部商定，每生师修房膳岁1200佛郎，衣服冠履岁100佛郎，均缴学堂代办。各生添置书籍，一切零用，岁300佛郎，摊给学生自理。合计一人共需1600佛郎，不足华银500两。

一、学生入堂应请比文部派一司员，使署派一随员稽察功课，监视起居，兼司支应。均宜酌贴旅食川资，计一生岁出24佛郎，如十生则给240佛郎。随员学费并汇。

一、汇费之法，假如一省派出十生，则于订定月份，由上海华比银行汇比16,240佛郎，多者照增。银价低昂无定，而学费之佛郎有定，核准照汇，可免终岁造报之烦。各省应汇佛郎若干，届时电询江海关道佛郎市价，合银兑解。

一、游学生间有在华留支一项，今所派年未及冠，未能自谋薪水，或从宽每生岁给数十金令该家属就近支领，或俟二三年后，资格可入专门学校，再议及此。亦隐寓鼓励加功之意。如何办法，各省必会商一律，免致偏枯，并即咨明使署。

一、学生来后，拟习何项专门，即于出洋时注入名册。性不相近，亦须酌改，但不得任意纷更。

一、学生年幼，文理粗通，间断岁久，必致荒芜。宜将中文应读之书携之出洋，以余力温习。大约七年学成归国，再习华文二年，便有可观。

一、人数既众，难保无一二荡检逾闲不安本分者，当给三等船票立饬回华，川资由该省照拨。至历年学费，应由督抚追缴，不得宽免。①

当时派遣学生虽由各省自筹款项，西洋虽然是费重道远不如去日本之易，但当时政府提倡不遗余力，且设奖励及禁令(详下章)以督促之，去西洋求学者亦逐渐日多，于是光绪三十年由外务部与学务大臣本从前派遣幼童学习西艺(武备、制造、农、工、商等)之遗意，共同拟订游学西洋简明章程六条，范围学生。除第六条专属学费之规定俟留学经费章中再为引述外，兹录其前五条于下：

① 江宁《学务杂志》丙午年第二期(江苏出版)。

1. 英美德法于武备制造农工商诸学各有专门，一时推重；比利时路矿工艺，素所擅长。学者必通西文，乃有门径，否则授受无从浃洽。宜择年自15至25已通西文者出洋，期以三年五年，学成致用。此项学生径入专门学堂，可由使臣派参随兼察，以省专派监督之费。

2. 不通西文则宜选实年十四五心地明白文理晓畅者出洋，从语文入手，勿以年长充数；盖20以后，舌本倔强，学语不易，一也；年长好生横议，迫胁幼者，二也；跅弛不羁，难于约束，三也。至中文毫无根柢，则无以造就通才，尤当择之于始。

3. 游比学生间有曾涉猎英文东文者，一入比国，语文不同，前功尽弃。查直隶、江苏、广东、福建等省，久设方言学堂，且有西士设馆，其中以英法文为多，德俄较少。若出示招考，当有应选者。以向习某国语文遣游某国，必收事半功倍之效。惟美通行英文，比通行法文，游学美比即选习英法文者可也。

4. 边省腹省，风气晚开，欲遣游学，势难绳以必通西文，宜照第二条年格选派。拟往某国，先择熟谙某文一员导之出洋，赁屋延师，居中翻译，名曰帮教习。并监其起居，达其谣俗，俟普通毕业再入专门。若各省续派学生，仍令接办；盖熟谙西文得众学生难，得一译员易。惟必系品端学粹，不得用市井通事，一知半解者以致自误误人。薪水奖叙，均照出使章程随员例。再各国语文有兼尚者，如游美译员宜用英文，游比译员宜用法文，游德与俄能得通其国文者固善，否则德以英文，俄以法文亦可勉强通用。

5. 学生出洋如无监督，应由使臣随时约束考察，毋得沾染习气，不求实学，买椟还珠，为世诟病。其有顽梗不率教，玩愒不力学，荡轶闲检，有损颜面者，屡戒不悛，即当饬送回华。由该省追缴学费，以示惩儆。①

由章程所规定者看来，我们知道当时国人对于西洋各国之认识还只以西艺为限，而不及其政教。此外条文中还有三事当注意者：

1. 通西文者三年或五年即可学成致用，且能送入专门学堂。
2. 因幼者易于学习语言，故选15岁以下之儿童。
3. 由译员导学生出洋。

第一项规定将语言与科学混为一事：以为能通其语言者即能直入其专门学校，近日社会上以留学生为万能之弊习与此不无关系。第二项固有一部分理由，但派遣学生之目的原在为国家造成通材，而选择不明国情之幼童出国，结果只是外国化。第三项则由于不明研究学术之性质所致，虽无大影响于未来学术，但亦足见当时国人之思想。

光绪三十年练兵处曾拟订专章选派学生去日学习陆军，而各省军队因改习洋操，教练需人，亦经遣学生赴日本及欧美学习军事（江督张之洞即于二十九年派水师陆师学生16人分赴英德），为管理便利，练兵处于光绪三十二年订定陆军学生游学欧美暂行办法12条，兹录于下：

1. 各省旗拟派学生赴某国学习陆军，须先将人数及就学

① 《光绪新法令》第13册，页106。

年限咨商练兵处核定，送处考验合格，方准派往。

2. 选择学生应按左列之格式：

(1)身家清白，品行纯正，志趣远大，情性朴诚素无嗜好过犯者；(2)中学必须文理晓畅，能解释经史大义者；(3)所派往某国之语文必须通晓，以有三年以上之程度为合格；(4)年岁限15以上，24以下；(5)相貌须魁伟，五官须端正，四肢须灵活，言语须清楚，声音须宏亮，耳力须聪达。

3. 各省旗选定后，将该生姓名、年籍、三代、履历、学诣、品格，并非独子及承重，出具确实考语，咨送练兵处，以便汇齐考验；如不合格，仍行遣回，由原送省旗酌送相当学堂肄习。

4. 学费川资，均由各省旗自行筹备汇寄出使该国大臣兑收。惟为数若干，须于派送学生以前，将预算节略呈报练兵处核定。

5. 学生每月杂费及考入专门学堂，陆军大学堂，或随队习旅行野操，或秋后大操等一切必应加增等费，则由出使该国大臣督同监学或管理员临时酌定，并咨练兵处以备察核。

6. 所派学生如人数众多，应由本处遴选明达廉介之员，前往该国监学；如所派学生人数较少，仍由出使该国大臣管理，另于使馆随员内慎选一员，经理学费。惟人数之多少，事前未能预计，俟各省派定学生名额后，咨由本处临时酌量办理。

7. 本处所派监学专司照料游学一切事宜，并有考察约束之责。凡遇重要事件，应随时禀承出使大臣办理。

8. 出使该国大臣，有督察学生之权，须随时悉心考核各学生之品行学业，按年终督同监学造册，咨送练兵处，及原派之各省旗将军督抚，以备察核。

9. 查第三条内业经声明孤子承重不与挑选，则学生入学后，即不准请假回籍；倘遇亲丧大故，应援钦定中枢政考武职亲丧，参将以下官员军务调遣，不准给假治丧成例，一律办理。容俟毕业回国考核分数，颁给执照后，酌给假期，补行守制。

10. 学生如隳行废学者，由出使大臣儆斥，如仍不知改，即咨明本处斥革，并令原送省旗追缴历年经费，其有实系资质驽下，难望成材者，亦应随时咨退，酌饬免缴学费。

11. 凡从前已经各省旗派往各国学习陆军学生，亦均照此章程办理。

12. 学生在各国毕业回国，由练兵处就其历年所学，一一考试，分别等第，照章授职，仍分发原派省分，按职酌量录用。①

由此规程所发生的实际影响如何？其详无从考知，但以后欧洲陆军留学生之派遣却以此为重要根据。资格中有中文必须文理晓畅，能解释经史大义，较之外务部及学务大臣所订之简明章程专以西文为重者反为扼要，是亦可注意之一事。

欧洲之英德法俄比，美洲之美国均有学生，其他各国惟奥派遣学生有史可稽，主其事者为江督周馥，②余则不知。

---

① 《光绪新法令》第14册。

② 准出使奥国大臣杨晟函："本年二月间在维也纳宫谒见奥主，谓中奥两国夙敦睦谊，比闻中国整军经武，深愿协助。从前曾有学员来奥练习陆军，倘此后有人续来，定必切饬教习武员，尽心指授等语。查奥国陆军讲求，根柢最为精详，从前曾派员前往练习，颇著成效。现驻德使臣荫昌即为从前留奥学员之一。今奥主极意联欢，若派学员来奥学习，当必周妥。……兹拟遴选普通德文之学生十名，前赴奥国，就其才性艺学加习马步工辎等项武备，以为行阵储材。所有汇支学费及稽查约束等事，即由驻奥使臣就近照料，无庸专派监督，以省繁费。"（《学务杂志》丙午年第二期）

第六章　留日极盛期

自光绪二十七年经过拳匪之乱而后，变法之要求益切，一切新政均须人办理，于是疆吏之奏新政者无不以游学为言，斯年八月初五上谕各省派遣学生，加以奖励与限制的督促，自二十七年至三十二年五六年间，留日学生达万余，实为任何时期与任何留学国所未有者。留日与我国政治、文化等之关系极大，兹分为造因、速成生与普通生、陆军生、特约生四项言之。

甲　造因

留日学生何以在五六年间增加到一万余人？此实一可注意之问题。据中九君最近在《中华教育界》发表的论文，留日学生之所以多，有路近、文同、时短、费省及留学生头衔好与国内政局不安六种原因，①后一种在光绪年间还说不到，第五种为留学生底普通心理，不只以留日者为限，前四种确是重要原因，但仅只有此种原因，还不足以造成那样结果：因为光绪二十七年以江苏底风气开通，政

① 中九：《留学日本问题》（《中华教育界》第15卷9期）。

府招选留日学生尚不过20人,①便是明证。何以数年后人数激增?此不得不从当时政府底功令去研究。而与此功令最有关系者要推张之洞。

张之洞时为湖广总督,兴办实业,励行新政,提倡游学更力。光绪二十四年著《劝学篇》论变法之要,奉旨刊行,其中有一篇专论留学,从历史与现状上述留学之必要,而特别置重留日。他说:

> 出洋一年胜于读西书五年,此赵营平百闻不如一见之说也;入外国学堂一年胜于中国三年,此孟子置之庄岳之说也,游学之益,幼童不如通人,庶僚不如亲贵……日本小国耳,何兴之暴也?伊藤、山县、榎本、陆奥诸人皆二十年前出洋之学生也,愤其国为西洋所胁,率其徒百余人分诣德、法、英诸国,或学政治工商,或学水陆兵法,学成而归,用为将相,政事一变,雄视东方。……至游学之国,西洋不如东洋:一、路近省费可多遣,一、去华近易考察,一、东文近于中文易通晓,一、西书甚繁,凡西学不切要者,东人已删节而酌改之,中东情势风俗相近,易仿行,事半功倍,无过于此。若自欲求精求备,再赴西洋有何不可。

光绪二十六年十二月上谕各大臣于两个月条议变法要项,他

① 苏抚聂缉规奏派学生出洋游学片说:"据苏州布政使陆元鼎署江苏按察使朱之榛曾详苏省中学堂甫议改为大学堂,尚无毕业生堪以出洋游学,惟元和县举人陈懋治等愿赴日本学堂专习师范陆军农学等事……臣询之九月间赴日本阅操回华各员,均称所设各学堂规模整肃,功课认真,图书仪器无乎不备;资遣游学,实为要举。现在学堂内毕业生无人,各属呈请游学者亦尚不多,暂以20人为定额……"(《光绪谕折汇存》卷21,页30)

于二十七年同两江总督刘坤一两人覆议新政第一折中，筹拟四条，其四条即为奖励游学，亦特别注重日本。原折说：

学堂固宜速设矣，然而非多设不足以济用。欲多设则有二难，经费巨，一也；教习少，二也。求师之难，尤甚于筹费。天下州县皆立学堂，数必逾万，无论大学小学，断无许多之师，是则惟有赴外国游学一法。查外国学堂，法整肃而不苦，教知要而有序。为教师者，类皆实有专长，其教人亦有专书定法。凡立一学，必先限定教至何等地位，算定几年毕业，总计此项学业，共须几年，若干时刻，方能教毕，按日排定，每日必作几刻工夫，定为课程，一刻不旷，如期而毕，故成效最确，学生亦愿受教。而教法尤以日本为最善：文字较近，课程较速，其盼望学生成就之心至为恳切。传习易，经费省，回华速，较之学于欧洲各国者，其经费可省三分之二，其学成及往返日期可速一倍。江鄂等省学生，在日本学堂者多，故臣等知之甚确。此时宜令各省分遣学生出洋游学。文武两途及农工商等专门之学，均须分门认习。①

在第三折说：

惟游历实效，以遍游欧美日本为全功，而以先游日本为急务。盖游历者若无翻译相随，瞠目泛览，仍无所得。东瀛风土文字，皆与中国相近，华人侨寓者亦多，翻译易得，便于游览询

① 《光绪谕折汇存》卷21。

问,受益较速,回华较早。且日本诸事虽仿西法,然多有参酌本国情形斟酌改易者,亦有熟察近日利病删减一通者,与中国采用,尤为相宜。①

以上是他们提倡留日的用意。更有两种方法促之实行,即积极的奖励与消极的限制。张之洞与刘坤一底《议覆新政》第一折中说:

再官筹学费究属有限,拟请明谕各省士人,如有自备资斧出洋游学,得有优等凭照者,回华后复试相覆,亦按其等第作为进士举贡。如此,则游学者众而经费不必尽由官筹。

这是奖励的方法。他们在覆议新政第三折中,更举出限制的办法。原文说:

拟请明定章程,自今日起,三年以后,凡官阶、资序、才品可以开坊缺、送御史、升京师、放道员者,必须曾经出洋游历一次;或三年或一年均可。若未经出洋者不得开坊缺、送御史、升京师、放道员。

张之洞等奏定学堂章程之学务纲要中并有一条题为"各省办理学堂员绅宜先派出洋考察",以日本为必到之地。原文说:

学堂所重不仅在教员,尤在管理学堂之人。必须有明于

① 《光绪谕折汇存》卷21。

> 教授法管理法者实心从事其间，未办者方易开办，已办者方能得法，否则成效难期，且滋流弊。各直省亟宜于官绅中推择品学兼优，性情肫挚，而平日又能留心教育者，陆续资派出洋，员数以多为贵。久或一年，少或数月，使之考察各学堂规模制度及一切管理教授之法，详加询访体验，目睹外国教习如何教，生徒如何习，管理学堂官员如何办理。回国后分别派入学务处暨各学堂，办事方能有实效而无糜费。欧美各国道远费重即不能多往，而日本则断不可不到。此为办学者入门之法，费用万不可省：即边瘠省分，亦必派两员。若仅至日本考校半年，所费尚不甚巨。倘不从此举入手，恐开办三四年，耗费数万金，仍是紊杂无章，毫无实得也。

自经此种奖励与限制的督促，于是学者群起：因考察无资格为学业的限制，而国内骤改学校，又急需人才，于是去日者大半以习速成与普通为目的。第一期速成生即由此种因。

乙　速成生与普通生

速成生分师范与政法两种，普通生即日本所谓中小学学生，当时去日之习普通者大半为专门预备科之性质。当光绪二十九年，张百熙等奏定《学务纲要》，对于师范教育极力提倡，惟一时苦无师资，乃规定派遣学生出洋学习。该纲要原文说：

> 各省城应即按照现定初级师范学堂、优级师范学堂及简

> 易师范科、师范传习所各章程办法，迅速举行。其已设有师范学堂者，教科务合程度，其尚未设师范学堂者，亟宜延聘师范教员，早为开办。若无师范教员可请者，即速派人到外国学师范教授管理各法：分别学速成科师范若干人，学完全师范科若干人。现有师范章程，刊布通行，若有速成师范生回国，即可依仿开办，以应急需，而立规模；俟完全师范生回国，再行转相传授，分派各府县陆续更换庶不致教法茫然，无从措手。①

此令颁行而行，各省派遣学生去日学习师范者甚多，光绪三十年，留日学生已达1300余人，而学文科者1100余人，②当时所谓文科即师范科法政科与普通科，非现在大学分科之文科。去日者众，在国内又未曾受过新式学校教育，语言科学均不足入日本正式学校，于是日人特专为中国学生设校。此类学校甚多：陆军方面有私立之成城、振武，法政方面有私立法政大学，普通补习与师范方面有宏文学院为最。宏文学院为日本东京高等师范校校长嘉纳治五郎所设，嘉纳素留意中国事情，明治二十九年以后，中国派遣之非陆军学生大半由其教导，三十五年（光绪二十八年）学者日众，他在东京牛込区西五轩町专为中国学生创一校，名弘文学院，③专教日

① 《光绪新法令》卷11。

② 出使日本大臣杨枢三十年正月奏陈兼管学务情形折云："现查各学校共有中国学生1300余人，其中学文科者1100余人，学武科者200余人。"（《约章成案汇览》卷32下）

③ 《弘文学院沿革概说》云："清国学生之来实日多一日，然而我国之学校皆为本邦学生而设，从未有专为清国学生所创设者，故此新来学生概少精通日语，而于攻学之途实多阻滞，嘉纳深以为缺憾，于是洞察清国情势，三十五年于牛込区西五轩町创设一校，名曰宏文学院以备招多数学生，先授日语日文及普通学科，是即今日宏文学院之滥觞也。尔来东游学生不问官费自费均来学于此，卒致今日之盛大焉。"

语日文及普通学科，后特设师范科，修业年限由半年至三年，教以教育、心理、论理、教授法、管理法等科。此外东亚同文会所设立之东亚同文书院与私立早稻田大学，亦均有特殊设施，专收中国学生。同文书院重普通科，早稻田于普通外并设优级师范科。光绪三十年以后各省学校之教职员最大多数均系留日师范生，各地谘议局人员，多留日法政生，大半为此等速成生也。

普通生者为在日本受中小学补习教育之学生。此种学生或因年龄过幼而不能入师范，或因有志深造而受专门学校之预备教育，虽亦有中小学应有之课程，但主要科目均为语言及文字。因当时对于留学生极力奖掖，资格又无限制，所以去者众：光绪三十二年已八千，①三十三年达万余，但习速成与普通者占最多数。② 三十二年学部通咨各省限制留东学生资格："凡欲入高等以上学校及各专门学校者必有中学以上毕业之程度，且通习彼国语文方为及格"，"习速成科者或法政或师范必须中学与中文俱优，年在25岁以上，于学界政界实有经验者方为及格"，③而中国《留日学生教育协会》亦限制速成科学生。④ 自光绪三十三年与日本五校特约后，此项学生即逐渐减少。

① 据明治三十九年大隈重信宏文学院讲义录序文。

② 光绪三十三年十一月三十日学部奏定日本官立高等学堂收容中国学生名额折说："……比年以来，臣等详查在日本留学人数虽已逾万，而习速成者居60%，习普通者居30%，中途退学辗转无成者居56%，入高等及高等专门者居34%，入大学者仅1%。"（《学部奏咨辑要》）

③ 光绪三十二年二月十九日学部选送游学限制办法电（同上）。

④ 该会约款第三款第四款说："一、普通教育速成科及名非速成而实则速成者皆暂成停止；一、普通科及师范科学年应延长三年以上毕业。"

丙 陆军生

拳匪之乱，中国受创最深，辛丑条约迫于势之无可如何，忍辱签定，但当时朝野上下固不曾自甘暴弃，而亟思图强：兴学校，练新军为当时最重要之政务。办理学校需材，故特派人习师范，练兵需材则派人习陆军。光绪二十四年浙江即曾派学生四人习陆军，①以后江鄂各省亦间有派遣，但未成为正式政策。光绪三十年正月出使日本大臣杨枢奏陈兼管学务情形，盛称日本陆军之成效，主张多派学生前去，斯年四月练兵处据以奏定《陆军学生分班游学章程》16条，中国始按年派遣大批学生至日本振武学校（士官学校之预备学校）士官学校。杨枢原折说：

> 奴才梼昧之见，以为日本陆军经营数十年，成效最著，中国似宜添派学生来东，专送入陆军各学校，以期成就远大，用济时艰。曩者，日本陆军诸将佐曾与前总监督汪大燮言及中国学生在陆军各学校肄业者，系有陆军大臣奏明日皇拨发库款添建屋宇，加派委员教习，别给薪俸，使专理其事。第中国于此等学生时派时止，或多或少，颇难办理，嗣后宜定额数每岁或派二百人或百余人，或两次或一次，分班来东，入校肄业，则屋宇俸薪，不为虚设等语；近日诸将佐又以前言向奴才面述，具见彼国实有期望中国振兴陆军之意。考日本陆军教育系以忠君爱国，顺服长官为宗旨，并无侈言自由，与政府反对

① 明治四十年《振武学校一览沿革略》（日文）。

之弊。惟是学陆军者,每岁所费较多于学文科者数倍,非自费生所能备办,似宜以官费培植之,俾资造就。即如日本现在尚不惜巨费,岁派成材数十人游学欧美,其用心深远,可为借鉴。查管学大臣张百熙等近已奏派学生三十余人来东,送入文科各学校肄业,惟当此列强环伺,我圉孔棘,武科较文科更重,未可缓图。虽各省督抚近亦有选派武学生来东肄业者,然为数有限,恐不敷干城之选。应否饬下各省将军督抚于世家宦族内遴选文武兼资之少年学生添派来东,分定班数人数,送入陆军各学校肄业,以广将才而资录用之处,出自圣裁。①

光绪三十年四月练兵处奏定之章程16条原文如下:

1. 选派学生须分年派往,拟以四班为一轮,每年选一班,每班一百名,至第四年四班送齐后,如须变通办理,届时另行核议。

2. 选派学生各省须有定额,京旗直隶、江苏、湖北、四川、广东各六名,奉天、山东、河南、安徽、江西、浙江、福建、湖南、云南各四名,山西、陕西、甘肃、广西、贵州各三名,江宁、杭州、福州、荆州、西安、宁夏、成都、广州、绥远、热河、察哈尔、密云、青州十三处驻防各一名,计共一百名为第一班。以后三年均照第一年办理,如各省旗有愿多派者亦可,但不得倍于原派之数,以示限制而免纷歧。

3. 凡已设武备学堂各省旗,其学生应在该学堂内选派,若

① 《约章成案汇览》卷32下。

未设学堂之处，则于文武世家子弟内选派，但须合以下所订之格方准派往，如选不及额，即由练兵处就近选派补足，以符定数。

4. 所选学生必须身家清白，体质强壮，聪明谨厚，志趣向上，并无暗疾嗜好，于中学已有根柢，武备各学已得门径，年在18岁以上，22岁以下者为合格。其未设武备学堂之处，于武事本未谙习，而经史时务之学必须优裕。选定后，由各省旗开具各生姓名、年籍、三代、履历、学诣、品格与已习武备之生一并咨送练兵处考验，合格者由练兵处汇送驻日大臣，转送学校肄业，不合格者遣回。

5. 选送学生须有定期，各省旗均应预计程途远近咨送，务于每年七月初旬齐集练兵处以便考验派往，于八月间到日，庶免暑假中虚耗时日之弊。

6. 咨送各生应由练兵处选派一监督专司考查约束，即作为驻日使署武随员，归本国驻日大臣节制。

7. 第一轮学生共计400名，其往返川资每名约需银200两，常年经费每名每年约需银300两，开办第一年学生仅百名，以后额数逐年递加，款亦递增，计第一年共需银4万两，第二年7万两，第三年10万两，第四年13万两，第五年又减为10万两。以后每班毕业生逐渐回国，费即递减。如有资质超异，学业精勤，能考入陆军大学校及各专门学校者，尚须加给经费，应需若干，临时筹济。

8. 学生川资学费由练兵处等五成，余五成由各该省旗筹备，须指定专款，以免贻误。其款定于每年七月前解交练兵处，汇付驻日大臣转交各学校及陆续支付各生。

9. 学生用费各省旗选派若干名者，第一年即按若干名额应摊之费解交，以后第二三四五等年，按数递为增减。其留入大学校及各专门学校者另计。至各旗中如有实在款项支绌，万无可筹者，则统由练兵处发给，惟各生治装费来京川费，及不合格者遣回川资，均由本省本旗发给。

10. 各生除学费外，每名月给杂费银五元，按月亲赴练兵处所派之驻日监督寓所支领，其有考入大学校及各专门学校者，由练兵处酌量加增，如随队习旅行野操及秋后大操一切费用则由驻日大臣督同监督临时酌定，咨明练兵处发给。

11. 学习兵事，专为国家振武之用，自应由官遣派，不得私自往学，其有现时业经在日习武之自费生，应由驻日大臣及监督察其志趣向上，学业精勤，年限未满者随时咨明练兵处，贴给旅费，改为官费生，以资造就。自此次定章后，凡赴日学习武备之自费生，即行禁止，以归一律。

12. 驻日大臣有督察学生之权，须随时悉心考校各学生之品行学业，按年督同监督，造册咨送练兵处，以备查核。

13. 此次咨送学生及以前公私费各学生，倘有躿行废学者，由驻日大臣随时儆斥，如仍不知改，即声叙该生行径，咨回练兵处惩办，并追缴官发历年经费，其有实系才力不及，难望有成者，亦随时咨由练兵处遣回原籍，免其缴费。

14. 查日本振武学校专为中国学生而设，其间规模教育如有未尽美备事宜，应由驻日大臣商同日本在事各官酌量修改，如有应需零星款项，亦由驻日大臣咨由练兵处筹给，并由驻日大臣商订中国学生充见习士官后入大学校及各专门学校章程。

15. 振武学校教习应由中国筹给津贴，其余各学校教习，应于每班学生毕业后由中国给予优奖，其津贴数目及奖励规条应由驻日大臣与日本在事各官商酌办理。

16. 学生在日本士官学校毕业充见习士官期满，除考入大学校及各专门学校外，其余回国由练兵处就其历年所学一一考试。最优者奏请授职守备，次者授千总，次者授把总。此项武职即作为该学生等出身，开写履历，均按授职之年系以某某年守备千把出身字样，俾与保奖武职示有区别。如该学生本有官阶，即照其原有之官晋一秩，若系文职亦照原品晋一秩，入营带队，以相当之武职借补，而其出身仍均系以守备千把等职。其由大学校及各专门学校毕业回国者，则比照此例，分别加升。其应考各员授职后，即分别咨回各本省以营队官及陆军学堂教习酌量录用。①

此规程发布以后，各省旗即照着办理。当时派遣去日学习陆军之学生，首入振武学校补习，毕业后入士官学校。明治三十一年（光绪二十四年），浙江派官费生四名去日习陆军，由日本陆军部委托成城学校设施预备教育，监理委员长为陆军中将福岛安正。三十六年（光绪二十九年）学生渐多69名，由成城学校教授藤井及小山两步兵少佐为委员，专办训练中国陆军学生，改为振武学校。三十七年（光绪三十年）十月，练兵处首选学生百名去该校。修业期限最初为15个月以上，明治三十八年八月改为18个月以上，三十九年五月改为3年。课程分普通学与军事学两种：普通学为日本语文、历史、地理、数学、物理、化学、博物、图画八科，军事学为徒手教练、枪械教练、部队教练测量及战术等。主持校务者为福岛安

① 《游学成案汇览》卷32上。

正、尾野实信（步兵中佐）、三原辰次（步兵少佐）等。成城时代之学生，公费自费各半，以后官费生渐多，明治三十七年后已无自费生，[①]明治四十年学生达330名。此校设立之目的，原为士官学校施预备教育，而校规又极严厉，[②]足符杨枢“忠君爱国，顺服长官”之称誉，故中国陆军生之去日者均托其教育。卒业于成城及该校者计明治三十三年（光绪二十六年）39名，三十四年22名，三十五年7名，三十六年89名，三十七年49名，三十八年21名，三十九年（光绪三十二年）202名，总计已529名。[③] 明治四十年在校之330名亦陆续毕业，而毕业该校者最大多数入士官学校。20年来中国军界之重要人物底姓名，几十之九可以从明治四十年振武学校一览之学生名册中查出，其影响于中国军政者可谓大矣。

丁　特约生

自光绪二十九年以后，去日学生多除习速成师范及法政者大半为普通生。三十二年六月留日学生已达至二三千人，习速成者

---

① 光绪二十九年以前去日习陆军者公私费均有，二十九年外务部札驻日游学生监督禁止私费生入士官学校，便无私费生。

② 振武学校学生入校须填誓约，誓文七条如下：

一宜照规专攻学术，决勿稍惑世论干涉政事；一宜以顺上为要道，常克遵守纪律以昭敬顺；一宜常养耐劳忍苦之性以期缓急并克胜任；一宜尚威重：起居有节，进退有度。衣帽必整，仪容必肃，凡浮靡惰慢之习一切力祛以重体面；一本校所有功课即为军学之门，均应一意讲求，勿敢私议功课轻重；一阖校学生均是同国之士，自应敦睦厚谊，互相规劝，庶不致乖切偲辅仁之道；一凡方有遇本校将校教官职员等官，无论何处，均当照式起行敬礼。

③ 本段根据明治四十年四月《振武学校一览》摘译而成，誓约七条并见该书。

占最多数，已足以应急需，故学部通令各省无官费，私费，师范，政法速成生一律停派。而普通教育去日学习既不经济，即在日毕业者亦因专门学校之学额的限制而不能入学。光绪三十三年留日学生普通毕业愿入该国官立高等以上学校者有2000人以上，势不能不设法收容。于是由出使大臣与日本文部省（教育部）商定自光绪三十四年起15年内第一高等、东京高师、东京商工、山口高商、千叶医专五校每校共收中国学生165人，经费由各省分解，直至大学为止，此为政府使留日学生研求高等学问之始。当时学部拟订章程九条，奉旨照准施行。此九条章程为留日特约生之根本，除各省分年摊认经费数繁而寡要外，余照原文分录于下：

一、由出使日本大臣与日本文部省约定以光绪三十四年为始，15年之内，每年东京第一高等学校收容中国学生65人，东京高等师范学校收容中国学生25人，东京高等工业学校收容中国学生40人，山口高等商业学校收容中国学生25人，千叶医学专门学校收容中国学生10人，均由中国给以补助费。

一、此项学生由公使择取品行端正，汉文通顺，普通学已毕业之人，送交各该学校行竞争试验，拔其学力最深，程度与日本学生相等者，以充其选。入选者不拘省分，不待补额，即行给以官费，以资鼓励。

一、此项学生之补助费及学费，每名平均每年日币650元；入第一高等者应并将来入大学之学费计算，约计以8年毕业，入专门学校者，约计以4年毕业，应于22年内，由各省分任此项经费，以期易于集事。

一、直隶、奉天、山东、河南、江苏、江西、安徽、浙江、福建、湖北、湖南、广东、四川等大省分，每省分任每年添学额九名之经费，吉林、黑龙江、山西、陕西、甘肃、新疆、广西、贵州、云南等小省，每省分任每年添学额六名之经费。

一、此项经费由各省按所定之数分四季汇交出使大臣，随时支用，每年由出使大臣造详细报销，咨报学部查核。

一、各省既认解此费以后，应即停派各项官费学生，又各省官费缺出，概不补入一节，应照上次奏定管理章程切实施行，以纾财力。惟已考入官立大学，及官立高等专门者改给官费一节，系与此章程并行不悖，应照旧办理。

一、此两年内在日本预备普通毕业者甚多，尽敷各高等学校考选新生之额，但两年以后应由各省续派中学毕业生前往日本应考入各学校之预科，以备将来入各学校考选新生取材之所。惟该生等肄业预科之际，应令自筹学费，至入高等后，始改给官费。

一、以上各校之官费学生，既由竞争试验而得，则所取名额，断难画分省界各省均匀。惟其学费补助费既为各省所摊派，则此项学生毕业后，宜分归各省效力义务，不准他省奏调，以昭平允。应于每年毕业之前，由出使日本大臣将本年毕业学生，咨送学部，按各省认解经费之多少，将毕业学生如数分配。凡本省之人先尽本省任用，如有余则签分邻省，邻省有余，更分签较远之省。如该学生有亲老等情，确实不能赴远省者，应于未掣签之前呈明，既掣签后，不得更改，并不得由他处奏调。

一、义务年限之久暂，应以给发官费之年限而定。凡曾领官费若干年者，即应尽义务若干年，在义务年限内，仍应给予薪金。惟其薪金应比寻常聘用之员为略减,而每年减少之数,即照其游学时所给官费之数扣除。

当光绪三十三年出使日本大臣与日本文部省约定五校年收中国学生165人,原系鉴于在日习普通者众,熟知国内学校逐渐发达,去日习普通者亦渐减少。自光绪三十四年至宣统二年,五校已收中国学生460余人,但据游学日本监督调查,在日习普通者日少,预计两年后即有不敷高等五校考选新生名额之虞,而国内中学之外国语文以英语为本位,毕业生去日对于日文日语仍须从新预备,又不经济,于是学部于宣统三年六月奏请在京设立日本高等五校预备学堂,收中学毕业生补习日语日文三学期遣往日本与在日学生同受五校竞争试验。惟未几革命事起,此事亦搁置不曾实现。民国成立,五校特约仍继续有效,惟各省经费不能按时摊付,甚且数年不寄一文,虽曾由中央贴付若干,但终不足额,至现在则期限已满,更无一定拘束了。

附:日本文部省中日间之教育设施

此文为日本文部省编辑《学制五十年史》附录之一。该书由傅代言译登《新教部杂说》,此文虽甚简单,但叙中国留学日本之历史很有系统,故录之。文见《新教育》第十卷第一期。

明治二十七八年战役之后,我国之实力被遍知于海外。同时东洋诸国人之留学于我国者,亦年益增多。中国留学生来航之初,每因便利而入帝国大学之直辖诸学校,及公私立之学校。逮其数更增多，政府对之感有相当设施之必要，即民间亦有注意于特别之设施者。文部省于明治三十三年七月四日，设“关于文部省直辖学校外国委托生之规程”，以为外国留学生之便利。且于研究之结果，三十四年十一月废止此章程，制定“文部省直辖学校外国人特别入学规程”。又于三十八年定关于使清国人入学公私立学校之规程，而更与中国留学生以便利。其施设于民间者，如私立成城学校、私立振武学校，乃为入学于陆军幼年学校及士官学校入学者之预备教育。明治三十五年时，嘉纳治五郎所设之宏文学院，及如东亚同文会所立之东亚同文书院，乃授以普通学。他如私立早稻田大学、私立法政大校等，皆各为特殊之施设。此外以收容中国留学生为目的之私立学校颇多。

中国留学生最多数时，为自明治三十五年顷起，至四十一年顷止。在明治三十九年时，其数实超过 7000 人。其后每年为数渐减。但至四十二年尚不下 5000 人。然至四十五年，其数乃减 1400 人。盖因当时清朝有革命之变，有多数之归国者。近来留学生虽有多少之增加，然不如前时之盛。其原由乃由中国本国教育机关渐臻发达，普通教育自不待言，即至某程度之专门学校教育，亦渐得于本国受之，故前记之普通诸学校之数因之减少，继续经营之者亦极少。反之，凡为中国留学生之将来欲入帝国大学者特设高等第一学校预科，施一年半之教育（最初一年半），卒业后配置之于各高等学校，而开与内地人共学以进入帝国大学之途，直至今日犹如此。又东京高等师范学校、东京高等工业学校、东京高等商业学校、千叶医学专门学校，亦年年竭力以图容收入员之增加。且文部省关于此等留学生应当注意教育上之事项，亦时常发通牒于直辖学校长地方长官等，以期其教育施设之万无遗憾焉。

从来中国官费留学生，依同国政府之委托，以入学于为本省直辖学校之经费，而从同国政府以受取养成费。但大正九年四月将此废之，而将关于此之经费由国库支出之，且改为仅使留学生纳付学校所定之学费授业科及入学科与中国政府以对此负担轻减之便宜。又因中国留学生在本邦所最感困难之点者，在于无适当宿所之设备，政府经议会之协赞，于大正十年度交付 15 万元于日华学会，以助其中国学生寄宿舍之经营焉。

据大正十一年五月末日之调查，中国留学生在大学及其直辖学校 73 校中，有 50 校收容中国学生。其中东京帝国大学有 127 人，东京高等师范学校有 158 人，东京高等工业学校有 174 人之多；学生总数为 1175 人。且于公私立之诸学校，亦收容有 1071 人之留学生焉。

第七章　庚子赔款与留美

庚子拳匪之乱，致召八国联军入京，光绪二十七年七月二十五日奕劻、李鸿章与各国议和专使签订《辛丑和约》12 项，允付诸国偿款 450 兆两，受款者共 14 国，计俄、德、法、英、日、美、意、比、奥、荷兰、西班牙、挪威、瑞典。以俄国为最多，占 28% 强，德占 20% 强，法 15% 强，英 11% 强，日美 7% 强，意 5% 强，比 1% 强，其余各国均不及 1% 。此款于 1902 年（光绪二十八年）起分 39 年偿完，清政府使各省分摊。1908 年（光绪三十四年）5 月 25 日，美国国会通过以一部分之赔款退还中国之议案，咨请大总统酌定以何时与何种情形交还中国。是年 12 月 28 日，美大总统令，除扣去实应赔偿之款外，均行退还，遂由库藏部详核决定。中国实应赔偿之数，为 13,655,492 美金 690，另保留 200 万美金为或有未经查出应偿之款之用。此外悉数退还。乃订定每年应还应交两项款额。分列如下：

每年退还款额：

1909 年至 1910 年每年 483,094 美金 90；

1911 年至 1914 年每年 541,198 美金 78；

1915 年 724,993 美金 42；

1916 年至 1918 年每年 790,196 美金；

1919 年 790,195 美金 99；

1920 年 790,196 美金；

1921年至1923年每年790,195美金99;

1924年790,196美金;

1925年790,195美金99;

1926年790,196美金;

1927年790,195美金99;

1928年790,196美金;

1929年790,195美金99;

1930年790,196美金;

1931年790,195美金99;

1932年1,380,378美金35;

1933年至1934年每年2,380,378美金34;

1935年1,380,378美金35;

1936年至1937年每年1,380,378美金33。(据北京财政部公债司所编表)

各国赔款展期交付本息表:

1938年1,380,378美金35;

1939年1,380,378美金34;

1940年1,380,378美金36。

其保留之200万美金,续经查明应扣付838,140美金36外,其余均仍变还中国。①

此款经美国国会议决退还后,中国外务部即与驻京美使商定派遣游美学生办法,详情见宣统元年五月二十三日外务部学部会奏遣派学生赴美留学折中。嗣后清华学校之成立与其隶属于外交

① 以上摘录袁希涛:《庚子赔款退还之实际与希望》(《教育与人生》52期)。

部及限制赴美学生学习科目等等，均由此奏折发端。此折在历史上的影响很大，兹录其全文如下：

窃查光绪三十四年六月二十二日外务部奏称美国减收赔款，经与驻京美使商定，自拨还赔款之年起，初四年每年遣派学生约一百名赴美游学，自第五年起，每年至少续派五十名。其挑选学生及到美安插送学等事，俟商定章程，另行知照美政府赞襄一切。彼此互换照会声明以为议定之据等语。此项赔款，业于宣统元年正月起，按照议定减收数目逐月摊还，在彼既已实行，则选派学生一事，在我自应举办，以昭大信。惟是此次派遣游学，非第酬答与国之情，实兼推广育材之计，造端必期宏大，始足动寰宇之观瞻，规画必极精详，庶可收树人之功效。臣等公同商酌，拟在京师设立游美学务处，由外务部、学部派员管理，综司考选学生遣送出洋调查稽核一切事宜，并附设肄业馆一所，选取学生入馆试验，择其学行优美，资性纯笃者，随时送往美国肄业，以十分之八习农工商矿等科，以十分之二习法政理财师范诸学。所有在美收支学费，稽察功课，约束生徒，照料起居事务，极为繁重，拟专派监督办理。至于学生名额，自应按照各省赔款数目，分匀摊给，以示平允。其满洲蒙古汉军旗籍以及东三省内外蒙古西藏，亦应酌给名额，以照公溥。

办理大纲共计五则如下：

一、设游美学务处。由外务部、学部会派办事人员，专司考选学生,管理肄业馆遣送学生,及与驻美监督通信等事;并与美国公使所派人员商榷一切。

一、设肄业馆。在京城外择清旷地方建肄业馆一所(约容学生300名,其中办事室、讲舍、书库、操场、教习、学生等居室均备),延美国高等初级各科教习。所有办法,均照美国学堂,以便学生熟悉课程到美入学,可无扞格。此馆专为已经选取各省学生暂留学习,以便考察品学而设。(详细章程另订)

一、考选学生各条。所取学生拟分两格:第一格年在20以下,国文通达,英文及科学程度可入美国大学或专门学;第二格年在15以下,国文通达,资禀特异。以上二项,均须身体强壮,性情纯正,相貌完全,身家清白,始为合格。每年拟取第一格学生100名,除由外务部在京招考外,并分咨各省提学使在各该省招考录取合格学生,不拘额数,咨送外务部学部覆考选取实在合格者,送入肄业馆,学习或数月或一年,再行由馆甄别,拟取第二格学生200名,凡22行省民籍,满、蒙、汉、旗人,及内外蒙古、西藏等处参照省分大小,赔款多寡,以及有无赔款斟酌损益,定为额数,由学部行知各省提学使,各按单开定额选取送京入肄业馆学习,或数月或一年再行由馆甄别,办法系将考试分数及平日分数合计。甄别之后,于两格学生内各选50名送赴美国留学,其不入选之生,仍留馆肄业,所有各省提学使咨送入馆之第二格学生,如查有年岁不符,及学行不纯者,咨回本省。其往来川费,责令该提学使赔缴。本年应派学生,为时已迫,拟电行各省选取合格学生各若干名,克期送部考试,择尤送往美国,仍一面在京招考派送。

一、津贴在美国自费生经费。如有盈余,每生约拨若干为奖赏自费生之用,至多者每年约500美金。此项学生须由驻美出使大臣,或部派驻美留学监督查照,确系在大学正班肄习实业,已入第二年班以上,功课实有成绩,景况实在困苦者,方为合格。至于奖金多少,亦按照景况功课酌定。

一、专设驻美监督,在美学生人数众多,安置学校,照料起居,稽查功课,收支学费等事,自必异常繁重,应设监督管理,选品学才望足资矜式之员派作驻美学生监督,准其调用汉洋文书记支应员各一人帮同办理。

现在美国式的清华学校课程即完全建筑于第二条之上,各省定额、公额及补助自费生则建筑于第三第四条之上。

清华学校成立于1911年(宣统三年),而美国退还庚款则始于1909年,故在清华未成立及未有毕业生以前,于1909年8月、1910年7月、1911年7月举行三次甄别试验,所考之科目皆准当时中学毕业入大学所需之程度。此三年考取之人数,计第一年47人,第二年70人,第三年62人。以后继续派送该校学生,至1924年已达689人,①此689人除清华本校生外尚有专科生及女生,其选派之重要规程如下:

甲、选派学生赴美游学章程

第一条　资格　清华学校选派游美之学生,以本校三育俱

① 历年人数如下:1912年16人,1913年43人,1914年34人,1915年41人,1916年32人,1917年35人,1918年67人,1919年62人,1920年79人,1921年46人,1921年派定1922年到美30人,1922年63人,1923年81人,1924年60人。(常道直:《留美学生状况与今后之留学政策》,《中华教育界》15卷第9期)

优之毕业生及由本校临时考取之专科生与女学生为合格。

第三条　游学年期　(一)在本校毕业之学生定游学五年，其临时考取之学生，由本校分别酌定。(二)学生如有于所定年期内毕业，而有特殊成绩，或学生专习医科法科不及于所定年期内毕业，如欲展长年期者，应于六个月以前将最近成绩寄呈监督处，并请该校教务长或教员径函监督处证明以凭核办。

第四条　学校与学科　(一)学生所入学校及所习学科由清华校长与各学生接洽选定后，学生不得擅自更改，违者停止月费及各项用费。(一)学生入校后如实有不得已情形必须改科者应有该科二人以上之教员具函声明理由，于阳历二月底以前，由该生一并函请监督处转商本校核办。(一)学生入校如实有不得已情形必须改校者，应于阳历二月底以前函请监督处转商本校核办。(一)如未满游学年期已经毕业而欲继习本科或更习他科或更入他校者，应于阳历二月底以前函请监督处转商本校核办。

该校民国十年订定之专科生资格及年龄如下：

(甲)　本校此次招考矿科、电科、机械科、土木工程科、农科、林科学生共取十名，凡属民国国籍年在28岁以内曾在国内外上述各科专门学校毕业能入美国大学研究院进求高深学问者均可报考。

(乙)　试验之及格与否视考生所习之成绩与此次应试之分数比较酌定。

(丙)　学生到美后，应即入先时认定之大学进修各该专科,不得中途改换学校与课程。

(丁)　留学年限定为三年,如欲展长,必须有特殊成绩或他种充分理由,方得呈请监督处转函本校校长核办。

津贴自费生之重要规程如下:

第一条　宗旨　津贴之设,所以体恤寒畯,奖励游学,使在美自费生之有志上进而无力卒学者,得以学成致用。

第二条　资格　津贴在美自费生,以品行纯正,学业优美,家境贫寒,并须在美国大学第二年本科肄业者为合格。

第三条　名额　暂定50名为限。

第四条　金数与发款　每名每年美金480元,由驻美监督处照下开手续按月发给,不得预支。

第五条　年限　津贴年限,每次以一年为度,至多者不得逾三次。

此外还有考选校外女生,其重要规程如下:

(一)资格及年龄　本校此次招考女学生十人咨送美国留学,以体质健全,品行端淑,天足且未订婚,年在23岁以内,国学至少有中学毕业程度,英文及科学能直入美国大学校肄业者为合格。

(二)留学须知　(1)录取各生,须于下列学科中任择一科为进美校研究之专科。择定后,不得擅改。(应选学科为一、教育,二、幼稚园专科,三、体育,四、家政,五、医科,六、博物,

七、物理，八、化学）（2）留学生限定为四年，如欲展长，必须有特殊成绩或他种充分理由，方得呈请监督处转函本校校长核办。①

专科生系按年选，女生间年选派，均定额十名。女生自1914年起，1920年因该校毕业生特多，并停送一届，1914—1923年共只43人，专科生始于1916年，1920年亦停送，至1923年共47人，②津贴自费生总数未详，据1924—1925年之《清华同学录》所载，此项学生（名半费生，每月只津贴美金40元）共有52人。清华原规定80%习理科，20%习文科，但据近年学生选科之实际统计则二者约略相等，③此亦为我们所当注意者。

清华成立以后，赴美官费生日多，因为人多回国后在社会上势力亦大之故，私费生也随之增加。据民国十三年《留美学生录》所载，计1637人之中，有私费生1075人。就其总数言，反超过留欧学生。但同年二月美国工部发表移民律限制亚洲学生入境极严。其解释学生原文说：

按1924年合众国联邦政府公布之移民法案第四条第五项之规定，凡亚洲各国学生年满15岁以上，具有插入北美合众国有名学校之资格，且业经本部特许收留亚洲学生之学校之一，准其入校习一相当学科而呈请暂时入境以达其唯一求学之目

① 《清华一览》。

② 据常道直统计清华女生1914年10人，1916年10人，1918年8人，1921年10人，1923年5人，共43人；专科生1916年10人，1917年7人，1918年7人，1919年8人，1921年10人，1923年5人。

③ 亦常君所统计：均见《留美学生状况与今后之留学政策》（《中华教育界》15卷7期）。

的者,始得确称为学生。

中国学生入境手续有下列三项之规定:

> 1. 凡学生之欲入境者,须有1882年美国上议院增修华工条例第六条规定之护照一纸。2. 庚子赔款所津贴之学生须领有曾经美国公使馆签字之护照一纸,但无须请特许护照。3. 凡学生之欲入境者,年龄须在15岁以上,确为求学而来,并已经本部(美国工部)特殊收留入境学生之学校之一准其插班受课者。除第六条法定之护照一纸外,须领有一驻华美领事所颁给之特许入境护照始得有入境之资格。①

学生于未到美国以前即欲求得该国学校之允许,事实上本难办到,而所谓工部允许收留亚洲学生之学校又是些重要的学校,待遇未免太苛。所以教育部于8月18日竟愤而咨请各省停送美国学生。此咨不独愤美国移民律之苛刻,且暴示美国留学生之弊端及国人赴美踊跃之情形,很值得我们注意。兹录其原文如下:

> 本部前据留美学生监督电陈,美国待遇官费生严苛,拟停派留美学生,业经咨达在案。查近年来自费生赴美者络绎不绝。计去年一年间,赴美者176人,赴斐律宾者二人,赴德者62人,赴法者37人,赴比者2人。本年上半年六个月间,赴美者90人,赴檀香山者1人,赴斐律宾者2人,赴坎拿大者2人,

① 《限制留学生之美国移民律》,《中华教育界》14卷3期。

> 赴德者2人,赴法者20人,赴英者3人。合计18个月间,赴美自费生约占赴欧美自费生全数67%。本部查考自费生多赴美留学之原因,缘入美国学校甚易,且可以国内学年资格,插班听讲,不及二三年而取得毕业资格归国者甚多,所以自费生趋之若鹜。其间专心求学者固不乏人,但贪得学位,不重学业者,亦在所难免。甚至濡染西风,袭用西人名姓,于呈验文凭时,考核甚难。兹姑就本部调查所及而言,即使美国学术优于他国,亦当限制留学人数,勿使人数过多,潜植一国之精神势力。本部正拟取缔办法,适值美国有限制之举,亟宜曲突徙薪,藉清本源,而免流弊。所有各省留美官费缺额,从本年起,即请改作留他国名额。至各省欠解留美学款,应从速补寄。①

美国移民律后因日人之反抗,特暂准学生入境,教部底通咨也从而取消,这虽然在事实上未发生什么效力,但在留学史中却是一种特殊的事情,故一并述及。

---

① 《中华教育界》14卷3期。

第八章 勤工俭学与留法

勤工俭学在民国八九年间始盛为国人注意，但其起源则在民国元年。与勤工俭学最有关系的组织有三：即留法俭学会、勤工俭学会与华法教育会。此三机关又以留法俭学会为根本之根本，兹先述之。

俭学会之历史　民国元年，吴稚晖、汪精卫、李石曾、张浦泉、张静江、褚民谊、齐竺山诸君发起留法俭学会，并设预备学校于北京。齐如山、吴山诸君担任校中之组织，法文学家铎尔孟君担任教授。其时蔡孑民君为教育总长，力为提倡，并由部中假以校舍，在方家胡同旧师范学校。无何朱芾煌、吴玉章、沈兴白、黄复生、赵铁桥、刘天佐诸君发起四川俭学会，设预备学校于少城济川公学。吴稚晖、俞仲还、陈仲英、张静江诸君发起上海留英俭学会，并附留法俭学会招待所。民国二年，李石曾君与法校梅明君组织留法预备班，至今犹存。当二次革命时，俭学会颇为专制政府所嫉视，北京预备学校舍为教育部收回，遂移之于皮库营四川学馆，政府仍多方巡察，以致全体解散。民国六年，华林君自法归，抱扩充俭学会之志愿，适值马景融君创设民国大学于京都，遂由华马二君与蔡公时、夏雷、白玉璘、江季子、时明荇、刘鼎生、罗伟章诸君重组北京留

> 法俭学会预备学校。
>
> 俭学会之性质　俭学会乃一自由传达之机关，而非章程严密之组织，于义务能者为之，无会长等名目。经济由同志筹集，入会者无纳费之必须。凡欲自费留学每年至少筹五六百元者，皆得为本会之同志。会之对于会员既不助资，亦不索偿，惟以言论或通信指导旅行，介绍学校之义务而已。其缘起如下：
>
> 改良社会，首重教育，欲输世界文明于国内，必以留学泰西为要图。惟西国学费素称浩大，其事至难普及，曾经同志筹思，拟兴苦学之风，广辟留欧学界。今共和初立，欲造成新社会，新国民，更非留学莫济，而尤以民气先进之国为最宜。兹由同志组织留法俭学会以兴尚俭乐学之风，而助其事之实行也。又如女学之进化，家庭之改良，与社会关系尤切，而尤非留学莫济，故同时组织女子俭学会与居家俭学会。①

俭学会成立之后，因李石曾、吴稚晖等之竭力提倡，自民国元年至二年一年之间入会入校而赴法者不下80余人，其他抱俭学宗旨或留学或家居自由汇集者亦40余人。民国三年，蔡元培、汪精卫、李石曾等以工人中之有求学者，因转移其方法，以学生做工，工余之暇，工资所得即以求学，至民国四年六月组织勤工俭学会，以勤于做工，俭以求学为目的。后以欧战中止进行。民国五年欧战正剧，法之壮丁须赴前敌应战，国内无人工作，而中国尔时为中立

① 《新青年》三卷二号。

国，法政府特向中国招致华工，李石曾与之订立条件代为招募。[①]欧战终了，法国人口锐减，国内工厂欲恢复原状，工人不敷分配，华工勤劳，又为法人信赖，故稍有工作能力者均可在法谋生，李等更倡工作一年读书两年之说，一面在国内设立预备学校，一面与法人共同组织华法教育会谋学生出国与谋工之便利；加以华林于民国六年回国，极力鼓吹各县筹县费遣派学生，[②]故留法勤工俭学几为举国公认之唯一要图，自总统至学者莫不竭力提倡，即法人亦特别欢迎。[③]民国八年底去法者已150余人，在途者60余人。到

① 去年（民国五年）春间，法政府有招致华工之计画，先由陆军部派人赴北京办理，与交通部商议，在北京设一招工局，先招5000人。其所订合同，大略工价则小工每日一佛郎，瓦工一佛郎半，铁工二佛郎半，川费及食宿在外，订约五年。如未满五年而停工，则罚缴川费600佛郎。而北京招工局每招一人约领酬金100佛郎。其时在巴黎之招工局又与《留法俭学会》书记李石曾商议，拟由俭学会招致。李提出要求条件：（1）工价与法人平等，（2）所招之工须选其有知识而无恶习者，（3）招工之人不经手川费与工价，（4）须设工人教育。其后即照此大纲订立合同，由李广安亲诣云南、广西等省招致。所招工人皆托各省劝学所职员及小学校教员，于各乡村募集之。八九两月华工至法约5000人，在马赛登岸分赴各处。（《法国招致华工》，《东方杂志》14卷2号）

② 华林曾发长文一篇并拟县费生约章六条，载《东方杂志》14卷9号。

③ 沈宜甲报告留法勤工俭学情形文中说："本会自民国四年蔡元培、汪精卫、李石曾及其他之留法诸君，以工人中之有求学者，因转移其方法，以学生作工，工余之暇，工资所得即以求学。后以欧战中止进行。此次战事了后，李石老即一面在京、津、保定、长辛店等处，设立留法勤工俭学会预备学校十余所，一方又提前送人来法。自此事发起后，各界影响极大，每日报名入学者应接不暇，以湖南为最多，几占全数之半。而各省当道及各地名人皆极力提倡：如湖南则有熊秉三、杨怀中及该省教育所帮理一切，且闻已设华法教育分会，而学生之来法者又多给以津贴，鼓舞其志气，此其所以人数为各省之冠也。直隶方面则本会根据地，其发达情形自不待言。前次开中法协进会时，上自总统及各部总次长，段督办、李长泰等皆捐巨款，且曹督军对于保定之预备学校除捐款20,000元外，再捐机器三座……此外最与本会关系密切者为侨工局局长张岱彬先生，凡本会一切进行，无不受其补助；且此次竟贷旅费与预备学校卒业生来法，更属异数。山东方面，则该省有国会议员王讷等组织华法教育分会外，该省省议会、教育厅更发给学生每名400元之旅费，并以后常年津贴数百元；且

法入工厂者占三分之二，民国九年上年勤工生在法者已千余人，斯年八月三日并成立留法勤工俭学学生会，分工作、书报、讲演、消息、会务五部办事。当时法国需工人甚多，学生之有工作能力者，大概有事可做，工资亦可于维持生活外稍能储蓄以备读书之用，此事沈宜甲报告学生入厂工作情形中证之。他说：

> 法国当大战之后，死伤300万，其人荒之象，自不必言。故西班牙人在法者有300万，而其中三之一即为工作者。我中国来几千万数学生，不过如牛之一毛，何忧其无位置。然所愁者，即在学生既无体力，又无技艺，故虽此间位置极多，工厂向会中要人，而反无人能去。此固自取之道，非人之不肯用也。……此间同学，来者共有400人之谱，前后不下十余次，以湖南为最多，四川直隶等次之。……到法后，有入学者；有入学数日，补习法文，而又转入工厂者；有直接入厂者，其所入之厂，分布全法，为数数十，不能详知。然大都分为造船、机械、胶皮、矿冶、家具、汽车、发动机、电动机等工厂。其工资不一律，然总不出15佛郎范围。其故有数：法厂通例，凡有技艺者，

各该生县中又发给常年津贴数百元。山西方面则有励精图治之阎锡山省长，自闻留法勤工俭学会之发起，即立派学生91人至北京预备，其费用则由省县分担，此外更提先派遣学生来法，近已到二三十人。……四川方面则除该省前办有预备学校外，此次熊督军以数万元送第一次留法学生60余人来法，以后并常年如期由预备学校毕业后即以公费送来。至于来法找工厂之事，则并不必经华法教育会，其成都法领事则电致法工部，工部即分配各厂学习，如此次来法之60余人，不一星期已全数入厂矣。……当生等第一次来法时，今法总理克理满梭所办之《人道报》且大登其欢迎词，谓此班学生为交换中法文明者云。同学之入学校及工厂者，其待遇皆优于本国人；且有蒙达耳一校，更将中国国旗大悬特悬以为荣耀；各校并为中国人特开班次，特设住所。……"（《安徽教育月刊》第24期）

无论何国人，其工资绝无在15佛郎以下，如我国工匠之在飞机厂作工者，有一日二三四十佛郎之工资。……凡入厂者，十之九皆蒙特别优待……有专为预备住所及厨房者，有借地种植者，有专门派人欢迎者。有一农场一次容百人，且非中国人不可。更有一厂与李石曾交涉，谓中生如能以六月在法依其指导预备法文及工艺，则该厂可指导介绍学习一切工艺，且其自身即可用千人。……以后各厂来信索人者，有一日20封信之多。而会中一以人数太少，难以应付，二以多无技能，又难称职，故皆辞却。迟之又久，只好寻若干半工半学之工厂，又无技师之工作，分配诸生。故今日找工作乃极易事。惜无能工作之人耳。但入厂后……除一二处因特别关系外，其余通信与会中无一不称中生工作之满意……有一厂竟要求加50人之多，且有因故换厂而原厂坚留不准去，此又中国人善于用手之天性有以成之也。故今日无论何厂其初莫不以三人为试验，试验后无一厂不加人，从未有因试验不佳而被除者。故虽以今日无技艺者之多，会中尚可勉为设法也。厂中工作每日俱八小时，无有过此数者。且大多同学于工余之暇另请教员教授法文，计每日除工作之外，尚可读三四小时之书；亦有厂中代请教员教授法文、机械、图画等学科而不另取学费者。至工资一项，若专门工作，从无有不足自给者，不过欲以余钱求学，则为无技艺者之难事也。①

中国学生当时在法之谋工厂既如此容易，加以留学生之头衔

① 《安徽教育月刊》第24期。

素为国人重视,于是去者日多而流品亦日杂;而法国生活自民国九年下年来,较战前增加倍蓰,国内工人要求增加工资,厂主负担过重,营业不能发达,工人因而失所者甚多。我国学生因素无技艺上之训练,工作能力原不及法国工人,是以能耐劳与法国一时缺人之两条件勉强在法厂自活。当初亦有因能力不足被各厂辞退者,不过为数甚少,华法教育会之主持人为热心于中法文化沟通者,于尽力介绍工作外,并常向各处募集款项维持其生活。及法国社会经济发生变动,国内工人尚且失业,素少专技之中国学生,当然不能立足,民国十年初,在法勤工俭学生之待维持者达1700余人,华法教育会既无款维持,而且该会之组织亦以辅助学生觅居觅校为主旨,①并非法定之责任机关,但学生平日无工可做时,多在该会领维持费,一时不应,遂发生种种冲突。该会于民国十年1月12日由会长蔡元培向勤工俭学生申明该会之性质,及其与俭学会、勤工俭学会之关系,并欲学生分途组织俭学会及勤工俭学会。其通告原文说:

> 元培到法以来,在法勤工俭学生,以及学生事务部任事者,先后向培声述各方面困难情形,及询求解决办法。培观察所及,知由于学生事务部组织之不良者半,由于华法教育会、俭学会、勤工俭学会,多有不辨其性质,混为一谈,因而发生误

① 该会章程六条,第四第六两条系规定对于俭学会之责务者,特录于下:

四、会中可助俭学会员之点　到法在车站客寓之接待,与觅居觅校之介绍,以及在公府报名社会交游之接洽等事。

六、新会员与会之接洽　出发前一个月,由同学会开列中西文对照名单三份及每人入会书,交组织人之一寄法。火车将到巴黎之前,由公学会发电告以到巴之日期,俾会中招待员届时至车站接洽一切。(《新青年》3卷2号)

会者又半。今既欲解除一切困难，不得不先辨明此三会之性质。成立之历史，俭学会最早，成立于民国元年；宗旨以纳最俭之费用，求达留学之目的。勤工俭学会则成立于民国四年六月，以“勤于工作，俭以求学”为目的。自此两会，先后成立，来法人数日益增多，同时法国方面亦多注意中法两国文化之提携，为言欲达此种目的，非特设机关，共同集议不可，于是始有华法教育会之组织。是华法教育会为两国文化上之总机关，俭学会、勤工俭学会不过其事业内之一部分。今则混为一谈，多以为勤工俭学事务，即华法教育会全体之事业，勤工俭学事务办理之不善，益以委罪于华法教育会，如此误会，是直以华法教育会为勤工俭学会之代名，此实大谬不然者也。欲矫此误，惟有俭学会、勤工俭学会，对于华法教育会为部分之分立，由两会学生自行分别组织，华法教育会从旁襄助一切。……

1月16日并由蔡通告华法教育会对于俭学生或勤工俭学生脱卸一切经济上之责任，其通告及办法如下：

……在本会方面，一年以来，借贷学生之款，亏空之数甚巨。本会原无基金，又无入款，挪借之术，有时而穷；而告贷之学生，方日增无已，今则亏竭已极，万难为济。惟有竭诚通告；华法教育会对于俭学生或勤工俭学生，脱卸一切经济上之责任，只负精神上之援助。……

办法两条：

(甲)关于俭学者:(一)俭学生以前在本会存有款者,一律在本年二月初十起,至三月十五止,由该生亲到事务部结算清楚(或亲笔函索亦可),本会不再担负保管之责;(二)俭学生无存款,一向请本会贷付学费者,一律自本年二月底止,以后由该生设法自理。

(乙)关于勤工学生者:(一)现在工厂者,自通告之日起,以后如有辞出工厂情事,本会一律不发维持费;(二)现在勤工俭学生之在学校者,其请贷付学校用度,一律于本年二月止,以后由该生设法自理;(三)不存上述之规定,而现在仍来本会领维持费者,本会概不答覆。①

通告出后,在法勤工俭学学生大起恐慌,纷纷往使领请求维持,时陈箓为公使,连电北京国务院,教育部并各省督军省长报告困难情形,请汇款接济,结果中央只准为无力自给者代购船票遣送回国,各省则以为此项学生非经省派,不能由省负责,而令各生家属自行筹款。此项消息到法,学生坚执不受遣送,于2月28日集数百人要求使馆每人月给学费400佛郎,四年为期,公使无法应付,而法政府及舆论均不以遣送回国为然,并由法外部派人至使馆请将遣送费移作维持学生之用,法政府当竭力帮忙。乃于5月14日由中法两方面合组委员会专办勤工俭学生事宜,并由朱启钤捐50,000元计306,500佛郎,与使馆所筹遣送费25万佛郎,法外部捐30万佛郎,汇理银行捐5万佛郎,共906,500佛郎,以之发给候工学生每人每日维持费5佛郎。而在法学生1700

① 《安徽教育月刊》37期附录。

余人，[1]流品既不齐，失工者亦多，八九月间，领维持费者达 800 余人。适中法实业银行改组问题发生拒款风潮，法政府于九月撤消该委员会，10 月 15 日起，不复发给学生维持费。适于 9 月 21 日，勤工俭学生百人占领里昂大学，法政府尽数驱逐暂行安置于附近兵营，并主张驱逐出境，后经公使多方交涉，以内部问题不能解决，终于 10 月 13 日由法外部派员到里昂护送学生 104 人往马赛乘船回国。在法学生，因经济困难亦逐渐自返，民国十四年以后，虽间有去者，但为数甚少。现在勤工俭学生之在法者不过四五百人耳。（见李璜：《法国留学问题》，《中华教育界》15 卷 9 期）

民国八年南北两政府争关余时，吴稚晖、李石曾等竭力鼓吹，经政府及各方面之赞助，于民国十年设中法大学于法国之里昂。校址为一旧炮台，法国原定永久给为校址，后由永久改为 25 年，再改为 15 年，最后改为 9 年。开办时费修理等费 200 余万佛郎，常年经费约 60 万佛郎：由广东政府给 42 万佛郎，北京及法国政府共给 17.5 万佛郎。初意原为勤工俭学生，后因种种原因，向国内招收学生，但因校舍与经费之限制，学生不过 150 余人。校中有特待生、免费生、正式自费生之分。此事不独在留学史上开一新纪元，且为中国在海外设立大学之始。

---

① 据民国十年《华法教育会》名册登载：湖南 346 人，广东 251 人，江西 228 人，福建 89 人，浙江 85 人，河南 20 人，陕西 9 人，贵州 9 人，四川 378 人，直隶 147 人，奉天 5 人，山东 15 人，湖北 40 人，江苏 69 人，山西 28 人，安徽 40 人，云南 6 人，广西 7 人，又新到之生尚未列册者 100 余人，其间籍隶四川者 90 余人，统共 1700 余人。（《安徽教育月刊》第 53 期）

第九章　日本对华文化事业与留日各部特送留学

甲　日本对华文化事业与留日

自从美国退还庚子赔款培植留学生在文化侵略上收效以后，各国均有起而效之的意思。加以日本于欧战时侵略中国引起国际间之不满而处于孤立地位，更欲见好于中国。其众议院于民国十二年三月通过议案以庚款办理对华文化事业，斯年12月29、31两日由汪荣宝公使及教育部特派员朱念祖与日本对华文化事务局长出渊商定办法12条，大致为决定在华关于办理图书馆、博物馆及精神科学研究所、自然科学研究所，与补助留学生等事。其中之第10、第11、第12三条专系补助中国在日学生办法之规定，兹录其全文如下：

十、对于留日中国学生，从明年度起，依下开方法给学费。

(附记)此项经费期限经双方议定以十年为限。

甲、学费定额，每人每月80元，一律平等给与之。乙、得受此项学费之留学生名数，每度年总计不得逾320名。丙、前项学生之名额，以各省选出众议院议员及各省担负庚子赔款之数目分摊于各省，由大学及专门学校肄业生内遴选之。此种大学及专门学校由驻日公使馆与日本文部省及对华文化事务局协商指定之。丁、应照前次遴选之学生，不以官费为限，自费生亦在其内。戊、业经入选之学生，如认有成绩恶劣或品行不良者，随时停止其学费。

（附记）文内品行不良字样，业经双方面商，由中国使馆详加解释，列举事项以免误会。

十一、对于留日中国学生本年度给与学费办法，照下开方法施行：甲、按照第十项所定明年度以后之给与方法所遴选之学生逐名给与之。乙、此项学费之给与自民国十三年一月份起。丙、从前欠缴之各学校修金授业科，以本年度支用之经费清给之。

十二、对于留日中国学生给与学费之支付，由中国公使馆行之。[①]

此项办法于民国十三年二月六日由汪、朱等与出渊在日本外务省签字后，使署即着手分配补助费，定全费生每名每月80元共240名，半费生每名40元，共140名：以各省庚子赔款分担数及选出之众议员数为比例，定各省学生受补助费者之名额。但分配后，尚余全费生额11名，拟以补助女生，而私费男生群起反对，且

① 《教育杂志》16卷3号《教育消息》。

不许公费生染指，使署乃改订此案，以余额11名为补助国立大学及专门学校遴选合格人员赴东研究费，并将全费与半费之区别取消而一律定为每月70元，各省应得名额由官费自费生平均分配。后因自费生与女生之反对而改归北京教育部办理，结果仍以使署第二次修正案为根据，于3月8日公布；①并于十三年冬留日学务总裁蒯寿枢解决此事。补助费之支付原定十三年一月起，但因在东之争执不已，十月以前应支之费，由日政府支为官立学校学费及一部分学生之研究费与实习费，至十三年秋始，由日政府请我国留日学务处调查日本专门以上各校学生姓名，决定得费者及候补者之人员造册送交日本对华文化局，于十三年十月份起，得费

---

① 教育部公布之全文如下：

（一）支给此项学费学生，定额为312名，按各行省众议院议员名额及担负赔款金额之比例为标准。分省定额如下：直隶23名（京兆在内），江苏27名，四川24名，浙江22名，江西21名，山东18名，河南17名，广东21名，山西15名，湖南14名，安徽15名，湖北16名，福建13名，云南10名，陕西11名，广西9名，甘肃7名，贵州6名，新疆6名，奉天6名，吉林4名，黑龙江4名。

（一）每名每月应支学费日币70元。

（一）各行省应得名额，在留东官自费生中，各补半数，如系单数时，得由自费生多补一名。

（一）官费生换补前项学费时，其原有官费缺额，应遵照十二年三月十九日通咨“五校特约取消后，留日学生补费办法，应与欧美一律办理”之原案办理。但凡属缺费省分之官费生，其遗缺暂缓序补。（《教育杂志》第16卷第4号）

（一）各行省官费生，如不愿换补前项学费时，得以各该省自费生递补之。自费生不足额时，亦得以官费生补之。

（一）前项学费，依下列学校资格，依次序补。（学校过繁从略）

（一）前项学生之资格相同时，以年级之高下定之。年级相同时，以成绩之优劣定之。成绩相同者或有疑义时，由学务处举行临时考试定之。

（一）各行省如合格之官自费生均不足额时，得由学务处考察各该省在前项指定学校外之官公私立大学专门学校学生成绩最优者补充之。

（一）于各行省所得定额外，所余11名，应由国内国立大学及高等专门学校遴选合格人员，赴东研究。

者文化局将各费交各校会计课给领。当发款之先，各校长将本校应得补助费之学生召集宣誓，并制定誓约书一纸令其填写。因此誓约书之内容[①]有侮学生人格，学生当时不愿领费，要求改订，结果略有修改仍行领费。而日政府因近年我国留日学生渐减，并拟请中国政府派送300人去日，而中日两国学生团至少每年当互相旅行三次，[②]以增中日间之亲善。

日本外务省之对华文化事务局，因民国十一年日本曾遣入泽

---

① 该誓约及支费规程见《教育杂志》第16卷4号，原文如下：

（甲）支那留学生给费实施大纲。（一）本件学费，从大正十三年十月份开始，每月支给70元，按照别纸名簿，对于该月之在学中者交付之。若该学生中有退学或休学者时，应即通知外务省文化事业部。（二）每月学费于15日前后送于学校长（在大学则送于学部长），又在学校以外之机关已议定者准此，以下同。又在东京市内或近郊学校，当预先通知支付日期，届时得命相当之代理者，携带该代理者之印信，持捺盖有学校校长职印之委任状，直到文化事业部受领。但大正十三年十月至十二月三个月份，应与大正十四年一月份同于一月上旬一并送达。（三）交付学资于学生之时，每次须使其于当时交付之受领书上签名盖印，并即转送于外务省文部，不得延迟。（四）监督发给学费之学生等事，悉付托于校长，惟须将誓约书誊本送外务省文化事业部。（五）本件给费学生中若认为于受补给费有不适当时，得依据学校校长之意见，中止其给费。（六）别纸甲号表及乙号表各三校，每校系由其本人或学校分别填入，各送二份于外务省文化事业部，其余一份则留置于学校保存之。若记入事项有变更时，应即通知外务省文化事业部，不得迟滞。（乙）“誓约书”某科某部几年生姓名生年月日学生今次依照日本政府成案之对支那文化事业之一之支那留学生给费实施大纲，自大正十三年十月起，每月领文补给学费金70元，不胜感激之至。为此誓当专心勉学。毕业之后，并愿体奉右记主旨，奋励奉答恩眷之隆。特为誓约如右。

② 《教育杂志》第17卷第5号（十五年五月）《教育消息》云：据日本对华文化事务局及外务省预定方案，共分五项：（1）对于中国留学生补助费存在办法原就中国原有在日之留学生中，分校分省补给，嗣后拟将此项办法略事变更，每年由中国政府自国内派送留学生300名来日留学，其学费及一切办法，均照原定计划办法，并自本年四月起实行。如此则中国留学生必日见增加，不至如近来之逐次减少矣。（2）每年中日两国学生团至少彼此当作三次旅行，使两国之风土人情互相了解；每次旅费每人定为日金500元。……

博士及东京帝国大学学生70人至中国各地参观,实行其对华文化事业中之交换教授学生计。故民国十三年约协和医校派外国教授二名赴日交换讲演,并由教育部根据日本外务省之请托,在北京国立八校中(原定通令全国选派,以时期过迫,故在京八校中选派)选教授学生55人,于十三年五月去日,于六月返国,为期一月;旅费每人日金500元,由日供给。民国十四年南京各校并选派教授学生20名,民国十五年选派教师20名去日参观,办法均照原案所规定者办理。

乙 交通部特送留学

交通部为前清邮传部所改。邮传部因交通人才缺乏,在国内自办南洋、唐山等专门学校以培植之,并派各校毕业生出国学习,归国后分派该部直辖机关服务。民国成立,其原派在外未毕业者由交通部继续给费,民国初年,每岁亦有增派。后因所派学生既系直辖各校高等专门学校毕业生,于学理已有研究,出洋应专注重练习事务,乃将派学生游学之例停止,于民国二年八月另订《派赴外国修习实务章程》20条,专派实习人员出洋,其章程之重要条文如下:

第一条　交通部为养成实用人才,得随时选派修习员赴外国修习关于交通事项之实务。

第二条　修习员名额无定数,由交通总长视本部预算之情形及需要之多寡,随时增减之。

第三条　修习员由本部或原办事局所或原肄业学校暨驻

外国公使介绍，分别入各国之公司局厂等修习。

第四条　派往何国及练习科目，由交通总长指定，或由原办事之机关首领或原肄业学校校长拟定呈候交通总长核夺。

既经指定派往何国及所习何科，各修习员不准自行改往他国及改习他科，违者应勒令邀还已受领之一切费用。

第五条　派出之修习员，须有左列第一项或第二项资格之一并兼具有第三项第四项之资格者。

一　在交通部或直辖各局所办理重要部分事务，满三年以上确有成绩，经该管首领出具确实考语举荐者。

二　在交通部直辖各专门学校高等专门班毕业成绩最优者。

三　娴习外国语言文字在一种以上，并应具之知识技能能在所派往之国之公司局厂等直接领受所修习之学艺者。

四　身体精神健全者。

第七条　修习员之修习费暨往返川资及其他必要费用之数目与支给之方法，由交通部核定，并得委托公司局厂等当事者代办。

第八条　修习期间，以一年至二年为限，但因必要情形，得交通部总长之许可。得延长之，但延长时间至多不得过一年。

延长之许否，须以所在修习之公司局厂等之证明书为准。①

民国十四年七月该部为整理留学事务起见，订管理留学生章程24条，以确定留学目的；并规定留学生名额70名，经费20万

① 民国十三年编：《法令大全》（商务印书馆）。

元。办法很详备，而且为各部派遣留学生之最有系统计画者，录其全文如下：

第一条　本部为培植交通四政专门人才，得选派学生分赴国外留学。

第二条　本部留学生事务由总务厅育才科管理之。

第三条　本部留学生名额，暂定为70名，其分配法依左列之规定：

（一）本部直辖三大学学生，每年毕业时，择其成绩优异品诣端方者选派4名，每人留学5年，共占额20名：内南洋大学每年派送2名，唐山大学及北京交通大学每年各派1名。

（二）本部直辖三大学学生在校成绩优美，毕业后在本部四政服务两年以上，品行才具学识俱佳者，每年选派20名，每人留学两年，共占额40名：内土木机械电机铁路管理四科各占四分之一，但本部得视需要情形，随时酌量变更之。

（三）自费生在外国各大学本科肄业二年以上，所学习学科在本部四政范围以内成绩优秀者，得给予官费，以十名为限，留学期限二年。

第四条　凡具有第三条第二类资格之学生，在留学期内，其原在服务机关之资薪，得予保留。

第五条　本部选补留学生程序，依左列之规定：

（一）凡具有第三条第一类资格之学生，应于其毕业时由直辖大学校长，按照规定名额选定，呈请本部核派。

（二）凡具有第三条第二类资格之学生，应由服务机关会同直辖大学校长呈请本部核派。

（三）凡具有第三条第三类资格之学生，应由管理留学事务机关及其肄业之学校，开具成绩证明书，函请本部核补。

（四）凡具有第三条资格之学生，自行呈部请派者，应交由原肄业学校或服务机关或管理留学事务机关审查合格后，再行核派，或补官费。

第六条 审查合格应行派送或补费之学生，超过第三条各类定额时，本部得择其学识成绩最优者，尽先依类派补。

第七条 本部留学生所习学科，以本部路、电、邮、航四政及与有关系之学科为限，由本部按照各政需要情形，于选考时指定修习之。

第八条 本部留学生肄习学科，非经报由本部核准，不得改习，违者停给学费。

第九条 本部留学年限依第三条之规定，但有必要情形经部核准，至多得予延长期限一年。

第十条 本部留学生学费分全费半费两种，凡具有第三条第一类资格者，给以全费，其具有第三条第二类或第三类资格者，应视其留学情形，给以全费或半费。

第十一条 本部留学生出国川资及治装费依左表规定金额由本部发给之。

国别	出国川资（元）	治装费（元）	共计（元）
日本	国币 100.000	国币 150.000	国币 250.000
欧美各国	国币 700.000	国币 200.000	国币 900.000

第十二条 本部留学生每月学员依左表所定金额，由本部分季汇交委托管理留学事务机关支给之：

留学国别	每人每月学费数目
日　本	日金70元
美　国	美金90元
英　国	英金20磅
法　国	法金1600佛郎
比　国	比金1600佛郎
德　国	德金400马克
瑞士国	瑞金500佛郎

第十三条　留学生收到学费,应即出具收据,送由管理留学事务机关,每届三个月,连同其他单据造具学款收支清册,汇送本部备核。

第十四条　本部留学生回国川资,依左表所定金额,由本部汇交委托管理留学事务机关发给之:

留学国别	每人回国川资数目
日　本	日金100元
美　国	美金520元
欧洲各国	英金110磅

第十五条　本部留学生学费自到达留学国之月起支,其系自费核准给予官费者,自令准之月起支。留学生毕业返国时,学费发至起程回国之月为止。

第十六条　本部留学生如届期满毕业回国,应于前三个月函由管理留学事务机关,转报本部发给川资。

第十七条　本部留学生应于每年六月及十二月填具调查表,送由本部委托管理留学事务机关核转本部备案。

前项表式由部规定每年于三月及九月印发,本部委托管理留学事务机关,转饬照填,如逾期两个月尚不填送委托管理留学事务机关得查酌情形停止其学费，并报告本部。

第十八条　本部留学生应于每年六月及十二月按照部定表式，将学业及实习成绩迳行呈报本部，如逾期三个月尚不呈报本部，得查酌情形，电知委托管理留学事务机关，停止其学费。

第十九条　本部留学生应将通讯处函报本部育才科以便随时通讯。

第二十条　本部留学生不得无故擅自回国，如因亲丧大故及其他不得已事故必须回国者，应先请由管理留学事务机关电部核准给假，往返川资自备；在假期内，并停发学费。

第二十一条　本部留学生因病所需医药等费，经医院证明暨管理留学事务机关考查确实，并认为正当者，得予照发，但每生每年至多不得过全年学费二十分之一。

第二十二条　本部留学生毕业返国，应来部报到，听候考验传用。

第二十三条　本章程施行细则另定之。

第二十四条　本章程自公布日施行。①

我国交通事业虽以邮电路航四政并举，但以铁路事业为主干，故储才亦偏于路政。光绪三十三年梁士诒综理借款各路事宜，因见铁路人才之缺乏，乃多设留学名额。民国后，朱启钤及周自齐更注重分门研习，而留学学额亦渐以扩充。自光绪三十四年至民国十四年六月止，共派学生600余人；计赴英国者180人，比国52人，美国235人，日本119人，德国37人，俄国6人，奥国41人，法国23

① 《交通公报》十四年七月二十日、二十九日。商务印书馆：《民国十三年编法令大全》，页1253。

人，瑞士3人。其中视为留学目的分为三类：一、留学生赴大学或专门学校以研究高等学术为主旨，二、修习实务员赴公司局厂以修习关于交通实务为主旨，三、实习生与修习实务员性质略同，不过待遇有别而已。[①]

丙 参谋部海军部特送留学

自前清练兵处奏定留学章程后，除日本士官学校中国学生特多外，欧美各国均有学生，民国成立，不复仿其政策，惟派遣陆军测量学生出国学习，但人数甚少。元年十二月参谋部公布派遣陆军测量留学生章程33条，兹录其关于总纲、资格、选派法之重要者数条于后：

> 参谋本部为促进测量学术改良测量事业起见，特颁此章程以策进行。（第一条）
>
> 本章程所称陆军测量留学生以参谋本部派赴各国之测量学生为限。（第二条）
>
> 派遣测量留学生，需用各项经费，归入测量费内，由参谋本部按期发解。（第六条）
>
> 凡派遣测量学生必具左之条件者方为合格：
>
> 1. 精通某一国文学能直接听讲者；
>
> 2. 确在本国寻常高等两科卒业，且实地经验二年以上，或

① 叶恭绰：《交通与教育》（《国闻周报》2卷34期）。

经测量总监(或测量监)认为有相当之程度者;

3. 品行端谨别无嗜好者;

4. 学术成绩经长官认为有发达之希望而加以切实考试者。(第七条)

凡具有前条之资格者均得列入选派试验。(第八条)

选派额数由参谋本部随时酌定,一国不得逾六人,每科一国不得逾二人。(第十条)①

学生用费分学费、月费、书籍费、川资、治装费、医药费五种,除书籍费规定日本百元,欧美300元,余均由参谋本部及驻外公使按留学国生活情形随时酌定支给。

海军部在前清为海军处,隶属于陆军部,民国始改为分部。光绪二十七年以后,江鄂等省派水师学堂学生赴英美学习海军,宣统元年八月海军处派专员为西洋游学生监督专管海陆军学生留学事宜,民国七年十一月海军部公布驻外公使馆海军武官管理海军留学员生规则十条,同时并公布修正英美海军留学员生规则。其重要条文如后:

第一条　海军留学员生,除另有特别规定外,应受留学国公使馆海军武官之管理。

第二条　留学员生之转校及入厂登舰日期,及在各处之毕业日期,应由该员生先期呈报海军武官,汇案报部。

第三条　留学员生,应习各项专门学科及毕业期限,应由

① 商务印书馆:《民国十三年编订法令大全》,页752。

> 海军武官，参酌该国定章，核定办理，留学员生，不得自由选择，或改习海军以外之科学，违者除停止官费外，并须缴还所领留学等费。①

关于经费亦分学费、零用、川资、治装、旅行费、医药费等项：赴英者月10磅，赴美者月美金84元，但学费每年在250元以上者，100元外由公家补给。川资与旅行费依国别及学校而定，医药费则核实支给。

① 商务印书馆：《民国十三年编订法令大全》，页769。

第十章　官绅游历　贵胄游学　女子游学

甲　官绅游历

政府鼓励官绅出洋游历始于光绪二十九年张百熙、荣庆、张之洞等奏定学堂章程附奏鼓励官吏游历章程，但前此十余年已由政府派遣京官至东西洋各国游历。光绪十三年四月，总理衙门有一奏请派遣官吏出国游历之折，并订章程八条，其性质与专门考察有别而带一部分游学任务。原折说：

> 窃臣衙门于上年十二月初十日钦奉谕旨。前据谢祖源奏请饬保荐出洋人员，经总理各国事务衙门议复，请由翰林院六部核实保荐，现在几及两年，尚未据保荐有人，着该衙门传知翰林院六部迅即查明有无可以保荐之员，限三个月内咨复该衙门，毋再迟延，钦此，钦遵恭录行知各部院遵照办理去讫。查臣等前奏内称翰詹部属中如实有制器通算测地知兵之选，坚朴耐劳，志节超迈，可备出洋游历者，请旨饬下各该衙门核实保荐，咨送臣衙门考核，再行奏请游历各国。应需出洋薪装，届时由臣衙门酌定数目，在出使经费项下发给等因。现在

各衙门正在陆续保送，俟送齐后，由臣衙门考核去取，厘定员数，带见请旨遵行。至游历员应定年限，及薪水数目，必须示以定章，俾资遵行，臣等公同商酌，谨拟章程八条。

其章程八条如下：

一、选派人员，当视经费赢绌，定员数多寡，刻下设法节省出使经费，计省出之数，每年只四万余两，以供派员游历之费，不为充裕，不得不限定员数。臣等公同商酌，此次派出之员，除翻译人员之外，或10员或12员。

一、各衙门保送人员除翰林院人员由其本衙门先试以纪载文笔再行咨送外，其各衙门保送人员，拟由臣衙门定期考试，以定去取。考试所取，专以长于纪载叙事有条理者入选。

一、游历至久以二年为限，往来程途均在限内，有过二年限者，即作为自备资斧之游历，停支薪水；一年半后，先归国者听。

一、翰林院人员在南书房上书房有紧要职事者，虽于单内自注愿行，臣等未敢擅便，届时奏闻请旨；各部人员派出游历者，每月拟给薪水银200两，伙食仆役一概在内，每员准带翻译一员，月支薪水50两。

一、各员游历时，应将各处地形要隘、防守大势，以及远近里数、风俗政治、水师炮台、制造局厂、火轮舟车、水雷炮弹，逐一记载，以备查考。

一、各国语言文字、天文算学，一切测量格致之学，各员如有素日曾经留意，及出洋游历后择端学习，可写手册录交臣衙门进呈。

一、各员游历回华后，将所精之制造，所著之笔记，呈臣衙门后，应否由臣等择其才识卓著之员奏请给奖，伏候圣裁。

一、游历各员倘有在途在洋遇他项事故者均照衙门出使章程办理。①

此议于四月十六日照准，但当时部员甚多，各衙门保送出洋游历过众，故分两日面试，取定28员，②复经亲王及大学士、军机大臣面示外洋大略情形，于六月初二日率领觐见，派定傅云龙等游历东洋及美洲，程绍祖等游历西洋及非洲，东西两洋共派十名。惟出国诸人在国内既无预备，时间又甚短，故无何种成绩。

庚子而后，举国均以励行新政为事，故张之洞等极力主张派遣游学生，但犹恐学生在国外学习需时不能应急需，所以又奏鼓励官绅游历。他们说：

……已入仕途之人，类多读书明理，循分守法，内而京堂翰林科道部属，外而候补道府，以下等官，无论满汉，择其素行端谨志趣远大者，使之出洋游历，分门考察，遇事咨询，师人之长，补己之短，用以开广见闻，增长学识，则实属有益无弊。其能亲入外国学堂留学者尤善，职官出洋游历游学者众，不独将来回国后任使之才日多，而在洋时与本国游学生渐相稔习，灼知其品谊才识，何人为学行兼修之士，何人为乖张不逞之徒，

① 小横香室主人编：《清朝野史大观》卷4，页95—96。

② 28人计为傅云龙、缪祐孙、顾厚焜、刘启彤、程绍祖、李秉瑞、李瀛瑞、孔昭乾、陈炽唐、洪勋、徐宗培、金鹏、王旭东、严庚辛、费德保、贺松荫、常联、宗宝僖、蒋宝英、孙庆祺、余和埙、曾纪先、何宗堦、志善、王春沛、熙文、左庚、张云标。（同上）

异时以类相求，黑白确有明证，且力持正论之人日多，则邪说诐词势自孤而不敌，学生嚣张之气，亦必可默为转移。若高爵显秩，亦令出洋游历，则其凭藉既崇，展布愈广，为效尤宏巨。

这是光绪二十九年的事，张之洞、荣庆并奏定奖励官绅游历章程，其重要者如下：

一、游历遍涉东西洋各国往返在三年以外者为上，择游欧美两洲之一二国或二三国往返在二年以上者次之，专游欧美各国中之一国往返在一年以外者又次之，仅至东洋游历往返在一年以外者又次之。无论东西洋，其游历在一年以内者无奖。

一、游学较游历为尤有实际，最为成就人才之要端，且岁月较久，劳费尤多。如宗室勋戚以及王公之子弟暨内外职官无论实缺候补，能自备资斧出洋游学，由普通而达专门，考求实在有用之学，得有彼国学堂毕业凭照者，回国后，尤宜破格奖励，立予擢用。拟请宗室勋戚以及王公之子弟暨内外职官出洋游学毕业者回国，分别学业等差，其最优者翰林，或比照大考一二等例优予升擢，阁部等司官实缺者，或比照方略会典等馆差例，优予升擢，或准列入京察一等；候补者照特旨班遇缺即补，减优者略减。外官亦照异常劳绩最优班次分别予以升迁补缺。其游学西洋者，道远费重，应格外加优。至游历奖励比游学应减一等，凡出洋游历游学人员，并一概免扣资俸。窃谓照此办法，则不烦国家丝毫经费，而内外职官愿出洋游历游学者，必接踵而起矣。①

① 《光绪新法令》卷11。

自此议准行后，慕官者大概以出洋为工具，加以新政需才，回国者又无遗才，于是官绅之出国游历者甚多，因无资格限制，流品未免过杂，光绪三十二年七月学部特规定官绅出洋游历简章13条，通咨各省，以示限制。其前三条如下：

> 一、各省选派员绅出洋游历及京外员绅自请出洋游历，均应由各本衙门及各将军督抚详加考察，确系性行端谨，学有根柢，年力强富，不染嗜好，平日于各项政学术实业留心考察者，始予给咨。
>
> 一、游历为考察政治学术实业起见，自请游历者，应将所欲游历之国暨所欲考察之事项，预先呈明，其茫无宗旨者，概不给咨。[1]
>
> 一、游历必久于其国乃能确有心得，凡自请游历者游历东洋期限不满三个月，游历西洋期限不满六个月概不给咨。[2]

官绅出洋游历之目的地虽无限制，但西洋则“道远费重”，去者甚少；出国游历者大概去日，而且多事前无预备，即有所学亦为速成法政。光绪三十四年七月学部通咨说：

> ……各省所派游历官属于考察者居多，凡官署、学校、警察、银行、铁道、会社以及工厂、农场、水道、陆军几于无项不往参观，而本无专门之学，于方言复多隔阂，求其实有所得者殊

① 《光绪新法令》第13册。
② 《学部奏咨辑要》第一编。

> 不多覯……查日本法政大学专攻科附有特设部一班,讲解期间可以三四月为限,最适游历官之听讲……总核人数如在30人以上即请该校开班讲解。……①

此外光绪三十二年直隶总督袁世凯,因办学校须亲往外国考察确有心得始能措置裕如奏请选派翰林出洋游历,由学部复议在翰林院中选派翰林四五十人分为游历游学两项出国研究,亦带学习与考察性质,可视为官吏游历之一部分资料也。

乙 贵胄游学

中华民国成立15年矣,当然无所谓贵胄,然而留学史中确曾有过贵胄游学一段故事,我们不能不知道。

贵胄即满清时代之王公子弟,当时为一种特殊阶级:光绪二十七年外务部因吕海寰奏出洋肄业学生宜防偏重以杜流弊咨出使各国大臣核议,二十八年,由前任出使义、英、比国大臣罗丰禄会同使德和大臣荫昌,使法裕庚,使美、日、秘伍廷芳,使俄胡惟德,使英、义、比、张德彝等复咨游学生名目三项即以贵胄学生列首(其他两项为官派学生、游学学生;游学学生即私费生)。② 同年宗人府奏派

---

① 《学部奏咨辑要》第一编。

② 原折云:"……一曰贵胄学生凡王公大臣子弟皆是。各国均有一定优待之例:执业时与同班学生一体肄习,迨出学堂之门,换去制服,则仍待以贵胄之礼。中国如有此项学生,应仿照日本、暹罗王子办法,送入高等学堂:如英国、伦敦、夏鲁学堂之类,恪守堂规,随班受课,不得有挟贵挟贤之意……"(《约章成案汇览》卷32上)

宗室子弟出洋游历游学，光绪二十九年张百熙等奏定学堂章程亦曾提反，但均未规定特别办法。光绪三十一年因梁诚奏请选王公子弟入陆军学堂肄业，由练兵处订定贵胄陆军学堂章程，专门设校培养他们底军事知识，光绪三十三年十一月，外务部、宪政编查馆、学部、陆军部以贵胄子弟只习陆军，在政治上难谋进步，奏请派赴德国习陆军，英美习政治法律，并拟定章程12条。兹录其前11条如下：

第一条　贵胄游学生系由王公子弟及贵胄学堂高材生中选取，使之游学英、美、德三国，研究专门科学。

第二条　应习之学科分为二种：一政治，一陆军。

第三条　贵胄游学生游学年期，均定以三年。

第四条　贵胄游学生每人给川资700两，月给经费300两，整装费500两。

第五条　每班派通洋文者一人充译员，精汉文者一人充经史教员，均与贵胄游学生同时前往。

第六条　译员每人月给薪水300两，教员每人月给薪水200两，整装费均300两，川资均500两。

第七条　贵胄游学生如带仆役，只准以一人为限。

第八条　贵胄游学生应听本国出使大臣选定学堂上课肄习，平日由本国出使大臣稽查。每届学期，按其功课品行，造册报名外务部，其译员教员统归本国出使大臣节制。

第九条　贵胄游学生如有品行不端，学业无望者，由本国出使大臣随时报告外务部调回，其尤甚者并请从严惩戒。

第十条　贵胄游学生如能始终勤奋，学业有成，期满回国时即予擢用；其尤为优异者，破格超擢。

第十一条　译员教员如能克尽厥职，三年期满，由外务部照异常劳绩保奖一次，其有不能称职者，随时由本国出使大臣电告外务部撤回，另行派员前往接替。①

贵胄游学生之治装费、川资费等等都比译员与教员为多，而游学国以英、美、德三国为限，学习科目以政法陆军为限，其重视特殊阶级之思想很显明，改元而后虽无所谓贵族，但达官伟人子弟之出国求学者仍不免有阶级之流毒。（黎元洪子女去美，在国内受上海社会之特别欢送，至美为公使特别照料即其一例。）

丙　女子游学

中国人对于女子教育的观念自昔就是以顺为正。戊戌之后，虽然举国知变法之重要，但在光绪二十九年以前，女子教育在学制系统上尚无正式的地位。就是当时一般自命为明达的人，创办女学，也只以上可相夫，下可教子，近可宜家，远可善种的理论为根据，当然说不到留学。但江浙离日本近，父兄去日者多，女妹亦有随之而去者。明治三十八年（光绪三十一年）三月，日本之东西女学并附设中国女子留学速成师范学堂，实践女学亦设中国女子留学师范工艺速成科。东西女学本科修业二年，并有修业六月之音乐专修科与游戏体操专修；实践本科一年，工艺科六月。② 当时去

① 《学部奏咨辑要》第一编。

② 《皇朝经世文编》卷27《提倡女学启》。

日之女生大概在此等专设之学校补习，而实践校长为日本女界著名之下田歌子，官费生多集该校。光绪三十一年，湖南派女子20名赴日习速成师范，奉天并特派熊希龄去日考察教育，与下田歌子特约，每年派女生15名至该校习师范，①此为女子留日之最初期。光绪三十三年五月，江督考选男生十人赴美国耶路、干尼路两大学，并同期时选女子三人赴美国威尔士利女学，②为官费女生留学西洋之始。光绪三十四年浙江举行同样考试，宣统二年五月学部限制女生游学，但同时亦取得与男生一体挨次补给官费之同等权利。③ 自此而后清华有间年考送女生十名之规定，各省官费留学无男女之限制，浙江近更规定留日官费生出缺即以女生考入日本国立高师等校的递补，④尤特别重视女子留学，但以历史上男女教育不平等的原因，女生数量终远不及男生——即留美男女生亦为十一与一之比。⑤

---

① 《东方杂志》2卷6号。

② 《东方杂志》2卷8、9号。

③ 当时男生资格为中学堂以上毕业程度能直接听讲，女生有中文通畅，洋文亦有门径。被取录者男生为胡敦复、辛耀庠、王钧豪、韩安、倪锡纯、陈达德、李谦若、郑之藩、蔡彬懿、侯景飞，王侯等人为北洋大学学生，因欲毕业未去，由备取杨景斌、杨豹灵递补。女生为胡彬夏、宋庆林、王季茝，另备取二名为王季明、杨荫榆。胡等三人照原案去美，王、杨两人改派日本留学。（江宁《学务杂志》丁未年第六期，公牍栏）

④ 原咨云："女生游学为养成母教之基……留学外国以进求高等专门学艺为主，故定章凡出洋学生必须中学毕业程度方能派遣。目前女学尚未发达，学校无多，虽不能限以中学毕业程度，亦应慎重慎择……至自费女生补给官费，应以考入东京高等女子师范学校、奈良高等女子师范学校、蚕业讲习所女子部三校为限。照考取之先后名次与男生一体挨次补给本省官费。"（《学部奏咨辑要》三编）

⑤ 中九：留学日本问题（《中华教育界》第15卷第9期）。1925年中国留美国学生1600余人，女生640人。（见常道直：《留美学生状况与今后之留学政策》）

第十一章　留学资格与经费

甲　资格

中国素以闭关自守为事，故对于外国文化无澈底的认识，派遣留学生亦大半为临时的应付，所以对于学生底资格并无严密的规定。曾国藩、李鸿章等最初派遣幼童赴美，只有聪慧幼童年十三四岁至二十岁为止曾经读中国书数年之规定，以后李鸿章奏派闽厂船政学生去英法习海军、武弁去德习陆军都未严限资格，而且也不是普通的留学生，即资格有所规定，也不足以视为定例。光绪二十四年张之洞、刘坤一议覆新政与光绪二十九年张百熙等奏定学堂章程虽极力提倡游学，但留学生之资格仍无限制。直至光绪三十四年二月因留日学生过多，流品太杂，始有资格之限制。其原文如下：

一资格宜限定：学长期者除习浅近工艺仅须预备语言，于学科毋庸求备外，凡欲入高等以上学校及各专门学校者必须有中学以上毕业之程度，且通习彼国语言方为及格……习短期者除游历官绅可少宽限制，其习速成科者或政法或师范，必须中学与中文俱优，年在25岁以上，于学界政界实有经验者方为及格……无论官费私费，长期短期，游历游学，必品行端谨无劣迹，身体强健无宿疾。①

斯年七月更由学部通咨各省，非具中学毕业程度通习外国文字能直入专门学堂概不咨送。以后无何种变更，直至民国五年教育部发布选派留学外国学生规程，始将资格提高，有下列五项之规定：

1. 曾任本国大学教授或助教授继续至二年以上者；

2. 曾任本国专门学校高等师范学校教授继续至二年以上者；

3. 曾经留学外国大学高等专门学校、高等师范学校本科毕业者；

4. 本国大学本科毕业生；

5. 本国专门学校、高等师范学校本科毕业生。②

此特就官费生而言，私费生底资格较低。民国三年一月教部发布之管理留学日本自费生暂行规程，规定

1. 中学以上学校毕业者；

2. 中学以上各校教员。③

民国十三年七月则将第二项资格改为“办理教育事务二年以上者”。④

---

① 《学部奏咨辑要》第一编《限制游学办法》。

② 《教育法规汇编》，页419。

③ 同上，页435。

④ 《中华教育界》14卷第2期，国内教育新闻栏。

从上面的事实来看，留学生底资格可以分为三期：第一期无普遍的规定，惟由派遣者认可，时间自同治十一年至光绪三十二年；第二期以中学毕业为最高资格，自光绪三十二年至民国五年；第三期以大学校及专门学校教授及毕业生为本位，自民国五年至今；但自费生仍以中学毕业为主要资格。60 年来留学生之法定资格，除近数年外均以中学毕业生为主，而自费生亦以中学毕业为最多。据民国七年至民国十年之自费生 437 人之统计，中学毕业生占 42.14%，且有中学肄业生 6.02%，大学肄业 29.84%，大学毕业 21.99%。①

留学资格之取得，官费生除最早派遣幼童赴美与光绪二十八九年之间初派留学生少人应试只由官厅择定外，余均须受竞争试验。照民国五年选派留学生规程，须经两次试验，第一试由省政府主持，第二试由教育部主持。关于选派名额及留学地方，研究科目与年限等均由教育决定，其规程如下：

> 每届选派学生先期由教育部议定应派名数、留学地方、留学年限、研究科目及各省应送备选学生名数并第二试在京举行日期列表公布。
>
> 教育部议定前项应派名数即以民国三年七月以后各省咨报教育部有案之核定留学名额为限。②

官费生因有限制，故各省名额有定，但最近报部有案者亦达

① 陈启天：《留学教育宗旨与政策》（《中华教育界》第 15 卷 9 期）。

② 《教育法规汇编》，页 420。

1393 人;[①]自费生底资格限制既宽,且不须考试,只要能自备资斧者均可出国,所以自费生还多于官费生。[②]

乙　经费

留学经费可分两项说明:一、经费之规定,二、经费之来源。

当光绪初元留学之始,出国人数甚少,故无普遍的规定,第一次派遣赴美之幼童,规定为每名来回川资费及衣物等件每名 790 两,合现在银元约 1180 余元,每年食用等项 400 两约 600 元上下。闽厂学生则每名治装 50 磅约 500 元、川费 400 元,每年学费 120 磅约 1200 元。光绪二十九年以后,去东西洋各国留学者日众,三十一年外务部与学部奏定《西洋游学简明章程》,规定西洋留学生每人每年以 1200 金为率,同年学部奏定管理留学日本学生章程,对于官费生学费为普遍的规定,其条文如下:

一、官费生学习普通学科及肄业私立高等专门学校与私立大学者,每人每年学费日金 400 元整。

一、官费生肄业官立高等专门学校者,每人每年学费日金 450 元整。

---

① 陈启天:《留学教育宗旨与政策》。

② 据民国十三年留美学生联合会所编之《留美学生录》(*Hand-Book of Chinese Students in the U. S. A.*),全体留美学生共 1637 人,自费生占 1075 人。据《寰球中国学生会民国十五年特刊》统计民国十年至十四年之出洋人数共 1198 人,自费生 644 人,官费生 544 人。(该刊统计表所列之数错误,此系根据该刊所列五年间出国留学生姓名录统计之结果。)

一、官费生有由官立高等学校毕业升入官立大学者，每人每年学费500元整。其入官立大学只习选科者，每人每年学费450元整。

一、由官立高等学校毕业升入官立大学之学生，除支给学费外，所需实验旅行等费，得由副监督酌核支给。①

留学西洋各国学费规定如下：

英	每月16镑	一年192镑
法	每月400佛郎	一年4800佛郎
德	每月320马克	一年3840马克
俄	每月135卢布	一年1620卢布
比	每月400佛郎	一年4800佛郎
美	每月80元美金	一年960元美金

每年学费均照西历计算，不必计闰。

此系按照入大学专门之学费计算，若新派学生，尚在学习预备者，每月可减去五分之一。京外各处汇寄学费，应将中国银两按数合成金磅、佛郎、马克、卢布等，由外国银行汇寄。②

民国二年教育部公布经理《留学日本学生事务暂行规则》，对于学费有下列之规定：

留日官费生月给官费分为甲乙两种，规定如左：

甲、月给日币42元，乙、月给日币36元。前项甲种官费限

① 《学部奏咨辑要》第一编。

② 《光绪新法令》第13册。

于留学日本帝国大学生支给之。

留日官费生毕业回国川资定为日币70元，但边远省分各生得由经理员呈请各本省行政公署酌量增给之。（以上原文第十二条）

凡官费生除前条所开之学费外，不得别立名目要求费用。（第十三条）

官费生如染时疫病症非入院医治不可者，每日得给与病费日币二元，以二星期为限，限内不足之费及限外不能出院，概由其学费内开支。（第十四条）

官费生如被火灾水灾确有损害者，经查明属实得给予恤费日币40元。①

民国三年十二月教部公布管理学生事务规程，将学费更分为三级：即留学日本帝国大学者月给日币42元，留学第一至第八高等及东京高师、高工、千叶医专月给日币32元，其余官费生月给日币36元。受灾，恤费40元，自费生亦得支领。

斯年教育部并公布经理欧洲留学事务规程，第七条即为学费等项之规定，原文如下：

留学欧洲学生往返川资、治装费及每月学费应照下开数目支给。除学费川资及治装费，无论具何理由，不得另支他项费用。（第十一条）②

① 《教育杂志》第5卷第12号。

② 同上8号。

留学国别	每月学费	出国川资	回国川资	治装费
英国	英金 60 磅	本国银 500 元	英金 50 磅	本国银 200 元
法国	佛郎 400 枚	同上	佛郎 1250 枚	同上
德国	马克 320 枚	同上	马克 1000 枚	同上
比国	佛郎 400 枚	同上	佛郎 1250 枚	同上

民国三年教育部公布经理美洲留学生事务暂行规程，定月费美金 80 元，出国川资国币 500 元，回国川资美金 250 元，治装费国币 200 元。

民国五年十月教育部发布《选派外国留学生规程》，将留学各国学费改订，并加入奥国。惟除日本外，其他各国数目无增减。

留学生应支治装费，往返川资，及每月学费数目定如下表：

留学国	治装费	出国川资	每月学费	回国川资
英国	本国币 200 元	本国币 500 元	英国币 16 磅	英国币 50 磅
法国	同	同	法国币 400 佛郎	法国币 1250 佛郎
德国	同	同	德国币 320 马克	德国币 1000 马克
比国	同	同	比国币 400 佛郎	比国币 1250 佛郎
奥国	同	同	奥国币 400 佛郎	奥国币 1250 佛郎
义国	同	同	义国币 400 佛郎	义国币 1250 佛郎
瑞士国	同	同	瑞士国币 400 佛郎	瑞士国币 1250 佛郎
俄国	同	同	俄国币 135 罗布	俄国币 450 罗布

续表

留学国	治装费	出国川资	每月学费	回国川资
美国	同	同	美国币 80 元	美国币 250 元
日本国	本国币 100 元	本国币 70 元	日本国币 46 元	日本国币 70 元

治装费及出国川资由教育部在京发给。

每月学费由监督查明各该生行抵留学国之日起算，按月发给，不得预领。

回国川资由监督于填发证明书发给之。

留学生因研究学术必须巡历地方或经指定转学他国等特别情形时，得另酌给旅费，但应先具预算书，呈由监督呈部核准。

留学中罹疾确有医证者，于学费之外，得酌给医药费，但通留学期内，不得过国币 300 元之数，并应将医药各收据，呈送监督核验。

留学中罹疾至四个月尚未痊愈者，得免其留学，酌给回国川资，但不得超过表定数目。

留学中死亡者，得由监督设法就地殡葬，殡葬之费，不得超过表定回国川资数之一倍，其家属愿自费运柩回国者听。[①]

民国七年因世界大战物价昂贵，四月三日由教育部通咨各省留日每名每月增给日币 4 元，七月再增给 2 元，共为 56 元。斯年七月教部并电留欧学生监督准德比生月给 500 马克，英生 20 磅，法瑞生 500 佛郎。嗣后各国生活程度增高，日本留学生学费照教育部补助费之规定为每月日金 70 元，浙江省费规定为每月 77 元，其他各省亦大致相似。江苏对于美国留学生月费定为每月美金 90 元。

① 《教育法规汇编》，页 421—422。

而清华对于留美学生学费之规定,更特别优厚,兹录常道直调查所得之一表于后:

项目	治装费	出国川资	每月用费	学费	毕业及学位文凭费	学位论文印费	转学旅费	医药费	回国川资
数目	260 元	无定限 约 800 元 至 1000 元	$ 80	无定限 约$ 100 至$ 700	约$ 25	$ 250	由西部转学东部约 $ 120	无限制	$ 520

注:元为国币,$为美金。①

其他为参谋部派遣之学生用费按照各国生活情形临时规定,海军部定英生月 16 磅,美生 84 元(民国七年规定)。交通部最近规定,更比普通官费(清华除外)为优。(见第九章)

以上为国外留学生费用数目规定的变迁情形。

留学经费之来源各时期不同:光绪初元,留美幼童经费由江海关洋税项下年拨 6 万两,闽厂学生经费由闽海关及该省拨南北洋海防经费中提用,每三年计 20 万两。出使大臣带赴各国学生的经费则由出使经费项下指拨。光绪二十九年,各省派遣学生去日本习陆军、师范、法政等均由各该省筹提闲款或指拨正税,二十九年以后,学生虽多,但因当时特别奖励自费之故,自费生居多数。不过日本士官学校及特约学校学生则均为公费。此项公费按省分摊,前清大概由藩司拨付,民国以后则列为教育经费之一部分,与其他教育费同由省财政厅支付。此外隶于教育部之留学经费由教部支付,属于清华生者由清华校费中支付。兹将民国五年之中央及各省留学经费,民国十年之

① 常道直:《留美学生状况与今后之留学政策》。(《中华教育界》第 15 卷 9 期)

清华留学经费等列表如下：

第一表　留学经费统计表

费别	费数以元为单位	百分比	等第
中央	238,092	7.25	2
直隶	68,312	2.21	13
奉天	65,972	2.12	14
吉林	38,000	1.23	17
黑龙江	4,650	0.15	23
山东	68,758	2.22	12
河南	58,904	1.91	15
山西	52,500	1.71	16
陕西	68,659	2.11	13
甘肃	28,026	0.91	19
新疆	11,619	0.37	22
江苏	131,000	4.26	6
安徽	32,385	1.06	18
江西	126,048	4.09	7
湖北	133,172	4.33	5
湖南	123,430	4.01	8
四川	97,276	3.23	9
浙江	138,118	4.48	4
福建	82,644	2.69	10
广东	213,301	7.02	3
广西	18,056	0.59	20
贵州	15,000	0.49	21
云南	77,728	2.56	11
清华	1,150,000	37.20	1
总计	3,041,650		

说明：此表各省及中央留学经费系根据贾士毅所著之《民国财政史》第979—999页汇集而来，清华经费系根据《新教育》第6卷第1期之统计。此表之留学经费系包括东西洋及留学经理费而言，黑龙江并包括京津留学费在内。新疆经费系完全为留俄之用。（本表所用数据与贾士毅《民国财政史》略有出入。——编注）

此每年3,041,650元之留学供给的学生为各省留欧学生318人,留日学生1075人;[1]教育部留欧美生35人,日本生13人。[2]此外清华生455人,[3]共计欧美生808人,日本生1088人。但据民国九年留日学生总会调查,留日学生总计3800余,除官费生1240人外,余2600余人均为自费生;民国十三年留美学生1637人,有自费生1075人。又欧洲各国留学者自费生亦多于官费数倍:据华盛顿商务局调查,中国在英学生250人,法国千余人,德国300余人,其他各国虽较少,但合计总有数10人,总共欧洲生当不下1600人,而官费生只353人,自费生尚有1200余人。照此粗率的统计,留学生总数约7000余人,而自费生达5000,占全数三分之二以上。若以各国留学生用费数目估计,自费生用去之经费,可得数目如下:

1. 日本每人每月70元(现在日币换中金为915,价值相去不远),加旅费杂用等每人每月80元,全年960元,以自费生2650人计,每年应2,544,000元。

2. 美国每月以美金90元计,折中金180元,加旅费每人每月算中币220元,全年2640元。1075人,每年应2,838,000元。

---

① 据《中华教育界》第15卷第9期陈启天《留学教育宗旨与政策》转录《教育部行政纪要》第二辑之统计表。(原文未注来源,后经询及,由著者面告。)全表并见本书第15章中。

② 据《中国年鉴教育部》民五统计:欧美学生计美国、德国各3人,法国20人,英国11人。

③ 据《新教育》6卷1期。清华留美学生本有较近之统计,因经费以该志为断,学生数亦取该志之统计,但与民国十三年之新统计数目(433人)相去甚近。

3. 欧洲学生平均每人每月连旅费以 160 元计算，全年应 1920 元，以 1250 人计算，每年应 240 万元。

三项总计共得 7,782,000 元，连官费 3,041,650 元，共为 10,823,650元，外加交通部学生 70 名，每年 20 万元，共11,023,650元，共学生 7200 名。而全国高等教育经费只 13,950,424 元，[①]留学费为全国高等教育费 79%。换言之，国外留学生每人每年需 1500 元以上，国内高等学生只需 400 上下，就经济方面讲，不是一大可注意的问题吗？

① Statistical Sumaries of Chinese Education. (*Bulletins on Chinese* Education, 1923，商务印书馆)

第十二章　留学管理

光绪二十八年以前,除出使大臣随带之学生人数甚少无专人管理外,其余均派专员监督。初派幼童赴美国外,既派陈兰彬、容闳为正副委员经理一切,国内并在沪设办事处专司选拔学生。因幼童年幼学浅,并派翻译及教员随之出国,教以《孝经》、《小学》、《五经》及律例诸书,星期并由委员宣讲《圣谕广训》示以尊君亲上之义。此时学生除按时修习功课外,消极方面有三种限制:1. 不准半途而废,2. 不准入籍外洋,3. 学成后不准在华洋自谋别业。不过光绪七年,因委员吴子登底顽固,卒由政府招回,实政府使之半途而废;至入籍外洋与在国外终老者亦不乏人。

闽厂学生与武弁均因出国时间不长,且由李鸿章始终主持其事,故中途不生波折。武弁生去德因人数甚少,且由德国教员李劢协带往,未派专员监督,闽厂学生则派李凤庵与日意格(法人)为华洋监督,不分正副,分驻英法督促学生学业经理一切费用。

光绪二十一年至二十八年之间,浙鄂等陆续派遣学生去日,亦派专员监督,二十八年留日学生渐多,因保送成城学校事大闹使馆,致召日警挟掖而出,[①]学生既以为有失国体,日人亦觉管理中国

---

① 裁振《奏覆日本游学生滋事折说》:中国游学日本学生人数日多,由各省督抚咨送到日者为官派学生,其自备资斧东来游学者,谓之自费学生。向皆安分守己,劬学精进,日人颇称道之,分派同文、宏文、成城等学校安插肄业,渐升至大学及专门学

学生应有中国负责，于是外务部根据专使大臣载振调查游学生滋事专折奏请设日本游学生总监督，时为二十八年八月；首先被选之监督为外务部员外郎汪大燮。此事外务部奏议言之甚详，兹摘录于下：

查近来屡奉诏饬各省逐派学生出洋肄业，并准自备资斧前往，士皆竞奋于学，不惮负笈出游。日本地近费省，趋之者尤众。其官派学生各省，或有委员监督，或无委员监督，自费学生则自保送入学后，并无约束。情谊既难联络，规制亦未整齐。出使大臣虽有稽查照料之责，而交涉事繁，兼顾实难周到。该学生等分疏势隔，且虑下情无以上达，一涉猜嫌，转生纠葛，自非特设专员总司其事，不足以端正其趋向，策励通才，仰副朝廷作育裁成之至意。此次载振过日本时，见其外部大臣小村寿太郎即以选派博学爱才之人充总监督驻扎是邦为言，臣等屡晤日本驻京使臣内田康哉，及其高等师范学校长嘉

校，分类讲肄，以期有成。惟成城学校为士官初阶，所习以武备为主，非由驻日使臣保送，不得自请投学。诸生目击时艰，意图振奋，颇有愿入成城学校者，故无论官生、自费生前均保送有案。此次有自费学生钮瑗等五人，愿入成城学校，适有候补京堂吴汝纶经大学堂派令查考学校来日，该生等即浼其商请蔡钧，具文保送。蔡钧令各学生自行环保，即允转送，诸生以蔡钧并无难色，遂联同志增至九人，书具互保甘结，送入使署。蔡钧以人数太多，将该生等原结送至日本参谋部署，该部以与向例稍为不符，函复该大臣，请其亲自具函保送。蔡钧以时值溽暑放假，参谋部大臣福岛避暑他出，未即举办。诸生疑蔡钧有意阻挠，于六月二十四日巳初，约同江苏举人吴敬恒、孙揆均等 20 余人，赴使署请见。蔡钧以其人众未肯接见，该生等忍饿鹄立，日昃不散，蔡钧即遣人邀吴汝纶及日本外部缮译小村光太郎到署劝解，并招警察官至使署弹压。诸生见警察官入署，以为胁己，未免口出重言，坚不肯退。直至夜分，蔡钧即嘱警兵将诸生掖入警署，于是人情汹汹；或谓其辱及斯文，或谓其自招警兵入署，有失国体。次日复有学生数十人，同赴使署。蔡钧已先期属令警兵守门，大半摽诸门外。其已入者，复经警兵扶掖而出。此事始终本末，大略如此。（《约章成案汇览》卷 32 下）

纳治五郎来京，皆述游学生各节，望中国派员监督，妥定章程，俾各学生免误方向。学业有成，以备将来任用。其词意俱甚切挚。联友邦维持之谊，慰多士仰望之心，责成尤在得人造就，方有实效。臣等公同遴选，查有四品衔臣部员外郎汪大燮品端学裕，器识宏通，随使出洋，办事妥洽，于日本游学生情形，尤为稔悉。拟请派为总监督前往驻扎。所有官派自费各学生统归管辖令商日本外部交部参谋部妥定章程，随时认真经理，遇事径达臣部，应请将该员赏给卿衔，由臣部刊给木质关防一颗，文曰《大清管理赴东洋游学生总监督之关防》，以昭信守，准其酌带随办文牍及翻译共二三员，所需薪水用项，每岁准支银二万两，由出使经费内提拨。三年期满，再行奏请更换，随带人员，届时照出使章程请奖。①

光绪二十九年四月慈禧太后令张之洞拟订约束学生章程，张于八月拟订约束学生鼓励毕业生章程各十条。自行酌办立案章程七条，由外务部学部通知出使大臣，留学生监督执行。此项章程虽未指明专为留日学生而设，但实际上却指留日学生。约束学生章程为以后各种管理游学生章程之张本，自行酌办立案章程即自费生管理生规程，兹并录其全文如下：

约束游学生章程

一、此次章程奏定后，以后续往日本游学学生，无论官费生私费生，并无论日本官设学堂私设学堂，均非出使大臣总监

① 《约章成案汇览》卷32下。

督公文保送不准收学。而该官私学堂自行收留者，将来毕业概不给以奖励。

一、总监督保送学生入私设学堂须经文部省认可其教育程度与官学堂相等者方为合格。惟经文部省认可之专为中国学生设立之预备学堂（如宏文书院等），其章程虽多变通，亦可保送。其奖励年限应归普通高等各学堂核计。

一、游学生在学堂中品行应归学校考察，其在外言动举止如有不轨于正之据，经中国出使大臣总监督察访得实，随时知会该学堂商酌，务减其品行分数。

一、游学生在各学堂非实有病症，概不准轻易请假出外，及虽在学堂而托故不上讲堂，应请与日本学生一律督责，勿稍宽假。

一、学生在学堂时，应以所修学业为本分当为之事，如妄发议论，刊布干预政治之报章，无论所言是否，均属背其本分，应由学堂随时考察防范，不准犯此禁令。如经中国大臣总监督察访留学生中有犯此令之人，随时知会该学堂，应即剀切诫谕学生，立即停辍。如有不遵，即行退学。

一、凡现在已留学堂学生，无论官费生私费生，查有过犯及品行不端者，经中国出使大臣总监督知会该学堂请为斥退者，日本学堂应即照办。如日本官私学堂并不照行仍听留学者，毕业后亦概不给以奖励。

一、各省所派官费生及私费生往日本游学者，经本省督抚查有不安分品行不端之人，随时咨明中国出使大臣总监督，转达日本各学堂，请为斥退者，日本各学堂亦应照办。

一、学生于功课之暇，如有编辑教科书及译录所习科学之讲义，及翻译有裨实用之书，自不在禁例。此外无论何等著作，但有妄为矫激之说，紊纲纪、害治安之字句者，请各学堂从严禁阻；或经中国大臣总监督查有凭据，确系在日本国境内刊刷翻印者，随时知会日本应管官署，商酌办法，实力查禁。其污蔑人名节者，经本人或本人委托之人按律在日本应管官署指控查实后，仍行惩办。

一、中国游学生会馆办事有紊纲纪、害治安及不安分之事者，应由出使大臣总监督咨会日本应管官署，随时查禁，严加裁制，务期杜绝流弊。

一、凡现在日本各学校及已经退校之中国留学生，如确有紊纲纪、害治安及不安分之事者，应由该官员严加约束。如察其无悛改之望者，即行饬令回国，不准稍有逗留。

自行酌办立案章程

一、现在已入日本官私学堂之中国游学生，章程内已定明无论官费生私费生均由出使大臣总监督查有过犯及品行不端者，知会该学堂请为斥退，应即责成出使大臣监督，将现在日本各省之游学生确加考覈，择其言行端谨、安分用功之学生，从前未有公文保送者，饬传各该学生报明三代、籍贯、年岁、出身，取具遵守约束甘结，汇列各该生姓名籍贯，补具公文，分别保送各该学堂，准其留学。其素不安分，有据可凭之学生，亦即开列名姓，备文知会各该学堂，请其即行斥退。仍将留学退学各该学生姓名、籍贯，咨明外务部并管学大臣，暨各学生原籍省分督抚查考。

一、将来游学日本之各省学生，章程内已订明非出使大臣总监督公文保送不准收学，并订明私设学堂须经文部省认可，其教育程度与官学堂相等者方为合格，应即责成出使大臣总监督，嗣后游学生入学，须先尽官学堂保送。一面确切访查文部省认可之各私设学堂，其一切教育管理之法，是否认真，其程度是否果与官学堂无异，细为比较，择其名誉最优，确实可信之私学堂，始准保送学生入学，仍酌定限制，每年保送留学生入日本私设学堂者，其人数至多不得过官学生之半，以昭慎重。

一、此次定章以后，各省自备资斧出洋之游学生，应先由其家父兄或亲族呈报本籍或留寓所在地方官，查明本生实系性质驯良，文理明顺者，准其申送该省学务处，详加考验，禀请督抚覆核给发咨文转给该学生领赍出洋。各衙门办理出洋学生文件，不准书吏需索分文。

一、凡不遵约束不安本分之学生，商明日本各学堂斥退后，应由出使大臣总监督随时严密稽察，其无悛改之望者，务须查照现定章程，商请日本该管官署勒令该学生附船回国。一面分别所犯轻重，详叙事由，咨明该学生原籍督抚酌量办理，并咨明外务部管学大臣查考。

一、保送学生入日本各学堂，除农、工、商各项实业学堂及文科、理科、医科各专门不限人数外，其政治、法律、武备三门，宜分别限定名数，每年只准保送若干名。武备一门，非官派学生，不准保送，政治、法律两门，亦先尽官派学生保送。如自费学生本系官职请咨前往者，不在限数之列。

一、在日本私设学堂毕业回国之学生，除由出使大臣总监督确查其平日品行果系端谨，科学果系优娴，始准保送进京候考外，应请钦派大臣考察试验时，格外认真查核。其品学兼优者，自应与官学堂毕业生一律给奖，勿庸加以区别；如品行实有可议，科学程度实有不符，即酌量减其奖励，以示区别。

一、凡各省选派官费学生出洋游学，俟毕业回国后，无论得何奖励，均须在本省当差五年，以尽义务。五年期内概不准另就他省差使，他省亦不得遽请调往差委。[①]

当时各省派遣学生去日虽各有监督管理，但管理通则大概以张所奏定者为准。光绪三十二年十月，学部以下列种种原因，奏请在出使日本大臣署内设游学生监督，管理留日学生。原奏说：

日本各种学校完备者固居多数，而专为中国学生设立之学校，学科参差办法迁就者亦所不免，此学校之宜指定者也；求学之道，宜恒宜实，游学日本各生以无人稽查之故，所入之校视为传舍，认定学科，意为变迁，甚或但往应考而平日潜行回国借钞讲义，而本人并不上堂，此功课之宜查禁也；学生既多，性行不一，年轻子弟，见异思迁，侨寓他邦，家教不及，其以行检不修，贻笑外人者时有所闻，此品行之宜匡正者也；各省所发学费，向无定数，多少悬殊，或因补额而起纷争，或因求多而互相藉口，经理既多不便，滥费亦所不免，此学费之宜厘定者也。

因此数事，故奏请派专员综理其事，并拟定章程40条，分总纲、权限、责任、管理条规、设员办事条规、经费六节。此章程对于张之洞所奏定之约束学生章程虽大有增删，但精神仍系一贯，不过设官条规为张章所无，张章特别注重转请日校取缔，此则自己管理而已。此案定后，以后欧洲各国游学生监督规程，即以此为本，其

① 《约章成案汇览》卷32上。

一部分精神且延至现在未替,兹录其重要前四节于后:

第一节　总纲

一、于驻扎日本出使大臣署内,设游学生监督处,为管理游学生治事之所。

一、设监督一员,管理游学生一切事宜,以出使日本大臣兼任。

一、设副总监督一员,由学部会商出使日本大臣奏派。

第二节　权限

一、副总监督承总监督之指挥,办理所有游学生事务。

一、凡游学生事项,有关于外交者,由副总监督禀请总监督主持。

一、凡关于各学校及关于游学生之事项,副总监督得自行办理。

一、监督处办事各员有不得力者,副总监督得随时禀请总监督撤退。

第三节　责任

一、对于学部及各省督抚应将学生成绩高下,功课勤惰,品行优劣据实报告。

一、对于游学生应负爱护、指导、纠正、扶持之责。

第四节　管理条规

一、凡游学日本学生无论官费自费,所入学校,非经日本文部省选定及出使日本大臣认定者,概不送学。将来毕业,亦不给证明书。

一、凡游学日本学生,无论速成毕业、普通毕业、专门高等及大学毕业，均须有总监督证明书，无证明书者，不得赴部投考，并不得充各省官立学堂教习。

一、凡游学日本学生入学、退学、转学及改学科暨请假等事，均须本处认可，其未经认可而擅行者将来毕业，概不给证明书。

一、凡游学生如有品行不修、学业不进者，经本处查明，即行勒令退学，并咨回原省。

一、凡游学生非在本国中学堂毕业及有同等之学力或在日本各普通学校毕业者，不送入官立高等及专门学校；非高等毕业者，不送入官立大学。

一、本处应于每年正二月间查明日本普通各学校年内所有游学生毕业者若干人，毕业以后，愿学何科，愿入何校。审定人数，先与日本文部省协商预为布置。

以上系普通管理条规

一、凡官费生所习学科，虽由本生认定，本处亦得斟酌指派，但须说明指派事由。

一、凡官费生寄宿舍除在学校外，其在旅馆下宿或自租房屋者，如本处认为不适当，得限令迁移。

一、凡官费生学费概照本章程所定数目，由本处按照人数，将学费汇存银行，每学生各给一簿，由学生按照西历每月于先月杪（如正月学费于十二月杪支取）持簿赴银行支取，不得预支。

以上系管理官费生条规

一、凡自费生能考入官立高等或专门学校及大学者，应由总监督商请该生本省督抚，现给官费，其余官费缺出，概不补入。

一、凡自费生先有名籍在使馆，而又能遵约束者，如有资斧不继，经总监督查明属实，得在该生本省经费项下拨借，至多不得过50元，限两月还清。惟拨借之时，须有官费生三人保证，如逾期不还，即于保证人名下按数匀扣归还，以后该生不得再借。其曾为人保证有应代还之款未及还清者，不得再充保证人。

以上系管理自费生条规

斯年十一月十三日对于管理官费与自费生规程又各增二条如下：

管理官费生规程

一、凡官费生患病非入医院不可者，应入监督择定之医院，医费一切宜从节约，由副总监督派员与医院清算，毋庸学生经手；其可不必入医院者，概不给费。

一、凡官费生既入医院，学费即行停止，俟其出院入学，再行发给。

管理自费生规程

一、凡自费生先有名籍在使馆，而又能遵约束者，如有疾病入医院，已逾三月之久，资斧不继，自愿回国者，总监督得在该生本省经费项下，酌给川资50元；但以一次为限。

一、凡自费生有死亡者，由总监督分别路途远近，于该生本省经费项下，拨给棺敛运柩费，惟至多不得过300元。①

斯时监督署官制为监督一员，由出使大臣兼任，副监督一员由

①《学部奏咨辑要》第一编。

学部与出使大臣会商奏派。光绪三十四年九月因出使日本大臣胡维德回京，进言学部，谓出使日本大臣向来兼游学生监督名目，管理游学生为使臣职内之事，用不着再兼总监督名目，主张将总副监督一律裁撤，另设专员禀承使臣办理管理游学生事宜。学部采其议，将原有章程重新改订，将监督改由学部会商出使大臣于使馆参赞内遴选奏派，其他无大变更。

光绪三十三年五月因各省派往英、法、德、俄、比各国游学者渐多，江、鄂两省尤众，两江总督端方与鄂督张之洞会奏请将江苏淮扬道蒯光典开缺，派往欧洲充江、鄂两省游学生监督；十一月学部因游欧学生日多，学生管理固当有规程，而监督之责任与权限亦宜厘订，特奏请派蒯光典管理各省旅欧学生，并于其到欧后斟酌情形详订管理章程。宣统元年蒯以一人兼管旅欧各国学生，力有不逮，且游学监督不归使臣节制，交涉时未免扞格，故他主张仿日本游学监督处办法，在各国使署中分设游学监督处。学部于斯年九月本其意见，会商出使各国大臣，奏派候选同知王继曾往法，候选直隶州知州江国珍往德，翰林院庶吉士章祖申往俄，学部七品小京官高逸往比并兼英国游学生监督，均任期三年。宣统二年三月，学部奏定《管理欧洲游学生监督处章程》，分总纲、权限、责任、管理条规、经费五节，大体以《管理日本游学生章程》为本，所不同者只总纲与管理官费生自费生条规有差异耳，兹摘录如下：

第一节　总纲

一、于英、德、法、俄、比五国各设一管理游学生监督处，为管理游学生治事之所。

一、英、德、法、俄、比五国游学生监督处事务，由各该出使大臣董理一切。

一、英、德、法、俄、比五国各设监督处一员，由学部遴选通晓学务人员，商同出使大臣奏派。

一、除以上诸国外，未设监督处之各国，所有游学生事务，均归相距最近之监督处兼管。

第四节　管理条规

一、游学欧洲之官费学生，以已入大学习医、农、工、格致四科之专门学者为限，习法、政、文、商各科者，虽入大学，不得给官费。至未入大学之学生，以后概不得给予官费。

一、前项学生既至某国，入某校，给官费之后，不得改赴他国游学，并不得改校改科，违者即应停止官费。

一、前项学生在欧洲留学之期，至少三年至多不得过七年，如至七年而犹不能毕业者，应即停止官费。但大学毕业后，再加特别研究者，不在此限。

一、前项学生未经毕业之际，除系重病经医生验明不能修学外，概不准私自辍学回国，违者停止官费，并追缴以前所用官费；其因重病回国者，病愈之后，亦不得复给官费游学。

以上管理官费生条规

一、自费生能考入大学专门学校习农、工、格致、医科，经监督查明确能循分力学，成绩优异者，由监督处咨明本省，酌量补助学费。

一、自费生在大学或专门学校为旁听生，及入学时不依该校考试定章，平时不应学期试验，将来毕业时不能得学位及毕业文凭者，不得给予官费，但已经得有学位及毕业文凭更加特别研究者，不在此限。

以上管理自费生条规[①]

此规程与管理留日学生规程之最大区别:(1)留日官费生无科目之限制,而欧洲生则以医、农、工、格致(理科)为限;(2)日生修业年期无一定限制,欧生则限以三年至七年;(3)日生有医药费,欧生无之[②];(4)日生自费生者得贷费,欧生无之;(5)欧洲有研究生之规定,日本无之。

民国成立,因绌于经费,留日、留欧游学监督处均经取消,但因国外学生甚多,关于交涉,管理等事终不能无人负责,故民国二年八月教部发颁《经理欧洲留学生事务暂行规程》,将从前分驻各国管理游学生监督取消,而派一经理员经理欧洲各国学生学费事项。其职权之规定如下:

> 欧洲留学生监督裁撤后,由教育部特派留学生经理员一人,经理留学各国学生学费事项;惟俄国学费,由使署兼管,不归经理员发给。(第一条)
>
> 经理员除经理学费事项外,教育总长得随时饬令调查左列各款:一、关于学生成绩事项;二、关于各处学校情形,三、关于学术事项。(第二条)
>
> 经理员设事务所于比利时国。经理员应得将事务所及住址呈报教育部及通告各省各机关之委托经理员代办者。(第三条)

---

① 《学部奏咨辑要》续编。

② 该章程第五节第七条规定说:前项学费系将校内之书籍、实验,及校外之饮食、房屋、衣服、旅行、医药等费一并包括在内,概不另发,亦不准别立名目,增给费用。

经理员应于每学年开学一个月内，将官费学生人数分别学校呈报教育部或通告原派省分机关备查。（第十六条）

经理员于每学年终，将次年官费生应行毕业人数详细调查，先行呈报教育部或通告各省及各机关备查。（第十七条）

经理员每月薪俸定为450元，书记薪俸150元，事务所办公费100元，此外不得另支公费。凡发电汇款等费及因公前赴各国川资宿费，得核实报部呈请补给。（第十八条）①

当光绪三十三年，欧洲初设游学生监督时，每年经费38,000两，宣统元年分派法、德、俄、比、英五国监督，将原有经费分摊，每处尚有银7600两，此次改为经理员，管理全欧游学生费用，不及从前一国之巨，而职权更以经理学费为本位，对于学生无监督管理之可言，此为留学管理中之一大变迁。

民国三年一月，教育部公布《经理留学日本学生事务暂行规程》，虽亦称为经理员，但其职权重于留欧学生经理员；而且因留日学生太多，中央派一经理员外，各省并得派人经理，其重要规定如下：

留日学生事务，由教育部及各省行政公署分别派员经理之。（第一条）

经理员除教育部委派一人外，其余各省或每省委派一人，或数省合派一人，由各省查核学生人数酌量办理。（第二条）

部委经理员经理属于中央之官费生留学事务；省委经理员经理属于各本省之官费留学生事务。

① 《教育杂志》第5卷8号。

自费生留学事务,经理员应查照《留学日本自费生暂行规程办理》。(第三条)

经理员应办事务规定如左

一、关于官费自费生送学事宜。二、关于官费生发费事宜。三、关于考核证明官费生出入留学国境日期及收验官费生证书公文事宜。四、关于考核官费生之品行及学业各事宜。五、关于留学事项应行报告各事宜。六、关于教育总长或各省行政长官或驻日公使临时委任各事宜。(第七条)①

照此规定,经理员对于学生有监督管理之权,与从前之监督无甚差别。民国三年八月,教育部更颁布《经理美洲留学生事务暂行规程》,其办法与经理欧洲留学生者相似。

民国三年十二月教育部公布《管理留日学生事务规程》40 条,即将前项暂行规程 32 条废止。此次改订之最重要者:(1)将中央之经理员改为部派监督;(2)各省经理员对于部派监督为从属关系;(3)部派监督得详请教育总长撤换经理员之不称职者,留学生送学事项之在日本文部省直辖之高等专门学校及帝国大学统由部派监督办理,其他各校由部派监督或各省经理员分别办理;(4)部派监督规定薪俸 300 元,办公费 200 元。此次由经理员改为部派监督由于驻日公使陆宗舆函称经理员为庶务性质而发也。民国七年十月,更将留日学生监督处扩充,设简派之监督一人,支薪 600 元,外办公费 200 元,邮电杂费 500 元,荐任待遇科长三人,委任待遇科员十人。

---

① 《教育杂志》第 15 卷第 12 期。

民国四年八月教育部公布《管理留欧学生事务规程》；五年三月公布《管理留美学生事务规程》，各37条，将前项暂行规程废止，办法与《管理留日学生》者，相似而较简，惟无各省经理员而已。组织极为简单，两处均只监督一人，欧支薪500元，美支薪400元，各办公费每月国币300元；监督可延用书记，但薪俸在办公费项下开支，较之《留日学生监督》处之大规模的组织，相去甚远。

此外清华学校因美国退还庚子赔款而设立，当时系外务部董理其事，故该校至今隶属于外交部。该校留美学生甚多，特设驻美游学监督管理之，其规章异于教育部所订定者，兹录其重要者如下：

> 驻美游学监督处为清华学校派出机关，其一切重要事务，应直接商准清华学校校长办理。（第一条）
>
> 驻美游学监督处，应在华盛顿租赁房屋，为办事之所。（第二条）
>
> 驻美游学监督处经理清华学校所派游美学生费、月费、川资，暨已核准之自费生津贴，并考核课务，约束风纪，及统计报告庶务一切事宜。（第三条）
>
> 驻美游学监督处一切办理情形，应随时报告清华学校校长，如遇有与美国官厅交涉事宜，非驻美游学监督所能直接办理者，得商请驻美公使酌量办理，并应报告清华学校校长。（第四条）
>
> 监督由清华学校校长选聘，呈明外交部总次长核准，其余各员由清华学校校长选派。（第六条）
>
> **监督之职务**
>
> （甲）监督代表清华学校校长总理该处一切事务，并指挥

监督处所属各职员。

(乙)对于清华游美学生之德智体三育,负考核、诱导、督率之责。

(丙)代清华学校物色相当人材,荐充教职员,并开送名单,以凭审择。

(丁)每年须出巡各学校,并将情形报告清华学校校长。

(戊)协助清华学校职业介绍部,清华校友进行一切,并与美国大工厂及实业家互通声息,俾资赞助。

以上第一章总纲

驻美游学监督处,应于每年三月十月两期内将官费津贴各生人数,分别学校、学科、年级,及成绩,列表汇报清华学校备查,表式另订之。(第十六条)

官费津贴各生毕业、辍学或回国,或留美时,驻美游学监督处应即将该生曾入之学校及学业之成绩,或回国之日期,或游美之住址职业报告清华学校备案。报告单式另订之。(第十七条)

所管之官费学生按月由驻美游学监督处查照游学章程发给月费,同时附寄空白收据三联,令其依式填就,寄回监督处,以一联存查,余寄清华学校核报。(第十八条)

所管之官费学生所需之学费、试验费、健身费、学科应有之实地调查费,以及毕业证书费等项,由驻美游学监督处查照游学章程直接支给。(第十九条)

所管之津贴学生津贴,按月由驻美游学监督处查照清华学校核定之金额,分别发给收据照第十九条办理。(第二十条)

遇有临时发生为本章程所有未载之事项,必须补助学生

者，该监督得于预算范围内，酌量情形办理。（第二十一条）

驻美游学监督于事务紧急不及函达时，得酌量发电，但字宜从简，发电时应一面具函详陈，以昭核实。（第二十二条）

驻美游学监督，对于清华学校及清华学校对于该监督往来文件，统以汉文为主。（第二十三条）①

清华学生除所领费用较其他官费生充裕外，在管理原则上亦与其他学生相似，惟直接受清华学校校长之支配，不与游美学生监督发生关系耳。

60年来之游学管理条规虽时有变动，但有些通则如（1）学生学业须受监督考核，（2）学生在国外须敦品励学等却始终一贯。但实际上这种条文却少有实行：光绪二十八年吴敬恒等在日本之聚众滋事，固开游学生不服约束的先河（斯时尚无约束章程），以后闹使馆、辱公使的事情，如民国十年之勤工俭学生，十三年之留日生争补助费事，也是事实上所常有。最可注意者，除前清初期留学生回国有义务年限之规定外，民国以来，所有管理规程，大半详于经费，对于学生回国服务情形竟未道及。选派留学生规程所谓"教育总长认为必要时研究必须留学外国之学术技艺"亦只是一句"问出不问归"的空言，而使留学生自己在社会上乱碰，实在最不经济。

自光绪二十九年张之洞奏定《自行酌办立案章程》以来，私费生之管理即较官费生为宽，而民国时代更为宽弛：资格限制既特别低，学业成绩更不问，民国三年一月公布之《管理留学日本自费生暂行规程》，只有中学以上学校毕业与中学以上教员之限制，民国

① 《清华一览》。

十三年七月公布之《管理自费留学生规程》,则将第二条改为办理教育事务二年以上者,学力绝对不问,只要经济上能自己供给者均可出国为留学生,因而自费留学生亦特多。

管理留学生历史,还有禁止与外人结婚一条,虽不列于管理规程之条文中,但明令禁止者凡三次:第一次为宣统二年三月,禁止官自费未毕业生与外国人订婚结婚,限制的方法为毕业时不给证明书,官费生并追缴学费,其理由为废业、耗资、忘国;①第二次为民国七年二月特禁官费生;②第三次为民国七年七月,官自费生同禁,对官费生尤严。③ 但实际留学国外之官费自费生与外人结婚而携妻室回国或竟不回国者不在少数,此种法令亦等具文。

① 学部原奏:"近来东西洋游学生时有与外人结婚之事,此事在寻常侨民,本可不必禁止。惟在游学生则当修业之际,家室之累重,即学问之念轻,一弊也;外洋女子,习尚较奢,而游学生之学费有限,赡养既多所耗费,即学资易致不给,二弊也;游学生既娶外国妇女,易有乐居异城、厌弃祖国之思,则虽造就成材,而不思归国效用,亦复何裨于时艰,三弊也。查东西各国结婚之期,本皆在学成以后,未有学未毕业,先求家室者。况乎中国派往之游学生,尤当克苦求学,岂容遽就宴安。臣部现拟咨行东西各国出使大臣,嗣后游学生未毕业时,均禁止其与外国妇女订婚及结婚,违者毕业时不给证明书,官费生并追缴学费,以戒怠荒,而励进修。"

② 教育部通咨云:"留学生与外国人结婚一节,于国家于个人均有损无益,嗣后如再有官费生与外国人结婚情事,应即停止官费,以儆怠玩,而肃学风。"

③ 教育部通咨云:"学生与外国人结婚流弊滋多,其在官费学生,尤属不合;嗣后有身隶学籍,来馆请给证书结婚者,迳予拒斥;如在官费学生,并请咨报告本部,一面就近知照外学生监督,加量惩处,仍由本部训令各学生监督,详查前次申令禁止。以后有官费学生私犯令章者,切实开除,以昭炯戒。"

第十三章　留学奖励

中国自明以来即以科举取士，科名之虚荣心深入人心，人民之受教育均以获得科名为目的，游学去国万里，较之国内求学更为艰难，无特殊奖励，自难鼓舞。所以曾国藩、李鸿章初次派遣幼童去美，即规定"每年回华30名由驻洋委员胪列各人所长，听候派用，分别奏赏顶戴官阶"。以后闽厂学生与武弁回国均有职官奖励。光绪十六年以后出使大臣随带之学生三年期满，并可保道府。庚子而后，举国以变法自强为事，游学尤为培植人材之唯一要政，故光绪二十年留日学生滋事，政府以出洋学生流弊甚多，应筹防范之法，于二十九年四月面嘱张之洞拟订约束鼓励出洋学生章程各十条，为奖励游学生有定章之始。其章程为以后各种奖励游学生规程张本，其原文如下：

一、中国游学生在日本各学堂毕业者，视所学等差，给以奖励，但须由中国出使大臣总监督查明该学生品行端谨，并无过犯，出具切实考语，咨送归国，由钦派大臣详加察核，果系品行端谨，毫无过犯；并按照所学科目，切实详细考验，果系所学等差，确与所得学堂文凭相符者，再行奏请奖励。

一、在普通中学堂五年毕业，得有优等文凭者给以拔贡出身，分别录用。

一、在文部省直辖高等各学堂暨程度相等之各项实业学堂三年毕业,得有优等文凭者,给以举人出身分别录用。

一、在大学堂专学某一科或数科毕业后,得有选科及变通选科毕业文凭者,给以进士出身,分别录用;其由中华学堂毕业径入大学堂学习选科,未经高等学堂毕业者,其奖励应比照高等学堂毕业生办理。

一、在日本国家大学堂暨程度相当之官设学堂之中毕业,得有学士文凭者,给以翰林出身。

一、在日本国家大学院五年毕业,得有博士文凭者,除给以翰林出身外,并予以翰林升阶。

以上所列之外,在文部大臣所指准之私立学堂毕业者,视其所学程度,一体酌给举人出身,或拔贡出身。

一、游学生原有翰林进士举人拔贡出身者,各视所学程度,给以相当官职。

一、凡毕业学生首以品行为贵,应请各学堂注重学生品行与各科学一律比较分数,必所定品行分数满足,乃为及格。

一、游学生于各学堂毕业年限,系与日本学堂原定本科毕业年限毫无短减,不得别自为班,希冀速成。

一、此次定章以前已经毕业回国之各省官派学生,均照此次章程由各省督抚考查;其品行心术,如实系端谨无过者,考验其所学程度,查验文凭,实系相符者,即照新章给以出身,已有出身者给以相当官职。其学速成科毕业减短学科年限者,应查明所短年限令以回国后当差劳绩之年资补之。扣足年限,亦一体给以出身,或相当官职。凡定章以前之毕业回国学生,其中如有请赏举人者,俟准奏后应咨送京城由管学大臣覆试。①

① 《约章成案汇览》卷32上。

光绪三十一年，六月学务处考验北洋学生金邦平等奏请殿试予以出身，[①]与试者一榜及第。以后游学毕业回国者日多，而且回国后大半供有要差，不能随时考验，于是学部于光绪三十二年四月奏定每年八月举行考试一次，与考资格以毕业外国专门以上学校者为限；并于八月奏定考验游学毕业生章程五条如下：

一、考试分两场，第一场就各毕业生文凭所注学科，择要命题考验；第二场试中国文、外国文。

一、第一场每学科各命三题，作二题为完卷，第二场试中国文一题、外国文一题，作一题为完卷。

一、考卷由襄校分阅评记分数，再由学部大臣会同钦派大臣详细覆校，分别最优等、优等、中等。

一、毕业生考列最优等者，给予进士出身，考列优等及中等者，给予举人出身，均由学部开单带领引见请旨。

一、毕业生准给出身者，并加某学科字样，习文科者称文科进士、文科举人，习法科者，准称法科进士、法科举人，医科理科工科商科农科仿此。[②]

斯年九月即案此规程考验游学毕业生陈锦涛等，并赏给进士

① 《光绪政要》："光绪三十一年六月予出洋学生出身谕云：本日引见之出洋学生金邦平、唐锷均着给予进士出身，赏给翰林院检讨，张锳绪、曹汝霖、钱承鋕、胡宗瀛、戢翼翚均着给予进士出身，接照所习科学以主事分部学习行走，陆宗舆着给予举人出身，以内阁中书用，王守善、陆世芬、王宰善、高淑琦、沈琨、林棨均着给予举人出身，以知县分省补用。"

② 《学部奏咨辑要》第一编。

及举人等科名,[①]尔时在国外专门学校毕业回国者不多,故均能一榜及第。后因日本专门以上学校,常为中国学生特设班次,其学校虽名为大学或高等专门,但特设班次之程度甚浅,其他如外国人在国内设立之大学,其程度也与各该国本国大学之程度相去甚远,而游学考试既为出身的捷径,这些学生,也随之报考,学部恐其过滥,特于光绪三十三年五月奏请限制;上述各校之学生均不能视为游学毕业,一体送考。同年十一月因进士馆出洋学生回国,并定进士馆游学毕业学员考试章程,其办法与三十二年之章程大概相似,最重要之异点,即不准游学未满三年之速成生与试。

光绪三十一年至三十二年两年考试游学毕业生,因阅卷无专才与鼓励游学生之故,考试既不谨严,且将学业试验与入官试验混为一事,凡考试及第者均予以进士举人分发各省。舆论既有不满,[②]光绪三十三年十二月学部更奏定廷试章程 11 条,仿中国旧日考试进士之殿试与外国高等文官考试例,凡经学部考验奏请赏给进士举人者,均由廷派分别授职。一切于章程中规定甚详,兹录其前九条如下:

① 《光绪政要》:"三十二年九月赐游学生毕业出身谕云:本日学部带领引见之考验游学毕业生陈锦涛着赏给法政科进士,颜惠庆赏给译科进士,谢天保赏给医科进士,颜德庆赏给工科进士,施肇基赏给法政科进士,徐景文赏给医科进士,张煜全赏给法政科进士,田书年赏给法政科举人,施肇祥赏给工科举人,陈仲篪赏给医科医士,王季点赏给工科举人,廖世纶赏给工科举人,曹志沂赏给医科举人,黎渊赏给法政科举人,李应泌赏给医科医士,王鸿年赏给法政科举人,胡振平赏给法政举人,王荣树赏给农科举人,路孝植赏给法政科举人,薛锡成赏给法政科举人,周宏业赏给法政科举人,陈威赏给法政科举人,权量赏给商科举人,董鸿祎赏给法政科举人,稽镜赏给法政科举人,富士英赏给法政科举人,陈耀典赏给农科举人,罗会垣赏给农科举人,傅汝勤赏给医科医士,陈爵赏给商科举人。"

② 罗振常:《论考试留学生之宜注意》(《教育世界》第 138 期)。

一、凡在外国高等以上各学堂之毕业生，经学部考验合格奉旨偿进士举人出身后，每年在保和殿举行廷试一次，其廷试日期，于八月考验毕业以后，由学部奏请钦定。

一、于廷试之前一日，由学部奏请钦派深明中国文学及科学并外国文之大员数人，以为阅卷大臣；仿殿试例，先期在内阁值宿，以便拟题。

一、由学部谘访明通科学及外国文之京外各官，开单奏请钦派数员，为襄校官，亦先期在内阁值宿，以重关防。

一、恭应廷试经义一篇，科学论说一篇，其经义题目一道，恭候钦命，科学题目，应由阅卷大臣按应试者之学科门类，每门各拟二题，仿殿试例，恭候钦定。

一、此项廷试试卷由学部备办，每人各给中文卷本，其科学论说愿用西文书写者，先期呈明给西文卷。

一、东西国之医科、工科、格致科、农科大学毕业生，及各项高等实业学堂毕业者，往往仅以科学见长，不工文字，此项学生，准其仅作科学论说一篇，不必兼作经义。

一、此项游学毕业生之廷试卷，分为一二三等，中文与科学并能优长者列一等，中文平妥科学优长者列二等，科学优长未作中文卷者列三等。惟一二三各等不必全备，如全系佳卷，不妨尽列一等，如无中文优长者，亦不妨尽置之二三等，不必迁就。

一、此项毕业游学生之廷试卷，由阅卷大臣拟定等第，奏请钦定后，应由学部将该生等带领引见。其已得有进士出身者，按照二十九年八月升任湖广总督张之洞议奏奉旨《允准鼓励游学生章程》及三十一年《考验游学毕业生》金邦平等成案分别请旨偿给翰林主事等官，其已得有举人出身者，仿照本年举人考职成案，分别请旨赏给主事内阁中书、小京官、知县等官。均于排单内按其所入学堂之程度，与毕业考验及廷试之等第，分别注明，恭候钦定。

一、凡经学部考验列最优等赏给进士者，廷试列在一等，引见时于排单内注明，拟请旨赏给翰林院编修或检讨；经学部考验列最优等赏给进士者，廷试列在二等，引见时于排单内注明拟请旨赏给翰林院庶吉士，俟三年期满，由堂院学士出具考语，奏请分别授职编修或检讨；经学部考验列最优等赏给进士者，廷试列在三等，与经学部列优等赏给举人者廷试列在一等，引见时于排单内注明，拟请旨给赏主事，按照所学科目分部学习，经学部考验列优等赏给举人者，廷试列在二等，引见时于排单内注明，拟请旨赏给七品小京官，按照所学科目分部学习；其廷试列在三等者，引见时于排单内注明，拟请旨赏给知县分省试用。①

廷试奖励实官之例一开，与试者更多，光绪三十三年学部奏请限制收考游学生，虽曾规定日本高等以上学校之特设班与外人在国内设立之大学生不能与试，但日本私立大学生却未在限制之列。而当时日本为中国学生私立之法政大学甚多，程度既低，管理更不过问，所以有许多学生名虽在学，而终年在外游荡，并且插班生甚多。日人贪图学费，即出使大臣派员查询亦密不相告；然而在资格上，他们有了毕业文凭，也可以参与留学毕业生考试学部审知其

① 《学部奏咨辑要》第一编。

弊，乃于光绪三十四年八月奏请在日本私立法政大学毕业生之参与游学毕业生考试者，于考试之前，先考普通学大要及日文日语一场，及格后始能应试。宣统元年六月因毕业回国者更多，特订章程八项，资格文凭与考试程度均有严密之规定与检查。更改较重要者为第一、二、三、六四项：

一、考生资格

东西洋游学生应由出使大臣或游学生监督，将该生等履历、入学年月、所习专科及预定毕业年限，并有无旷课各节，预行列表报部立案，其赴部报考时，应由出使大臣或各省督抚，或各部院堂官备文咨送，出具切实考语，方准与考。东西洋游学生，如系由中学堂毕业，得有奖励后出洋者，必在外国高等以上学堂肄业三年以上，方准与考；其未由中学堂毕业出洋者，必在外国普通学堂预备一年以上，并在高等以上学堂肄业三年以上毕业者，方准与考。（在高等以上学校此校未毕业而转入他校者，不得以两校年限合计；惟学科程度相同之学校，须经出使大臣或游学生监督允准转报学部核准者，不在此例。）东西洋游学生必在大学堂及各项高等、专门学堂毕业者，方准与考。凡在外国中学堂中等程度之实业及师范学堂与中国人特设班次之学堂毕业者，均不准与考。其由为中国人特设班次之学堂肄业，转入高等学堂之第二、三年级者，或由校外生毕业编入高等学堂之三年级者，亦均不准与考。凡选科毕业生，如其所习学科，不及该学堂所定各科四分之三者（设如某学堂所定应习之学科共16种而该生所选习之学科不及12种），不准与考。

二、查验文凭

游学生赴部报考，应将毕业文凭及监督处证明书并笔记译述等项，呈明候核；其在本国学堂或外国学堂得有普通毕业文凭者，一并呈验。

三、预行甄录

游学毕业生无论有无普通学毕业文凭，均预行甄录一场，试以外国语文，并该生专科所需之普通学。（如法、政、文科之地理、历史，及格致、工科之理化、算学）其平均不及50分者，不准与正场考试；甄录未取者，准于下届再与甄录，惟以一次为限。

四、分等给奖

此项考试等级照奏定学堂章程分别最优等、优等、中等；考列最优等者，奖给进士，考列优等及中等者，奖给举人，均由学部开单奏请验看，恭候钦定。奖给进士举人者，并加某学科字样；习文科者则称文科进士举人，其法政科、商科、工科、格致科、农科、医科仿此。凡考试不及格者，准于下届再应考试，准以一次为限。①

宣统三年四月游学毕业生考试，获七品小京官者300余人，分配各部，拥挤不堪，于是由学部奏请改为即用知县，分发各省，七月各学堂实官奖励停止，游学毕业生廷试亦决定于第二年取消，斯年秋，武汉事起，满清推倒，游学生之科名与实官奖励，也随满清帝国而消灭。

民国成立，一切科名均经取消，而且受教育被视为人生的义

① 《学部奏咨辑要》第二编。

务，实官奖励制度，当然消灭。但民国四年袁世凯为大总统时，却曾考试游学毕业生一次。当时由政事堂拟订办法：先定文凭分数，在西洋头等大学及日本官立大学卒业之学士文凭80分，在日本官立大学选科私立大学本科及官立高等专门卒业者70分，在日本官立专门及私立大学之专门部卒业者60分，再根据各人所习之科目分别命题考试。与试者192人，落第者41名，共取151名，除甲乙丙三等外另有超等：计法科甲等6名，乙等9名，丙等28名；文科甲等5名，乙等3名，丙等2名；理科超等、乙等各2名；医科甲等2名，乙等、丙等各1名；农科超等2名，甲等7名，乙等6名，丙等2名；工科甲等11名，乙等10名，丙等2名；商科超等3名，甲等9名，乙等17名，丙等9名；矿科超等1名，甲等、乙等各4名，丙等3名。当时科举出身的名目虽经取消，但另有卿、大夫、士种种特殊名目，留学生考试及格之超等胡文耀等授上士，甲等许藹世等授中士，乙等刘良浔等授少士，丙等王鼎新等授同少士。袁世凯死后，此种考试亦不再举行，此种奖励亦从而终止。民国七年九月教育部公布《留日官自费生奖励章程》，奖励品为金钱，其重要规程如下：

一、勤学奖励

第一条　留日高专以上各校官费生一学年内不欠席并学年试验及第者。(25元至50元)

第二条　留日高专以上各校官费生毕业时，合计三学年不欠席者。(50元至100元)

二、成绩奖励

第三条　留日高专以上各校官费生学年试验考列最优等者。(25元至50元)

第四条　留日高专以上各校官费生毕业试验考列最优等者。(50元至100元)

第五条　准第三条及第四条之规定,凡各学校之成绩报告,如以分数为标准者,应以80分以上为最优等;以甲乙丙丁分等级者,以甲等为最优等。其余标准,得准此类推之。

第六条　留日高专以上各校自费生,有与本章程第一条及第三条之规定相符者,得给予补助费。

留日高专以上各校自费生有与本章程第二条及第四条相符者,得给予奖励金。(每年不得过300元)

此项规程所规定之奖金既少,而民国七年以来,各省留学经费均有拖欠,现在则除江苏、浙江、山西等数省留学生外,无不奔走呼号求应得之公费而不可得,奖励金亦不过徒有其名而已。

第十四章　留学思想之变迁

欲明近代游学思想的变迁，不可不先明派遣留学之背景。

梁启超以中国在千五百年前即有留学生，其事迹可考者且有百余人，[①]则派遣留学生已不自现代始。不过自唐以后，佛教官典已经翻译，宗教界的需要有相当的满足，而且也无玄奘其人含辛茹苦，万里求学，即间有赴印度求佛者，亦为宗教之祈求而非学术之探究。至于西洋因交通关系，在明以前且不会与之通往来，自说不到派员求学。

明正德十三年（1518）葡萄牙至上川岛经商，始与中国通往来。以后西班牙、荷兰、英、法、俄、美、德等国继之，但均只以通商为限。当时国人对于西洋各国仍本轻视蛮夷的遗训，视为不值一钱，所以乾隆时有"兵船不得入虎门，不得备武器，不得带女人，不得雇中国仆妇，不得乘舟游江上，每月惟三个人日准游花园，且须带翻译"之禁令。但卒以此种观念酿成鸦片之战（道光十八年，1838），以致一败涂地而割香港，开福州、厦门、宁波、广东、上海五口为商埠，偿军费2100万两。斯时国人对于西洋的观念渐变而有坚甲利兵，其锋莫当之盛。自此而后，平定太平军曾借重外兵，对于外国之军备更多认识一层，及至英法联军入京、中日战争、义和团事变以后，割地

---

① 《千五百年前之学留生》（《改造》4卷1号）。

赔款的事情日多一日，本国底弱点完全显出，外人底势力更多一番认识，而鉴于日本以数十年的维新工夫，竟能称霸东亚，与世界列强并驾齐驱，于是更知西政之能强国而努力模仿。后来派五大臣出国考察政治，对于各国物质文明有所接触而惊其华富，除军备与政治外，对于西洋的实业更有一番认识。民国而后，去国者日多，其中不乏好学深思的人，切实努力研究西方学问，而严复所译之《天演论》、《群学肄言》、《社会通诠》等书散布于国中，更使国人知西洋物质文明之外尚有精神文明，而且所谓精神文明，并不亚于老大的中国；于是国人始知西洋所有者不只是工艺的末技，并有支配工艺的社会伦理。反观我国，无一可及，便鄙弃国内一切文物而思全盘承受西洋化。自戊戌变法，辛丑图强，以至民国以来，社会上无时不鼓吹游学，政府无时不以游学为教育中之重要政策，都为这些思想所支配。明白说来，中国60年来游学的思想，可以军备、西政、西艺、西学四项包括之，简单说明如下：

此四种思想虽然互相错综，彼此不易划一显然的界线，但亦各有其最高度；大体上可分为四个时期：第一期自同治末年至光绪二十九年，第二期自光绪二十九年至三十四年，第三期自宣统元年至民国六年，第四期自民国六年至今。

鸦片战后，外患日迫，大僚以图强非设学练兵以培植译材将材不可，故京师同文馆与沪粤广方言馆设于同治初元，而曾国藩听容闳之言，于同治六年平定捻匪之后，在沪设江南制造局，并于厂旁立兵工学校。但是设局制造，开馆教习，只是图强的始基，欲收远大之效，非远适肄业、集思广益不可，所以曾与李鸿章竟采容闳之议遣派幼童赴美。他们说：

窃谓自斌椿、志刚、孙家穀两次奉命游历各国，于海外情形，亦已窥其要领：如舆图、算法、步天、测海、造船、制器等事，无一不与用兵相表里，凡游学他国，得有长技者，归即延入书院，分科传授，精益求精，其军政船政，直视为身心性命之学，今中国欲仿效其意而精通其法，当此风气既开，似宜亟选聪颖子弟携往外国肄业，实力讲求，以仰副我皇上作育人材力图自强之至意。①

这是他们派遣幼童出洋之目的。在他们看来，舆图、步算等项却是军事底工具，学生之当实力讲求者亦在于军政船政，这是军备思想表现之最初期，此后李鸿章、沈葆桢等于光绪初元派遣福建船厂学生去英法习制造驾驰，武弁赴德国习陆军，则更以造就军事人材为唯一的目的。李等奏派船政学生出洋肄业章程折中说：

窃谓西洋制造之精，实本于测算格致之学，奇才迭出，月异日新，即如造船一事，近时轮机铁胁，一变前模，船身愈坚，用煤愈省，而行驶愈速；若不前赴西厂观摩考索，终难探制作之源。至如驾驶之法，日近华员亦能自行管驾，涉历风涛；惟测量天文沙线，遇风保险等事，仍未得其深际。其驾驶铁甲兵船于大洋狂风巨浪中，布阵应敌离合变化之奇，华员皆未经见，自非目接身亲，断难窥其秘钥。

这段是总说派遣船厂学生出洋之原因。他又说：

① 曾国藩等：《奏选派幼童赴美肄业办理章程》，《约章成案汇览》卷32上。

查制造各厂法为最盛，而水师操练，英为最精。闽厂前堂学生本习法国语言文字，应即令赴法国官厂学习制造，务令通船新式轮机器具无一不能自制，方为成效。后堂学生本习英国语言文字，应即令赴英国水师大学堂及铁甲兵船学习驾驶，务令精通该国水师兵法，能自驾铁船于大洋操战，方为成效。①

这是说何以派遣学生去法国习制造、赴英习驾驶之原因与目的。关于派遣武弁赴德的原因与目的，他在光绪二年三月二十六日奏派卞长胜等七人赴德学习片中说：

筹布海防，迭经筹款，定购西洋新式后膛枪炮，分发各营督饬操练，并转托德国克鹿卜炮厂代雇德国都司李劢协来津订立合同议明三年为期，教习克鹿卜后膛钢炮……现届期满销差回国……商令李劢协带同花翎游击卞长胜等七人赴该国武院讲习水陆军械技艺，俟学成回华再分拨各营教练，以期渐开风气。……窃惟外交之道与自固之谋相为表里，德国近年发奋为雄，其军政修明，船械精利，实与英俄各邦并峙……该国素敦友谊，亟应及时联络，师彼长技，助我军谋。②

以后江南、湖北各省于光绪二十一年以后，派遣学生入日本成城及振武学校，与练兵处奏选陆军学生分班去日习陆军，均为此种思想所支配。而光绪二十八年袁世凯奏派学生去日肄业片中讲得

① 李鸿章：《选派船政生徒出洋肄业章程折》，《约章成案汇览》卷 32 上。
② 李鸿章：《选华弁出洋习艺并洋弁给奖片》，同上卷 32 下。

更为明白。他说：

当今时局以讲求武备为先，整顿戎行以遴选将才为急……查欧美东洋各国于行军练士之法悉心考究，日新月异而岁不同，故能迭为长雄，潜消外侮。今中国兵制徒守湘淮成规，间有改习洋操，大抵袭其皮毛，未能得其奥妙，欲求因时制宜以收折冲之效，自非派员出洋肄习不为功。[①]

在此军备思想中，欧洲各国军备之首被国人重视者为英、法、德三国，其次为日本，而日本以地近费轻之故，去者特多，影响于中国军事者亦最大。派遣赴美之幼童虽目的在养成军事人材，但因年幼学浅，去美初期完全为预备性质，故不曾专习军事，与后来派赴英法德日之学生不同。而且光绪二十九年以前，虽不时派遣学生出洋肄业，但都系因时制宜的偶然计划，并非国家底正式政策。

甲午之战，国家弱点更形暴露，乃更因日本变法之强而认识西政之重要，张之洞《劝学篇》中论游学说：

日本小国耳！何兴之暴也？伊藤、山县、榎本、陆奥诸人皆二十年前出洋之学生也。愤其国为西洋所胁，率其徒百余人，分诣德、法、英诸国，或学政治工商，或学水陆兵法，学成而归，用为将相，政事一变，雄视东方。不特此也，俄之前主大彼得，愤彼国之不强，亲到英吉利、荷兰两国船厂，为工役十余年，尽得其水师轮机驾驶之法，并学其各厂制造，归国之后，诸

① 《约章成案汇览》卷32下。

事丕变，今日遂为四海第一大国。不特此也，暹罗久为法国涎伺，于光绪二十年与法有衅，行将吞并矣；暹王感愤，国内毅然变法，一切更始，遣其世子游英国学水师，去年暹王游欧洲，驾火船出红海来迎者即其学成之世子也；暹王亦自通西文西学，各国敬礼有加，暹罗遂以不亡。上为俄，中为日本，下为暹罗，中国独不能比其中者乎。

这是他极力描写俄、日、暹之强由于变法，而变法的人才要出洋游学养成，所以他与刘坤一覆议新政第三折胪举采用西法次第11条，以广派游历列第一，而且明认西方政体学术为研究经验之结果，值得仿效。他们说：

方今环球各国日新月盛，大者兼擅富强，次者亦不至贫弱，究其政体学术，大率皆累数百年之研究，经数千百人之修改，成效既彰，转相仿效，美洲则采之欧洲，东洋复采之西洋，此如药有经验之方剂，路有熟游之途径，正可相我病证，以为服药之重轻，度我筋力以为行程之迟速，盖无有便于此者。……今日育才强国之道，自以多派士人出洋游历为第一义；惟游学费繁年久，其数不能过多，且有年齿较长不能入学堂者，有已轻出仕不愿入学堂者。欲求急救之方，惟有广派游历之一法。观其国势，考其政事学术，察其与我国关涉之大端，与各国离合之情事，回华后将其身经目睹者，告语亲知，展转传说，自然群迷顿觉，急思变计。①

① 《变法自强奏议》卷18。

这是他们对于西方政治的认识。以后预备立宪,一切新政同时举行,需人甚急,而赴日之大批留学生以习速成法政与师范者为最多,而不及其他各种实业,即由此种西政的思想所支配。

国人对于西艺之认识较西政尤早,但因时势不需要,遂致发展反后于西政。光绪二十五年上谕出洋学生肄业实学说:

> 向来出洋学生学习水陆武备外,大抵专意语言文字,其余各种学问,均未能涉及。即如农、工、商、矿务等项,泰西各国讲求有素,夙擅专长,中国风气未开,绝少精于各种学问之人。嗣后出洋学生,应如何分入各国农、工、商等各学堂,专门肄业以备回华传授。

总理衙门覆议章程更明白说:

> 英德有农政公会,美国有农政书院,最为讲求耕垦收获之务,近日英之爱尔兰,新立劝农劝工章程,至商矿学堂,各国多有之,其名物器具象数之繁,分门记载,各有专书,非精通西文翻译,无由入门而悉其体用利病,历派出洋学生,每届三年回华,为时既暂,诚有如圣谕专攻语言文字,肄习水陆武备而于各国农、工、商务矿务未有专门精肄回华传授者,诚宜变通出洋肄业章程,使各就其才性之所近,分门研究,以收布帛菽粟兴物前民之用,以殖民生而裨国计,非此不能为之椎轮嚆矢也。①

① 《约章成案汇览》卷32下。

不过当时不曾派遣学生去西洋，而拳匪之乱便已发生。辛丑和议，受创过深，举国均急急于变法自强，而变法要首从政治做起，所以政治人才之需要更切，工艺问题也便淡然忘之，西艺思想也为西政所遏。光绪二十九年而后，留学生日多，渐有供过于求之势，而工艺之不发达如故，于是工艺思想又复发现。光绪三十三年与日本特约五校即趋重实业，三十四年七月，御史俾寿奏请选派学生赴各国习工艺，学部与农工商部邮传部会奏于斯年起，以后所有出洋学生均令习实业，并限制自费生，非入高等以上学堂习农工格致者不给官费。此实留学史之一大变迁，兹录其原奏之重要者如下：

……臣等窃维造就人才，必因乎时势，欲救贫弱，在图富强，欲图富强，在重实业。从前臣之洞会同前学务大臣奏陈重订学堂章程折内，即声明国民生计，莫要于农工商实业，趣办实业学堂，有百利而无一弊，最宜注重等语。频年以来，农工商部于京师设立高等实业学堂，邮传部于上海设立高等实业学堂，唐山设立路矿学堂，盖冀人才之日出，而图实业之振兴。臣等夙夜孜孜，已非一日。惟此种专门之学，皆以普通学为始基，非先于普通之算学、理化、博物、图书等已具根柢者，不能得门而入。近来各省派往东西洋之游学生亦已不少，然以未经中学堂毕业，普通学不完备，出洋以后，见夫法政等科可不必习普通学而躐等以进，于是避难就易，纷纷请习法政，以致实业人才愈见其少。今该御史所奏工艺为富强之要图，选派子弟，分送东西洋，使专一艺，洵为扼要之论。拟如所请，自本年为始，嗣后京师及各省中学堂以上毕业之学生，择其普通学完备外国语能直接听讲者，酌送出洋学习实业；并令此后凡官

> 费出洋学生，概学习农工格致各项专科，不得改习他科。又以前自费出洋之学生，非入高等以上学堂学习农工格致三科者，不得改给官费，其认习实业已给官费之学生，亦不准中途改习他科。如此量为限制，庶几实业人才可以日出，而富强之效可睹矣。①

此后自费生虽无一定限制，但官费生则照此奏议办理。即宣统元年"美国退还庚子赔款派遣留美学生，亦限定以十分之八习农工商矿等科，以十分之二习法政理财师范诸学"。此案定后，民国承之。民国五年东西洋官费生留学之科别统计，理工学生占83%，文法科学生只17%，可知习理工者之多。惟自费生无一定限制，不能据此以为断而已。

民国初成立时，除留学监督有所更改而外，方针固无何种变更。民国五年，教育部公布选派留学生规程即打破此种限制，而泛指外国学术技艺。其时社会上之一部分人如曾经留法多年之李煜瀛、吴敬恒极力提倡留学，以为"欲输世界文明于国内，必以留学泰西为要图……共和初立，欲造成新社会、新国民，更非留学莫济"。②特创《留法俭学会》鼓吹国人去法留学。欧战发生，法国招募华工，他们更主张移家就学；而当时国内学者如陈独秀创办《新青年》杂志，对于中国旧礼教、旧文学极力破坏，对于西洋思想、道德与文艺极力迎受，浸假社会受其影响，国中固有习尚日渐动摇，对于西洋化之要求日渐迫切，五四而后，英美学者如杜威、罗素等来华讲演，

① 《学部奏咨辑要》第一编。
② 《留法俭学会缘起》（见第八章）。

社会上更有一种激动,于是“一切文物,西洋皆好,中国皆坏”几成为国人自命为明达者之普通观念,遂致西洋留学生骤增。此时国人对于西洋之认识,不只军备,政治与工艺而已,其他一切学术均被重视。此思想可以吴稚晖之言论为代表。他于民国六年主张移家就学,其最重要之理由如下:

> 假如我国近时受美人卫西琴氏《新教育论》之影响,致年来教育部遣派学生取限制主义。卫氏所谓:“必须成年之人,年在25岁以上,曾于本国受有完全教育者,始可出洋留学;盖留学目的,端在极深研究,或特别调查,彼英、德、法、美诸国学子之互相游学,莫不如是。”此与日本派遣留学,限定卒业大学,曾任助教,且限额50余人,其旨趣合。然吾不必多下断语,即以卫氏“英、德、法、美诸国莫不如是”一语反诘之,中国今日之国情,及学界之程度,得比英乎法乎美乎?即退一步言之,得比日本乎?当无不以为甚滑稽者也。卫氏之《新教育论》,趋重力役,吾五体投地崇拜之。至于所论派遣留学法,若作为教育部方面挑选出洋学生时之鹄的,于此一部分,亦至为切当;年来成年而受过比较完全教育之人,日多一日,教育部取其仅少之学额,多选此等人,自亦在情理之中。若卫氏又谓“采取彼之方法,则派遣学生出洋留学之举,直无所用”,此实谬说。……终之吾敢为大前提而断言者:
>
> 今之新教育,皆有觉悟,当趋重力役。
>
> 即力役之教育而论,是世界的,非一国的。
>
> 力役之智识,是世界的,故交通愈广博,而成就者愈多。
>
> 我国力役之教育,既已发达,尚不可忽于交通,当其未发

达，尤应多设交通之法，促此教育而进之。

移家就学亦为交通诸法内之一种。

他主张移家就学的理由说：

今日中国之所缺者，学校教育，与所谓力役教育内之高等能力，皆知出国而求之矣。其实与人类相关之事物，有待乎增进智识，逐一改良者，实为千端万绪，非仅讲学之一事，必事事能多换智识于世界，而后适宜于时势之俗尚，乃得优存于人群。移家之事，取吾一部分人之家庭生活，生活于世界改良之城邑；取吾一部人之起居习惯，习惯于世界进取之社会。即无子弟就学问题，已觉移家之重要。况就子弟就学而论，我国学技之骤难完备，尤于高等力役之能力，一时决不能取诸宫中而足，而又因社会上四围现状之无所补助，故即在学校中成绩最优之子弟，往往不比于留学普通毕业之学生。（所谓普通毕业学生者，乃指实地学习，特成绩非优者耳；决非指顶一留学招牌之"面筋学生"也。）即因一则于学校外无闻见，一则闻见于学校之外者甚多耳。①

民国十二年，因张嘉森在清华学校讲演人生观，发生科学与玄学的论战，引起东西文化优劣的激辩。吴作长六万言的长文一篇，题为《一个新信仰的宇宙观及人生观》，更主张全盘承受西方文化。②

① 《新青年》4卷2号。

② 《太平洋》4卷5号。

在这文内他虽不明白提倡游学，但他与其他同信西洋文化如周作人、钱玄同等之根本思想却在此表现。勤工俭学事失败后，里昂中法大学仍继续进行，与他这种全盘承受西洋化的思想不无关系。

以上为提倡游学者思想变迁的概况。

在此思想变迁的过程中，有两事我们当特别注意者：1. 国人对于东西洋学生观感之差异；2. 科举思想之遗毒。国人对于东西洋学生观感之差异点有二：一、为重视西洋学生；二、为以西洋语言困难而主张派遣不明国情之幼童。最初派遣幼童赴美，其政策算已失败；然而光绪二十九年以后，国人对于西洋情形无适当之了解，对于西洋学生之派遣仍主张年幼者。光绪三十年外务部与学部奏订《西洋游学简明章程》即规定年十四五、心地明白、文理晓畅者……从语文入手，勿以年长充数；同时并将语言与学问混为一谈，所以他们又说通西文者三年五年即可学成致用。清华学校设立，招收 15 岁以下之儿童入校受纯美国式之预备教育，亦为此种谬误思想所支配。因此东洋学生以漫无限制、流品太杂而无成效，西洋学生则以年幼不明国情而无成效。西洋学生因不明国情之故，其贡献未必优于东洋学生，更未见得人人优于东洋学生，然而因为费重道远之故，社会上总存有西洋一等，东洋二等，本国三等的偏见。不独从前考试留学生官，“留学欧美者多列优等，留学日本者大率中等”，①即现在各公司之待遇（如商务印书馆）及各学校之用人，亦显然以东西洋与本国为区别。结果遂致留学为干进谋利之工具，而真才反因以泯灭。此种差别，实亦派幼童赴美与因费重道远重奖西洋留学生的历史所构成。

① 见《罗振常论考试留学生之宜注意》文中（《教育世界》第 118 期）。

辛丑而后，国人图强之心切，但科举在中国已有长久的历史，科名观念一时无从打破，政府遂不得不以科举的方法奖励游学生，于是游学成为一种工具，学生出国之动机并不在求学，而在藉此龙门以抬高身价。民国而后，科名的奖励虽经取消，而社会上对于留学生与留学生之自视，亦俨然以留学为一种变相的科举。留学生既为此种不正当之动机所驱使，所以在国外不专心于学业，回国不努力于事业，因果循环，遂构成今日留学界虚浮骄纵、无济于世之恶果。此则科举思想的遗害而一时难于除去者。

第十五章　结论

——历史告诉我们的留学问题

以上十四章叙述60年来留学底史实，虽然因种种限制不能将关于留学的一切材料收罗无遗，但60年来留学底重要事实却大概为有根据的记述，本章即从事实上分留学生成绩、留学问题之因果、今后的途径三项论留学问题以为本书的结论。

甲　留学生成绩

近来因为留学生有许多不满人意的事实示人，社会对于留学生的观感大变，责难日多，激烈者并以为留学教育足以亡国，因而将留学生之贡献亦一笔抹杀。实则留学生也和其他学校学生一样，有卖国者，也有救国者；对于学术文化有摧残者，也有贡献者；不过就其总和之数是说，瑜不掩瑕，遂致一般人不重视其优点而责难其劣点。我们却当分别观察之。

戊戌以后的中国政治，无时不与留学生发生关系，尤以军事、外交、教育为甚：现在执军权之军人，十之七八可从日本士官学校丙午同学录与振武学校一览（光绪三十三年）中求得其姓名，军阀如此横行，留日陆军学生自应负重大责任，而曹、陆、章之卖国，更为国人所嫉视。其他如外交则完全为留学生所主持，高等教育界之人员亦十分之九以上（据民国十四年东南大学、北京师大同学录）为留学生，全国重要事业无不有留学生在其中。20年来国势日趋日下，无论教育、外交，几无一事可以使国人满足，国人对于留学生之不满，自系不可避免的事实。然而留学生在近世中国文化上确有不可磨灭的贡献。最大者为科学，次为文学，次为哲学。

中国文化的历史虽然最长，但科学的研究则素所缺乏，自科举取士以后，所谓士人几完全将其生活消磨于辞章八股之中，更无所谓科学。鸦片战后，国人虽怵于外患而思自强，但并无科学的观念，不过泛言洋务而已。曾国藩派遣幼童赴美，即曾言及数理，李鸿章派闽厂学生去英法，更可随意肄业矿学、化学；光绪二十九年而后，去日之学生虽多学习政法、师范，但编辑理科讲义却能介绍初步的科学知识于国人。民国三年西洋留学生更组织科学社，一意从事科学之研究，发行《科学》杂志，编订专门名词，设科学图书馆及生物所于南京；民国五年，留日学生发起丙辰学社（现改为中华学艺社）发刊《学艺杂志》，其内容之大部分专论科学；此外政府于民国五年设立地质调查所，亦为留学英国之丁文江所主持，而有相当的成绩；个人研究科学有得为世界科学者所重视的如王宠佑之于锑，丁文江之于扬子江下流地质，均于自然科学有较大的贡献。高等以上学校之科学教师，更无一非留学生，现在国内学校科学教师，科学用品与科学教科书者，亦莫不由留学生间接直接传衍而来。此为留学生成绩之最显著者，我们固不能说其全无贡献。

近50年来，中国文学上最大的变迁为时文与白话文：时文创于梁启超之《新民丛报》，文体务“平易畅达，时杂以俚语、韵语，及外国语法”。梁虽非纯粹的留学生，但他所谓外国语法却是从日本得来，而辛丑以后的时文大盛，留日学生之传播也有很大势力，不过不能完全视为留学生底成绩而已。以后章士钊创办《甲寅杂志》，文体注重理论，注重文法，在政论别开生面，且影响于当时以至于现在作者不少，章固留学生，其同派高一涵、李大钊、李剑农等也是留学生。至于白话之创兴，大家都知由于留学美国先习农科，后习文学哲学的胡适，即从旁鼓吹与身体力行十年如一日之陈独秀、周作人、周树人（鲁迅）等也都是留英留日的学生。此外著《马氏文通》之马建忠，将中国文法为严密的分析，绎出条理与西文并举，亦是文学上之一种重要创作，然而马氏就是最早的留法学生。

中国学术素以哲学著称，国内学者亦以哲学自豪，但中国底哲学重直观与西洋之重经验者异其趋向，近年来始有用科学方法整理国故者，而介绍西洋哲学于中国者首推严复。他首到英国学海军，擅长数学，但又治论理学、进化论，兼涉社会、法律、经济等学，所以对于哲学也有相当的造诣。他首先译赫胥黎底《天演论》（Huxley：*Evolution and Ethics and other Essays*），文辞既谨严流利，又旁引博征，为案语以发挥其意蕴，所以此书在社会上的影响最大：“物竞天择，优胜劣败”，几成社会上一般人底口头禅，而图强的行动亦无形间受其影响。其他如斯宾塞尔底《群学肄言》（Spencer：*The Study of Sociology*）、穆勒底《群己权界》（J. S. Mill：

On Liberty）、《穆勒名学》（Mill：*A System of Logic*）等书都在社会有相当的影响，国人对于西洋哲学、经济、社会学等得窥其一斋，而不为"西方之学技艺而已"之固蔽思想所囿，实严氏底功劳。这也是留学生对于中国文化之一大贡献——他所译各书，除书底本质外，即在文学上亦有特创而有不可泯灭的地位。此外法国留学生专治生物学的李煜瀛，于光绪三十一年与友人在法国巴黎发行《新世纪》杂志，译拉马克（Lamark）与克鲁巴特金（Kropotkin）底著作，提倡互助学说，国人至今犹有多受其影响者，亦不可不谓之一种贡献。

其他如詹天佑之造京绥铁路，刘庆恩之发明新式快枪，蔡锷之反抗帝制，均系彰彰在人耳目的事实，我们固不能说留学生对于中国无重大贡献也。

乙　留学问题之因果

Ⅰ. 留学生被责难的原因

近年来报纸杂志中，不时发见关系留学生问题的文章，各人对此的意见虽不尽相同，但大体可以"不满意"三字总括之。留学生固亦有其相当的成绩，何以国人对于他们不满意？此问题之发生决非偶然，我们从历史上看来，可得下列几种原因。

1. 留学生为一种特殊坐食阶级　中国人民素分士农工商四

级，士者又素有食人、治人的特权，留学生又为士中之最高级，故其特权更大。从前的读书人（士）虽然享食人治人的特权，但社会上之旧道德观念未打破，被治者固袭数千年传下之遗训而认“士”有权治人，治者亦本正己以正人的格言处事，不敢过分蹂躏平民。海通而后，国内社会习尚固因各国相互的影响而有变更，留学生习于外国工业社会的功利观，律己不如往昔的士人，而最初政府派遣学生以利禄为饵（实官奖励），学生之出国亦以求学为工具，功名为目的；所以回国而后，一面不安小就做他分内应作而能做的事情，他一面便思挽揽大权以遂其功名之欲。幸而获售，则尽量发舒其权力欲以求统治一切，在权力欲之发展中，自然难免有对人对事过分的地方，引起国人底嫉视自是常事；不售，亦因物质欲望太高而思谋不费力的安舒生活——如习工艺者之作官等——用非所学，自难服人，于是便常引起国人之轻视。然而留学生在前清曾为国人特别重视过，数十年来均系过特殊阶级的生活，即在现在，出国者亦最大多数不能逃以求学为工具的范围，回国后要他们辱身降志，做分内应作的事，自然不大愿意，因而不安分的希冀愈多，堕落的机会亦愈多，国人对他们不满的感情亦愈大。此国人对于留学生不满的第一种原因。

2. 留学生外国化　无论何人，对于某事或某人了解得多一点也就容易受其影响，留学生对于留学国各种事物之重视，自属人情之常；而且在现在的中国，要谋各方面的改革，均有不可不采外国成规之势，留学生主张采用其留学国之制度风尚亦不能厚非。不过一国有立国的精神，外国成规终只能居于参考地位而不能无条件接收。要能本国情以为选择，第一要深明本国情形，第二要深明外国情形，而中国首先派遣留学生时即不曾注意及此，西洋留学生承其遗风，至今尚有不识中文且不能中语者，还说明白国情。这些人为生活便利计，本以终老外国为宜；一旦勉强回国，自然无法改变其生活。日本留学生大概对于中国情形较多了解，但日本变法系以西洋为师，间接传授，对于西洋亦难有真切的了解，有所主张，还是少切国情的死形式。加以光绪二十九年以后之大批派遣学生留学，原为外力所逼，当时因国家连受外力之压迫，无法自伸，国人对外国之一切，几均视为天经地义，留学生为炫异谋位计，亦不得不带几分洋化。然而小农立国的中国社会情形，固与西洋各国及日本之工商业立国特异，留学生之种种外国化，当时虽少人倡言反对，不满足之念却不因不发舒而消灭。近来外力愈迫，民智渐开，国人一面自觉本国立国精神不可丧失，外国文物不尽合用，而对于外人底压力则反感愈深。留学生之外国化也自然成为众矢之的了。这是留学生使人不满之第二种原因。

3. 留学生植党揽事　当初大批派遣留学生时，原为国内各种事业需人治理，惟因以奖励实官为手段，遂开倖进之门。自此而后，回国学生日多，社会事业不能与留学生人数成正比例发展，于是有渐有人浮于事之倾向，留学生为社会地位及生活上的种种问题，不能不植党以谋生活上之安全，遂致留日学生与留学西洋者相倾轧，相排挤；人数愈多，事业不发展如故，各国留学生互相倾轧，排挤之风蔓延及于同国乃至于同校之留学生，竟至美国学生有秘密组织的兄弟会等，以为回国包揽事业的根据。各国留学生为生活问题引朋呼类，排斥异己，固足使人不满，加之其成绩并不优于非留学生，甚至远不及非留学生，社会上对他们不满的感情也随之而来。这是留学生引人不满之第三因。

Ⅱ. 目前的留学问题

1. 留学宗旨　60 年来的留学政策可以说是无宗旨的政策：初次派遣学生赴美，取 16 岁以下的儿童使之在国外学习 15 年而后归国，方法已极拙劣，而派遣时并无一定目的，既不问国内需要如何，也不规定学生应习的科目，完全为一种盲目的举动而已，以后闽厂学生出国较有目的，但为数甚少，实际上无何种重大影响。光绪二十九年以后，举国以派遣留学生为要图，但始终无人能确切说明为什么要这样大批地派遣，更无人将此政策为全盘的筹算，预计其结果如何。光绪三十四年以后，留东学生那样拥挤，政府对于留学政策还不抛弃，仍与日本五校订立 15 年的特约，并且因投考学生不足而拟在国内设预备学校；民国五年十月教育部发布选派留学外国学生规程，规定教育总长认为必要时得就大学教授，专门学校毕业生中选人员赴外国研究必须留学之学术技艺，表面上似有所变更，实际则更为糊涂：照该规程规定所谓教育总长认为必要，既不是根据实际调查，亦不是本诸人民要求，乃是依照成案照例办理；①不独派遣学生不能适合社会需要，即留学政策亦不曾有丝毫更张。至于自费生则最大多数为虚荣心与利禄心所驱使，更少有确定的目的。所以 60 年来大家主张派遣留学

① 该规程第三条第二项说："教育部议定前项应派名数，即以民国三年六月以后各省咨报教育部有案之核定留学名额为范围。"

生;但只是派遣而已,派遣以后之计划如何,被派遣者之志愿如何,都无人过问。故60年来之留学政策只是一种因袭政策:就是当初容闳在美国多年,觉得美国底文物制度胜于中国,中国有派人留学之必要而建议留学,以后大家以为从前既经派遣许多人出国留学,现在也应当派遣这许多学生留学;留学者则以从前之留学生既在社会上占优越的地位,现在要占优越地位也只有出于留学之一途。这样地陈陈相因,留学事业便数十年如一日;照现在情形,也许数百年后还是如此。可是从中国留学生底成绩与现在的国势看来,恐怕这样地再过60年,留学生充满了中国,中国或真如论者所言中而为留学生亡了也未可知。这是值得我们特别注意的第一个问题。

2. 派遣方法　此问题较为复杂,有派遣机关、学生资格、考试方法、名额分配、学科分配诸事,兹分项述之。

派遣机关　初期派遣学生出洋只有要派遣之机关考选,一切规章亦由该机关规定,无统一办法。光绪二十九年而后,学务处及学部成立,派遣学生仍由各省督抚办理,不过将其已录之学生咨报备案而已。民国五年教育部公布《选派留学生规程》,以各省为初试机关,教部为最终决定机关,名义上似以教育部为统一机关,但实际上名额仍由各省支配。故民国十三年江苏竟因"历届部试派遣向无特定目的,各省所习,往往与本省需要科目不能相应",①而与教育部争考试权,教育部却无法反驳。为政权统一计,自以完全由教育部派遣为好,然而各省需要不同,由教育部选派,既恐不能

① 《中华教育界》14卷4期。

适合需要，徒然一试，于事实上亦无何种裨益，而况自费生并不须经过考试。但由各省直接考送，又恐为省内势力之子弟包揽。此派遣方法中之第一问题。

学生资格　初遣学生出洋，资格并无规定，只派遣者认为可遣即遣。光绪三十二年以后，因去日学生流品太杂，始有非中学毕业生不给咨之规定。民国五年之《选派留学生章程》，虽经规定官费生为大学及专门学校教授与国内外大学及专门学校毕业生，但自费生则只以中学毕业为主要资格，其次为服务教育二年以上（十三年规程）及中等学校教员（三年规程）。自费生底资格，论者固以为太低，官费生资格，亦有人发生疑问：因为留学目的在学习本国不能学习的学术技艺；学术研究或可谓为大学教授等底职务，而技艺的练习则非具实际经验者不可；留学生只以大学教授等为限，实业界专门人才又何以养成？而且留学生之派遣在能截取他人之长，改进本国学术与技能，则被派遣之学生最少也应明了本国社会情形，然后学可致用。国内外大学及专门学校学生毕业后即直接出国，在效力上不免发生问题（清华学生之留国运动，即其显证），则教育部选派留学生规程第一条之第三、四、五三项实有商量之余地。就学术研究言，更有未曾留学及未曾为教授之人而有很深的造诣；必限以某种学校毕业及教授，真才泯灭，亦是常事。这是派遣方法中之第二问题。

考试方法　最初派遣留学生因风气不开，无所谓考试，只要年龄相当、身体强健而愿意远离乡井者均可获选。后来学生渐多，渐有考试，然在前清除日本五校特约生须在日各校受竞争试验外，其他留学生或由各省选送或予以相当的试验；但限制并不严厉，各省亦无统一办法。民国五年《选派外国留学生规程》发布以后，始有严密的规定。照该规程所定，留学生考试分第一试及第二试：第一试由各省行政长官行之，考试科目为国文、外国文，第二试由教育部主持，考试科目为国文及外国文论说、科学条对、口试。但大学及专门学校二年以上之教授与留学国外大学专门学校毕业生得免试验之全部或一部。考试科目固有问题，免试更有人怀疑：因为语言文字为研究学术之工具，其本身不是学术，第一试只以语言文字为限，很难知受试者对于专考之科学程度如何；第二试虽有科学条对，但不怕第一试时之优于文字者掩没科学有得的人吗？至于某种资格可以免试，在理论上亦未尝不可通，可是现在国内的大学滥设，国外的留学生滥派，能保所谓教授与国外大学专门毕业生之语言文字不精通，科学无专长，国情不了解吗？这是派遣方法中之第三问题。

名额分配　光绪二十九年而后，中国留学生以赴日者为最多，现在仍然如故。而自清华成立后，赴美学生亦特多，其数虽不及日生，但在美国之外国学生中却占第一位，且占97国籍留学美国学生总数的20.79%。[①] 再从各省官费生定额及民国十年至十四年之

① 华盛顿通信云：各国学生赴美研究高等科学者共计1462名，中国学生占最多数，有328名，居全额25%。英吉利、苏格兰、威尔士次之，共221人。德国又次之，为120名。日本学生62名，高丽学生21名。余为各国之学生。又据最近之户口册，去岁在美国各校读书之各国学生共计7510人，内有女生958名。国籍共有97，远东各国学生共3498名：中国1561名，日本、（中国）台湾796名，菲律宾680名，高丽224名，印度、锡兰、缅甸、阿富汗共237名，檀香山118名。欧洲学生共1889人：俄国433人，英国338人，法国128人，捷克斯拉夫48人，汝拘斯拉维亚21人，匈牙利40人。南美洲学生共559人：墨西哥201人，巴西47人。非洲学生共135人，西印度群岛学生共421人。近东216人。加拿大737人，澳斯达拉57人。（《新教育评论》第1卷23期）

出国学生统计看来更可知各国学额之不平均。

第二表 省费留学生定额表①

省别	留欧美定额	百分比	等第	留日定额	百分比	等第
直隶	12	3.78	12	38	3.54	12
山东	15	4.72	11	62	5.77	8
山西	12	3.78	13	36	3.34	13
河南	21	6.61	7	14	1.31	19
陕西	8	2.52	17	60	5.58	9
甘肃	1	0.31	19	6	0.56	20
江苏	25	7.86	3	60	5.58	10
浙江	20	6.20	8	120	11.15	1
江两	21	6.60	6	93	8.65	3
湖北	22	6.92	5	71	6.60	7
湖南	25	7.86	4	96	8.93	2
福建	10	3.12	15	60	5.58	11
安徽	12	3.78	14	19	1.77	17
广东	30	9.44	2	81	7.53	5
广西	3	0.94	18	15	1.39	18
四川	17	5.35	9	87	8.09	4
云南	17	5.35	10	27	2.51	15
贵州	0	0		22	2.05	16
奉天	38	11.92	1	72	6.70	6
吉林	9	2.83	16	35	3.26	14
黑龙江	0	0		1	0.09	21
总计	318	22.65		1075	77.35	
	1393					

① 此表以陈启天:《留学教育宗旨与政策》文中之统计为根据,另加百分比及等第两项。

第三表　民国十年至十四年欧美留学生籍贯及所适国别表①

籍贯＼留学国＼年	民国十年			民国十一年				民国十二年				民国十三年					民国十四年								总计	百分比	等第
	美	法	德	美	英	法	德	美	英	法	德	美	英	法	德	比	美	英	法	德	奥	菲	比	澳洲			
江苏	31	4		35		1	15	55		1	3	29	1	8	2	2	23	1	6	2	2				221	18.60	2
浙江	11	3	2	17		1	18	25		2	2	13		1			6	1	4				1		107	9.03	3
广东	8			21			5	11	1			4		3			22		9			1		1	86	7.23	4
安徽	7		2	9			8	6			1	6		6	5		4	4	4						62	5.22	5
福建	5		1	9		1	5	10				12		1			10	2				1			57	4.80	6
四川	5			8			18	10		2	2	1				1	1		7						55	4.63	7
湖北	6			11	3		1	13				2	5	1			1		1						44	2.71	8
湖南	3	1		6			8	2			1	4	1	6			2		5			1			40	3.37	9
直隶	3			14			1	15				3		1			2		1						40	3.37	10
江西	3		1	13				6				5		1	1		2								32	2.67	11
山东	6			12			1	5				3	1					1							29	2.44	12
河南	2			6			1	6			1	5	1				1								23	1.94	13

① 此表以环球学生会《民国十五年特刊》之调查录为根据，但数目与该刊所载者不符，因实际查对，该刊表中所列之数有错误也。该刊原有日生9人，此表未列入；因该会之调查以由该会经理出国事务者为限，留日无须护照，故去该会者少，因而五年中只有9人，实际绝不只此数。欧美各国留学生，大概须经该会照料，该刊虽非正式机关发表的调查，但大致当可靠。故据以统计。

续表

籍贯＼留学国＼年	民国十年			民国十一年				民国十二年				民国十三年					民国十四年								总计	百分比	等第
	美	法	德	美	英	法	德	美	英	法	德	美	英	法	德	比	美	英	法	德	奥	菲	比	澳洲			
山西	5						3	2				2					1								13	1.19	14
奉天			2	2			1	3				1					2			1					12	1.01	15
贵州	1			3				3			2	1					1								11	0.92	16
广西				1			1	1									1		1						5	0.42	17
甘肃				2													2	1							5	0.42	18
陕西							2	2																	4	0.33	19
云南				2							1						1								4	0.33	20
吉林				3													1								4	0.33	21
新疆								1																	1	0.08	22
台湾								1																	1	0.08	23
绥远								1																	1	0.08	24
察哈尔																		1							1	0.08	25
未详	69			13				15				118	3	3	7		97	2	4						331	27.93	
全国总数	165	8	8	187	3	3	88	193	1	5	13	209	12	31	15	3	180	13	42	3	2	3	1	1	1189	100.00	
全年总数	181			281				212				270					245										

第四表　民国十年至十四年欧美官费生国别等第表

国别	年别					总计	百分比	等第
	十年	十一年	十二年	十三年	十四年			
美	165	187	193	209	180	934	78.63	1
英	0	3	1	12	13	29	2.44	4
法	8	3	5	31	42	89	7.50	3
德	8	88	13	15	3	127	10.69	2
奥	0	0	0	0	2	2	0.17	7
比	0	0	0	3	1	4	0.33	5
菲	0	0	0	0	3	3	0.25	6
澳洲	0	0	0	0	1		0.08	8
总计	181	281	212	270	245	1189	100.00	
百分比	15.23	23.35	18.02	22.79	20.61	100.00		
等第	5	1	4	2	3			

从上三表看来,使我们最注目者两事:第一全国出洋学生特别丛集于日本及美国,第二江苏及浙江之留学生特别趋重于美、日两国,就第二第四表所载,留学欧美及日本学生2582人,日本学生1075人,占41.51%,美国生934人占33.85%,合之占75.36%,为其余各国留学生总数之三倍强,再按第十一章所举之官自费留学约计总数7200名,日美两国学生占5487人,亦占76%强。此两国学生如此之多,是否不蹈教育部停送留美学生公文(见第七章)中所说“潜植一国之精神势力”的弊端?其次就第三表之五年出国欧美留学生总数看来,江苏学生占18.60%,已超该省应有之比例率15.51%(前表籍贯连未详共26项,均之为3.85%),而该省五年去欧美之留学生221人,去美国者竟173人,为全数79%强,为各表任何比例率之最大数。浙江五年中留美学生占67%强,亦为畸形,不过稍次于江苏而已;而照第二表,浙江留日官费生120名,占

11.15%,亦超过该省应有之比例率6.39%(该表省费共21项,均之为4.76%)。而该省留日学额占国外留学总额的87%弱,亦为各表任何比例率之最大数。此辈留学日美之学生回国后固有特殊的地位,社会上各种事业受其影响甚大,而其他各省——尤其是内地——又大概步武江浙,江浙文化而日美化,与全国日美化相去或者不很大远。这是派遣方法之第四问题——而且是最大的问题。

学科分配　学科分配也是很重要的问题,兹先录统计表两种如下:

第五表　民国十年至十四年欧洲官费生学习科目表

科学＼年	民国十年	民国十一年	民国十二年	民国十三年	民国十四年	各科总数	百分比	等第
哲学	1	2	2	4	2	11	0.93	12
宗教	2	1	2	2		7	0.59	13
心理学		1		2	3	6	0.50	15
社会科	3	5	4	5	2	19	1.61	11
法政经济	21	29	33	57	45	185	15.56	3
教育	10	20	14	6	8	58	4.80	6
文科	2	2	8	7	11	30	3.51	9
新闻学	2	3	1		1	7	0.59	14
图书馆学				1		1	0.08	17
理科	8	16	18	34	23	99	8.32	5
工科	44	45	47	57	44	237	19.93	2
农科	8	4	12	11	15	50	4.12	8
商科	27	21	17	11	24	100	8.43	4
医科	13	10	10	11	9	53	4.36	7
外交			2			2	0.17	16
军事	10	3	2		10	25	2.11	10
艺术	3	1	5	17	4	30	2.51	9
未详	27	118	35	45	44	269	22.81	1
总计	181	281	212	270	245	1189	100.00	

第六表　民六留欧美日官费生分科统计表①

科目 / 留学国	文	理	法	商	医	农	工	师范	预备	其他	总计	等第
日	25	24	108	53	156	50	279	64	267	58	1084	1
美	11	4	33	9	2	8	64	—	—	—	131	2
英	3	8	13	3	6	5	29	—	—	—	67	4
法	6	13	22	1	3	5	13	—	9	—	72	3
德	2	2	2	—	1	2	15	—	—	—	24	5
比	—	—	—	—	—	—	12	—	—	—	12	6
瑞士	1	—	—	1	—	—	4	—	—	—	6	7
总计	48	51	178	67	168	70	416	64	276	58	1396	
百分比	3.42	3.65	12.76	4.71	12.02	5.01	29.80	4.68	19.78	4.15		
等第	10	9	3	6	4	5	1	7	2	8		

（依民六教育统计作成）

从上两表看来，均以工科学生为最多：第五表工科超过其应有的比例率14.38%，第六表超过19.80%，而第五表，工、农、商、医、新闻、图书馆、教育等应用科学合计为42.31%，文、理、社会、心理、哲学等理论科合计只14.87%，不及应用科数量三分之一；第六表，医、农、工、商、教育等应用科目为56.22%，文理科只7.07%，不及应用科六分之一。派遣留学之目的在提高学术与使学术独立，现在出国习应用科者如此之多，习纯理科者如此之少，如何能实现留学应有的目的。此派遣方法之第五问题。

2.自费生　自费生因资格限制既宽，又不须经过考试，所以资格与学习科目均成问题。从第七表看来，自费留学生中学肄业的占6.02%，毕业的占42.14%，大学及专门学校肄业29.84%，毕业的21.99%，中学以下出身者约及二分之一；第八表看来，民国十年

① 录陈启天：《留学教育宗旨与政策》之表，另加百分比。

至十四年留学欧美自费生的资格虽较民七至民十者提高许多,但中学以下学生亦占15.70%。中等学生无论在年龄与学力上均不能至国外研究学术,时间与金钱既不经济,而使髫龄童子熏染于外国教化之下,于国家前途亦无裨益。中学毕业以上学生,虽其识力大概较优于未成年之中学生,但亦不必去国外受大学教育。从第九表看来,自费生习法政者特多,第十表则习应用科学与工程者特多:法政学生特多,固足以表示自费生无科学的根基,一般应用科学与工程,亦最大部分可以在国内学得,不必远适重洋,徒耗多金。至于留学生所适国别,无论从九表与第十一表看来,均特别丛集于美国:第九表留美自费生占自费生全额48.80%,第十表占欧美自费生68.90%,为欧美官自费总数之37.00%,美国生活比世界任何国为昂,而自费生如此之多,教育部所谓"入美国学校甚易,且可以国内学年资格插班听讲,不及二三年而取得毕业资格归国者甚多,所以自费生趋之若骛"的话,确为一种重大原因。这种务空名不求实际的虚荣心,很足以使学术退化,还说以留学为求学术独立的政策,更何况有"潜植一国之精神势力"而有亡国之危险。这是事实明示我们关于自费留学生的第一问题。

第七表　自费留学生出身统计表①

校别 / 科目	中学肄业				中学毕业				大专肄业				大专毕业			
	民七	民八	民九	民十	民七	民八	民九	民十	民七	民八	民九	民十	民七	民八	民九	民十
文科									2	2	1	2		9		1
理科													1	2	2	1
工科					3	1	1		1		10	3		4	14	5
医科								1		2	2			1	8	2

① 录陈启天:《留学教育宗旨与政策》之第三表。

续表

校别/科目	中学肄业				中学毕业				大专肄业				大专毕业			
	民七	民八	民九	民十	民七	民八	民九	民十	民七	民八	民九	民十	民七	民八	民九	民十
法科									2	9	17	10	1	5	8	14
商科										1		1				
教育科			2	1		2	9	4						1	7	
农科							1		1		1	1		1	1	
普通科		7	13	3	11	45	70	34	2	13	29	14		1	9	
总计		7	15	4	14	48	81	39	8	27	63	31	2	24	46	23
总计及百分数	26 6.02%				182 42.14%				129 29.84%				95 21.99%			

（依据民七至民十教育公报作成）

第八表　民国十年至十四年留学欧美自费生出身统计表①

年别	国别	出身学校						各国总数
		大学	专门	大学预科	中等学校	其他	未详	
民国十年	美	41	17	1	10	1	4	74
	德		6					6
民国十一年	美	44	15		14	1	3	77
	法	3						3
	德	34	19		24	1	4	82
民国十二年	美	57	11		6		8	82
	英	1						1
	法	1	3					4
	德	1	3		7			11
民国十三年	美	93	7		10	2	18	130
	英	1	1		1		1	4
	法	5	13		6		4	28
	德	2	4	1			3	10
	比		3					3

① 根据寰球学生会民国十五年特刊作成。

续表

年别	国别	出身学校						各国总数
		大学	专门	大学预科	中等学校	其他	未详	
民国十四年	美	55	5		13		3	76
	英	4	2					6
	法	13	12		6			31
	德	1	2					3
	比		1					1
	奥		2					2
	澳洲	1						1
	菲				3			3
总　计		357	126	2	100	5	48	638
百分比		55.90	19.75	0.31	15.70	0.78	7.53	
等第		1	2	6	3	5	4	

第九表　自费留学生预定留学国及学科统计表①

学科＼国别	美	日	德	英	法	瑞士	总计	百分比	等第
文科	11	2	1	2	1		17	3.90	7
理科	18	4	7	2	1		32	7.35	5
工科	57	36	5	6	3	1	108	24.79	2
医科	7	17	9			7	40	9.17	4
法科	62	38		9	3		112	25.68	1
商科	14	14		1	1		30	6.89	6
农科	8	4					12	2.75	9
教育科	14	1			2		17	3.89	8
普通科	4	4					8	1.83	10
预备	1	3					4	0.92	11
不明	17	30	3	6			56	12.85	3
总计	213	153	25	26	11	8	436		
百分比	48.80	35.10	5.73	5.96	2.52	1.84			
等第	1	3	4	3	5	6			

（依据民七至民十教育公报作成）

① 录陈启天原表，另加百分比。

第十表　民国十年至十四年欧美自费生学科统计表①

年别	国别	理科	工科	工程	矿科	制造	机械	水利	纺织	工商管理	铁路管理	文科	社会	经济	哲学	教育	新闻	政治	法律	医学	商科	农科	艺术	神学	图书馆	军事	外交	普通	未详	总计
十年	美		3	19					3	1		1	1	5	1	2	1	4		5	14	4	1	2					7	74
	德		3																	3										6
十一年	美	2		7	5		2		1		1		2	3	1	5	1	7	2	4	9	3		1					21	77
	德		4													2				3									73	82
	法																												3	3
十二年	美	2		9	1	1	3	1	2			2	2	3		7		1		5	17	4	2				1		19	82
	英																												1	1
	德	1	1																	1									8	11
	法	1		1																									2	4

① 根据《寰球学生会》调查录。

续表

年别	国别	科别																												总计
		理科	工科	工程	矿科	制造	机械	水利	纺织	工商管理	铁路管理	文科	社会	经济	哲学	教育	新闻	政治	法律	医学	商科	农科	艺术	神学	图书馆	军事	外交	普通	未详	
十三年	美	17		20	1		9		1			2	1	5	1	5		9	3	6	11	6	5	2	1				25	130
	英								1				1					1											1	4
	德		2															1	1										6	10
	法	2		3														1	3	1		1		10					7	28
	比		3																											3
十四年	美	6		13			1					7	2	9	1	3	1	2	5	1	11	1						1	12	76
	英	1		2									1					1											1	6
	德		2																	1										3
	法	4	2	5			1					1		1		1		2	2	1	2	1	4			1			3	31
	比		1																											1
	奥																			2										2
	菲																				1							1	1	3
	澳																				1									1
总计		36	21	79	7	1	16	1	8	1	1	13	10	26	4	25	3	29	16	33	66	20	22	5	1	1	1	2	190	638
百分比		5.65	3.30	12.40	1.10	0.16	2.50	0.16	1.25	0.16	0.16	2.09	1.57	4.07	0.63	3.92	0.47	4.54	2.50	5.17	10.35	3.14	3.47	0.79	0.16	0.16	0.16	0.31	29.90	
等第		4	10	2	17	22	12	23	16	24	25	14	15	7	19	8	20	6	13	5	3	11	9	18	26	27	28	21	1	

第十一表　民十至十四五年间官自费生所适国别表

国　别	费　　别		总　计	自费所适国别百分比
	官费	自费		
美	495	439	934	68.90
英	18	11	29	1.73
法	23	66	89	10.32
德	15	112	127	17.08
比		4	4	0.63
奥		2	2	0.32
菲		3	3	0.47
澳洲		1	1	0.17
总计	551	638	1189	
百分比	46.30	53.70		

第十二表　民十至十四五年间欧美自费留学生教会非教会出身表

年别	国别	出　身　学　校										
		大学		专门		大学预科		中等学校		其他		未详
		教	非教	教	非教	教	非教	教	非教	教	非教	
民国十年	美	17	24	4	13		1	3	7		1	4
	德				6							
民国十一年	美	27	17	2	13			6	8		1	3
	法		3									
	德		34		19			2	22		1	4
民国十二年	美	20	37		11			5	1			8
	英	1										
	法	1			3							
	德		1		3			1	6			
民国十三年	美	47	46		7			9	1	2		18
	英	1			1				1			1
	法	3	2		13				6			4
	德		2		4		1					3
	比				3							

续表

<table>
<tr><th rowspan="3">年别</th><th rowspan="3">国别</th><th colspan="11">出身学校</th></tr>
<tr><th colspan="2">大学</th><th colspan="2">专门</th><th colspan="2">大学预科</th><th colspan="2">中等学校</th><th colspan="2">其他</th><th rowspan="2">未详</th></tr>
<tr><th>教</th><th>非教</th><th>教</th><th>非教</th><th>教</th><th>非教</th><th>教</th><th>非教</th><th>教</th><th>非教</th></tr>
<tr><td rowspan="8">民国十四年</td><td>美</td><td>15</td><td>40</td><td></td><td>5</td><td></td><td></td><td>5</td><td>8</td><td></td><td></td><td>3</td></tr>
<tr><td>英</td><td>1</td><td>3</td><td></td><td>2</td><td></td><td></td><td></td><td></td><td></td><td></td><td></td></tr>
<tr><td>法</td><td>6</td><td>7</td><td></td><td>12</td><td></td><td></td><td></td><td>6</td><td></td><td></td><td></td></tr>
<tr><td>德</td><td></td><td>1</td><td></td><td>2</td><td></td><td></td><td></td><td></td><td></td><td></td><td></td></tr>
<tr><td>比</td><td></td><td></td><td></td><td>1</td><td></td><td></td><td></td><td></td><td></td><td></td><td></td></tr>
<tr><td>奥</td><td></td><td></td><td></td><td>2</td><td></td><td></td><td></td><td></td><td></td><td></td><td></td></tr>
<tr><td>澳洲</td><td></td><td>1</td><td></td><td></td><td></td><td></td><td></td><td></td><td></td><td></td><td></td></tr>
<tr><td>菲</td><td></td><td></td><td></td><td></td><td></td><td></td><td>3</td><td></td><td></td><td></td><td></td></tr>
<tr><td colspan="2" rowspan="4">总计</td><td>139</td><td>218</td><td>6</td><td>120</td><td></td><td>2</td><td>34</td><td>66</td><td>2</td><td>3</td><td>48</td></tr>
<tr><td>教</td><td colspan="3">181 30.68%</td><td rowspan="3">教会学生国别</td><td colspan="6">美 162 89.40%</td></tr>
<tr><td rowspan="2">非教</td><td colspan="3" rowspan="2">409 69.32%</td><td colspan="6">法 10 5.63% 英 3 1.67%</td></tr>
<tr><td colspan="6">菲 3 1.67% 德 3 1.67%</td></tr>
</table>

此外还有一事为国人不大注意者，即教会学生出洋问题。照现在法令所规定，未经立案者无参与文官考试及留学考试之权，故官费留学生除清华考选学生不受此项法令限制外，其余省费额中无教会学生取得官费资格者，因而自费生特多。从第十二表看来，教会出身之自费生占30.68%（除去未详者），而去美国者为89.40%。此两种数目在表面上似不发生问题，但实际却不然，因为留美自费生虽然多于其他各国，但最大比例率还只68.90%，而教会学生则占89.40%，超过其应有比例率约四分之一，由此亦可证明教会自费生仍是特别多去美国。教会出身学生只占全自费生额30.68%，单独看来，比例率并不甚大，但以非教会高等学生与教会高等学生比较则超过甚多：据中华教育改进社1922年发表之统计，中国自立专门以上学校学生34,880人，据中华基督教教育会

1925 年发表之统计，教会专门以上学生为 3901 人，两者为九与一之比，而自费留学生为七与三之比，教会自费生超过其应有数三分之二（其中中学生因无教会学生统计故未详比，但非教会学生亦有中学生，二者约可相销），教会学生最大多数（据基督教教育会统计，教会大学生来自教会中学者 74%）自始至终均受教会教育，而在现在情形之下，教会教育无不外国化，以留学生出国去受教育，已成中国不可收拾的教育病象，再以教会学生去受外国化教育，结果于中国学术之独立反有重大影响。美国无时不注意于同化外国移民，[①]而中国却有形无形之间随处实行外国化。这是事实昭示我们关于留学之又一问题。

3. 清华留美生　清华学校之基础既建筑于美国退还庚子赔款之上，一切办法自不能不受美国支配。清华本身问题近已逐渐使人注意，多有起而讨论改革者，该校亦有谋改大学之计划。将来留美学生办法或将有重大变更，亦未可知。不过就已有的事实看来，清华派遣留美学生实有大可商讨之余地。照第十三表统计，17 年来，只派学生 1031 人，而留学经费每年 150 万元，共用去 1955 万元，只得学生如许（前几年人数较少；每年用不着许多经费，但现在初出国之学生还须支用五年始能回国，故仍以 17 年计算）。即使学生人人成才亦极不经济，而况不能如所预期！此清华留美生之第一问题。留学目的在使国内学术独立，则出国者当以研究学术为最重要目的。研究学术而有成功，第一要研究者对于某种学术有热烈研究的自动动机，第二要研究者对于该学术有相当的基础，第三要研究者了解国情能应用所得改进国内学术。清华设立，既以培植留美预备人才为目的，凡入清华者只能在清华高等科毕业，

① 常道直:《美国教育之管窥》,《教育杂志》第 18 卷 4 号。

俱要留美，故选择留学科目尚常常发生问题（散见于《清华周刊》之论文及通信中）。当然说不到对于某种学术有热烈研究的自动动机。而且该校留美学生，除考送者外，均由该校中等科升迁而来，因该校为实现其目的而使一切美国化之故（曾到该校者大概能实际感触及此），在国内既不曾受深切的国家教育，自难说到对于国情有深切的了解（该校毕业生之留国运动即足为此言之证）。而匆匆数年高等教育，要说对于某种学术有适当的基础，亦是事实上之难能（该校毕业生至美仍受大学教育二年三年不能入研究院，即其明证）。该校学生对于出国研究学术之三种要素都不备具，而每年照例派遣前去，遂致造成许多不中不西的人才，于国计民生的裨益实少。这是清华留美生之第二问题。清华亦曾考送专科生与女生，专科资格虽严，但不及实务人员，女生则以中学毕业生为限，仍是送至美国受教育；而且二者之额数太少。照第十三表所示，此项学生不过占 8.79%。论者以为清华应自办大学，多考专科生，实非无的放矢。这是清华留美生之第三问题。清华本校留美生之目的既在去美受教育，所以科目之学习，最大多数为应用科学而少研究与学术有关的高深学理。照该校原定规程，留美学生应以 80% 习实业、农、工、矿、物理、化学、铁道、建筑等科，20% 习法政、师范等科，[①]但第十四表文科约占 35%，第十五表文科实科约各占半数，此固与该校原来目的不合。而该校不在国内施完大学教育，将每生五年留学费使之在美研究高等学术，趋他们大多数于学习与学术少补习之应用科学，三十九年清华费期满，恐中国学术前途仍不

① 见第七章。

曾因清华而有变化。此为清华留美之第四问题。

第十三表　历年清华留美学生人数表①

年别＼学生别	甄别生	本校生	女生	专科生	总计
1909	47				47
1910	70				70
1911	62				62
1912		16			16
1913		43			43
1914		34	10		44
1915		41			41
1916		32	10	10	52
1917		35		7	42
1918		67	8	7	82
1919		62		8	70
1920		79			79
1921		76	10	10	96
1922		63			63
1923		81	5	5	91
1924		63			63
1925		70			70
总　计	179	762	43	47	1031
百分比	17.36	73.85	4.17	4.62	100.00
	2	1	4	3	

①　据《中华教育界》第15卷9期常道直《留美学生状况与今后之留学政策》文中所举之数目作成。1924及1925年人数据《环球学生会》十五年特刊校正加入。甄别生为清华未成立及未有毕业生以前考取之学生。

第十四表　民十至十四年间清华留美生分科表①

年别	科别																										总计
	理科	工程及工艺	农科	医科	商科	纺织	机械	应用化学	兽医	电机	铁路管理	社会	政治	法律	文学	艺术	数学	经济	教育	哲学	新闻	宗教	军事	航空	外交	未详	
民国十年	2	12	4	2	10	1					1		1			2	1	7	5		1			1		18	68
民国十一年	1	25	1	1	12		2	5	2		2	3	5	3	3	1		7	9	1	2		2	1			88
民国十二年	3	29	8	3	16					1		2	7	2	5	3			4	2	1	1	2		1	2	92
民国十三年	5	17	3	2	1							1	6	1	7	1		16		3							63
民国十四年	8	12	11	3	11						1		5		3			5	3	1			8				71
总计	19	95	27	11	50	1	2	5	2	1	4	6	24	6	18	7	1	35	21	7	4	1	12	2	1	20	382
百分比	4.98	24.83	7.07	2.88	13.08	0.26	0.52	1.31	0.52	0.26	1.05	1.57	6.29	1.57	4.72	1.83	0.26	9.17	5.50	1.83	1.05	0.26	3.14	0.52	0.26	5.24	100.00
等第	8	1	4	11	2	22	19	16	20	23	17	14	5	15	9	12	24	3	6	13	18	25	10	21	26	7	

① 根据寰球学生会《民国十五年特刊调查录》作成。历年人数与第十三表所举者稍有差异，不过据此可以窥见清华留美生出国时预定的分科情形。（照该校章程，非经校长允许不能改科，到美之后变更甚少。）

第十五表 1924至1925年清华留美学生学科分数表①

<table>
<tr><th colspan="2">科 目</th><th colspan="2">人数</th><th>百分比</th><th>等第</th></tr>
<tr><td rowspan="5">工科</td><td>化学工程</td><td>22</td><td rowspan="5">110</td><td rowspan="5">31.42</td><td rowspan="5">1</td></tr>
<tr><td>机械工程</td><td>19</td></tr>
<tr><td>土木工程</td><td>18</td></tr>
<tr><td>电气工程</td><td>17</td></tr>
<tr><td>其他工程</td><td>34</td></tr>
<tr><td colspan="2">文科</td><td colspan="2">38</td><td>11.70</td><td>3</td></tr>
<tr><td colspan="2">商科</td><td colspan="2">45</td><td>12.86</td><td>2</td></tr>
<tr><td colspan="2">农科</td><td colspan="2">22</td><td>6.29</td><td>7</td></tr>
<tr><td colspan="2">医科</td><td colspan="2">19</td><td>5.43</td><td>8</td></tr>
<tr><td colspan="2">理科</td><td colspan="2">36</td><td>10.54</td><td>4</td></tr>
<tr><td colspan="2">政法</td><td colspan="2">24</td><td>6.86</td><td>6</td></tr>
<tr><td colspan="2">宗教</td><td colspan="2">1</td><td>0.29</td><td>11</td></tr>
<tr><td colspan="2">经济</td><td colspan="2">28</td><td>8.00</td><td>5</td></tr>
<tr><td colspan="2">教育</td><td colspan="2">15</td><td>4.19</td><td>9</td></tr>
<tr><td colspan="2">其他</td><td colspan="2">12</td><td>3.42</td><td>10</td></tr>
<tr><td colspan="2">总计</td><td colspan="2">350</td><td>100.00</td><td></td></tr>
</table>

此外还有一事为清华与其他留学生的共同问题，即毕业归国之留学生其职业与在学时所习之科目不相称，而且有集中于教育界之趋势。照第十六表所示，习工程者58人，而第十七表业工程者只29人，习矿科者25人，业矿务者只2人，习农科者10人，业农务者1人。以上均系职业与学科较，所任之专职不及所习之专科的二分之一以至十二分之一。又第十六表习商科者16人，业银行、公司、洋行者102人，超过六倍余，专习教育者只1人，而专为高等中等学校教职员及其他教育事务者已177人，再加以教育为本业而兼他种职务者共为189人，为任何职业之最多数。我们知

① 据常道直《留美学生状况与今后之留学政策》文作成。

道教员的来源,不只是专习教育,从理论上讲,习哲学与科学、文学者均可以教员为职业,若将习哲学、科学、文学等科之人数相加共 188 人,为数约略相等,但细查习科学之 127 人,中有 71 人非教育职务(此 71 人中已故者 4 人,未详者 11 人,服务于公司者 16 人,服务于铁路及银行者各 10 人,工程 7 人,洋行航空各 3 人,技士 2 人,教会、矿务、外交官、编辑、农业各 1 人)。此 71 人今填补者多数为工程师。由此可知职业与学科之差异甚大。至于第十八与第十九表及第二十与二十一表之比较,其显示学科与职业不相称及职业集中于教育界之情形也与前二表相似。若将三表之以教育为专门职业者相加共为 198 人,为全数(除去三表未详及已故之 106 人)41.0%;倘将以教育为本业而兼任他职者合计,共为 211 人,则占全数 43.35%,集中于教育界之情形更显而易见。此种现象,固有一部分系由于社会事业之不发展,而留学生之无创造力,却系很重大的原因:因为遣派留学生之主要目的原在养成专才为社会创业以谋振兴国家也。其他留学生之归国者其职业分配状况如何,无可靠之材料以为统计的根据,故无从悬断其结果,清华归国生之职业分配,系以该校最近之一览上所载之各个姓名学科职业等等为本,对于清华生之推论自系可靠,即以此推证全国留学生职业状况,当亦得其大概。故此事一面为清华的特殊问题,一面为全国留学界的普遍问题。

第十六表　清华归国生各科分配表①

批数 人数 科别	一 (1909)	二 (1910)	三 (1911)	四 (1913)	五 (1914)	六 (1914)	七 (1915)	八 (1916)	九 (1917)	十 (1918)	十一 (1919)	十二 (1920)	十三 (1921)	十四 (1922)	十五 (1922)	总计 人数	总计 百分比	总计 等第
哲学	4	8	6	3	3	2	3	5	4	11	4	2				55	10.84	3
科学	18	22	13	4	4	4	5	7	15	13	16	6				127	24.20	2
法学			3		1	1	1	1	1		1					9	1.74	8
文学	1	1						1		1	1					5	0.97	10
教育学										1						1	0.19	13
新闻学										1						1	0.19	13
军事学			1													1	0.19	13
农科	2	1	1	1	1	1			1		2					10	1.88	7
商科		1	2		1	3		1		1	4	3				16	3.10	6
矿科	3	7	5			1	1	1	2	2	2	1				25	4.84	4
医科		2	2		1	2	2	3	1	1	1	1				16	3.10	61
工程					1		1									2	0.39	12
机械工程	1	4	4		1		2		2	2	2					18	3.49	5
土木工程	1	4	2	2	1	3	1				2					16	3.10	6
电气工程	1	2					1		1							5	0.97	10

① 以下各表根据民国十四年至十五年《清华一览》“游美毕业回国学生一览”制成。学科以该州所载之学位为本，科学系包括各种自然科学及数学而言，故习科学者特多。

续表

批数 人数 科别	一 (1909)	二 (1910)	三 (1911)	四 (1913)	五 (1914)	六 (1914)	七 (1915)	八 (1916)	九 (1917)	十 (1918)	十一 (1919)	十二 (1920)	十三 (1921)	十四 (1922)	十五 (1922)	总计		
																人数	百分比	等第
海电工程			1													1	0.19	13
建筑工程							1			1						2	0. 39	12
化学工程	2	3			1		1			1						8	1.55	9
纺织工程	1											2				3	0. 58	11
油矿工程			1													1	0.19	13
陶业工程								1								1	0.19	13
海军建筑工程												1				1	0.19	13
纺织化学										1						1	0.19	13
未详	13	15	22	6	27	17	23	11	14	16	9	9	5	3	1	191	37.00	1
总计	47	70	63	16	42	34	42	31	41	52	44	25	5	3	1	516		

第十七表　清华归国生职业支配表

批数／人数／职业别	一	二	三	四	五	六	七	八	九	十	十一	十二	十三	十四	十五	总计		
	(1909)	(1910)	(1911)	(1913)	(1914)	(1914)	(1915)	(1916)	(1917)	(1918)	(1919)	(1920)	(1921)	(1922)	(1922)	人数	百分比	等第
高等学校教职员	14	22	13	1	10	11	6	8	13	23	15	8	1			145	28.11	1
中等学校教职员	3	5	1	1		2	1	1	4	2	3					23	4.46	8
高等、中等学校教职员					1	2	1	1								5	0.97	14
其他教育事务		1						1								2	0.39	17
高等学校教职员、编辑									1							1	0.19	18
高等学校教职员、技士	1								1							2	0.39	17
高等学校教职员、盐务			2													2	0.39	17
高等学校教职员、官吏	1	2	1				1			1	1					7	1.31	13
编辑			1		1		1		1			1				5	0.97	14
农业研究										1						1	0.19	18
工业研究			1													1	0.19	18
技士		8	1	1	2		2			1	1					16	3.10	9
工厂		2	1	1					2	2	1	2				11	2.13	10
工务				1												1	0.19	18

续表

批数 人数 职业别	一 (1909)	二 (1910)	三 (1911)	四 (1913)	五 (1914)	六 (1914)	七 (1915)	八 (1916)	九 (1917)	十 (1918)	十一 (1919)	十二 (1920)	十三 (1921)	十四 (1922)	十五 (1922)	总计		
																人数	百分比	等第
矿务							1			1						2	0.39	17
盐务	1						1				1					3	0.58	16
公司	4	7	7	2	9	5	9	8	5	3	3					62	12.00	2
洋行	2	3	1	1	1				2							10	1.88	11
银行	1	1	2	2	4	3	3	3	4	1	4	2				30	5.81	6
铁路	6	7	8		3	2	1	1	2	3	3	1	1			38	7.36	4
银行、铁路			1													1	0.19	18
银行、盐务			1													1	0.19	18
官吏		2	1				1	3	1							8	1.55	12
部员	6	2	12	1	2		4	1		1	2	1				32	6.20	5
外交官	1	2								1						4	0.72	15
军官										1						1	0.19	18
航空	2											1				3	0.58	16
临时职务			1								1	1				3	0.58	16
慈善			1													1	0.19	18
医院			2			1	1	1		2		1				8	1.55	12
教会	1			1	1						1					4	0.72	15
已故	3	3	2	2	4	3	3		1	1	1		2	2	1	28	5.42	7
未详	1	3	3	2	4	5	6	3	4	8	7	7	1	1		55	10.65	3
总计	47	70	63	16	42	34	42	31	41	52	44	25	5	3	1	516		

第十八表　清华归国专科生学科分配表

科别＼人数＼批数	一(1916)	二(1917)	三(1918)	四(1919)	五(1921)	总计 人数	总计 百分比	总计 等第
哲　学	1		1	2	1	5	13.17	3
科　学	2	3	1	1	2	9	23.64	2
法　学	1					1	2.63	4
商　科					1	1	2.63	4
机械工程	1					1	2.63	4
土木工程	1	2	3	1	2	9	23.64	2
电气工程		1				1	2.63	4
纺织工程			1			1	2.63	4
未　详	4	1	1	4		10	26.31	1
总　计	10	7	7	8	6	38		

第十九表　清华归国专科生职业分配表

职业别＼人数＼批数	一(1916)	二(1917)	三(1918)	四(1919)	五(1921)	总计 人数	总计 百分比	总计 等第
高等学校教职员	4		2	5	2	13	34.11	1
中等学校教职员	1					1	2.63	6
高等学校教职员、技士			1			1	2.63	6
技　士		1		1		2	5.26	5
公　司	2	5	1			8	21.20	2
洋　行	1					1	2.63	6
银　行	1					1	2.63	6
铁　路		1	2	1		4	10.51	4
市　政	1					1	2.63	6
未　详			1	1	4	6	15.78	3
总　计	10	7	7	8	6	38		

第二十表　清华归国女生学科分配表

人数＼批数 科别	一 (1914)	二 (1916)	三 (1918)	四 (1921)	总计		
					人数	百分比	等第
科　学				1	1	3.58	3
医　科		4			4	14.28	2
未　详	10	5	6	2	23	82.14	1
总　计	10	9	6	3	28		

第二十一表　清华归国女生职业分配表

人数＼批数 科别	一 (1914)	二 (1916)	三 (1918)	四 (1921)	总计		
					人数	百分比	等第
高等学校教职员	1	1	2	1	5	17.83	2
中等学校教职员	1	1			2	7.15	4
医　院	1	3			4	14.29	3
未　详	7	4	4	2	17	60.70	1
总　计	10	9	6	3	28		

5.管理问题　中国最初派遣学生出洋便有管理员同行为之照料;光绪三十二年以后,欧美日本有留学生之国家均派有留学生监督,民国初虽改为经理员,但民国三年以后,仍恢复监督制。最初派遣之学生为幼童,一切须人照料,派监督犹有可说。谁知这种遗意竟传衍数十年而不变。从留学教育本旨讲,实无专派留学监督之必要——因为留学以研究学术为目的,并非到外国去受教育,当然用不着监督,即有所谓支给费用问题,亦可由银行或使署代为办理——即要考成,责其报告研究心得也就行了,何必视学术研究者为儿童,事事加以拘束。而况从历史上看来,任何时代之游学管理章程均不曾实行:不许留学生入外国籍,不许留学生在某种范围以

外自谋他事，乃至于不许留学生与外国人结婚，都是数十年的通例，然而最初主张派遣幼童之容闳，便是入美籍娶美妇的中国第一名耶鲁大学生；而第一次派遣去美之幼童梁敦彦等 17 名既久假不归，[①]现在则更有名无实：入籍外国及与外人结婚者皆所在多有。至于不准另谋别业在现在不独成具文而已，而且政府自己趋其自谋别业；试问教育部与各省政府及清华学校每年大批派遣学生出国，亦曾于事前调查社会之需要按照派遣，于留学生回国后量才使用吗？中国政府现在之派遣留学生，与中国一般人民对于子女只知生不知教的情形一样，留学生回国之流离失所，与并集于一途（如多习应用工程等科的清华生多为教师）乃事理之当然，又何足怪。既要管理留学生，对于其出路便不能不负应负的责任，现在派遣者全不注意及此，为目前社会秩序，与现在留学效率计，实是一个当注重的问题。再从原则上讲，留学政策果以研求学术为目的，根本上用不着派专员至各国为监督，为实行政策计，拟订若干条规明白宣示，使出国者知其用意，自动遵守，或再规定若干考成的条件执法相绳，倘若出国者不能遵守此种题程，根本上便无出国留学预备作学术界领袖与指导国人的资格——即现在这样的“严格管理”，实际上又何曾有丝毫实效。这是留学管理之重要问题。

留学教育与中国各方面的关系太复杂琐细，不能详述。就上列多事而研究之以求得适当的解决方法，于国家前途已有重大的补益了。

---

① 崔国因《出使美日秘国日记载》：“十一年（光绪）九月北洋咨据海关道周馥称美国肄业学生……不准在外洋入籍逗留及私自先回遽谋别业……前派当差学生梁敦彦等 17 名皆久假不归……殊与定章不符……”（卷 1，页 52）。

丙 今后的途径

60年来之留学史至此将告结束，若问所得，只有一言相答，即：

> 中国60年之留学政策均把受教育当作研求学术，留学界之一切因果均由此观念造成。

再问今后之途径如何？亦只有一言，即：

> 以后的留学政策当以研求学术，改进本国文化为唯一的目的。

无论何时，凡主张留学者，其目的无不在谋国家之强盛。即生于澳门、长于美国且入美籍之容闳，其主张派遣幼童去美，亦以振兴中国为言，其他如张之洞、张百熙、刘坤一等更明言派遣游学生之目的，就是号称无政府主义者之吴稚晖等其发起留法俭学会亦以造新社会、新国民为言。然而60年来留学教育之结果竟如此，最重大的原因就是把受教育与研究学术混为一谈。

教育为改进国家最重要的工具，谁也承认。可是一国有一国的立国精神，也有其民族特性：此精神与特性自然不是完璧无瑕，因时代上之种种关系，当然有借助他山之必要。但借助是了解自己底缺点与他人底优点对症施药的举动，不是盲目携取的行为。所以以教育为改进国家的工具，是用教育的方法昌盛国家，在某种范围以内，中国自然当吸收欧化，西洋也当吸收东化。这种吸收，无论其列为国家教育政策推行全国，或由一部分人竭力倡行，但都须根据事实为严密的考虑，都是一种对症的药方。因而一国的教育，都有其针对国家特性力求改进发扬的特质，凡属该国国民都当受此种教育以期有利于国。这种教育之实施，均当由本国直接负责，不当假手他人；倘由他人代庖，便有发生盲目外国化的危险。中国60年派遣留学生，根本上便不曾认清此点，所以最初派学生，规定年龄在16岁以下，学年为15年，使他们受完全的外国教育，后来派遣大批中等学生出国及与日本五校特约，清华学校之美国式的预备教育，毕业生一律出国时种种现象，都是同一病根。留学生既到外国去受教育，一切外国化是应有的结果——倘不外国化便是该外国教育之失败——现在一般人责难留学生洋化亡国，实则为悠久的历史所构成，并不完全是留学生本身的罪恶。

研求学术的性质则大异：是自动的，有目的的，有计划的，虽然因国内之需要与其他关系而出国研究，但研究者对于其欲研究的学科有明了的目的，且有判断力，能吸取精英以为己用，一旦出其学术应用即能对症发药，所以研究者之资格绝非童年或青年，最少当受过适当的本国教育，了解本国国情，对于研究的学术有适当的基础。中国派遣留学生虽然《选派外国留学生规程》中有研究必须留学外国之学术技艺之规定，但实际上除极少数人员外，其他仍是去国外受教育。

无论从任何方面讲，留学均当以研求学术以改进本国文化为目的：因为一国教育之实施本是国家底责任，托人代为一部分国民施教育，在理既不可通，而从数十年经验看来，其结果亦太不如人意。处学术贫乏的中国,当然不能再恢复闭关时代之政策,完全停送留学生。不过派遣留学生的政策,要以研究学术以改进本国文化为唯一的目的。此目的果能确定,则

1. 国家应调查国内学术界之需要,通盘筹算,预定每年应派出国研究某种学术的额数,公开向全国招集此项专门人材;留学生研究期满回国后,应严格试验以验其所学,及格者应予以适当的事业使之办理,俾能展其所长,以免空耗国家经济,个人精力。

2. 个人应有为学术而学术的自动决心,并对于该学术有适当的基础:特殊的兴趣,出国不是为博留学头衔以谋自己禄位,只是忠于所学为国家效力。

3. 清华学校留美预备式的教育与高等科毕业生一律派遣赴美的办法,当根本取消,应首在国内办理大学,施以中国的教育;其留学计划如仍保存,应划归国家留学教育事务中办理。

4. 官僚的游学生监督与具文的游学管理规程均当完全取消,另订若干条考成规条,执法以绳。

5. 自费生名额应无限制(从国家政策上讲:学科分配应有限制,但人民对于某种学术有特殊的热忱,愿出国为进一步的研究,备他日国家之用,自当准其自由)。不过仍须经严格考试,以验是否有专门研究某种学术之能力与改进本国文化之志愿而免冒滥。

6. 遣派大批青年去国外受外国教育的政策,与在国外自办大学专招国内学生入学的教育方法应完全取消。(为华侨自办大学施以中国教育不在此例,而且也没有人注意此事。)

打破以受教育替代研究学术的观念，代以研求学术以改进本国文化为留学的唯一目的的主张，为本书的唯一结论，事实上如何实现，则望国人共同努力！

附录一　六十年留学大事记

——自同治九年至民国十五年——

同治九年(1870)	容闳条陈派遣幼童赴美求学。
同治十年(1871)	曾国藩、李鸿章奏定选派幼童赴美肄业章程。
同治十一年(1872)	李鸿章奏定选派幼童出洋肄业应办章程。容闳、陈兰彬带第一批学生30人赴美肄业。
同治十三年(1874)	自建留学事务所于美国哈佛。
光绪元年(1875)	赴美幼童最后一批去美。
光绪二年(1876)	李鸿章选派华弁赴德国习陆军。李鸿章奏派福建船厂制造学生14名赴法习制造，驾驶学生12名赴英习驾驶，并派华洋两监督分驻英法管理之。
光绪四年(1878)	撤回全体留美幼童。
光绪十三年(1887)	钦派傅云龙等游历东洋及美洲，程绍祖游历西洋及非洲。
光绪十六年(1890)	总理衙门奏准出使英、俄、德、法、美五国大臣，每届带学生2名。
光绪二十一年(1895)	总理衙门奏准出使五国大臣每届增带学生2名。

光绪二十二年(1896)	出使日本大臣嘉祐带学生 13 人去日本。
光绪二十四年(1898)	浙江派学生 6 人去日本习陆军。日本使臣矢野文雄函请派学生赴日留学,总理衙门议定派同文馆东文生赴日。
光绪二十五年(1899)	上谕出洋学生肄习实学,总理衙门遵谕议定章程六条。
光绪二十七年(1901)	吕海寰奏防出洋学生流弊。
光绪二十八年(1902)	前任出使英、义、比国大臣罗丰禄会同出使德国大臣荫昌、法国裕庚、美日秘伍廷芳、俄国胡惟德、英义比国张德彝因总理衙门根据吕海寰奏议咨请发表意见,复述游学生应设监督管理。
	留日自费生请入成城学校事大闹使馆。
	外务部奏请简派日本游学生总监督,并派汪大燮为总监督。宗人府奏宗室子弟分别出洋游历游学。
光绪二十九年(1903)	江督张之洞奏定约束,鼓励游学生及自费生立案章程。
	管学大臣张百熙奏派京师大学堂速成生余棨昌等 31 人赴日本,俞同奎等 16 人赴西洋留学。
	张百熙、荣庆、张之洞奏订奖励游历游学章程。
	张之洞选派江南水师学堂毕业生 8 人赴英习海军,陆师学堂毕业生 8 人赴德习陆军。

	鄂督端方在湖北各学堂中选锦铨等 8 人赴德,刘庆云等 10 人赴美,萧焕烈等 4 人赴俄,并派杨荫蕖等 24 人赴比国习实业。
	禁止自费生习陆军。
光绪三十年(1904)	练兵处奏定选派陆军学生分班游学章程,并派学生百名赴日。
	四川派监督率学生赴日本习速成师范。
	出使日本大臣杨晟咨各省送学生务取保状以免流弊。
	直督袁世凯奏请考验留日回国学生。
	出使比国大臣杨晟奏请派学生每省 10 人至 40 人赴比习实业,并拟定章程 12 条。
光绪三十一年(1905)	奖励游学生金邦平等以进士举人出身。
	湖南派女生 20 名赴日本习速成师范。
	奉天派员至日考察教育与日本实践女校校长下田歌子约每年派女生 15 名至该校习师范。
	日本文部省发布清韩留学生取缔规则,中国留日学生全体罢课要求取消,湖南陈天华并因此蹈海,全体学生归国,翌年创中国公学于上海。
光绪三十二年(1906)	学部限制留学生,非具中学毕业程度概不咨送。学部奏定翰林出洋游历游学。
	定考验游学生章程,每年八月举行考试一次。
	学部以留日学生达万二三千人,停送速成生。
	定游历章程。

	定管理日本留学生章程。 赏给游学毕业生陈锦涛等进士举人出身，并分发京内外补授实官。 练兵处奏定陆军学生游学欧美暂行办法12条。
光绪三十三年（1907）	派贵胄游学。 江苏考选女生三人赴美。 学部因日本留学生习普通科毕业愿入官立高等者将2000人，特与日本东京一高、东京高师、东京高工、山口高商、千叶医专五校定每年共收中国学生165人，经费由各省分摊。张之洞奏派江苏淮扬道尹蒯光典为欧洲游学生监督。
光绪三十四年（1908）	改管理日本游学生监督处章程。 御史俾寿奏请选学生分派各国习工艺，学部、商部筹议限制以后官费生均须习实业。 定廷试游学生章程，并于八月举行廷试。
宣统元年（1909）	分派法、德、俄、英、比五国游学监督。 美国退回庚子赔款一部分，学部、外务部议定派遣留美学生办法，并派47人赴美。
宣统二年（1910）	禁止东西洋游学生与外国人结婚。 留东女生补给官费以考入高等专门学校者为限。 改管理游日学生监督处章程。 留日普通科学生停给官费。 清华学校成立。

宣统三年(1911)	订留日五校预备学校章程。 停止各学堂实官奖励,并定从明年起,游学廷试亦一并停止。
民国元年(1912)	撤销游学监督。 蔡元培、李煜瀛、吴稚晖等创留法俭学会。 参谋部订陆军测量生游学规程。
民国二年(1913)	教育部订经理欧洲留学生事务暂行规程,改监督为经理员。 交通部发布派赴外国修习实务员规程。
民国三年(1914)	教育部于一月发布经理留学日本学生事务暂行规程,中央设总理员一人,各省分设经理员若干人;十二月改订管理留学日本学生事务规程,改教育部委经理员为部派监督,各省经理员仍旧。 清华学校于本年开始考送女生 10 人,以后每间年考送一次。 教育部发布经理留学美洲学生事务暂行规程,改经理员为监督。 教育部发布管理留学日本自费生规程,自费生以中学毕业及中学以上各校教员为限。 留法勤工俭学会成立。
民国四年(1915)	留日学生因日本提出二十一条外交问题全体归国。 政事堂考试留学毕业生,与考者 192 人,及格者 151 名,分超、甲、乙、丙四等,分别予以上士、中士、少士、同少士等称号。 教育部公布管理留欧学生事务规程,改经理员

为监督。

民国五年（1916）　教育部公布选派留学外国学生规程，规定官费生资格为大学及专门学校二年以上之教授，及国内外大学与专门学校毕业生；考试分两次，第一试由各省举行，第二试由教育部举行。

清华学校开始考送专科生 10 人，以后每年考送一次。

教育部发布管理留美学生事务规程，改经理员为监督。

民国六年（1917）　教育部定欧美官费学额 24 缺为直辖各学校教员出洋研究专额。

华法教育会成立，去法俭学生及勤工俭学生渐多。

留日学生因军事协定问题全体回国，并在上海创《救国日报》。

教育部订留日学生监督处简章。

教育部发布留日官自费奖励规程，成绩优良者奖以 25 元至 300 元奖金。

北京美专请教育部于欧美官费 24 缺外酌留名额，为选派学习美术、音乐专额。

海军部公布驻外使馆海军武官管理留学员生规则。

海军部改订英美海军留学员生规程。

民国八年（1919）　德国马克跌价，留德学生日多。

民国九年（1920）　清华停送女生及专科学生一届。

留法勤工俭学生与赴德学生均千余人，法国社会生活渐复原状，工作困难，待接济者千七百余人。

民国十年(1921)	华法教育会通告与俭学生及勤工俭学生脱离经济关系。 里昂中法大学成立。 勤工俭学生占里昂大学。 法政府遣勤工俭学生104人返国。
民国十二年(1923)	德国社会生活渐复原状,学生日少;赴法国者亦少。日本文部省设对华文化事务局办理庚款对华文化事宜,教育部派朱念祖与该局出渊局长签订12条,其第十、第十一、第十二三条专系补助中国在日学生之办法。
民国十三年(1924)	日本对华文化事业补助费额320名,每名每月70元日币,于十三年十月份开支。 北京国立八校派教师学生50人去日考察,旅费每人日金500元,由日本庚款项下供给。 美国发布移民律,限制亚洲学生入境。 教育部因美国移民律及赴美学生过多,通咨各省停派美国留学生,但随即取消。 教育部公布《管理自费留学生规程》,改自费生资格为中学毕业及服务教育二年以上者。
民国十四年(1925)	南京派学生教师20名赴日参观,办法仿北京八校例。 交通部为统一留学事务,公布管理留学生规程24条,规定留学目的,并定学额70名。
民国十五年(1926)	南京各校派校长、教师20名去日参观,办法如前例。

附录二 参考书籍目录

甲 书本(未绝版者均注明出版处)

《光绪政要》

《光绪谕折汇存》

徐凤石、恽铁樵译:容闳《西学东渐记》

《李文忠公奏稿》

桃溪渔隐、惺新会主辑:《傅相游历各国日记》

《曾惠敏公全集》

崔国因:《出使美日秘国日记》

张之洞:《劝学篇》

于宝轩:《皇朝蓄艾文编》

黄鸿寿:《清史纪事本末》(文明书局)

毛佩之:《变法自强奏议》

但焘:《清朝全史》(中华书局)

郭秉文:《中国教育制度沿革史》(商务印书馆)

李泰棻:《中国近百年史》(商务印书馆)

梁启超:《清代学术概论》(商务印书馆)

柳诒徵:《中国文化史》第三编(原由南京高师印为讲义,现改订由《学衡》杂志发表,目前尚无单行本)

《钦定学堂章程》

商务印书馆:《民国十三年编订法令大全》
教育部:《教育法规汇编》
《振武学校一览》(明治四十年)
《清华一览》(清华学校)
马建忠:《适可斋记言》
《中国年鉴》(商务印书馆)
《留美学生季报》(商务印书馆寄售)
《东方杂志》第1卷至第15卷(商务印书馆)
《教育杂志》第1卷至第17卷(同上)
《中华教育界》第1卷至第15卷(中华书局)
《新教育》第1卷至第10卷(商务印书馆)
《少年中国》第1卷至第4卷(泰东图书局、中华书局)
MacNair:*Chinese Abroad*

乙　论文及报告(下列各文有散见于以上各杂志者特为注明以便检查)

尘末:《遣人留学之商榷》(《教育杂志》5卷5号,二年五月)
庄启:《留法勤工俭学》(《教育杂志》12卷6号,九年六月)
常导之:《杜威教授论留学问题》(《教育杂志》17卷7号,十四年七月)
　《日本对华文化事业之决定》(《教育杂志》16卷3号,十三年三月)
陈启天:《中国新教育思潮小史》(《中华教育界》13卷2期,十一年八月)
沈宜甲:《法国学制大概及留法学生状况与将来革新意见》(同上,13卷6、7、8期)
怡怡:《留学生问题》(同上,13卷10期)
怡怡:《再论留学问题》(同上,13卷12期)

陈启天:《留学教育宗旨与政策》(《中华教育界》15 卷 9 期)
李璜:《留学问题的我见》(同上)
李璜:《法国留学问题》(同上)
李儒勉:《留学教育的批评与今后的留学政策》(同上)
常道直:《留美学生状况与今后之留学政策》(同上)
常道直:《留美学生与秘密结社问题》(同上)
中九:《日本留学问题》(同上)
王光祈:《留德学生问题》(同上)
王崇植:《工科学生与留美》(同上)
舒新城:《中国留学小史》(同上)
周太玄:《留法学生近况》(同上)
陶履恭:《留学问题》(《新教育》2 卷 3 期,八年十月)
吴稚晖、傅斯年:《国内与国外求学问题》(《新教育》3 卷 4 期)、《清华保送女生留美问题》(《新教育》6 卷 1 期)
庄泽宣讲、李效泌记:《告赴美学教育者》(《新教育》6 卷 1 期)
朱斌魁:《中国留美学生成功要素问题之陈述》(同上)
中国留法勤工俭学会:《解决留法勤工俭学生的根本计划》(同上,6 卷 2 期)
俞颂华:《赴德留学生之马克问题》(《学灯》十一年九月二日)
百弜:《留学问题》(《学灯》十二年十一月九号)
曾友豪:《从约章公牍及各项报告中所见得的近代中国留学史》(《学灯》,十四年七月十六至十八)
《青年会与留学生》(《东方》14 卷 9 号,六年九月)
华林:《与全国各县筹派县公费留法商榷书》(同上)
汪精卫、蔡元培、李石曾、吴玉珊:《留法俭学会演说会之演说》(同上)
胡先骕:《留学问题与吾国高等教育之方针》(同上,22 卷 9 号,十

四年五月)
谭书麟:《一封告留美通信》(《晨报副刊》十二年三月一日至三日)
罗志希:《留学生带线装书出国问题》(《晨报副刊》十二年十月十九日)
钝云:《一个留法俭学生的信》(同上,十二年十一月二十六日)
关锡斌:《美国最近学生生活和留学生的关系》(同上,十四年二月一、二日)
沈宜甲:《安徽留法勤工俭学生第一次报告书》(《安徽教育月刊》24、25号)
陈坦夫:《蔡元培到法对于勤工俭学会之通告》(同上,37期)
《留法勤工俭学生之经过纪实》(同上,53期)
吴建邦:《我个人留法近况》(同上,55期)
胡定安:《我对于留学的主张》(《觉悟》十二年一月八日)
陈东原:《对于安徽省送留学生的建言》(同上,二月十一日)
西林:《"女学生"》与《"留学生"》(《现代评论》第20期)
擘黄:《"不务正业"的留学生》(同上,35期)
梁实秋:《留美学生与兄弟会》(《醒狮》第70期)
杨云竹:《留学制度有改善之必要》(《京报副刊》第4册,十四年三月七日)
李儆汉:《留学生的天职》(《学生杂志》8卷12号,十年十二月)
吴稚晖:《论旅欧俭学之情形及移家就学之生活》(《新青年》4卷2号,七年二月)
万兆芝:《解决留学问题之方法》(《教育丛刊》1卷4集,九年十二月)
《教育与人生周刊》(第20、21、27期纪事)
苏桥:《在法华人的消息》(《洪水半月刊》第17期,十五年五月十六日)

李璜:《留学杂评》(《少年中国》第2卷6号)

李宗武:《留学日本问题》(《教育》第2期,民国九年)

李宗武:《最近日本考察的感想》(《少年世界》第1卷6号)

资璧如:《留日杂感》(同上)

《留法俭学会章程》(《东方杂志》14卷4号《内外时报栏》)

《北京留法俭学会简章》(《新青年》3卷2号)

《丙午士官学校中国学生姓名录》(《南洋兵事杂志》第17期,光绪三十三年十二月)

罗振常:《论考试留学生之宜注意》(《教育世界》第183期,光绪三十二年十月)

中国之新民:《记东京学界公愤并述余之意见》(《新民丛报》71号,光绪三十一年十二月)

一谔:《回国留学生状况》(《国闻周报》2卷19期)

梁朝威:《勖我在美同学》(《清华周刊》289期)

陈廷锐:《弹劾清华学制》(同上)

余家菊:《民族主义的教育》(《国家主义的教育》第一篇)

王化成:《对于母校的当事和同事的建议》(《清华周刊十周纪念增刊》)

丙　公牍

曾国藩:《选派幼童赴美肄业办理章程折》(同治十一年)

李鸿章:《选派幼童出洋肄业应办章程折》(同治十一年)

李鸿章:《选派船政生徒出洋肄业章程折》(光绪二年)

李鸿章:《选华弁出洋习艺并洋弁给奖片》(光绪二年)

李鸿章:《调回管带幼童驻洋肄业人员请奖折》(光绪四年)

李鸿章:《派往外洋华弁学成回华给奖折》(光绪五年)

李鸿章:《德国提督教导华弁出力给奖片》(光绪五年)

李鸿章:《德国武员教导华弁出力给奖片》(光绪五年)

李鸿章:《闽厂生徒肄业期满回华华洋教导出力各员给奖折》(光绪七年)

李鸿章:《续选闽厂生徒出洋折》(光绪七年)

总理衙门:《遵议出洋学生肄业实学章程折》(光绪二十五年)

总理衙门:《遵议派员携带学生出洋肄业宜办事宜折》(同治十一年)

总理衙门:《遵议遴选生徒游学日本事宜片》(光绪二十五年)

外务部:《议覆派赴出洋游学办法章程折》(光绪二十八年)

外务部:《请简派日本游学生总监督折》(光绪二十八年)

外务部:《议复四川筹提间款选派学生出洋游学折》(光绪二十八年)

外务部:《札自备资斧学生不准入士官学校文》(光绪二十九年)

张之洞、刘坤一:《覆议新政》三折

张之洞:《约束鼓励出洋游学办法章程折》(光绪二十九年)

张之洞:《选派水陆各师学堂学生出洋肄业片》(光绪二十九年)

张百熙:《奖励职官游历游学章程片》(光绪二十九年)

张百熙:《派学生赴东西洋各国游学折》(光绪二十九年)

练兵处:《选派陆军学生分班游学章程折》(光绪三十年)

载　泽:《查覆日本游学生聚众滋事情形折》(光绪二十八年)

袁世凯:《遣派学生赴日游学片》(光绪二十八年)

袁世凯:《游学日本毕业回国供差北洋各学生照章咨送考验折》(光绪三十年)

宗人府:《宗室子弟分别出洋游历游学折》(光绪二十八年)

端方:《派学生前赴比国游学折》(光绪二十九年)

端方:《派学生前赴美德俄三国游学折》(光绪二十九年)

杨晟:《陈兼管学务情形折》(光绪三十年)

(以上均见《约章成案汇览》卷32上下)

《通行各省选送游学限制办法电》(光绪三十二年二月十九日)

《附奏遵议选派翰林出洋游学游历片》(光绪三十二年四月初二日)

《附奏考试游学毕业期限片》(光绪三十四年四月二十二日)

《通行各省限制游学并推广各项学堂电》(光绪三十二年六月十八日)

《通行京外给咨出洋游历简章文》(光绪三十二年七月二十日)

《奏定考验游学毕业生章程折》(光绪三十二年八月十五日)

《奏定管理游学日本学生章程折》(光绪三十二年十月十七日)

《奏明续订管理游学日本学生章程折》(光绪三十二年十一月十三日)

《会奏请派贵胄出洋游学折》(光绪三十三年十一月初一日)

《奏请钦派大臣会考进士游学毕业各员并酌拟考试章程折》(光绪三十三年十一月初五日)

《奏定日本官立高等学堂收容中国学生名额及各省按年分认经费章程折》(光绪三十三年十一月三十日)

《咨使日大臣限制留日私立大学学生入学程度及送京考试资格各办法文》(光绪三十四年七月初二日)

《附奏游东私立法政各大学堂毕业生先考普通学一场片》(光绪三十四年八月初十日)

《奏改管理日本游学生监督处章程折》(光绪三十四年九月二十一日)

《议复御史俾寿奏请选派子弟分送各国学习工艺折》(光绪三十四年九月二十一日)

(以上见《学部奏咨辑要》第一编)

《奏酌拟游学毕业生廷试事宜折》(光绪三十四年三月二十五日)

《奏酌拟出洋学习完全师范毕业奖励折》(宣统元年二月二十五日)

《咨使日大臣游学经费拟定办法九条文》(宣统元年闰二月十三日)

《奏酌拟变通游学毕业生廷试事宜折》(宣统元年四月初七日)
《奏游学毕业生廷试录用中书拟准改就小京官知县折》(宣统元年四月十七日)
《会奏收还美国赔款遣派学生赴美留学办法折》(宣统元年五月二十三日)
《奏酌拟考试毕业游学生章程折》(宣统元年六月十五日)
《通行各省留学日本早稻田师范毕业生回国后服务五年准给奖励文》(宣统元年六月二十日)
《复日本留学生监督分别学生旅馆寄宿舍办法文》(宣统元年六月二十八日)
《附奏禁止东西洋游学生与外国人结婚片》(宣称二年三月十五日)
(以上见《学部奏咨辑要》续编)
《咨覆京师法政学堂准已习东文之中学毕业生及游学日本普通毕业生选入本科文》(宣统二年四月二十六日)
《通行各省限制女生游学及补给官费文》(宣统二年五月初三日)
《咨覆使日大臣浙江等省学生力难自费者可专送五校肄业其能自费者不必限定五校文》(宣统二年九月二十五日)
《奏改订管理游日学生监督处章程折并单》(宣统二年十一月十九日)
《覆使日大臣已入高等专门学生仍给公费普通学生停给电》(宣统二年十一月十九日)
《奏筹游学日本高等五校预科折》(宣统二年十二月十六日)
《奏拟具游学日本高等五校预备学堂章程折》(宣统三年六月十八日)
《会奏酌拟停止各学堂实官奖励并定毕业名称折》(宣统三年七月十八日)
(以上见《学部奏咨辑要》三编)
见《学部奏咨辑要》各文均系学部奏议或咨电令文。

近代中国教育思想史

序

本书是我研究近代中国教育史副产物之二——第一种是《近代中国留学史》。

我初不想著此书。十六年一月某日，赵叔愚君介绍某君来谈中国近代教育史问题，来意固在研究教育政策，将有大欲于中国教育改造者；但谈数小时，而所问的都是些极不相干的琐细事情，始终不曾注意到现在中国教育所以如此的历史，更不曾注意到所以构成此历史的原因。他去后，我思所以助之者累日，结果遂费两个月的时日写成此书。

此书并无何种创见，不过将中国教育上60年的往事为回忆式的思考，而寻出若干支配的动力而已。但是，在现在，我还相信，对于教育政治家，或"中国教育"研究者，尚不无裨益。

此书成后，我自己对于改革中国现教育的意见亦因而较为确定。这种意见曾在本书末章略为提及，更将在《中国教育建设》、《近代中国教育史》两书中详述：虽然不一定被人赞许，但结论系从经济制度、历史背景中研求而出，自信尚可受时间的洗涤，更望读者不吝赐教，共同努力于"中国的"新教育之建设。

我做此叙时，赵叔愚君已逝两周月：此书得其提示而成，他独不及阅读而死，人生之无常如此。追忆故人，感慨万端，谨在此志悼！

舒新城

十七年十一月十一日　杭州

第一章　导论

1. 思想与思想史

思想原是人类心意中的一种觉识作用，这种作用虽然为人所同具，但因所觉识的对象或觉识的主体不同，其结果常不一致，甚至于互成反比。例如张三生于富贵之家，物质生活上根本不生问题，对于贫民底疾苦也许因同情而有所感觉，但与原来贫苦的李四比较，所感的程度便大不相同；倘若张三先贫而后富或先富而后贫，他对于现在贫民疾苦的感觉也不一样；又如张三一生不曾遇困苦的事情，李四所过的生活无时不与贫穷奋斗，因平日各人所接触的对象之不同，也许张三认为苦痛的事而李四却以为是最愉快的。换句话说，一切人都能思想，但所思想的则因时因地因人而异。

思想既是因时因地因人而异，严格讲来，宇宙间绝无同一的思想。但因为思想为"人"所同具，而"人"有人的共相，故在不同的思想中亦可求出其共相。此共相或以人分，或以地域分，或以时代分；若以某人某地或某时代的思想为研究的对象，则称之为某人某地或某时代的思想研究；如将其思想变迁之线索联络而研究之，则称为某人某地或某时代的思想史。故思想史最简单的定义是对于某种思想的进程为连贯的记述。

思想虽然为人所同具，但它是内在的，无论何人对于他人底思想都不能直接考察；而且它底本质又是极自由的，不论外部的压力如何，都可在人底心意之中自由往来。要对于这无形的，不可捉摸的思想为系统的研究，似乎在事实上为不可能。然而一切思想都有其对象的实体，哲学上虽然也有纯粹思想（pure thought）的名词，实际上却只是一个抽象的符号，若要追问内容，这名词便不能存在：因为无论何种思想，无不有其所以构成的物质元素。这些元素虽然有属于自然界的，有属于人事界的，但都是实在的而不是虚玄的，所以思想底本体我们虽无从直接考验，但由其构成的元素上却可以推知它底功能。

心理学者常谓思想为行为之母，无论何种思想都可以发生行为，而一切行为也都有思想在背后支配着。我们对于他人底思想，虽无从直接体验；但由其行为上的种种表现，却可以推证其思想的趋向。行为之直接可以供我们研究的，有当时的各种活动，其间接之可以供我们研究的，有历史上遗留下来的种种遗物与种种记载；若能把这些东西加以分析综合的研究，便可发现各时代或各个人底思想进程，便可成为各时代或各个人底思想史。

可是思想史底重要决不在此：倘若只就各种行为中推证出各个孤立的思想或某个思想底连续关系，其结果不过是些流水账簿，和分类账簿而已，在人类社会的总账上不发生何种关系。思想史之所以重要是在它的本质是一种决算，使人由此决算可以进行制定未来的预算。换句话说，思想史之研究，第一要注意思想所以产生之原由；第二要注意它在实际上所发生的效果。

宇宙间一切现象，都须受因果律底支配，一种思想的产生也自然有它底原因。此种原因分析起来虽然很复杂，但有一条通则可应用于说明一切思想之由来,就是思想是应付环境的。因之各人因所处的环境不同,而有各种不同的思想,一人又因先后所处环境有差异,亦有各种不同的思想。思想史底材料虽然是集合各个人底思想而成的,但一切人底思想却未必一一可以作思想史底材料。因为思想史底功用在于说明各种思想在社会上的影响,若是某人底思想与社会生活完全不生关系,便不能让其拦入。譬如说,王甲看得他所畜的母牛生了犊,想另外弄得嫩草来给犊吃,这也是一种应付环境的思想,然而它底影响最多也只能使他家底犊好好长成罢了,与别人没有什么关系,所以这样的思想,思想史家是不采取的;倘若王甲底母牛是在严冬产犊,那时积雪几尺,一切草木都已冻僵了,他却因为母牛产犊而想出一种制造嫩草的方法,使社会上畜牧的人都能自由制造嫩草,增加畜产,他这思想却是畜牧思想史中一件最重要的材料。换句话说:各种思想之可否为构成思想史的材料,就看他对于社会上所发生的影响如何。以这样的眼光去治思想史,自然不免要受“功利之见”的讥讽,然而人事界的一切活动又有什么能超越于“功利之见”以上的。而且一种思想不以当时的社会背景为根据,就是能产生,对于社会上也不会发生什么效果,它也因而不能存在,我们就要去研究也无从研究起。所以思想史的材料不仅要有选择,并且不当离开社会生活的实际问题。更简单说:思想史的研究,应当从各时代底社会活动中求因果,不当专在思想本身上讨生活。

2. 教育思想史与教育实际

思想的产生是由于应付环境,故其本质可视为一种工具,教育思想也就是应付教育环境的一种工具。一切思想都不能离开实际活动而独立，故凡可以当得起教育思想的名称的，它在教育实际上必定已经或将来必要发生效果。因而我们研究教育思想必得注意于教育实际的各种事象。

论历史，教育活动是与人类共悠久的，论范围也是“无远弗届”的，然而它绝不能离他种社会活动而独立自存。而且因为它底历史悠久与范围广大，对于其他各种社会活动底影响也特别受得大：第一，是它与现实政治的关系太密切；第二，社会风习对于它的拘束力太大；第三，它不能反抗时代思潮。从理论上讲，人是富有政治活动的动物，一切事业都不能不受现实政治的支配，然而20世纪的时代，除去少数的国家经营极少数的大企业外，其余的事业都可由人民自由经营，教育则一律由国家直接经营之、管理之——尤其是义务教育。故立宪政治的教育异于君主专制的教育，苏维埃政制的教育亦异于其他各种政制的教育，就是一国之中，甲党执政必得贯彻该党底教育政策，而有甲党的教育，乙党执政亦复如之，于是教育设施便不能随执政者底意见随时更改。民国十六年北京政府与国民政府的教育方针，完全立于两极端，然而中华民国的人民，却不能不因所处的地方之不同而受两端的教育——但两方的实业社会决不闻要立即改组——就是最显著的实例。其次，教育是一种最普遍最平常的事业，无论什么人都得受教育，无论什么人也都可以干预教育事业；而一般民众底习惯都是好逸恶劳，惮于改革；所以各种改革必在其他方面树有坚强的基础、深厚的势力，逼迫着教育不能不改弦更张时，教育是不轻易改革的。我国清末之改行新教育制度，在表面上似乎是教育界的自动，实则当时的外交内政四处都碰着此路不通的钉子，非变法无以图存，教育不过在此种“不得已”的情境之下偶然被动而已。可是教育制度改革之后，人民思想不能跟着走，它又不能如政治般用强力督促着人民跟着走，所以兴学数十年，形式上什么东西都模仿着欧美、日本，而科举思想仍然潜藏在一般人底骨子里，以阻碍教育的进步。第三，教育底本身是温和的改良的，无论何时都得顾及一般民众底现实利益，尊重一般民众底习惯，不使改良的进程发生障碍。所谓“因势利导”、“潜移默化”，都是形容教育功能的良好字面，也就是教育不能革命的见证。所以，某种时代潮流发生之后，文学美术可以独立反抗，教育便只有望风而靡。这样看来，一切教育活动其性质都是被动的；倘若只在教育的现象中追求教育问题，必失之狭隘、偏私而不能有真切综括的结论。故研究教育思想史，固然要注意教育实际上的种种问题，而研究教育上的实际问题，又得注意各问题所以产生的他种社会现象。换言之，我们研究教育思想史，第一要知变，第二要明因。这就是说，各种教育思想都是解决当前教育问题的工具。某时代有某种教育思想是那时社会上的种种需要——原因——有以构成之，而此种思想在实际上是否发生效果，其效果的大小若何，又各受其环境底种种限制，故同样的军国民教育思想，在中国与在日本的结果完全不同，就是由于环境有差异。因之我们更可以说：教育思想虽然是应付环境的工具，但都是一种临时的假定，它诚然可以解决当前的许多问题，然而绝不是“放诸四海皆准”的法则，我们研究思想史的目的，是在根据历史的事实，求得教育思想、教育制度沿革变迁的线索与所以变化的原因，从其中抽出若干公例来作应付现时及未来教育问题的南针。

3. 本书底范围及目的

教育的历史既是与人类共悠久，则一切人类史中均有教育思想史。中国是四千余年的古国，教育制度之有史册可考者，自虞夏而后已数千年。倘若我们从二十四史中寻出其教育思想沿革变迁的线索，便可成一部中国教育思想史；这样的工作在现在还没有人做的时候，自然是值得干的，我现在不做这样的工作，第一，是由于力有不逮；第二，是由它的需要不及近代中国教育思想史的迫切。

此处所谓“近代”，时间断自清同治元年至今。何以将近代中国教育断自同治初元？是因为那年北京创立京师同文馆。若仅就其事迹的本身讲，同文馆的设立，不过教育上一种寻常的举动，并无何种重大的价值。但自此而后，数千年中国历史上传衍而来的教育制度，逐渐为西洋的教育制度所替代，而社会上的传统思想亦逐渐破坏无余。倘若我们把同文馆设立以后 60 年之教育事象与其未设立以前 60 年的相较，不仅在形式上截然两途，即内容上亦完全不同。换言之，同治元年之创设京师同文馆是我国教育制度因外力逼迫而逐渐破坏之始，也是中国逐渐将固有的农业社会的教育制度变而采用西洋的工商业社会的教育制度之始。故近代的时间即以斯年为断。

近代中国教育思想史的研究何以比古代的重要？第一，因为时间近，现在的教育进行，易于取法资戒；第二，因为自同文馆设立而后，所有各种教育制度的采用与更张，均为偶然的议论所左右，倡者和者均无确切的见解，非从历史的实证中建立明确的方案，无以祛这朝三暮四的习惯；第三，因为60年来的教育思想虽无重心，但每种思想都能使社会上发生影响，使社会上感觉不安，非从史实上寻求因果详为论列，则中国教育将永为混乱无系统的思想所搅扰，而得不着一个正果；第四，因为中国改行新教育制度的方法完全为移植的——即将他国教育制照本宣科地移过来——在各国教育史很少前例，但在中国行之已数十年，虽然其结果不尽如人意，但仍不失为教育改革的一种手段，则此问题的研究且可以其结论供普通教育史的参考。

中国60年的新教育，真可谓在昏天黑地的沙漠中"走道儿"，虽然费了若干人力、若干金钱，切实地在那里求出路，但至今还没有找着一条坦荡的康庄。我们为"近代中国教育思想史的研究"，虽然有探讨"光明之路"的希冀，然而不敢必此希冀实现：因为教育思想史中所含的问题太复杂，非"绵力"所能一一理得清楚；就是能理得清楚，教育不是一种独立社会活动，一切都须受他种社会活动底限制，纵有尽善尽美的方案，也不是教育本身所能实现。所以我们底目的：

(1)想用历史的进化的观念，证明种种教育思想，都是当时应付环境解决问题的假设，并不是天经地义，人人可以创造，并不一定要抄袭外国的。

(2)想用客观的事实证明教育思想是由于教育实际产生出来的，社会上的实际情境是思想的源泉，研究思想史不可丢开事实空为玄谈。

(3)想从历史的实证中求出近代中国教育思想的因果，供给一点创造中国新(适宜之意)教育的资料。

（4）想从历史上寻求实证来证明教育不是一种独立的社会活动，常常受制于他种现象，使教育者于教育之外努力改造社会。

这些目的虽然是卑之无甚高论，但作者还不敢必其能到——因为缺少史家底才学识三要素——不过悬之为的，努力前进而已。

第二章　鸟瞰

4. 近代中国教育的背景

倘若中国在80 年前没有一场鸦片战争，就是和外国人通商，我想最多也不过在国际上做些公平交易而已。中国底社会现象绝不会像现在，更说不到新式教育；又若中国在鸦片战争而后，国势便振兴起来而列为世界强国之一，中日之战不被日本打败，或义和团真能把“洋人”杀退，我想现在的中国教育制度一定还是遵行千余年流传下来的科举制和书院制，也许世界上的某国慕中国教育制度之优良而毅然采用之。

我这议论或许有人以为太重视国际势力而漠视教育制度本身的价值了。实在一切制度之构成都不能离开环境的驱策，而中国新教育制度之采用，更完全为外力所逼成。中国旧日的科举制与书院制，其方法诚然有许多不合理的地方，但制度的本身却不至于坏到不能存在。（后详）然而清光绪二十八年张百熙奏订学堂章程时竟一笔勾销，而完全将西洋工业社会的教育制度移植过来，其根本原因可以“势迫处此”四字包括之。

中国自昔以华夏自居，对他国则夷狄禽兽之，故历史上虽有他族入主华夏,但中国的文化却不与之同化。鸦片战争以前虽亦曾与葡萄牙、西班牙、荷兰诸国通商,但彼此除贸易上之关系外,文化上绝无接触;欧洲各国亦以中国为地大物博、立国最古的国家,平日无缘深入内地探知内情,亦不知中国究为何物而不敢轻视。及18世纪后半叶英国工业革命以后,生产率骤进,势不得不向国外觅广大商场,于是中国为英人所特别注意。1792年英政府以通商问题遣使奉聘,清廷虽然待以使者之礼,但不过怀柔政策的一种手段而已,对于英政府所希望解决的通商问题则完全置之不理,其使馆亦于翌年禁止设立。他如法、美、葡、西各国虽亦曾通商遣使,但其结果与英国等。盖此时国人对于外国文物制度的观念,一秉历史上轻视蛮夷的习惯而视为不值一顾,所以遇事不加审虑而自由处理之。然而英人内因工业发达的要求,外因东印度会社底成功,终不因形式上之受挫而放弃其东方商场的经营,于是1838年(道光十八年)竟因鸦片烟售卖问题而以兵戎相见,中国复不幸而战败,并于1842年(道光二十二年)订《南京条约》,割香港,开福州、厦门、宁波、广州、上海五处为商埠,偿军费2100万两。自此而后,国人轻视蛮夷的观念虽然不曾尽变,但对于西人底坚甲利兵已有相当的认识。此后平定太平军时曾借重于外兵,执政者对于欧西底军备更多一层认识。及经英法联军、中日战争与义和团事变诸役而后,割地赔款而外,乃至皇帝蒙尘,为中国数千年历史上仅有之奇创。其时国人一面深感欧西各国军备之可畏,一面极力图谋自强;加以日本变法而强的种种事实,又日日诏示于前,于是明达者知各国称霸中原绝不只有军事,军事而外另有其立国要件,乃取法日本而将国内一切政制彻底予以改革,中国的新教育制度也于此大改革之中而由日本输入。总括说来,中国新教育制度是由逼于外力的一种反动所产生的。虽然此种反动是以“图强”为主要元素，但当时之改行新教育制度而将旧的——书院制、私塾制、考试制——一笔勾销，并不是主持者真正明白新教育制度底优点与洞悉旧者底缺点（光绪二十四年以后的改革教育论者，并无一人对于旧院制等有详密的攻击或批评），不过眼见得外力日逼，国势日弱，特运用“以其人之道还治其人之身”的推证而极力模仿其种种设施。所以教育改制数十年，形式方面力求欧化，实质则仍保持科举思想、封建思想于不敝。一切教育思想也脱不了此种圈套。

5. 教育思想与各种思想的关系

教育不是一种独立的社会活动，故教育思想也不能独立。支配着它的势力首推政治思想；次为社会思想；第三为世界思潮；第四为学术思想。近数十年的教育思想大概都可在此四方面寻得出渊源。

教育是直接受政治支配的：政体改革固然可以使教育思想发生大变动，就是政体不变而政策有更改，亦可以使教育思想起变化。民国以前，政体为专制，故教育宗旨以尊君为第一条，而当时之所谓教育思潮，亦无非在忠君爱国底范围兜圈子，绝未见有教育大同与独立的思潮澎湃一时。民国而后，政体共和，虽然有宗社党，但在教育上绝不会蔚成一种忠君的思潮；而自由平等的精神则为各种教育思想底普通元素，国民党政府统治之下，并构成一种党化教育思潮。

政治虽能直接支配教育，但除政体上之更改外，各种政策之时效甚暂，虽然消极方面能阻止与政策相反的教育思想表现于外，但积极方面因为时间关系很难直接蔚成一种教育思想；至于社会的需要，其本质并不因政体或政策之变更而变更，常能自然发育，故对于教育思想的影响亦较久远。民国前，资本帝国主义底压迫与军阀底横暴尚未如民国以后之甚，一般人民尚多数能安居乐业，生活上之要求尚未迫切，故教育思想未有职业问题，而一以自强为本。民国后，因资本帝国主义与军阀的两重压迫，致民不聊生，故民六而后，职业教育思潮盛极一时；即国民政府下之党化教育亦以提倡生产教育为其主要方针。

自海通以后，世界上的任何国家均不能孤立存在，一国之政治社会经济诸方面，无不直接间接受他国底影响。中国立国虽古，但在物质文明上与欧美列强较确为后进；而且中国新教育制度的改革由外力逼成，对于世界思潮所受之影响尤大，民国四五年之间，欧战方烈，军国主义的思潮弥漫世界，国内教育界亦倾向于军国主义；民八欧战停止，威尔逊底国际和平高唱入云，大同教育思想于是盛倡。此为国内教育思想受世界思潮之影响的显征。

教育虽系一种社会活动，但就其活动底种种现象为抽象的、系统的研究，仍为一种社会科学，故学术思想对于教育思想之影响亦甚大：如科学思想盛极一时而有科学的教育思想，文学解放的思想当位时而有自由的教育思想。此为民国八年以后可为佐证的往事。

教育家常以养成生徒独往独来的精神为口头禅，可是在事实上教育思想最不能自由产生、独立进行。60 年来的中国教育思想，虽然不一一为政治、社会、世界、学术的四种思潮所构成，但最少亦有一种为其特殊的背景。故我们研究近代教育思想史，必得将 60 年政治、社会、世界、学术上各方面的情形有综合的了解，始可明白各种思想底因果。

6. 60 年来教育思想概况

60 年来中国因国际资本帝国主义压迫，社会上民穷财尽，政治中四分五裂，学术上因循抄袭，几乎无事可满人意。然而在各种不满意的现象之中，仍有其潜在的进步。这进步就是自觉。现在社会与政治及学术有若干部分诚然与数十年前无异，甚至比数十年前还坏，但是五四运动、五卅运动绝不是清末所能梦想得到的，而现在全国一致推倒军阀的心理与口头亦不是十余二十年前所能有。这就是在国际上有种族的自觉，觉得中国的事情应由中国人自己负责，不容外人干涉；在内政上有政权的自觉，觉得政治是全国人民底责任，不容由少数特殊阶级的分子包办。至于社会生活的不安，无人不觉是国际资本帝国主义底压迫与不平等条约底束缚，而时时图谋解放。在学术上则由中学为体西学为用的思想进而为有抉择地褒扬固有文化，有抉择地采用西洋文化。这种普通的自觉实是近数十年进化的特征。中国之所以不亡，也就赖有此自觉。60 年来的教育思想，虽因环境的变迁，而有种种变化，但细究起来，仍然是一脉相承地在自觉中进行，此为近代中国教育思想的总纲。

近代教育思想虽然向自觉的方向走，但在程度上却很有差别：最初为被动的、模仿的，现则为自动的、创造的；若以时间为纲，则清代的教育思想为模仿的，民国以来为自觉的，每期之中又分为若干小节，兹表列如下：

- 近代中国教育思想变迁史
  - 模仿期（清代）
    - 方言思想
    - 军备思想
    - 西学思想
    - 西艺思想
    - 西政思想
  - 自觉期（民国）
    - 军国民与军事教育思想
    - 实利与实用思想
    - 美感思想
    - 大同思想
    - 职业思想
    - 民治思想
    - 独立思想
    - 科学思想
    - 非宗教思想
    - 国家思想
    - 公民思想
    - 党化思想
  - 女子教育思想

上表所列各种思想，虽时有起伏，但常为交错的，并不为直线地进行。在时间上有久有暂，在实际上所发生的影响亦有大有小；不过今日的教育现象与将来的教育前途，都不能不受各种思想底影响，则为普遍的事实。我们固不可以其时间之久暂与影响之大小而意为轩轻。

此外，因为社会上对于女子教育的观念变迁特快，女子教育思想常单独自成一个系统，虽然亦曾受上述各种思想底影响，但不能并列在各种思想之中，故为之独立一类。

以下分章详述之。

第三章　方言教育思想

7. 背景

鸦片战争后，中国底种种弱点暴露于世，英法各国便以其可欺，而与之订立种种不平等条约；领事裁判、利益均沾、传教游历、自由建造等事无不由条约规定。外人既可深入内地自由行动，于是中西人民的交际日多。而外人持不平等条约上的权利，常有欺侮官吏、凌辱人民之举，遂致交涉日多。地方无深通外国语言文字之吏员，遇有中西人民之纠纷，固无从持平办理，而当时订约国日多，国际往来上之种种仪文无人司理，更感苦痛。故咸丰十年(1860)英法联军入北京，驱帝避热河，焚毁圆明园，迫订和约于北京之后，上谕办理通商善后章程，其第一事即建立总理各国通商事务衙门。总理衙门底性质，约等于今之外交部，据《大清会典》所载，其职务如下：

> 总理各国事务衙门、亲郡王、贝勒、大臣，大臣上行走，掌各国盟约，昭布朝廷德信：凡水陆出入之事、舟车互市之制、书币聘飨之宜、中外疆域之限、文译传达之事、民教交涉之端，王

大臣率属定议：大事上之，小事则行。每日集公廨以治庶务，奏事日则直朝房以待召见。凡各国使臣入觐……导使臣行礼……凡各国使臣……期会……来贺……接以宾礼。……

当时除英法外，订约通商者尚有俄、美、瑞典、挪威诸国，交涉礼节之事自然很多，需要熟悉外国语言文字的人员也很多。故于同治元年（1862）由总理衙门倡议，设立京师同文馆于北京，方言教育的思想也即由此而始。

北京同文馆初创时仅集十余人习英文而已。次年设法文、俄文两馆，并乾隆时内阁所设俄罗斯文馆于其内。五年更添天文、算学、化学、格致、公法各科。同治二年李鸿章奏设广方言馆于上海，三年瑞麟等奏设广东同文馆于广州，均以教授语言文字为主，并以京师同文馆为总机关，沪粤两馆学生之毕业者均送入京师肄业。

光绪二十八年以前，三馆实为中国新教育的高等教育机关，而以京师同文馆为总枢纽。当时的外交人才、西学介绍都取给予该三馆，故学习语言，翻译西籍竟蔚成为一种思潮。戊戌政变前后之言新政者，无不以方言为言。光绪十九年张之洞在湖北创设自强学堂，共分四斋而以方言居首。光绪二十八年以后，中等以上学校特重外国语，亦以此为源泉。

8. 变迁

京师同文馆等之设，虽然说是以教授方言、养成交涉人才为目的，但主持还另有一种见解，以为方言是一种基本学问，若国内有人通各国方言，西洋国情可以了解，西洋学术即可以完全输入中国，中国即可以富强。总理衙门奏设北京同文馆疏说：

> ……欲悉各国情形，必谙其语言文字，方不受人欺蒙。各国皆以重资聘请中国人讲解文艺，而中国迄无熟悉外国语言文字之人，恐无以悉其底蕴。

李鸿章奏请添设外国语言文学馆疏说：

> 中国与洋人交接，必先通其志、达其欲、周知其虚实诚伪，而后有称物平施之效。互市二十年来，彼酋之习我语言文字者不少，其尤者能读我经史，于朝章、宪典、吏治、民情，言之历历。而我官员绅士中绝少通习外国语言文学之人，各国在沪均设立翻译官两员。遇中外大臣会商之事，皆凭外国翻译官传述，亦难保无偏袒捏架情弊。中国能通洋语者，仅恃通事。凡关局军营交涉事务，无非雇觅通事往来传话，而其人遂为洋务之大害。查上海通事一途，获利最厚，于士农工商之外别成一业。其人不外两种：一、广东、宁波商伙子弟，佻达游闲，别无转移执事之路者，辄以学习通事为逋逃薮；一、英法等国设立义学，招本地贫苦童稚与以衣食而教肄之；市儿村竖，来历难知，无不染洋泾习气，亦无不传习彼教。此两种人者，类皆资性蠢愚，心术卑鄙，货利声色之外不知其他，且其仅通洋语者十之八九，兼识洋字者十之一二。所识洋字不过货名价目与俚浅文理，不特于彼中兵刑食货张弛治忽之大，瞢焉无知；即遇有交涉事宜，词气轻重缓急，往往失其本旨，惟知借洋人势力播弄挑唆

以遂其利欲，蔑视官长，欺压贫民，无所忌惮，即如会办防堵一节，间与通习汉语之大酋晤谈，尚不远乎情理；而琐屑事件，势不能一一面商，因而通事假手其间，勾结洋兵为分肥之计。诛求之无厌，排斥之无理，支销之无艺，欺我聋喑，逞其簧鼓，或遂以小嫌酿大衅。洋务为国家怀远招携之要政，乃以枢纽付若辈之手，遂至彼己之不知，情伪之莫辨，操纵进退，迄不得其要领，此非细故也。京师同文馆之设，实为良法，行之既久，必有正人君子、奇尤异敏之士出乎其中，然后尽得西人之要领，而思所以驾驭之，绥靖边陲之原本，实在于此。①

以上为同文馆及广方言馆设立的普遍目的。李氏所言，尤能绘声绘色将当时官吏不识外国语言的弊端，及不得不由国家设立专校培植方言人才的理由和盘托出。不过方言的学习还有更远大的目的，就是要由语言以达文学而译述科学。所以李氏又说：

通商纲领，固在总理衙门；而中外交涉事件，则两口转多，势不能以八旗学生兼顾，惟多途以取之，随地以求之，则习其语言文字者必多，人数既多，人才斯出，彼西人所擅长者推算之学、格物之理、制器尚象之法，无不专精务实，泐有成书，经译者十才一二；必能尽阅其未译之书，方可探赜索隐，由精显而入精微。我中华智巧聪明，岂出西人之下，果有精熟西文者，转相传习，一切轮船火器等巧技，当可由渐通晓。于中国自强之道，似有裨助。②

① 《京师同文馆学友会报告奏设上海广方言馆原案》。
② 同上。

学习方言最后的目的在于读西书译西籍以图自强，所以馆中课程，除以洋文洋语为主外，其他属于西学的数学、理科与翻译基础的中国文学，亦同时兼习，而算学尤为重要。广方言馆章程第四条说：

> 西人制器尚象之法，皆从算学出；若不通算学，即精熟西文亦难施诸实用。凡肄业者，算学与西文并逐日讲习。其余经史各类，随其资禀所近分习之。专习算学者听从其便。[①]

对于翻译更为重视，平日既有英汉、汉英互译的功课，毕业时更以能否翻译全帙为奖励职官的标准。嗣后同治六年江南制造局设翻译馆，专以翻译西籍为务。译书成绩虽有可观，但尚不能应社会的需要，故光绪十九年张之洞奏设自强学堂于武昌，分方言、算学、格致、商务四斋，而尤注重方言。他说：

> 自强之道，贵乎周知情伪，取人所长，若非精晓洋文，即不能自读西书，必无从会通博采。……其格致、商务两门，中国既少专书，津沪诸局西人学馆译出诸编不过略举大概，教者学者无从深求。现将格致、商务两门停课，先行统课方言以为一切西学之阶梯，将来格致、商务，即可自行诵译探讨。……本部堂意在造就通材，所期远大，欲使学者皆能自读西书，自研西法，则可深窥立法之本源，并可曲阐旁通之新义，既不必计辗转传翻之书，致得粗而遗精，亦不至墨守西师一人之法，致

① 《京师同文馆学友会报告奏设上海广方言馆原案》。

所知之有限。将来学成以后，通殊方之学，察邻国之政，功用甚宏，实基于此。①

当时执政者固以学习方言为自强要务，在野者亦多以通西文译西书为言。光绪二十年，马建忠建议设立翻译书院说：

窃谓今日之中国，其见欺于外人也甚矣。道光季年以来，彼与我所立约款税则，则以向欺东方诸国者，转而欺我。于是其公使傲睨于京师，以凌我政府。其领事强梁于口岸，以诋我官长。其大小商贾，盘踞于租界，以剥我工商。其诸色教士散布于腹地，以惑我子民。夫彼之所以悍然不顾，敢于为此者，欺我不知其情伪，不知其虚实也。然而其情伪虚实，非不予我以可知也。外洋各国，其政令之张弛，国势之强弱，民情之顺逆，与其上下一心，相维相系，有以成风俗而御外侮者，率皆以本国语言文字，不惮烦琐而笔之于书，彼国人人得而知之，并无一毫隐匿于其间。中国士大夫，其泥古守旧者无论已；而一二在位有志之士，又苦于语言不达，文字不通，不能遍览其书，遂不能遍知其风尚，欲其不受欺也得乎？虽然，前车之覆，后车之鉴也。然则欲使吾士大夫之在位者，尽知其情实，尽通其壅蔽，因而参观互证，尽得其刚柔操纵之所以然，则译书一事，非当今之急务与？语云："知己知彼，百战百胜。"战胜于疆场则然，战胜于庙堂亦何独不然！②

① 舒新城编：《近代中国教育史料》第一册，页14（中华书局出版）。

② 同上，第四册，页135。

光绪二十三年,梁启超更主张多从日文迻译西籍以强国。他以为中国效西法三十年而败,是由于不知敌之所以强。故谓:

> 欲救斯敝,厥有二义:其一使天下学子,自幼咸习西文;其二取西人有用之书,悉译成华字。斯二者不可缺一。而由前之说,其收效必在十年之后。由后之说,则一书既出,尽天下有志之士,皆受其益;数年之间,流风沾被,可以大成。今之中国汲汲顾影,深惟治标之义,不得不先取中学成材之士而教之;养其大器,以为救焚拯溺之用。且学校贡举之议既倡,举国喁喁向风;而一切要籍,不备万一,则将何所挟持以教士取士耶?故译书实本原之本原也!

他恐事无先例,为人怀疑,更举清太祖、太宗及泰西各国译书之成绩说:

> 大哉圣人乎!太祖高皇帝,命子弟近臣,肄唐古忒文诵蒙古记载,遂以抚蒙古。太宗文皇帝受命建国,首以国书译《史鉴》,悉知九州扼塞及古今用兵之道,遂以屋明社。圣祖仁皇帝万几之暇,日以二小时,就西士习拉体诺文,任南怀仁等至卿贰,采其书以定历法。高宗纯皇帝开四库馆,译出西书41家,悉予著录。宣宗成皇帝,俄罗斯献书350余号,有诏庋秘府,择要译布。然则祖宗之世,边患未形,外侮未亟,犹重之也如此;苟其处今日之天下,则必以译书为强国第一义,昭昭然也!且论者亦知泰西诸国,其强盛果何自耶?泰西格致性理之学,源于希腊,法律政治之学,源于罗马。欧洲诸国各以其

国之今文,译希腊罗马之古籍。译成各书,立于学官,列于科目;举国习之,得以神明其法,而损益其制;故文明之效,极于今日。俄罗斯崎岖穷北,受辖蒙古,垂数百年,典章荡尽;大彼得自游列国,尽收其书,译为俄文,以教其民,俄强至今。日本自彬田翼等始以和文译荷兰书;泊尼虚曼子身逃美,归而大畅斯旨。至今日本书会,凡西人致用之籍,靡不有译本,故其变法灼见本原,一发即中,遂成雄图,斯岂非其明效大验耶? 彼族知其然也,故每成一书,展转互译。英著朝脱稿,而法文之本,夕陈于巴黎之肆矣。法籍昨汗青;而德文之编,今庋于柏林之库矣。世之守旧者,徒以读人之书,师人之法为可耻;宁知人之所以有今日者,未有不自读人之书,师人之法而来也。

当时天津水师学堂、上海制造局等处,亦译有西籍若干,不过犹未足以言学术,故他又说:

问者曰:"中国自通商以来,京师译署、天津水师学堂、上海制造局、福州船政局,及西国教会医院,凡译出之书,不下数百种,使天下有志之士,尽此数百种而读之,所闻不已多乎?"曰:此真学究一孔之论,而吾向者所谓知而不知之,不知而自谓知焉者也! 有人于此,挟其节本《仪礼》、《左传》,而自命经术;抱其《纲鉴易知录》、《廿一史弹词》,而自诩史才。稍有识者,未尝不嗤其非也。今以西人每年每国新著之书动辄数万卷,举吾所译之区区,置于其间,其视一蝨一蝨不知矣! 况所译者未必其彼中之善本也;即善本矣,而彼中群学,日新月异,新法一出,而旧论辄废。其有吾方视为怀宝,而彼久吐弃不屑道者，比比然也。

最后则主张从日文译西籍以为捷径说：

日本与我为同文之国，自昔行用汉文，自和文肇兴，而平假名片假名等，始与汉文相杂厕。然汉文犹居十六七，日本自维新以后，锐意西学，所翻译之书，要者略备，其本国新著之书，亦多可观；今诚能习日文以译日书，用力甚鲜，而获益甚巨。计日文之易成，约有数端，音少一也；音皆中国之所有，无棘刺扞格之音，二也；文法疏阔，三也；各物象事，多与中土相同，四也；汉文居十六七，五也。故黄君公度，谓可不学而能，苟能强记，半岁无不尽通者，以此视西文，抑又事半功倍也！①

当时大僚如张之洞，亦极力主张迻译东籍。其《劝学篇》之《广译》一篇专论译书。他说：

王仲任之言曰：知古不知今，谓之陆沉，知今不知古，谓之聋瞽。吾请易之曰：知外不知中，谓之失心，知中不知外，谓之聋瞽。夫不通西语，不识西文，不译西书，人胜我而不信，人谋我而不闻，人规我而不纳，人吞我而不知，人残我而不见，非聋瞽而何哉？学西文者，效迟而用博，为少年未仕者计也。译西书者功近而效速，为中年已仕者计也。若学东洋文，译东洋书，则速而

① 蒋翼振编：《翻译学通论》。

又速者也。是故从洋师不如通洋文,译西书不如译东书。①

自李鸿章而后,虽然大僚学者多主张以学习方言翻译西籍为强国的要件,庚子而后,大吏竞言新政,亦莫不以广译西籍为言。②但因各学校设立甚少,其思想尚未普及于教育。光绪二十九年,张之洞、荣庆、张百熙等改订学堂章程,规定中学堂以上各学堂必勤习洋文,此思想更普及于一般教育界。他们规定这条的理由,说:

今日时势,不通洋文者于交涉、游历、游学无不窒碍,而粗通洋文者往往以洋文居奇,其猾黠悖谬者,则专采外国书报之大异乎中国礼法不合乎中国政体者截头去尾而翻译之,更或附会以一己之私意,故为增损以求自圆其说。譬如日本福泽谕吉,维新之志士也,其著述数十百种,精理名言,不可胜纪,而中国译者则专取其男女平权等编译之,而其谈教育之本,谈政治之原者,则略之。如此之类,不胜枚举。其故有二,一则翻译之日少,印刷之资轻,可以易售而罔利,一则因中国通洋文者少,故摘取其单词片语以冀欺世而惑人,鄙险甚矣。假令中国通洋文者多,则此种荒谬悖诞之翻译,决无所施其伎俩。故中学堂以上各学堂必全勤习洋文,而大学堂经学、理学、中国文学、史学各科,尤必深通洋文而后其用乃为最大。斯实通中外、消乱贼、息邪说、距诐行之窾要也。③

① 张之洞:《劝学篇》外篇,页14—15。

② 参阅《教育史料》第1册“维新教育项”。(本书多引舒新城编辑:《近代中国教育史料》原文。以后凡注“教育史料”四字,即指此书。)

③ 《教育史料》第2册,页15—16。

从上面所述的情形看来，方言教育思想的内容可分为三大类：第一是培植交涉人才，第二是翻译西籍，第三是中等以上各学校多习外国语；其时间则数十年绵延不断。

9. 影响

方言教育思想因为社会急切的需要与提倡者底权能，在实际上很发生影响。就交涉人才讲，数十年来之中国外交人物多出于三馆之门，陆徵祥、唐在礼、唐在复、胡维德、刘镜人、戴陈霖、刘式训、吴宗濂、周自齐、毕桂芳等其尤著者。他们虽不曾为国家建过顶天立地的功劳，但也少卖国劣迹，而数十年来的外交事务，他们努力于折冲之间者亦复不少。至于翻译方面，在光绪二十二年以前，同文馆、江南制造局，已很有成绩，梁启超说：

> ……海禁既开，外侮日亟。曾文正开府江南，设制造局，首以译西书为第一义，数年之间，成者百种，而同文馆及西方设教会于中国，相继译录，至今二十余年，可读之书约三百种……
>
> 译出各书都可三类：一曰学，二曰政，三曰教。今除教类之书不录外，其余诸书分为三卷：上卷为西学诸书，其目曰算学、曰重学、曰电学、曰化学、曰声学、曰光学、曰汽学、曰天学、曰地学、曰全体学、曰动物学、曰医学、曰图学；中卷为西政诸书，其目曰史志、曰官制、曰学制、曰法律、曰农政、曰矿政、曰工政、曰商政、曰兵政、曰船政；下卷为杂类之书，其目曰游记、曰

报章、曰格致，总曰西人议论之书、曰无可归类之书。①

就上面所记的分类看来，科学政治各方面的书籍均有迻译，就其书目所载已印者固300余种，未印者亦百数种，在数量方面固然各科顾到，在程度方面亦深浅有序。可见当事者之进行为有计划的，非如现时译学界之漫无标准。戊戌以前，中国新知识之传授，这些译籍底功劳却不小；戊戌以后，一般志士多赴日本，鉴于日本以采用西政而强，乃多迻译日籍，惟杂乱无章耳。梁启超说：

戊戌政变，继以庚子拳祸，清室衰微益暴露。青年学子，相率海外求学；而日本以接境故，赴者尤众。壬寅、癸卯间译述之业特盛：定期出版之杂志不下数十种，日本每一新书出，译者动数家；新思想之输入如火如荼矣。然皆所谓"梁启超式"的输入，无组织，无选择，本末不具，派别不明，惟以多为贵，而社会亦欢迎之：盖如久处灾区之民，草根木皮，冻雀腐鼠，罔不甘之，朵颐大嚼；其能消化与否不问，能无召病与否更不问也，而亦无卫生良品足以为代。②

斯时的译品虽然杂乱无章，但中国教育上的影响，不独专论学理的著作系由日籍译来，即学校所用之教科书以及教育上之设施，亦最大部分从日本转贩而来。而在学术有贡献的译品则首推严复。严为福建船政学校学生，去英习海军。庚子拳匪乱后，避居上

① 梁启超：《西学书目表序例》。
② 梁启超：《清代学术概论》，页161—162。

海七年，专事译述，其所译《天演论》、《原富》、穆勒《名学》、《群己权界论》、《法意》、《群学肄言》等很能介绍一些西洋科学上、哲学上、政治上的新观念，物竞天择等名词在当时很能支配许多人底思想。此外林纾所译欧洲小说极多，他虽不识西文、译本无选择、少名著，但西洋文学之输入中国，他却有不可湮灭的劳绩。民国以来，执政者虽亦有由公家设立翻译机关之议（四年汤化龙十四年章士钊长教育部时均议由国家设立编译馆），但均不曾实行，故翻译上无有系统之巨制。五四运动而后，国人对于西洋学术的狂艺，与光绪壬寅、癸卯间对于日本学术之情形相似，故译品陡增，书贾如商务印书馆之《共学社丛书》、《世界丛书》，中华书局之《新文化丛书》，均经营不遗余力；学术团体如尚志学会、科学社、学艺社、教育改进社等亦努力于编译事业。可是为经济与人力之限制，终无良好成绩，数年来其足以供大学学生参考的专著为数极少，而品质之杂劣，恐较壬癸之间犹过之。盖国家既无专设机关经理其事，一切由私人及书贾代办，私人每为生计所迫，而不肯译高深难销之书，书贾则更唯利是图，名义上虽说要提高文化，实际上则不问在文化上有何种重大贡献的作品，倘不能获利，他们还是绝对不印的（此种事例极多，凡专门研究者，其所研究之科目不普通而有专著向书贾交涉付印者，都可有此经验）。遂致各科系统与译品质量均无适当的配置。至于中等以上学校多习外国语一项，则自光绪二十九年改行新教育制度以后，一脉相承，无论学制系统，课程标准有何种变更，中等以上学校的外国语均为主要科目。不过当时的目的在于读西文以通西学，习西文系达通西学的一种手段，后来因教会学校的提倡与留学生之推波助澜，竟将手段变成目的，而以讲西语、用西书为荣，遂致语言学习的成绩虽有进步，而学术界仍未受其实益。

第四章　军备教育思想

10. 背景

自《南京条约》而后，几乎诸事受外人底拘束，谋国者知外人之战胜我国，绝非偶然，自有其坚甲利兵为后盾，我国真欲自强，亦绝非折冲的交涉人才所能奏效，必得以其人之道还治其人之身。所以于同文馆等设立之后，而有军备思想之产生。

《南京条约》虽足以产生此种思想，但使此思想之成为一种潮流而勃然莫御则尚有他种外交问题。最重要者为日本于同治十年夷琉球为冲绳县，及十三年侵台湾两事。薛福成说：

> ……日本之海滨亦多事矣。数年之中，一入台湾，再议朝鲜，三灭琉球，今其兵船且游历至福建，既有耀武之意：彼盖自谓富强之术远胜中国，故欲迫中国以所难堪，使我怒而启衅，而彼乃得一试其技。幸而获胜，彼固可任其取求，万一不胜，彼恃西人为排解，绝无亏损于其国。其为谋亦狡矣。故此时琉球之废非谓其地足贪、兵足用也，彼特以此尝中国也。中国而力与之校，固藉为开衅之端，中国而不与之校，亦愈显中国

> 之弱，渐且南犯台湾，北攻朝鲜，浸寻达于内地，殆必至之势矣。……日本仿行西法，颇能力排众议，凡火车轮船电报及一切制造贸易之法，稍有规模，又得西人之助，此其自谓胜于中国也。……中国于自强之术，不宜仅托空言，不可阻于浮议，一日奋然有为而决之以果，课之以实，固旋至而立有效者也。①

这是说日本以改行西法而强，中国不自强，便有为日本凌并之虞。但自强的具体方法如何，都未明说。李鸿章则更明白指出铁甲船为自强必要的方法，他说：

> 日本有铁甲船三艘，遽敢藐视中国，耀武海滨，至有台湾之役、琉球之废；彼既挟所有以相陵，我亦当觅所无以求自强。……中国永无购铁甲之日，即永无自强之日。②

当时谋国者既人人有自强之念，而对于东西洋各国之认识，又只从战迹推知其有坚甲利兵，故军备思想遂为教育思想的中心，无论国外留学或国内设校，都无不以整军经武为目的。

11. 变迁

因欲图自强而改行新制度，而图强之原因又因受外人武力的

① 薛福成：《筹洋刍议·邻交篇》。
② 《李文忠公全书奏稿》卷37，页3。

逼迫，故军备教育思想发达亦甚早。同治五年，总理衙门拟招考天文、算学人员奏疏即说：

洋人制造机器火器等事，以及行船行车，无一不自算学中来。现在上海、浙江等处请求轮船各项，若不从根本用着实功夫，即学习皮毛，仍无裨于实用。臣等共同商酌，现拟添设一馆，招取满汉举人以及恩拔岁副优贡，汉文业已通顺、年在二十以外者……入馆学习……延聘西人在馆教习，务期天文、算学均能洞彻根源。斯道同于上，即艺成于下。数年以来，必有成效。现在已设之三馆，仍照旧办理。诚如取进之途一经推广，必有奇技异能之士出乎其中。华人之智巧聪明不在西人以下，举凡推算之学、格致之理、制器尚象之法、钩河摘洛之方，倘能专精务尽得其妙，则中国自强，而自强之道在此矣。①

这是说招人学习天算的目的在图自强，而自强之基础，在于能制造机器火车等事。同治十一年，曾国藩、李鸿章因容闳底建议，奏派幼童赴美国肄业，更明白以各种科学都是军事的工具。他们说：

窃谓自斌椿、志刚、孙家毂，两次奉命游历各国，于海外情形，亦已窥其要领：如舆图、算法、步天、测海、造船、制器等事，无一不与用兵相表里。凡游学他国，得有长技者，归即延入书院，分科传授，精益求精，其军政船政，直视为身心性命之学，今中国欲仿效其意而精通其法，当此风气既开，似宜亟选聪颖

① 《教育史料》第一册，页185—186。

> 子弟携往外国肄业，实力请求，以仰副我皇上作育人材力图自强之至意。①

光绪二年，李鸿章奏派武弁卞长胜等赴德国学习陆军，此思想乃集中于军事研究方面，他说：

> 筹布海防，迭经筹款，定购西洋新式后膛枪炮，分发各营督饬操练，并转托德国克鹿卜炮厂代雇德国都司李劢协来津订立合同，议明三年为期，教习克鹿卜后膛钢炮，现届期满消差回国，……商令李劢协带同花翎游击卞长胜等七人赴该国武院讲习水陆军械技艺，俟学成回华，再分拨各营教练，以期渐开风气。……窃维外交之道，与自固之谋相为表里，德国近年发奋为雄，其军政修明，船械精利，实与英俄各邦并峙。……该国素敦友谊，亟应及时联络，师彼长技，助我军谋。②

光绪六年，他奏请购铁甲船时，即注意于人才之培植。他说：

> 造就人才，尤为急务。驾驶虽有学生肄习，而司军火、司帆缆、司机器及管事舵水等人，亟宜由练船学堂认真教导挑选，源源济用，万不可以生手充额。③

上谕准他购船，他感造就人才的必要，故于六年七月奏请饬派

---

① 《约章成案汇览》乙篇卷32上。

② 李鸿章:《选华弁出洋习艺并洋弁给奖片》。(《约章成案汇览》卷32，上)。

③ 《李文忠公全集奏稿》卷36，页6。

吴赞诚驻天津督办水师学堂练船事宜。第二年七月成立。据《光绪政要》所载,校中内容如下:

其时北方风气未开,学生入学之初,非惟于西语西学咸所未闻,即中国文字,亦仅粗通,经李鸿章饬监督各员,严加约束,各员认真课导。欲其于泰西书志,能知寻绎,于是授以英国语言翻译文法。欲其于凡诸算学,洞见源流,于是授以几何代数平弧三角八线。欲其于轮机炮火,备谙理法,于是授以级数重学。欲其于大洋驾舟,测日候星,积算晷刻,以知方向道里,于是授以天文推步地舆测量。其于驾驶诸学,庶乎明体达用矣。然后以升降娴其技艺,即以练其筋力。犹虑其或邻浮薄也:教之经俾明大义,课以文俾知论人。沦其灵明,即以培其根本,为之信赏必罚,以策其倦怠,为之月校季考,以稽其知能,盖自开堂以来,一日间中学西学文字武事。量晷分时,兼程并课。数更寒燠,经季考诸生课业,月异而岁不同,实开北方风气之先,立中国兵船之本云。①

光绪二年,他与沈葆桢派遣福建船厂学生赴英法学习驾驶制造,更详述所以派遣的目的及原因。他们说:

窃谓西洋制造之精,实本于测算、格致之学,奇才迭出,月异日新,即如造船一事,近时轮机铁胁,一变前模。船身愈坚,用煤愈省,而行驶愈速;若不前赴西厂观摩考索,终难探制作

① 《光绪政要》卷7,页15。

之源。至如驾驶之法,近日华员亦能自行管驾,涉历风涛;惟测量天文沙线,遇风保险等事,仍未得其深际。其驾驶铁甲兵船于大洋狂风巨浪中,布阵应敌离合变化之奇,华员皆未经见,自非目接身亲,断难窥其秘钥。

查制造各厂,法为最盛,而水师操练,英为最精。闽厂前堂本习法国语言文字,应即令赴法国官厂学习制造,务令通船之新式轮机器具,无一不能自制,方为成效。后堂学生本习英国语言文字,应即令赴英国水师大学堂及铁甲兵船学习驾驶,务令精通该国水师兵法,能自驾铁船于大洋操战方为成效。①

以上所述,军备的整备特重水师方面,是因为当时有感于日本之灭琉球而然。但中国为大陆的国家,要图强绝非专恃水师所能济事。他于光绪十一年更奏请在天津设立武备学堂,以冀在国内自已培养陆军人才。他说:

泰西各国,讲求军事,精益求精,其兵船将弁必由水师学堂、陆营将弁必由武备书院造就而出,故韬略皆所素裕,性习使然。闻其武备书院,学舍林立,规模闳廓,读书、绘图有所,习艺、练技有所,专选世家子弟,年少敏干,童而习之,长则调入营伍,由队目荐充将领,非可一蹴几也。当其肄业之初,生徒比屋而居,分科传授,其于战阵攻守之宜,直视为身心性命之学,朝夕研究,不遗余力,而枪炮之运用理法,步伍之整齐灵变,尤为独擅胜场。我非尽敌之长不能制敌之命,故居今日而

① 《教育史料》第1册,页266—267。

言武备，当以其人之道还治其人。……臣与津道关周馥等筹商，暂就天津水师公所安置生徒，名曰武备学堂。……妥立章程，认真训迪……数年以后，教学相长，观摩尽善，北洋各营，必全晓西洋近日行军制胜之方矣。①

光绪二十一年，张之洞奏请在湖北设立陆军学堂亦同此意。他说：

整军御侮，将材为先，德国陆军之所以甲于泰西者，固由其全国上下，无一不兵之人；而其要尤在将领营哨各官，无一不由学堂出身，故将材称盛。今欲仿照德制，练成劲旅，非广设学堂，实力教练，不足以造就将才。②

李鸿章、沈葆桢、张之洞等派遣学生武弁去国外学习武备，在天津武昌等处设立武备学堂，培植将才，固属以军事预备为唯一目的，但在光绪二十一年天津头等二等未设立以前，除北京、广东同文馆及上海广方言馆外，其称为新式教育机关者，惟水师及武备学堂而已。其他各种学堂均未设立，而独急急于水师武备学堂，其重视军备可知。因而在戊戌前后，便成为一种思潮。张之洞鼓吹尤力。他底《劝学篇》有《兵学》一篇，专论军校军制，而归根于师西洋设学堂以造军事人才。说：

今日朝野皆知练兵为第一大事，然不教之于学堂，技艺不

① 《教育史料》第1册，页12。

② 《光绪政要》卷21，页35。

能精也。不学之于外洋，艺虽精，习不化也。在上无发愤求战之心，以倡导之，兵虽可用，将必不力也。或曰，使古之孙、吴、韩、岳、戚，近今之江、塔、罗、李、多，与西人战，能胜否乎？曰能；亦学西法否乎？曰必学。夫师出以律，圣之明训也。知己知彼，军之善经也。后起者胜，古今之通义也。兵事为儒学之至精，胡文忠阅历有得之格言也。①

光绪二十七年，拳匪之乱而后，上谕大吏条陈新政，当时之应诏者几无不以设立武备学堂为整军经武的要图。言之最切者为袁世凯。他说：

各国士农工商兵均有专学，而兵学尤重，盖以诸强国犬牙交错，势均力敌，各怀吞并，欲谋自立，不得不竞修武备：往往穷通国之全力，殚数十年之经营，竭千万人之智巧，以切究而精求之；又互相师法，絜长弃短，日新月异，几无止境，故能出奇制胜，美备聿津。考其兵事之根源，大都植基于学校：凡军中应用之物，应有之义，应知之理，无不逐一讲求。将皆知学，士皆素练，此其所以强也。中国兵事，本无专学，应试之士，向取弓矢刀石，用之今日，既非所宜，而营兵之操枪炮者，不知运用理法。将弁半起民家，卒伍但凭血气，绝少谋略，斯其所以弱也。似宜通饬各省，多设武备学堂，广储将材：凡中外兵法、战法、天算、舆地、测绘、器械以及技艺工程各学，均宜切实讲求。②

① 张之洞：《劝学篇》外篇，页37。
② 《教育史料》第一册，页96。

光绪二十八年，他派员赴日本学习陆军，又说：

> 当今时局以讲求武备为先，整顿戎行以遴选人才为急，查欧美东洋各国于行军练士之法，悉心考究，日新月异，而岁不同，故能迭为长雄，潜消外侮。今中国兵制，徒守湘淮成规，间有改习洋操，大抵袭其皮毛，未能得其奥妙，欲求因时制宜以收折冲之效，自非派员出洋肄习不为功。①

不过此种思想，仍只限于武备学堂，光绪二十九年以后，则更普及于一般学校。张之洞、荣庆、张百熙等订定学堂章程，其《学务纲要》中有各堂兼习兵学一条说：

> 中国素习，士不知兵，积弱之由，良非无故，揆诸三代学校兼习射御之义，实有不合。除京师应设海陆军大学堂，各省应设高等普通专门各武学堂外，惟海陆军大学堂暂难举办。兹于各学堂一体练习兵式体操，以肄武事，并于各高等学堂中讲授军制，战史战术等要义。大学堂政治专门添讲各国海陆军政学，俾文科学生稍娴戎略。此等学生入仕后，既能通晓武备大要，即可为开办武备学堂之员，兼可为考察营务将卒之员。②

就上述各种变迁的情形看来，军备教育思想的进展可以分为数期：自同文馆设立之始至派遣幼童留美，可称为萌芽期，其内容

① 《约章成案汇览》卷32下。

② 《教育史料》第二册，页22—23。

以军器为主，所有学习天算，派人出洋均以制造为目的。自光绪二年李鸿章派卞长胜等赴德习陆军，至七年派闽厂学生赴英法习艺之数年间，则军器与人才并重，而尤注重于海军人才的培养，可称为第二期。自十一年天津武备学堂至二十一年武昌武备学堂成立，特重陆军人才的培植，可称为第三期。二十一年而后至二十八年，此思想已普及于多数大吏，可称为极度盛期，其内容则注重兵学。自二十九年改订学堂章程而后，普及于一般学校，但以后即逐渐衰落而不再盛。

12. 影响

军备教育思想自同治初元至清末，绵延了40余年，实际上自然要发生许多影响。第一件值得我们注意的，就是上海、广东、汉阳、成都各处兵工厂，这些兵工厂底出品，和德国克虏伯厂的东西比，虽然算不得什么，但是中国竟有这么一件东西，而且中国的内战，没有它们也不会延得这么长久，却是历史上值得大书特书的一件事。其次是光绪初年的译品，那些书籍自然有方言教育思想为背景，但那时一般人都认天算、格致等等为造军器的工具，译者底目的也大半在藉以改良军备，而不是纯粹的学术介绍。所以军备教育思想，也很有力量——那些书籍在现在看来，虽然不算什么，但那时中国人底一点不完备的科学知识却全靠它们。第三是甲午之败：这件事似乎是与军备教育思想没有关系，但其实不然，因为中国不于日本灭琉球后自购铁甲船，设水师、武备学堂，努力于整军经武的工作，是不会与日本开战的，甲午不败，中国的内政也不会急于改革。故甲午之败，从军备教育的本身讲，虽是失败，但对于全国的改革却很有影响。第四是光绪三十年以后，中国派遣许多学生去日本习陆军，回国改练新军，促满清速亡，而在民国时代则造成许多军阀伙同外国帝国主义压榨人民，使国内民不聊生，社会秩序紊乱。第五是使一般学校都添了木枪的兵式操。第六是在近代中国教育思想上为军国民教育的先驱。

第五章 西学教育思想

13. 背景

自天津、北京条约而后，国人既感于外国坚甲利兵之可畏，复因日本变法而强与遣使出洋，更知"西洋立国自有本末，诚得其道则相辅以致富强，由此而保国千年可也；不得其道，其祸亦反是"。(郭嵩焘语，见《使西纪程》)故当时号称识洋务者多言西学。同文馆、船政厂、制造局等均所谓讲究西学的机关也。光绪初年，外患之来，相续不绝，日夺琉球，俄割伊犁，法夺安南，英取缅甸，国势日危，谋国者以改行西法提倡西学为言，但倡者少而阻者多。[①] 故自同治初至光绪中叶，学术界虽有西学之名而无其实。甲午之败，受创过甚，举国上下都以图强为务，西学之风盛极一时。庚子而后，实行改行新教育制度，西学思想已普及一般教育界。但追溯此思

① 光绪三年李鸿章覆郭筠仙(嵩焘)书谓："西洋政教规模，身虽未至其他，留心考究谘访几二十年，亦略闻梗概。自同治十三年，海防议起，鸿章即历陈煤铁矿必须开挖，电线铁路必应仿设，各海口必应添设洋学格致书馆以造就人材。其时文和目笑存之，廷臣会议皆不置可否。是年冬，晤恭邸，极陈铁路利益，请先试造清江至京，以便南北转输，邸意亦以为然，谓无人敢主持；复请其乘间为两宫言之，渠谓两宫亦不能定此大计。从此遂绝口不谈矣。"(《李文忠朋僚函稿》第17卷)

想发展之由来，则仍以外患为唯一原因。张之洞说：

> 道光之季，其时西国之势愈强，中国人才愈陋，虽被钜创，罕有儆悟，又有发匪之乱不暇及。……一儆于台湾生番，再儆于琉球，三儆于伊犁，四儆于朝鲜，五儆于越南缅甸，六儆于日本，祸机急矣，而士大夫之茫昧知故，骄玩如故。……夫政刑兵食，国势邦交，士之智也；种宜土化，农具粪料，农之智也；机器之用，物化之学，工之智也；访新地，创新货，察人国之好恶，较各国之息耗，商之智也；船械营垒，测绘工程，兵之智也。……华人于此数者皆主其故常，不肯殚心力以求之，若循此不改，西智益智，中愚益愚，不待有吞噬之忧，即相忍相持，通商如故，而失利损权，得粗遗精，将冥冥之中，举中国之民已尽为西人之所役矣。役之不已，吸之唆之不已，则其究必归于吞噬而后快。

张之洞这些议论，虽然是策论式的文章，但他底《劝学篇》在当时却发生了很大的影响。它底外篇底全部都可以说是以提倡西学为目的，上面的话就是外篇第一篇《益智》中来的。照他底意思，国势既已如此，除了改行西法、力倡西学无办法。所以他以吞噬来儆惕国人。西学教育思想虽有种种变迁，但其源泉却不外乎此。

14. 变迁

同治元年设立同文馆虽然只以养成交涉人才为主要目的，但因仅恃交涉人才不能致国家于富强，故同治五年又添招天文算学人员而研究西学。故同文馆的天算馆实为研究西学的原始机关。

惟当时之所谓西学只以天文算学为限，而学习西学的目的，在于制洋器以自强。恭亲王等奏设同文馆天算馆疏说：

> 臣等伏查此次招考天文算学之议，并非务奇好异，震于西人术数之学也。盖以西人制器之法，无不由度数而生，今中国议欲请求制造轮船机器诸法，苟不藉西士为先导，俾讲明机巧之原，制作之本，穷恐师心自用，枉费钱粮，仍无裨于实际。……夫中国之宜谋自强，至今日而已亟矣。识时务者莫不以采西学制洋器为自强之道，疆臣如左宗棠、李鸿章等皆深明其理，坚持其说，时于奏牍中详陈之，上年李鸿章在上海设立机器局，由京营拣派兵弁前往学习，近日左宗棠亦请在闽设立艺局，选少年颖悟子弟，延聘洋人，教以语言、文字、算法、画法以为将来造轮船机器之本。由此以观，是西学之不可不急为肄习也，固非臣等数人之私见矣。

这段话不独把学西学的目的说出，且引疆臣之言以自重，其为同僚所不以为然，亦显然见于言外，故下文又再引清圣祖注重西学的往事，与日本改行西法的成绩以疏解之说：

> 且西人之术，我圣祖仁皇帝深韪之矣。当时列在台官，为时宪兼容并包，智周无外，本朝掌故，亦不宜数典而忘；况六艺之中数居其一，古者农夫戍卒，皆识天文，后世设为历禁，知者始鲜。我朝康熙年间，除私习天文之禁，由是人文蔚起，天学盛行，治经之儒，皆兼治术，各家著述，考证俱精。语曰：一物不知，儒者之耻，士子出户，举目见天，顾不解列宿为何物，亦足羞

也。即今日不设此馆，犹当肄业及之，况乎悬的以招哉？……查西洋各国数十年来讲求轮船之制，互相师法，制造日新，东洋日本近亦遣人赴英国学其文字，究其象数，为仿造轮船张本，不数年亦必有成。西洋各国雄长海邦，各不相下者无论矣。若夫日本，蕞尔国耳，尚知发愤为雄，独中国狃于因循积习，不思振作，耻孰甚焉。

他们虽知西学当提倡，但是“士者治人”的观念，犹未能破除，所以又说：

或谓制造乃工匠之事，儒者不屑为之，臣等尤有说焉。查《周礼·考工记》，所载皆梓匠轮舆之事，数千百年黉序奉为经术，其故何也？盖匠人习其事，儒者明其礼，理明而用宏焉。今日之学，学其理也，乃儒者格物致知之事，并非强学士大夫以亲执艺事，又何疑焉。①

其时号称理学者如倭仁之流虽极力反对，②但因时势之需要，

① 《教育史料》第一册，页8—9。

② 倭仁反对同文馆设天算馆奏疏说：“立国之道尚礼义不尚权谋，根本之图在人心不在技艺。今求诸一艺之末，又奉夷人为师，无论所学未必果精，即使教者诚教，学者诚学，其所成就不过术数之士，未闻有恃术数而能起衰振靡者也。自耶稣之教盛行，愚民半为所惑，所恃读书明理之儒；或可维持人心，今复举聪明隽秀，国家所培养而储以有用者，使之奉夷人为师，恐所习未必能精，而读书人已为所惑。夫术为六艺之一，本儒者所当知，非歧途可比。然天文算学为益甚微。西人教习正途，所损甚大。伏望立罢前议以维大局而弭隐患。”上文见匡辅之《倭文端公别传》。据所载，天算馆因此疏而止，但据毕桂芳《京师同文馆》学友会序则谓五年创天文、算学、化学、格致、公法各科，七年以满汉正途出身学子及京外正途各官，一体与考。

同文馆终于实行招考满汉之正途出身、五品以下京外各官入馆肄习天文算学。

光绪初年，西学的范围已由天文、算学扩充至于宗教、法律、理科、医药，即其学校制度亦认为西学之一部分。王之春说：

> 西学规例极为详备，国中男女无论贵贱，自王子以至于庶人，至七八岁皆入学，在乡为乡学，每人七日内出学费一本纳，在城为城学，每人一月出学费一喜林，如或不足地方官捐补。其曰乡曰城者特就地而言之，其实即乡塾也。塾中分十余班，考勤惰以升降，其不能超升首班者不得出塾学艺。乡塾之上有群学院，再上有实学院，再进为仕学院，然后入大学院。学分四科：曰经学、法学、智学、医学。经学者，第论其教中之事，各学所学，道其所道，无足羡也。法学者，考论古今政事利弊，及出使通商之事；智学者讲求格物性理，各国言语文字之事；医学者先考周身内外部位，次论经络表里功用，然后论病源制药品以至于胎产等事。更有技艺院、格物院，均学习汽机、电报、织造、采矿等事；又有算学、化学考验极精：算学兼天文、地球、勾股、测量之法，化学则格金石植物、动胎湿卵化之理；再有船政院、武学院、通商院、农政院、丹青院、律乐院、师道院、宣道院、女学院、训瞽院、训聋喑院、训孤子院、养废疾院、训罪童院，余有文会、印书会；别有大书院数处，书籍甚富，任人进观。总之造就人才各因所长，无论何学，必期实事求是，诚法之至善者也。

上文见于光绪八年发表的《各国通商始末记》卷19《蠡测卮言十三篇》的《广学校篇》中。书为王之春所编，由彭玉麟鉴定。王

“以文人兼武事，驰驱江海间，防北塘、驻京口、游历日本长崎、横滨，于中外交涉事见闻周洽”。（皆彭语，见《通商始末记》叙文），其言固非侏儒之见可比，而玉麟为两江总督，更可以代表当时大僚底思想。其所谓西学的内容为此，固非俗人泛谈也。

光绪十三年三月御史陈秀莹奏请以算学取士，则以算学为西学，他说：

> 中外交涉以来，言西学者，机器船政等局，同文方言等馆其渊薮也。……迩者诏各部院奏保出洋习艺，窃意正途人员，宜可藉此练习洋务，而迁延三月，保送未闻，则留心西学者之难其选也。臣愚以为西法虽名目繁多，皆权舆于算学；洋务从算学入，于泰西诸学虽不必身兼数器之能，而测算既明，不难按图以索骥。①

但当时总理衙门却以为西学不只是算学而已，于议陈奏中说：

> ……即以西学而论，其人材半出于格致书院，以理法扩其聪明；亦半出于水师练船，以阅历坚其胆识……三角、几何、代数诚为西学根本，然西学以测算始，实未以测算止……②

甲午而后，西学已成为一种时代思潮，谈时务者辄言西学，因而西学底含义，亦渐趋分歧；有以自然科学为西学者。梁启超说：

① 《光绪政要》卷13，页19。
② 同上。

西学之属先虚而后实，盖有形有质之学皆从无形无质而生也。故算学重学为首，电、化、声、光、汽等次之，天、地、人、物等次之，医学、图学全属人事，故居末焉。①

有以算学、格致、商务、方言为西学，而以算学为西学之根本者，《湘乡东山精舍章程》说：

入舍肄业者，算学为先。目前经费不敷，只能先聘算学山长，盖三角、八线、几何、代数实为西学根本，不独制造，须采源于算术也；将来经费既足，可为推广，如格致、商务、方言皆各有专门，专而后可以精益求精，但中西当会其通，诸生于四书五经，宜专一经以为根柢，矫除章句小儒之习，庶几蔚成经济有用之材。②

有以数学、机械、工程电矿、方言法律为西学者，盛宣怀于光绪二十一年奏定天津中西学堂章程头等学堂功课一条说：

历史课程分四次第

第一年　几何学、三角勾股学、格物学、笔绘图、各国史鉴、作英文论、翻译英文。

第二年　驾驶并量地法、重学、微分学、格物学、化学、笔绘图并机器绘图、作英文论、翻译英文。

① 《西学书目志叙例》，页1。
② 《教育史料》第一册，页17。

第三年　天文工程初学、化学、花草学、笔绘图并机器绘图、作英文论、翻译英文。

第四年　金石学、地学、考究禽兽学、万国公法、理财富国学、作英文论、翻译英文。

专门学分五门

一、工程学　专教演习工程机器、测量地学、重学、汽水学、材料性质学、桥梁房顶学、开洞挖地学、水力机器学。

一、电学　深究电理学、讲究用电机理、传电力学、电报并德律风学、雷房演试。

一、矿务学　深奥金石学、化学、矿务房演试、测量矿苗、矿务兼机器工程学。

一、机器学　深奥重学、材料势力学、机器汽水、机器、绘机器图、机器房演试。

一、律例学　大清律例、各国通商条约、万国公法等。①

有以自然科学、社会科学、应用科学统称西学者，官书局议覆开办京师大学堂折说：

京外同文方言各馆，西学所教，亦有算学格致诸端，徒以志趣太卑，浅尝辄止，历年既久，成就甚稀，不立专门，终无心得也。今拟分立十科。一曰天学科，算学附焉。二曰地学科，矿学附焉。三曰道学科，各教源流附焉。四曰政学科，西国政治及律例附焉。五曰文学科，各国语言文字附焉。六曰武学

① 《教育史料》第一册，页28—29。

科,水师附焉。七曰农学科,种植水利附焉。八曰工学科,制造格致各学附焉。九曰商学科,轮舟铁路电报附焉。十曰医学科,地产植物各学附焉。①

有以方言、机械、船政、公法、军事等为西学者。张之洞说:

开同文方言馆教译也,设制造局教械也,设船政衙门教船也,遣学生出洋赴英、美、法、德学公法、矿学、水师、陆师、炮台、铁路也,总署编刊公法、格致、化学诸书,沪局译刊西学七十余种,教各种西学也。②

有以为西学须包括西艺西政者,光绪二十四年六月,张之洞、陈宝箴奏请改定文科新章中说:

……二场试以时务策五道,专问五洲各国之政,专门之艺;政如各国地理、学校、财赋、商务、刑律等类,艺如格致、制造、声光电化等类,分门发题考试,此为西学经济。③

光绪二十七年张之洞、荣庆、张百熙改订学堂章程,则更将范围扩充,而以经学、中国文学以外的各科统称西学。④

---

① 《时务报》,第二十册,页6。

② 《劝学篇》外篇,页4。

③ 《光绪政要》卷24,页25。

④ 光绪二十九年张之洞等奏定学堂章程之学务纲要中,有一条题为《经学课程简要并不妨碍西学》,意即如此。

西学教育思想在前清数十年间绵延不断，并有“礼失求野”与“中体西用”的两种思想相伴而行。第一种延时甚长，自同治初元至戊戌政变，第二种自戊戌至清末。

所谓“礼失求野”即西学为中国所固有，就是对于西洋学术，都须从中国历史上查出根据，而附会其原为中国古圣贤明王所创造。恭亲王奏请在同文馆设天算馆，虽然谓天算是中国所急需的，但为执反对者之口起见，除了盛述“列圣”采纳之西学往迹与日本变法的成绩而外，还得在历史上求出一些典证来。他说：

> 查西术之借根实本于中术之天元，彼中犹目为东来法，特其人性情缜密，善于运思，遂能推陈出新，擅名海外耳。其实法固中国之法也。天文算法如此，其余亦无不如此，中国创其法，西人袭之，中国倘能驾而上之，则在我既已洞悉根源，遇事不必外求，其利益正非浅鲜。①

王之春更附会得完备。他说：

> 西学者非仅西人之学也，名为西学则儒者以非类为耻，知其本出于中国之学，则儒者当以不知为耻。即以文字论，古之制字者本三人：下行者为苍颉，从左至右而旁行者为佉卢，从右至左而旁行者为沮诵。泰西之字实本于佉卢也。天文历算，本盖天宣夜之术，《周髀经》、《春秋》、《元命苞》等书言之详矣。墨子曰：“化，征易，若蛙为鹑，”“五合水火土，离然铄金，腐水离

① 《教育史料》第一册，页8。

木”,“同重体合类,异二体不合不类”。此化学之祖也。“均发均县,轻重而发绝,不均也均,其绝也莫绝。”此重学之祖也。“临鉴立景,二光夹一光”,“足被下光,故成景于下,首被上光,故成景于下,”“鉴者近中则所鉴大景亦大,远中则所见小景亦小。”此光学之祖也。亢仓子云:“蜕地之谓水,蜕水之谓气。”汽学之祖也。《礼经》言:“地载神气,神气风霆,风霆流形,百物露生。”电汽之祖也。关尹子言:“石击石生光,雷电缘气以生,可以为之。”《淮南子》言:“黄埃、青曾、赤丹、白礜、玄砥,历岁生澒,其泉之埃上为云,阴阳相薄为雷,激扬为电,练土生木,炼木生火,炼火生云,炼云生水,炼水反土。”中国之言电气详矣。至于圜一中同长,方柱隅四缳,圜规写攴,方柱见股,重其前,弦其轱,法意规圆三,神机阴开,剞劂无迹,城守舟战之具,《蛾傅》《羊坽》之篇,机器兵法,皆有渊源。墨言理气,与管子、关尹子、列子、庄子互相出入,韩非子、《吕氏春秋》备言墨翟之技,削鹊能飞,巧輗拙鸢,班班可考。泰西智士从而推衍其绪,而精理名言、奇技淫巧,本不能出中国载籍之外。儒生于百家之书,历代之事,未能博考,乍见异物,诧为新奇,亦可哂矣。①

照他所说,世界上的一切学问,中国古代都有,而且西洋的各种科学,都是西人从中国由学问中推阐而来。他所以要这样附会,为的是当时儒者以西学为可耻,所以他首先标明其立言之旨。

甲午以后,因国势危弱,与日本改行西法种种事实映射过来,大家都以为西学当学而不以为耻,但还是不愿明白说西学比中学

① 《各国通商始末记》卷19。

好。并且要将西学以中学比附之，而谓学西学即所以创中学。《东山精舍章程》有一条说：

西学之精，莫非原本中国。其立教实源于墨子，尚同兼爱，事天明鬼，尤显然者。至通商练兵之法，大半本乎《管子》，而设官多类乎《周礼》，用法亦类乎申韩。重学、光学、汽学、化学、电学诸大端，散见于周、秦各书，尤不可殚数。然则泰西格致之学，未有能出吾书者也。今精舍方言、格致两齐，通其言语文字以造就译才，兼考求新理新物为制器利用之助，是乃昌明中国实学，将以西学化为中学，非弃其学而从西学也。山长平日宜讲明此理以晓学者。①

戊戌而后，此种思想又渐变而为"中体西用"，即中学为体，西学为用。光绪二十二年七月孙家鼐奏办京师大学堂折说：

中国五千年来，圣神相继，政教昌明，决不能效日本之舍己芸人，尽弃其学而学西法。今中国京师创立大学堂，自应以中学为主，西学为辅，中学为体，西学为用，中学有未备者以西学补之，中学有失传者以西学还之，以中学包罗西学，不能以西学凌驾中学。此是立学宗旨，日后分科设教及推广各省一切，均应抱定此意；千变万化，语不离宗。②

---

① 《教育史料》第一册，页19。
② 《时务报》，第二十册，页6。

二十四年五月,总理衙门覆议遵办《京师大学堂章程》亦本此意,其第二章第一节中说:

考东西各国无论何等学校,断未有尽舍本国之学而能讲他国之学者;亦未有绝不通本国之学而能讲他国之学者。中国学人之大弊,治中学者则绝口不言西学,治西学者亦绝口不言中学;此两学所以终不能合,徒互相诟病,若水火不相入也。夫中学体也,西学用也,二者相需,缺一不可,体用不备,安能成才。且既不讲义理,绝无根柢,则浮慕西学,必无心得,只增习气。前者备学堂之不能成就人材,其弊皆由于此。①

张之洞主之尤力。他说:

……学堂之法约有五要:一曰新旧兼学,四书五经,中国史事政书地图为旧学,西政、西艺、西史为新学,旧学为体,新学为用……②

他虽主张中学为体西学为用,但不以为西学为中国所已具,不必学习,且详摘当时言西法者之种种弊端,而主张以中学治身心,以西学应世事说:

今恶西法者,见六经古史之无明文,不察其是非损益,而

① 《教育史料》,第一册,页139。
② 《劝学篇》外篇,页8。

概屏之，如诋洋操为非，而不能用古法练必胜之兵，诋铁舰为费，而不能用民船树海防之策，是自塞也。自塞者，令人固蔽傲慢，自陷危亡。略知西法者，又概取经典所言而傅会之，以为此皆中学所已有，如但诩借根方为东来法，而不习算学，但矜火器为元太祖往西域所遗，而不讲制造枪炮，是自欺也。自欺者令人空言争胜，不求实事，溺于西法者，其或取中西之学而糅杂，以为中西无别，如谓《春秋》即是公法，孔教合于耶稣，是自扰也。自扰者，令人眩惑狂易，丧其所守。综此三蔽，皆由不观其通，不通之害，口说纷呶，务言而不务行，论未定而兵渡江矣。

然则如之何？曰：中学为内学，西学为外学，中学治身心，西学应世事，不必尽索之于经文，而必无悖于经义，如其心圣人之心，行圣人之行，以孝弟忠信为德，以尊主庇民为政，虽朝运汽机，夕驰铁路，无害为圣人之徒也。如其昏惰无志，空言无用，孤陋不通，傲很不改，坐使国家颠隮，圣教灭绝，则虽弟佗其冠，神禫其辞，手注疏而口性理，天下万世，皆将怨之詈之，曰：此尧舜孔孟之罪人而已矣。①

上文第一段痛诋当时言西法者之通弊，第二段则明白提出其主张。光绪二十九年，他与荣庆、张百熙改订学堂章程，更将他底主张明白发挥。在重订学堂章程折中说：

……立学宗旨，无论何等学堂均以忠孝为本，以中国经史

① 《劝学篇》外篇，页46—47。

> 之学为基，俾学生心术壹归于纯正，而后以西学瀹其知识，练其艺能，务期他日成材，各适实用，以仰副国家造就通才，慎防流弊之意。①

民国而后，此种思想犹未尽去，不过形式上改为中国文化以精神胜，西洋文化以物质胜可，以梁启超与梁漱溟为代表。梁启超于民国八年从欧洲游历回来，对于科学万能发生疑问，对于西洋的物质文明生厌，而对于中国的精神文明起敬。他说：

> ……从前西洋文明总不免将理想实际分为两橛，唯心唯物，各走极端；宗教家偏重来生，唯心哲学高谭玄妙，离人生问题都是很远。科学一个反动，唯物法席卷天下，把高尚的理想又丢掉了。所以我从前说："顶时髦的社会主义，结果也不过抢面包吃。"这算得人类最高目的么？所以最近提倡的实用哲学，创化哲学，都是要把理想纳到实际里头，图个心物调和。我想我们先秦学术，正是从这条路上发展出来。孔、老、墨三位大圣虽然学派各殊，求"理想与实用一致"，却是他们共同的归着点。……我们若是跟着三圣所走的路，求"现代理想与实用一致"，我想不知有多少境界可以辟得出来哩。……我们可爱的青年啊！立正！开步走！大海那边有好几万万人，愁着物质文明破产，哀哀欲绝地喊救命，等着你来超拔他哩。我们在天的祖宗三大圣和许多前辈，眼巴巴盼望你完成他底事业，

① 《教育史料》第二册，页4。

正在拿他底精神来加佑你哩。①

梁漱溟以研究东西文化著称,他对于西洋文化虽然主张全盘承受,但却可怜西洋人底物质疲敝,而主张以孔子底人生救济之。他说:

……我又看着西洋人可怜,他们当此物质的疲敝,要想得精神的恢复,而他们所谓精神,又不过是希伯来那点东西,左冲右突不出此圈,真所谓未闻大道。我不应导他们于孔子这一条路吗!②

因此,他于民国十三年在山东办曹州中学,也完全不采觅在通行的教育制度,而以"亲师取友"的方式出之——学生可量家之有无缴纳学费,校事由师生共同处理,教师与学生为友,力求免除隔阂,对于学生生活上之知识行为方面都恳切、负责。③

与此思想相反者,可以吴稚晖为代表。他说:

假如我国近时受美人卫西琴氏《新教育论》之影响,致年来教育部遣派学生,取限制主义。卫氏所谓:"必须成年之人,年在25岁以上,曾于本国受有完全教育者,始可出洋留学;盖留学目的,端在极深研究,或特别调查,彼英、德、法、美诸国学子之互相游学,莫不如是。"此与日本派遣留学,限定卒业大

① 《乙丑重编饮冰室文集》卷72,页30—31。

② 《东西文化及其哲学》(自叙)。

③ 详见《办学意见述略》,载《教育与人生》周刊第37期。

学,曾任助教,且限额50余人,其旨趣合。然吾不必多下断语,即以卫氏“英、德、法、美诸国莫不如是”一语反诘之,中国今日之国情,及学界之程度,得比英乎法乎美乎?即退一步言之,得比日本乎?当无不以为甚滑稽者也。卫氏之《新教育论》趋重力役,吾五体投地崇拜之。至于所论派遣留学法,若作为教育部方面挑选出洋学生时之鹄的,于此一部分,亦至为切当;年来成年而受过比较完全教育之人,日多一日,教育部取其仅少之学额,多选此等人,自亦在情理之中。若卫氏又谓:“采取彼之方法,则派遣学生出洋留学之举,直无所用。”此实谬说……终之吾敢为大前提而断言者:

今之新教育,皆有觉悟,当趋重力役。

即力役之教育而论,是世界的,非一国的。

力役之知识,是世界的,故交通愈广博,而成就者愈多。

我国力役之教育,既已发达,尚不可忽于交通,当其未发达,尤应多设交通之法,促此教育而进之。

移家就学亦为交通诸法内之一种。

他主张移家就学的理由说:

今日中国之所缺者,学校教育,与所谓力役教育内之高等能力,皆知出国而求之矣。其实与人类相关之事物,有待乎增进知识,逐一改良者,实为千端万绪;非仅讲学之一事,必事事能多换知识于世界,而后适宜于时势之俗尚,乃得优存于人群。移家之事,取吾一部分人之家庭生活,生活于世界改良之城邑,取吾一部分人之起居习惯,习惯于世界进之社会。即无子弟就学问题，已觉移家之重要。况就子弟就学而论，我国学校之骤难完备，尤于高等力役之能力，一时决不能取诸宫中而足；而又因社会上四围现状之无所补助，故即在学校中成绩最优之子弟，往往不比于留学普通毕业之学生（所谓普通毕业学生者，乃指实地学习，特成绩非优者耳；绝非指顶一留学招牌之“面筋学生”也）。即因一则于学校外无闻见，一则闻见于学校之外者甚多耳。①

上文见于《朏盦客座谈话》中，最初发表于上海《中华新报》，转载于《新青年》4 卷 2 号，其时欧战方酣（民国六年），法人正招华工，吴与李石曾等极力鼓吹勤工俭学，此文虽以提倡勤工俭学为目的，但其后段云云则明白说中国各种学术都不足以独立自存，必得借解西洋的文化以补助之。民国十二年，因张君劢在清华学校讲演《人生观》，国内学术界发生“科学玄学之争”，时延数月，加入者数十人，在名义上虽为科学玄学之争，实际上则以西洋文化与东方文化（即清代的西学中学）为背景。吴氏曾作《一个新信仰的宇宙观与人生观》投之《太平洋》杂志，长至七万余言，其根本精神在全盘承受西洋文化而特重唯物主义。他说：

梁（漱溟）先生书中，已把往事详述，说我们对于西化，初但注意极可笑的物质，后乃得到了赛先生（Science 科学），台先生（Democracy 民治主义），就得了归宿，所以断定他尚搁浅于第一路。……我顺便要向陈仲甫、胡适之诸位先生商量，这是

① 《吴稚晖全集》卷 5，页 260—263。

> 梁漱溟先生提醒的功德。我们中国已迎受到两位先生——赛先生台先生——迎之固极是矣。但现在清清楚楚还少私得的迎受……这是什么东西呢？就是……穆勒儿(Moral)……所以迎受了穆姑娘治内，赛先生请他兴学理财，台先生请他经国惠民。如此，庶几全盘承受。如此专心在第一路上向前进，开步走，是为正理。何可折回半途。(持中)

民国以来主张接引西洋文化的人还有钱玄同(疑古玄同)、陈独秀(仲甫)、胡适(适之)诸人，不过不及他主张这样地全盘承受而已。故西学教育思想，至吴氏而终极而最彻底。

从上面的变迁看来，西学底范围最不确定：最初认天文数学西学，自同治初元至光绪初年，可称西学萌芽期。自光绪初年至甲午之役，西学底范围已扩充及于政教及理科医学，可称第二期。甲午而后西学底含义最为分歧，其范围狭到仅指自然科学，广到泛指西洋一切文化，直至清末而止，可称为第三期。民国以来，西学的名词渐不习见，而为“西洋文化”西字所替代，但“中学为体，西学为用”的思想，犹深存于一部分人底心意之中，不过力量不及主张全盘承受西洋文化者之大耳，可称为第四期。

15. 影响

西学教育思想，在时间上绵延60年，此60年中国政治学术上各种事情无不直接间接受其影响。最显著者，第一是同治五年京师同文馆、天文算学馆的添设；第二是戊戌而后庚子以前的各种中西学堂;第三是改行新教育制度以后各级学校的科学的科目;第四是西洋文化的吸收。

就60年经过的事实看来,中国教育诚然因西学教育思想而建设许多具体的事情,社会上也因之有许多的进步,但因为"礼失求野"与"中体西用"的两种思想为此思想的前驱,所以不能获得其应得的结果。因为当初采用西学的时候,人人都怀着"礼失而求诸野"的观念,对于所谓西学的条目及其内容,固然随意增减,随意附会,使西学底含义混淆,效用减少;根本上还有一种顶大的缺点,就是轻视西学;以为所谓西学者也不过是那么一回事,除了奇技淫巧以外,实在没有什么东西,中国之所以要倡西学,也不过是为偶然的事势所迫,并不真正知道西学的优点在何处。就是后来"中体西用"思想发达,对于西学的内容虽不如从前的附会,但轻视西学与对于西学之优点不了解,仍与从前无异。此两种思想潜在地支配中国的所谓西学教育60年,故所得的成绩,只是些表面的文章。即以学校的课程说,二十八年以前的所谓中西学堂,固然以提倡西学为职志,二十八年以后的各种学校,亦无不有数理方言的学科,然而各学校的设备何尝因其为提倡西学,或有西学课程而特别注意于科学方面的设置;社会上的种种迷信、偷惰的思想,何尝因采西学而有所改变;就是号称受过西学教育的先生,亦何尝学得西洋人治事治学的良好习惯。从另一方面讲,因为这种模糊不彻底的思想,只注意西洋人文明外形的模仿,而产生现代教育界虚浮的风气;凡号称受过诸教育的人物,物质生活方面务力求西洋化,而骨子里却未脱去昔日"士者食人治人"的习气。遂致高等教育于学术上无贡献,普通教育于个人生计上无补益,人民对于新教育的无信仰。民国十年以前各省省议会常有阻止增加教育经费的议案,还可以说是选举不良,被选的省议员不足以代表人民,而八年以后,全国各省地域不分东西,统辖的政府不分南北,都莫不拖欠教育经费至数月或数十月之久,教育者每求与其他行政官吏受同等待遇(指经费言)而不可得,也就可以知道全国人民对于新教育漠视的态度了。这种漠视的态度与那偷惰的思想,都是不曾彻底了解所谓西学底特质与其优点所构成的。当初提倡西学原以强国为目的,谁知数十年后,西学的教育竟少见功效,又是提倡者底始料所及吗!

第六章　西艺教育思想

16. 背景

西艺原为西学底一部分，同治初元，西学思想倡始时，西艺思想亦暗寓于其中；盖恭亲王奏请添设同文馆、天算馆，疏中所谓制造轮船机器诸法，天文数学诸科，以及左宗棠亦请在闽设立艺局云云，就是后来的西艺之意，不过没有“西艺”的名词而已。同治十一年曾国藩、李鸿章奏请派遣聪颖子弟赴美学习章程谓：“选聪颖幼童赴泰西各国书院学习军政、船政、步算、制造诸学，约计十余年而归，使西人擅长之技，中国皆能谙悉。”亦即西艺之意。只因其目的在兵工，故以军备思想括之，但追随西艺教育思想的根源，却要以此二事为起点。

自同治至光绪初年有西艺的事实，而无西艺的名词，是因为那时的人对于西洋的文物制度，只有一种模糊的概念，学与艺并无区别。琉球之役，国人渐知日人之胜我，系由于采用西法，西法之内容如何固不直接考察过，只凭日人所以胜我之坚甲利兵上而推知西人之长惟有技艺。王之春、彭玉麟底《通商始末记》附编之《精艺术》篇，第一句即说“西人之所长者技艺耳”，就是明证。

甲午而后，因日人之屡欺我而对于其变法自强的情形有较深的了解，西艺思想又进一步，乃以自然科学及应用科学为西艺，西艺的名词亦逐渐通行。不过技艺在中国历来视为末技，加以当时国人之言维新者在于急图自强，而技艺的收效甚缓，于是有“西艺非要，西政为要”之思想。但因自同治以来，国内国外之学习方言者无补时艰，而甲午战争而后，战费与赔款之负担陡增，国内经济，日见亏竭，富国理财实为当务之急，故言新政者莫不以发达实业为主题。于是西艺思想在光绪二十五年至二十九年之间即隐然为一种重要的教育思潮；它底势力虽然不能敌西政思想，但从前模糊不清的西学思想，至此也渐有重心。及光绪三十三年，因日本速成生与普通生特多，所谓新政的人才既已多于过江之鲫而无法消纳，西艺思想遂代西政而兴，直至清末而犹未衰。民国以来则递嬗而为职业教育思想。故西艺教育思想的产生，由于外力的坚甲利兵所反映，而其发展则由于清末新教育之无裨实用。

17. 变迁

同文馆设天文算学馆，其内容虽与后来之所谓西艺相似，但并无西艺之名；即光绪初王之春、彭玉麟底《通商始末记》，薛福成底《筹洋刍议》虽力言变法，力言西人长于技艺，但亦只泛言西法西学，而不专指西艺。光绪二十一年，因先年中日战争败绩，国人急图自强，康祖诒（有为）集众千三百余人于礼闱试毕之后，击登闻鼓，联名上书，世称为“公车上书”。他们主张废武科，设艺学；其所谓艺学，系专指西洋学术，实为西艺之首倡者。他们说：

> 泰西之所以富强不在炮械军兵，而在穷理劝学，彼自七八岁人皆入学，有不学者责其父母，故乡塾甚多。其各国读书识字者百人中率有七十人……同治元年，前督臣沈葆桢请废武科，近年词臣潘衍桐请开艺学，今宜改武科为艺科，今各省州县，偏开艺学书院，凡天文、地矿、医、律、光、重、化、电、机器、武备、驾驶，分立学堂，而测量、图绘、语言、文字皆学之。

他们虽然主张开艺学书院教授西艺，但范围实与当时之所谓西学者无大差异。光绪二十三年总理衙门会议御史陈秀莹请算学取士折，则以军备为西艺，其言如下：

> ……近来南北洋船政各处设立制造、管驾、武备、水师学堂，择其艺成者入练船习学，又拔其尤者，充补水师员弁，以造就人材，有裨实用。良以西艺亦非算学一端可尽。①

西艺之见于公牍者实以此为始。光绪二十四年正月，贵州学政严修奏请开经济物科，其所试科目，“约以六事：一曰内政，凡考求方舆险要、郡国利病、民情风俗者隶之；二曰外交，凡考求各国政事、条约、公法、律例、章程者隶之；三曰理财，凡考求税则、矿产、农、工、商务者隶之；四曰经武，凡考求行军布阵、管驾测量者隶之；五曰格物，凡考求中西算学、声、光、电、化者隶之；六曰考工，凡考求名物、象数、制造、工程者隶之”。② 他所分的事项，实质上与当时

① 《教育史料》第四册，页 80。
② 《光绪政要》卷 24，第 2 页。

所谓西学底范围无别，但总理衙门议覆的时候，则把它们括为算学、艺学两类，而谓每届乡试年份，由各省学政调取新增算学、艺学各书院学堂高等生监，录送乡试：初场试专门题，次场试时务题，三场仍试四书题。中试者名曰经济科举人。就其文义言，除第五类格致中的算学外，余均属艺学。

张之洞则把政与艺分开说：

> ……学校地理，度支赋税，武备律例，劝工通商，西政也；算绘矿医，声光化电，西艺也。才识远大而年长者宜西政，心思精敏而年少者宜西艺；小学堂先艺而后政，大中学堂先政而后艺。西艺必专门，非十年不成；西政可兼通数事，三年可得要领。大抵救时之计，谋国之方政尤急于艺。然讲西政者亦宜略考西艺之功用，始知西政之用意。[①]

据他底意思，西艺只以自然科学及应用科学为限，而将社会科学列入西政之中。不过他鉴于西艺不能立见功效，而变法又急需新人才，故又主张"西艺非要，西政为要"。换句话说：他虽把西艺、西政划分为二，但其主旨却不在于专倡西艺教育。

光绪二十五年七月因历来出洋学生只注意语言文字，无补时艰，谕令改习实学说：

> 向来出洋学生学习水陆武备外，大抵专意语言文字，其余各种学问，均未能涉及。即如农、工、商、矿等项，泰西各国讲

① 《劝学篇》外篇，页8。

求有素，夙擅专长，中国风气未开，绝少精于各种学问之人。嗣后出洋学生，应如何分入各国农、工、商等各学堂，专门肄业，以备回华传授。

当时总理衙门议覆说：

英德有农政公会，美国有农政书院，最为讲求耕垦收获之务。近日英爱尔兰，新立劝农劝工章程，至商矿学堂，各国多有之，其名物器具象数之繁，分门记载，各有专书，非精通西文翻译，无由入门而悉其体用利病。历派出洋学生，每届三年回华，为时既暂，诚有如圣谕专攻语言文字，肄习水陆武备，而于各国农、工、商务、矿务未有专门精肄回华传授者，诚宜变通出洋肄业章程，使各就其才性之所近，分门研究，以收布帛菽粟兴物利民之用，以殖民生而裨国计，非此不能为之椎轮嚆矢也。[①]

他们本着"强本利用之根基"议订章程六条，大致以派遣学生出国肄习专门学问为本，以选译农矿等书为辅。惟因此议未曾主张大批遣留学生，不久又值庚子之乱，故在实际上未曾发生何种效力；但留学教育由方言军备思想而改为趋重实业技艺，却以此为始。

自此而后，政与艺更区而为二，不再混合；而当时具报章性质之汇书如《政艺丛书》，具考证性质之汇书如《万国政治艺学全

① 《教育史料》第一册，页164。

书》,均以政与艺对立。前书发刊于光绪二十七年,主持为顺德邓实。其叙例说:

> 下篇言艺之目四:曰艺学文编,载本馆撰述,外间来稿,名人论著,以通考古今中外艺学之原,以阐明近日各国艺学之用;曰艺书通辑,采奏议、文牍、章程、规则之属艺而有精意者;曰艺事通纪,排比中国各报言兴艺之事,翻译东西各报言新艺之理:凡农工商兵各务属焉;曰西艺丛抄,取旧译新译,中人自著名言西艺之书,先录其精要有用者,次及其深奥难明者。

艺的内容到底是些什么?他曾作《西艺征经》、《西艺征史》、《西艺征子》三文,谓西艺均为中国古时所有,其内含有算学、天学、测量、化学、电学、光学、声学、矿学、农学、学堂、赛会、重学、汽学、力学、画图学、轮车、轮舟、火器、自鸣钟、仪器、机巧、铸象、照相、铸器等类。

第二书之艺学丛考编辑大意说:

> 谈西学者以算、化为两纲:考算学第一,化学第二。格物博物亦西学之两纲也:格物学者,电、气、光、声诸学是也。考电学第三,气学第四,光学第五,声学第六,重学第七。不能尽者以格物学总括之:考格物学第八。博物学者,天地人物诸学是也,考天学第九,地学第十,身理学第十一,动物学第十二,植物学第十三,矿物学第十四。括之以图学、考图学第十五。普通诸学而别成专门以名家者有五:医兵农工商是也;考医学第十六,兵学第十七,农学第十八,工学第十九,商学第二十。

二十种之外，尚有多种，则附于其近者而各以类从焉。如步天学则附于算学，汽学、地学及汽机诸学则附于气学，力学则附于重学，质学及其中所兼之动学、力学、流水学、静水学、声学、光学、热学、磁气学、电气学则附于格物学，测绘学则附于图学，战舰、军械、火药诸学则附于兵学，蚕学则附于农学，道路河渠及各种工程制造诸学，则附于工学，计学则附于商学。此外尚有史学一种，乃最要之学而不可谓之艺学，然必左图右史，始尽互证参稽之用，故特以史学附于图学之后。

此书为内阁中书凌赓飏商同朱大文所辑，正续共700卷，500余万言，江南分巡苏松太兵备道袁某曾于光绪二十八年五月出示严禁翻印，在当时销行甚广，此两书所谓西艺，虽曾涉及社会科学，但均以自然科学及应用科学为本位，故当时所谓西艺者，实自然科学与应用科学也。

当时社会上对于西艺之内含既蔚成一种时论，教育实施上当然要受其影响，由京师大学堂分科的变迁上可以知之。

京师大学堂倡议于光绪二十二年，主其事者为工部尚书孙家鼐，只分天、地、道、政、文、武、农、工、商、医十科而无艺学之名，二十四年，军机大臣与总理衙门所订的京师大学堂章程则分为溥通、专门二类：溥通学为经学、理学、中外掌故学、诸子学、初级算学、初级格致学、初级政治学、初级地理学、文学、体操学，及英、法、俄、德、日五国语言文字；专门学为高等算学、高等格致学、高等政治学、高等地理学、农学、矿学、工程学、商学、兵学、卫生学十门，亦无西艺之名。及光绪二十八年张百熙奏订学堂章程，则将大学分为政艺二科，以声、光、电、化、农、工、医、算等事隶艺科。并规定大学分政治、文学、格致、农业、工艺、商务、医术七科，在预科属政科者，毕业后升政、文、商三科，其习艺科者则入农工医、格致四科。换句话说，分科大学的格致、农、工、医四科亦属艺科。此四科底课程内容，属于格致者有天文、地质、高等算学、物理、动植物；属于农业科者有农艺、农业化学、林学、兽医学；属于工艺科者有土木工学、机器工学、造船学、造兵器学、电气工学、建筑学、应用化学、采矿冶金学；属于艺术科者有医学、药学。所谓艺科底内含，实与《万国政治艺学全书》及《政艺丛书》所举者无甚出入。

光绪二十九年张之洞等改订学堂章程，不分西政西艺，但主张各省速设实业学堂，谓"农工商各项实业学堂，以学成后各得治生之计为主，最有益于邦本"，则已改昔日"西艺非要，西政为要"的思想，而倾向于政艺兼重。惟因张以职官奖励为提倡日本游学之手段，二十四年而后，去日本习速成师范者特多，所谓新政人才，既有供过于求之势，而社会经济因与世界交通，及本国工业落后和为不平等条约所拘束的种种原因，亦逐渐动摇，而感生产增加之重要。在国内既各种实业学堂与普通学堂同时进行，对于国外留学生，实因此种思想底支配而极力责其东西各国学习工艺。

光绪三十三年，因日本留学生习速成与普通者10,000余人，入高等专门及大学者仅45%，特与日本第一高等、东京高师、东京高工、山口高商、千叶医专五校约年收中国学生165人。五校之中，除第一高等为大学的普通预备科外，其余均为专业性质，已不复如从前之以专习速成法政、速成师范为本位了。

三十四年七月，御史俾寿奏请选派子弟分送各国学习工业折，谓："工艺为富强之要图，近来创办学堂者颇不乏人，惟工艺一科，仍多未能讲求。机器、军械、船政、电报各局委员多系未经学习，即或涉躐，亦难洞达。拟请……选送满汉子弟……分赴东西各国学习制造、驾船、枪炮、商务、矿务、农政，各专一艺，庶可较有把握。”他底原意，不过要东西各国的留学生多习工艺而已，学部议覆，则更推广其意，而限制非习农工格致三科者不给官费，说：

> ……臣等窃为造就人材，必因乎时势，欲救贫弱，在图富强，欲图富强，在重实业。从前张之洞会同前学务大臣奏陈重订学堂章程折内，即声明国民生计，莫要于农、工、商、实业，趣办实业学堂，有百利而无一弊，最宜注重等语。频年以来，农工商部于京师设立高等实业学堂，邮传部于上海设立高等实业学堂，唐山设立路矿学堂，尽冀人才之日出，而图实业之振兴。臣等夙夜孜孜，已非一日。惟此种专门之学，皆以普通学为始基，非先于普通之算学、理化、博物、图画等已具根柢者，不能得门而入。近来各省派往东西洋之游学生亦已不少，然以未经中学堂毕业，普通学不完备，出洋以后，见夫法政等科可不必习普通学而躐等以进，于是避难就易，纷纷请习法政，以致实业人才愈见其少。今该御史所奏工艺为富强之要图，选派子弟，分送东西洋，使专一艺，洵为扼要之论。拟如所请，自本年为始，嗣京师及各省中学堂以上毕业之学生，择其普通学完备，外国语能直接听讲者，酌送出洋学习实业，并令此后凡官费出洋学生，概学习农工格致各项专科，不得改习他科。又以前自费出洋之学生，非入高等学堂以上学习农工格致三科者，不得改给官费，其认习实业已给官费之学生，亦不准中途改习他科。如此量为限制，庶几实业人才可以日出，而富强之效可睹矣。①

① 《学部奏学辑要》第一编。

宣统元年,因美国国会于先年议决退还庚子赔款一部分为兴学之用,特在国内设立预备学校(即清华学校),按照各省摊派赔款数目的多寡,招收学生入校,施以去美留学之预备教育,而对于去美学习科目之规定,则以十分之八习农、工、商、矿等科,十分之二习法政、理财、师范诸学,此后该校考取校外专科生亦以习下艺科目为限。清华游学的全部政策亦为西艺的教育思想所支配也。

西艺教育思想,虽然与方言、军备西学各思想发源于同文馆,但在甲午以前完全混合于西学思想之中,可称为潜伏期。甲午而后赔款之负担既多,西洋资本帝国主义之侵略亦逐渐及于内地,而社会经济发生变动,于是西艺思想渐脱西学而独立,至戊戌政变,则西艺与西政显然对立,可称为萌芽期。自庚子至癸卯,国内经济既大有变动,而当时因为西政思想之激动,西艺更盛极一时,可称为极盛时期。自此而后,西艺在国内教育界已不复为人重视,惟隐存于留学教育界,而支配留学生底学习科目而已,可称为衰落期。民国而后,则逐渐脱化为职业教育思想。

18. 影响

西艺教育思想持续的时间很短,不过自甲午至清末之十余年而已,其当位时代只庚子至癸卯的四五年间,在教育实际上所生的影响不大。但也不是全无影响,最显著的事实:第一,是西洋物质文明原动力之认识:当军备与西学教育思想当位时,对于西洋物质的文明固已早有认识,不过所识者只是些船政、制造等等陈列于外的皮毛而已;西艺教育思想当位,则进一步而认识西洋物质文明之所以发达，是由于他们底工艺发达，故当时谋国者对国内主张多设实业学堂，对留学生则限制其专习实业。第二，因为认识西洋物质文明的发达由于工艺而来，故光绪二十九年之奏定学堂章程，除专章规定实业学堂的办法，专条提出各地应速设实业学堂而外，并在普通教育之小学中加手工课程（钦定章程无之），而当时各地的实业学堂反较普通教育先为发达。第三，“为仕而学”的观念逐渐打破！中国旧教育的主要目的，在于造成治人的官吏，人民入学也以求官为主要目的，所以仕与学成为连带的名词。自西艺教育思想发达而后，始知西洋各国与日本之农工商矿等等职业都须受教育，而且要受专门的教育，清末以科名的手段奖励新教育，虽然也有“牙科翰林”、“兽医举人”的笑话，但各种职业界人士之应受专业教育的训练，则已逐渐为人所认识，实业学堂的学生亦逐渐增加。第四，从认识西洋工艺的优点中更推而重视西洋技艺，在商场上固然为舶来品推广销场不少，而中国种种新式工业的设施亦相继产生！今日中国的新式工艺虽然远不及欧美、日本，倘使对于西艺始终不曾认识，即求如今日的现象亦不可得。但从另一方面讲，因为“西艺征古”与“士大夫不亲艺事”的传统思想在背后作祟，对于西艺虽然有若干认识，然而不肯彻底效西人身体力行地去干，所谓实业学堂，游学习艺等之设施，大半是些纸上文章，所以数十年来，中国的工艺，仍不因西艺教育的思想而有长足的进步。

第七章　西政教育思想

19. 背景

清同治以来因外交之失败而力求图强，方言教育无效而改重军备教育，又无效而改倡西学教育。及甲午而后，受了日本变法的反映，大家知道西学中所含的东西很复杂，于是将其属于艺能者予以西艺之名，其属于政治者则称之曰西政。

西政与西艺底价值到底孰大，本是一个不易解决的问题，但在甲午至庚子间的时代需要上，则西政的价值远过于西艺。因为中国自昔是闭关自守的国家，而社会组织又是小农的，无论在哪方面都和欧美工商业国家的情形不同；而国势衰弱，既不能以武力胜人，又不能如昔日之闭关自守，对内对外均非改行西法不可。要采用西法，科举时代训练出来的人才既不适用，便不得不培植新人才；若仅就人才的缺乏讲，西政西艺并无二致，但是艺难成而需时久，虽为立国基础，不过与政治相较，在时间上则可稍缓，所以西政西艺一经分开而后，西政教育即特别为国人所重视；因为变法之初，百端待举，非先培植政治人才，一切都不能举办，技艺更无从说起。故西政教育思想，随变法思潮以起，亦随变法思潮而落，为时不过自甲午至清末之十余年耳。

20. 变迁

甲午以前,并无西政的名词,讲时务者虽曾常有主张仿照西洋政制,但名义上则叫作西法。薛福成于光绪十一年发表《筹洋刍议》,其《变法篇》说:

……若夫西洋诸国,恃智力以相竞,我中国与之并峙:商政矿务宜筹也,不变则彼富而我贫;考工制器宜精也,不变则彼巧而我拙;火轮舟车电报宜兴也,不变则彼捷而我迟;约章之利病,使人之优绌,兵制阵法之变化宜讲也,不变则彼协而我孤,彼坚而我脆。

琉球之役而后,变法的思想虽然充满了言时务者底脑筋,但是还没有人主张彻底废科举兴学校;而且其时对于西洋的认识还只限于表面上的军备制造等项。甲午而后,国人始知西洋诸国不独以技艺胜人,即政治亦有其特点而可为师法,于是西政两字渐脱离西学而独立。梁启超光绪二十二年所发表的《西学书目表序例》说:

西学各书,分类最难;凡一切政皆出于学,则政与学不能分;非通群学不能成一学,非合庶政不能举一政,则某学某政之门不能分……西政之属以通知四国为第一义,故史志居首;

> 官制学校，政所自出，故先之，法律所以治天下，故次之；能富而后能强，故农工商矿次之，而兵居末焉。农者地面之产，矿者地中之产，工以作之，作此二者也，商以行之，行此三者也：此四端之先后也。船政与海军相关，故附其后。①

二十三年盛宣怀奏在上海开办南洋公学，其第一章第二节说：

> 公学所教以通达中国经史大义厚植根柢为基础，以西国政治家日本法部文部为指归，略仿西国政学堂之意。②

上述二段虽曾提出西政的名词，但其内容尚含糊不定。二十四年张之洞发表《劝学篇》，则将西艺西政划分为二，以度支赋税、武备律例、劝工通商为西政，算绘矿医、声光化电为西艺。其论游学并极力描绘日本诸国变法自强的往迹，鼓励国人去日本游学，改行新政。他说：

> 日本小国耳，何兴之暴也？伊藤、山县、榎本、陆奥诸人皆二十年前出洋之学生也。愤其国为西洋所胁，率其徒百余人，分诣德、法、英诸国，或学政治工商，或学水陆兵法，学成而归，用为将相，政事一变，雄视东方。不特此也。俄之前主大彼得，愤彼国之不强，亲到英吉利、荷兰两国船厂，为工役十余年，尽得其水师轮机驾驶之法，并学其各厂制造，归国之后，诸

① 《西学书目表例》，页2—3。
② 《教育史料》第一册，页38。

事丕变，今日遂为四海第一大国。不特此也，暹罗久为法国涎伺，于光绪二十年与法有衅，行将吞并矣，暹王感愤，国内毅然变法，一切更始，遣其世子游英国学水师，去年暹王游欧洲，驾火船出红海来迎者，即其学成之世子也；暹王亦自通西文西学，各国敬礼有加，暹罗遂以不亡。上为俄，中为日本，下为暹罗，中国独不能比其中者乎。①

二十七年，他与刘坤一会议变法自强，第三疏则更明认西方政体学术为研究经验之结果，值得仿效说：

方今环球各国，日新月盛，大者兼擅富强，次者亦不至贫弱，究其政体学术，大率皆累数百年之研究，经数千百人之修改，成效既彰，转相仿效，美洲则采之欧洲，东洋复采之西洋，此如药有经验之方剂，路有熟游之途径，正可相我病症，以为服药之重轻，度我筋力，以为行程之迟速，盖无有便于此者。……今日育才强国之道，自以多派士人出洋游历为第一义，惟游学费繁年久，其数不能过多，且有年龄较长不能入学者，有已经出仕不愿入学堂者，欲求急救之方，惟有广派游历之一法。观其国势，考其政事学术，察其与我国关涉之大端，与各国离合之情事，回华后将其身经目睹者，告语亲知，辗转传说，自然群迷顿觉，急思变计。②

这些话自然以鼓励游学为目的，可是西政的价值由此渐为国

① 《教育史料》第四册，页1—2。
② 《变法自强奏议》卷18。

人所了解,推行新政的阻力亦因而减少,而且有认西政教育为当务之急的。陶模说:

> 考泰西日本诸学堂,科目繁多,今之所急莫如政治,宜专重政治一科。内分两门:一曰内政,所以学理事亲民之官也;一曰外政,所以学为交涉专对之官也。学中颁发应用书籍,内政以中国性理、掌故、历代贤哲所论修齐治平之道,及现行典律为纲,而参考各国政治诸书;外政以各国政体武备之法,条约、地志、史乘为纲,而参以中国古今学术政令。若夫天文、地舆、算学、测绘、各国语言文字,未易一一编习,无论内外政皆许自认一项兼习之。①

陶氏此疏与张等之变法奏议同为光绪二十七年的应诏言事,当然不能说他为此言是受他们底影响,但当时西政教育之蔚为时代思潮,却可于此概见。光绪二十八年张百熙奏订学堂章程,竟将大学预备科分为政艺两科,以经、史、政治、法律、通商、理财等事隶政科,由政科毕业者升入政治、文学、商务三分科,而政治科之科目为政治学与法律学,文学科之科目为经学、史学、理学、诸子学、掌故学、词章学、外国语言文字,商务科之科目为簿记学、产业制造学、商业语言学、商法学、商业史学、商业地理。由此可知当时所谓西政之内容的大概。

光绪二十九年,张之洞等改订学堂章程虽有政法科,科目极为详备,但无西政之名;盖此次章程系从日本抄来,一切都已日本化,

① 《教育史料》第一册,页100。

而前次之大学章程则完全为中西杂糅之素朴的见解也。张等改订的学堂章程虽无西政之名，但因实际上的需要，赴日本习政法的人特别多，宣统年间国内的法政学校林立，此种教育思想固未自此而斩。

西政教育为时虽暂，但在乙未至癸卯之间却极为人重视。自西政西艺于甲午后从西学两字中分立而后，西艺在形式上虽然与西政对立，但实际上则一般人莫不重政而轻艺。张之洞《劝学篇》自序中固然说"西艺非要，西政为要"，而当时最负时望的《时务报》记者梁启超更极力鼓吹。他说：

> 今日之学，当以政学为主义，以艺学为附庸。政学之成较易，艺学之成较难；政学之用较广，艺学之用较狭。使其国有政才而无艺才也，则行政之人振兴艺事，直易易耳。即不尔而借才异地，用客卿而操纵之，无所不可也。使其国有艺才而无政才也，则绝技虽多，执政者不知所以用之，其终也，必为他人所用。今之中国，其习专门之业，稍有成就，散而处于欧墨各国者，固不乏人，独其讲求古今中外治天下之道，深知其意者，殆不多见，此所以虽有一二艺才，而卒无用也。抑欲为艺才者，奉一专门名家之西人以为师。虽于中国之学不识一字可也。欲为政学者，必于中国前古之积弊，知其所以然，近今之情势，知其所终极，故非深于中学者，不能治此业，彼夫西人之著书为我借箸者，与今世所谓洋务中人，介于达官市侩之间，而日日攘臂言新法者，其于西政非不少有所知也。而于吾中国之情势政俗，未尝通习，则其言也，必窒碍不可行，非不可行也，行之而不知其本，不以其道也。于是有志经世者，或取其言，而试行之，一行而不效，则反以为新法之罪。近今之大局，

未始不坏于此也。

这是说政学所以较艺学重之原因。他更举西洋与日本各国兴政学而强之陈迹说：

求之西域，则彼中政治学院之制，略以公理、公法之书为经，以希腊、罗马古史为纬，以近政近事为用。其学焉而成者，则于治天下之道，及古人治天下之法，与夫治今日之天下所当有事，若集两造而辨曲直，陈缁羔而指白黑，故入官以后，敷政优优，所谓学其所用，用其所学，以故逢掖之间无弃才，而国家收养士之效，日本之当路知此义，变法则独先学校，学校则首重政治，采欧洲之法，而行之以日本之道，是以不三十年而崛起于东瀛也。今中国而不思自强则已，苟犹思之，其必自兴政学始。

他对于艺学之意见如下：

问者曰，子偏重政学，子薄艺学乎？艺学者，西人所以致富强之原也。释之曰，予乌敢薄艺学，顾欲治艺学者，必广备诸器以借试验；历履诸地以资测勘，教习必分请颛门，学生必储之绮岁，吾度今者诸学生经费之所入，尚未足以语于此也。若治政学者，则坐一室可以知四海，陈群籍可以得折衷，虽十室之邑，中人之产犹能举之，故吾谓政学之成较易，艺学之成较难也。若夫有大力者，能创博物之院，开比较之厂，聚其才俊以前民用，此又国之命脉也，夫乌得而薄之！吾直异夫今之言学堂者，上焉于政无所达，下焉于艺无所成，而徒考绩于口舌之间，自画于同文方言之义，而欲以天下之才望之于其徒也。

以上三段首见于光绪二十二年的《时务报》，总题曰《变法通议》，此篇之分题曰《学校余论》（现录入《乙丑重编饮冰室文集》卷二）。他所以主张政学为主艺学为辅：一因当时极力鼓吹变法，需要政治人才，二因执政者不明西政，三因艺不易成。戊戌以前《时务报》是鼓吹中国变法唯一有势力的刊物。他底文章在当时号称新学家者几于人手一编，奉为圭臬。戊戌变政，他虽然不获成功而亡命海外，但这种政学为主的思想，却已深入人心，二十八年以后的教育制度、教育实际，莫不受其影响。所以他这种议论，实可视为当时言西政教育者代表。

21. 影响

我们曾经说过：教育常常受政治的支配。西政教育虽然只是一种教育思想，但它入手的方法系从改变政治的制度起，所以它底进程是政教混合的，不只是单纯的教育，因而它在实际上的影响也最大。

普泛地讲来，中国政治社会之成为今日，无不是西政教育之赐：因为当时没有西政教育，教育制度上固不能为全般的改造，其他各种政治制度，更不会有全般的改造。自同治以来，方言、军备、西学、西艺等教育思想亦未尝不都曾当位一时，然而在实际上竟无何种足以波及全体的大影响；就是方言、军备、西学、西艺等等，都是部分问题，而且在性质上都是宜于缓进的，所以倡来倡去，其结果也不过是若有若无的那么一回事。而政治的影响是全般的，并且非急进不可，所以一言西政教育，便波及政治制度与社会组织的全体。在此种牵一发而动全身的大波浪中，首先受其影响者为科举制度。

在积极方面，科举制度与西政教育风马牛不相及，但在消极方面，科举制度不废，绝不能推行新教育，更不能推行新政。梁启超说：

> 今内之有同文方言之馆舍，外之有出洋学习之生徒，行之数十年而国家不获人才之用，盖有由也。昔俄主大彼得躬游列国，择国中俊秀子弟，使受业葡法之都，归而贵显之，布在朝邑，俄遂以强。日本维新之始，选高才生就学欧洲，学成返国，因才委任，今之伊藤、榎本之徒，皆昔日之学生也。而中国所谓洋务学生者，竭其精力，废其生业，离井去邑，逾幼涉壮以从事于西学，幸薄有成就，谓可致身通显，光宠族游。及贸贸然归，乃置散投闲，匏落不用，往往栖迟十载，未获一官，上不足尽所学，下不足以救饥寒，千里屠龙，成亦无益。呜呼！人亦何乐而为此劳劳哉！

这种现象，他以为都是不变科举所致，故说：

> 故欲兴学校养人才以强中国，惟变科举为第一义：大变则大效，小变则小效。①

张之洞也说：

---

① 《饮冰室文集》卷二，页5。

……于是诏设学堂以造明习时务之人才，又开特科以搜罗之。夫学堂虽立，无进身之阶，人不乐为也。……虽日讨国人而申儆之，告以祸至无日，戒以识时务求通才，救危局，而朝野之汶暗如故，空疏亦如故矣。故救时必自变法始，变法必自变科举始。①

光绪二十九年二月他与袁世凯奏请递减科举说：

近今东西洋各国，其文明愈著者，其学校必愈多，自通都大邑以逮穷乡僻壤，几于无地无学，自文事武备，以逮薄技片长，几于无事无学。……其患之深切著明，足以为学校之的而阻碍之者，实莫甚于科举。……科举一日不废，即学校一日不能大兴；将士子永远无实在之学问，国家永远无救时之人才；中国永久不能进于富强，即永远不能争衡于各国，臣等诚私心痛之。②

同年十一月他与张百熙、荣庆改订学堂章程附片中又说：

窃惟奉旨兴办学堂，已及两年有余，而至今各省学堂仍未能多设者，经费难筹累之也。公款有限，全赖民间筹捐，然经费所以不能捐集者，由科举未停，天下士林谓朝廷之意，并未专重学堂也。然则科举若不变通裁减，则人情不免观望，绅富孰肯筹捐，经费断不能筹，学堂断不能多。入学堂者，恃有科

① 《教育史料》第四册，页117—119。
② 同上。

举这一途为退步，既不肯专心向学，且不肯恪守学规。况科举文字，每多剽窃；学堂功课，务在实修。科举止凭一日之短长，学堂必尽累年之研究；科举但取词章，其品谊无从考见；学堂兼重行检，其心术尤可灼知，彼此相衡，难易迥别。……当此时势阽危，非人莫济，除兴学堂外，更无养才济时之术，若长此因循坐縻岁月，国事急矣，何以支持。①

三十一年八月张之洞、袁世凯、赵尔巽、周馥、岑春煊、端方会衔奏请立停科举以广学校说：

默观大局，熟察时趋，觉现在危迫情形，更甚曩日。竭力振作，实同一刻千金，而科举一日不停，士人皆有侥幸得第之心，以分其砥砺实修之志，民间更相率观望，私立学堂绝少，又断非公家财力所能普及，学堂决无大兴之望。……近数年来，各国盼我维新，劝我变法，每疑我拘牵旧习，讥我首鼠两端。群怀不信之心，未改轻侮之意，转瞬日俄和议一定，中国大局益危，斯时必有殊常之举动，方足化群疑而消积愤，科举夙为外人诟病，学堂最为新政大端，一旦毅然决然，舍其旧而新是谋，则风声所树，观听一新，群且刮目相看，推诚相与，而中国士子之留学外洋者，亦知进身之路，归重学堂一途，益将励志潜修，不为邪说浮言所惑，显收有用之才俊，隐戢不虞之诡谋，所关甚宏，收效甚巨。

且设立学堂者，并非专为储才，乃以开通民智为主，使人

① 《教育史料》第四册，页121。

人获有普及之教育，且有普通之知能，上能效忠于国，下得自谋其生。其才高者，固足以佐治理，次者亦不失为合资之国民，兵农工商，各完其义务，而分任其事业，妇人孺子，亦不使逸处而兴教于家庭。无地无学，无人不学，以此致富奚不富，以此图强奚不强。故不独普之胜法，日之胜俄，识者皆归其功于小学校教师，即其他文明之邦，强盛之源，亦孰不基于学校。而我国独相形见绌者，则以科举不停，学校不广，士心既莫能坚定，民智复无由大开，求其进化日新也难矣。故欲补救时艰，必自推广学校始，而欲推广学校必先停科举始。①

上面种种言论，莫不以兴学校为变法的唯一要图，也莫不以科举为妨碍学校的唯一障碍物，而异口同声地要去掉它。所以张之洞等一而再、再而三地奏请停止，究于光绪三十年八月得请而由上谕立即停止。——科举所以要停止，就是因为它与西政教育有妨碍，故科举之废止为西政教育思想最先而最大的影响。

科举废止了，虽然它遗传下来的科第精神仍然借尸还魂而附在学堂奖励章程中间复活了近十年（自光绪二十九年至宣统三年），然而八股文的束缚去了，西洋的文物制度也囫囵吞枣地接收过来了。当时学校的种种办法与其课程，自然是移植的而不合中国社会的需要，但西方文化的逐渐认识，社会组织的逐渐变更却都植基于那时；又因为西政底公共特点为民权之伸张，当时倡议者虽为现行政制的限制，而不能明白提倡民权，但民权的知识，却由政法讲义与新闻事实中传入中国，革命之宣传亦因而易为民众承受，革命

① 《教育史料》第四册，页124—125。

进行亦无形受其助长。所以西政教育积极方面最大的影响，第一是西洋文化之吸收，第二是中华民国之建立。

西政教育思想虽然在近代中国的各方面上发生重大的影响，但其流弊亦最大：因为倡议西政教育的，根本不了解西洋政治上民治与专业的精神，而怀着"易成兼通"的观念；以为政治的改革，不过在求形式的类似，而不注意于所以构成此形式的原因，遂致光绪二十九年以后，演成社会上对于学生万能的风尚，学与用完全截为两途，"电科知县"、"牙科同知"在当时固然酿成种种笑柄，而数十年来各种学校毕业群趋于政治一途，与政治种种紊乱的现象，也大半是这种"易成兼通"的不彻底的西政教育思想底遗毒。所以西政教育思想在实际上的影响最大，其对于近数十年中国政治社会上种种不良的现象所负的责任也特多。

第八章　军国民教育思想与军事教育思想

22. 背景

清末新教育制度未全部建立以前，即有军备教育的思想，而且绵延的时间很长。自甲午以后，对外战争屡次失败，于是进而为军国民教育思想。军备、军国民的教育思想，虽然都是以强兵为目的，但二者底范围却有很大的差异：因为前者只求培植一些特殊的军事人才，统率军旅之事，而后者则须使国民的全体受军事训练，有事均能执干戈以卫社稷。中国自汉武帝创募兵制而后，数千年未尝征兵，社会上且有“好铁不打钉，好汉不当兵”的成训，全国皆兵的军国民教育思想，其不能发源于本国，自无疑义。但中国自与欧美、日本交通至清末已数百年，往者只能产生军备教育思想，何以甲午以后便进而为军国民教育？则由于世界潮流与国势危迫的两重原因，有以构成之。19 世纪末，德国宰相俾斯马克以铁血政策相号召，常言“天下所可恃者非公法，黑铁而已，赤血而已”，且在国内竭力整军经武，以实现其德意志统一世界之梦，流风所及，各国争效其政策；与我邻近的日本，自维新而后，亦日以扩充军备为事，结果则屡次胜我与俄，称雄世界。中国处此环境之下，自不能不受其影响；而当时的国势，亦非有能战的资格不能言和，所以军国民教育思想竟于庚子而后盛倡一时，梁启超于《新民丛报》上发表《新民说》，其《尚武篇》（癸卯）述中国应尚武之原因甚详，兹录其一段于后：

> 今日之世界，固所谓“武装和平”之世界也。列强会议日言弭兵，然左订媾和修好之条约，右修扩张军备之议案，盖强权之世，惟能战者乃能和。故美国对于他洲，素不与闻外事者也。然近年以来，日增军备，且尽易其门罗主义，一变而为帝国主义；盖欧洲霸气横决四溢，苟渡大西洋而西注，则美国难保其和平，故不能不先事预防，厚内力以御之境外。夫欧洲诸国，势均力敌，欧洲以内，既无用武之地矣。然内力膨胀，郁勃磅礴而必求一泄，挟其民族帝国主义，日求灌而泄之他洲，我以膏腴沃壤，适当其冲，于是万马齐足，万流汇力，一泄其尾闾于亚东大陆。今日群盗入室，白刃环门，我不一易其文弱之旧习，奋其勇力，以固其国防，则立羸羊于群虎之间，更何术以免其吞噬也！

他虽然不明言军国民教育，但外侮之可怖，国势之危弱，都可于此见之；而他在此篇之前部，历举斯巴达、德意志、俄罗斯、日本诸国举国皆兵及在小学校灌输武教的往迹，所谓尚武，其含义固与提倡军国民教育无甚出入也。

23. 变迁

首以军国民教育为言者，当推奋翮生，他于壬寅的《新民丛报》

上发表《军国民篇》一文，谓："军者，国民之负债也。军人之智识，军人之精神，军人之本领，不独限之从戎者，凡全国国民皆宜具有之。"他这几句话可称为军国民教育底界说。同年蒋百里发表《军国民之教育》一文。论军人精神教育有四大纲，即爱国心、公德、名誉心及质责与忍耐力；更谓推行军国民教育的方策有两项：

> 1. 学校的军国民教育——或扩充军人教育于学校为体操，操外之活动游戏如行军、野外演习、射的、击剑、旅行、竞舟、登山等及普及军事智识。或军队与学校联络变学校为军队：第一，小学校以小队教练为极度，期五年。其教授为学校正教员及下士。第二，中学师范学校以中队教练为极度。其教授以休职将校及下士任之。第三，高等学校、高等师范学校以演习至大队为止。且教兵制，军制，战术战略等之一部及国防各要防。
>
> 2. 社会的军国民教育——分三项：(1)以军队的组织组织社会；(2)尚勤苦以振作社会的风俗；(3)以新闻、演剧、文学、美术等引起国民激昂慷慨的精神。

蒋本习军事者，其所论军国民教育的方法，不为无见，《新民丛报》在当时并具极大的势力，但为西政教育的思想所掩，在光绪三十二年以前，无人再为提倡。

光绪三十二年三月学部奏请宣示教育宗旨，议定忠君、尊孔、尚公、尚武、尚实五纲，其尚武一纲，完全为军国民教育说法。原文说：

> 所谓尚武者何也？东西各国全国皆兵。自元首之子以至庶人皆有当兵之义务，与我中国天子元子齿于太学之义亦相

符合。各国谓兵为民之血税,而天子乃与庶人同之,真可谓上下同心矣。观其师团以练兵,海陆军学校以练将,无论在校在营在操场,时时如临大敌,号令一出,虽崎岖险阻,冰雪严寒,不敢息也;虽饥冻漂溺,颠坠一死,不敢避也。然而老幼男女徧国之人,无不以充兵为乐,战死为荣。每征兵令下,得中选者,骨肉亲戚乡里欢舞送迎,悬彩志庆,则又何也?岂皆逼于生事而乐于战斗耶?抑慑于国法而不敢违耶?实由全国学校隐寓军律,童稚之时已养成刚健耐苦之质地,由是风气鼓荡而不能自已耳!今朝廷锐意武备,以练兵为第一要务,然欲薄海之民,咸知捐一生以赴万死,则尤恐有不能深恃者,何也?饷糈之心厚,而忠义之气薄,性命之虑重,而国家之念轻也。欲救其弊,必以教育为挽回风气之具,凡中小学堂各种教科书,必寓军国民主义,俾儿童熟见而习闻之,国文、历史、地理等科,宜详述海陆战争之事迹,绘画炮台、兵舰、旗帜之图形,叙列戍穷边,使绝域之勋业;于音乐一科,则恭缉国朝之武功战事演为诗歌,其后先死绥诸臣,尤宜鼓吹抟扬,以励其百折不回、视死如归之志。体操一科,幼稚者以游戏体操发育其身体,稍长者以兵式体操严整其纪律,而尤时时勖以守秩序,养威重以造成完全之人格。语云:行步而有强国之容。记云:礼者所以固人肌肤之会、筋骸之束,非虚语也。臣等尝询查日本小学校矣;休息之时,任意嬉戏,所以养其活泼之因也。口号一呼,行列立定,出入教室,肃若军容,所以养其守法之性也。又尝询查日本师范学校矣;师范为规制最肃、约束最严之地,而掷球角力,习为常课,运动竞走,特设大会,其国家且宣法令以鼓励之,其命意可知矣。中国如采取此义,极力行之,日月

> 渐染，习与性成，我三代以前人尽知兵之义，庶几可复乎！①

这段文章，论中小学校实施军国民教育之方可谓详尽。前面虽然泛称东西各国军国民教育的情形，但根本上还是取法日本，询之日本小学校、师范学校云云，固然足以表示其思想之由来，而当时国内之新教育制度与实施新教育的人员，亦莫不由日本而来，其思想之受其影响自是事理之常，所谓东西各国云云，不过列为陪衬语而已。

宣统三年，预备立宪之《宪法大纲》有"臣民有当兵之义务"一条，斯年四月各省教育总会议决定军国民教育主义案，更详论实施方法。他们说：

> 一、奏请特颁谕旨，宣布军国民教育主义。二、通饬高等小学及与之同等以上之学堂，一律注重兵式体操。三、通饬中学及与之同等以上之学堂，一律实习打靶（储子弹与巡警局，或防营，由该堂监督报明用数，定期具领），并讲授武学。四、通饬私立学堂，凡呈报督学局或提学使有案者，准照前两项办理。五、通饬各种学堂，体操科一律列为主课。
>
> 以上各条，呈请学部施行。
>
> 一、各地方应设体育会。二、初级师范学堂应注重各种体操方法，并励行关于军国民教育主义之训练。三、各学堂均应励行关于军国民教育主义之训练，并设运动部，以教员之长于体育者为部长，监督学生之运动。四、初等小学应注重游戏运

① 《教育史料》第二册，页 99—100。

动。五、高等小学以上应兼习拳术。

以上各条各地方应自行举办。①

辛亥革命,军国民教育思想正因各省教育总会的提倡而深入人心,故民国元年教育部征集教育宗旨意见时,教育者多以军国民教育为言,斯年公布的教育宗旨,遂有军国民教育一项,但其用意则与前此不同。蔡元培说:

> 军国民教育者,与社会主义僢驰,在他国已有道消之兆。然在我国则有强邻交逼,亟图自卫,而历年丧失之国权,非凭借武力势难恢复。且军人革命以后,难保无军人执政之一时期,非行举国皆兵之制,将使军人社会永为全国中特别之阶级,而无以平均其势力,则如所谓军国民教育者,诚今日所不能不采者也。②

军国民教育之以明令宣布为教育宗旨的一端,虽然以此为始,但其用意则与从前尚武中之所谓军国民教育不同。第一,光绪三十二年之所谓尚武是对于军国民教育全然肯定其为是,而用全力以提倡之,此次则为有条件的:即因中国当前的国势不得不如此,乃权宜问题,并不认此种教育有绝对的价值。第二,前此之提倡军国民教育,目的专在对外,此次则兼重对内;"革命以后难保无军人执政之一时期",在现在看来,好似他是一位预言家,但这实是各国

① 《教育史料》第三册,页201—202。

② 《蔡孑民先生言行录》,页189。

革命史上所常有的事情。不过他能见得到而且主张以毒攻毒的办法，却不是中国数十年来讲军国民教育者所能及。

民国四年欧战方酣，德国的军国民教育在当时看来很像收效，袁世凯又正在做武力统一的迷梦，故于斯年一月特定教育纲要，申明教育宗旨注重道德、实利、尚武，并运之以实用。二月再根据纲要特定教育宗旨，其尚武一条说：

> 国何以强？强于民；民何以强？强于民之身；民之身何以强？强于尚武。尚武之道分之为二：曰卫身，曰卫国；……故今之言国民教育者，于德育、智育外，并重体育；使幼稚从事游戏，活泼其精神，稍长进习兵操，锻炼其体格，极至掷球角力，习为常课，运动竞走，时开大会，凡所以图国民之发育者，无所不至，此民之所以能卫其身也。何谓卫国？吾国古者寓兵于农，有事为兵，无事为农，蒐苗狝狩，乘农隙以讲武事，已隐寓全国皆兵之意。近世东西各国，尤通行征兵之制，凡为国民皆应服当兵之义务，平时按年充役，年满退伍，各自营业，战时召集外侮，无民不兵，无兵非民，风声所树，遍国中莫不以充兵为乐，战死荣。推原其故，因其幼在学校，已习闻忠勇爱国之训；长入社会，又养成坚忍耐劳之风，所谓少成若天性，习惯成自然，非一朝一夕之故，其由来者渐，此民之所以能卫其国也。①

这段议论在方法上不及光绪三十二年教育宗旨中的《尚武篇》，在理论上更远不及蔡元培，并无什么精彩，不过由这段议论，

① 《教育史料》第二册，页106—107。

却引出全国教育联合会于斯年开会时议决《军国民教育实施方法》的议案。原文说：

(一)关于教授者

(甲)小学校学生宜注重作战之游戏。(乙)各学校应添授中国旧有武技;此项教员于各师范学校养成之。(丙)各学校教科书宜揭举古今尚武之人物及关于国耻之事项,特别指示提醒之。(丁)各学校乐歌宜选授雄武之词曲,以激励其志气。(戊)师范学校及各中等学校之体操学科时间内,宜于最后学年加授军事学大要,此项教本由教育部会商陆军部编定颁行。(己)中等学校以上之兵式枪操最后学年,宜实行射击,其实施办法,由教育部会商陆军部规定颁布之。(庚)中等以上学校体操教授,应取严格锻炼主义,每学期并酌行野外运动。(辛)各科教授材料与军国民主义有关系者,应随时联络,以输入勇武之精神。(壬)遇有特别材料与本主义有重大之关系者,得特设时间讲授之。

(二)关于训练者

(甲)小学校学生宜养成军国民之性质及军人之志趣。(乙)中等以上学校学生宜具有充当兵役之能力。(丙)各学校须注意学生体格检查。(丁)高等小学以上学生应一律穿制服。(戊)中等以上各学校管理,参用军用规则。(己)各学校应养成勤劳之习惯,如洗扫整理设备等,均督率学生之团体或个人为之。(庚)各学校应规定礼仪作法之形式,以严正为准,教员学生一律遵守,养成雄健齐整之校风。(辛)各学校应养成粗衣淡食之习惯,施行忍耐寒暑之操作,并奖励海水浴或冷水浴。(壬)各学校宜由职教员率同学生励行各种运动游技。(癸)各学校宜特设体育会。(子)各学校应搜集或制作国耻纪念物特表示之,以促警省。(我国国耻众多,不可漫无区别,教育上须以国家将来利害为前提,特别注重。)(丑)各学校应表彰历代武士之遗像,随时讲述其功绩。①

民国八年欧战告终,国际联盟盛倡世界主义,国内教育者受其影响。斯年四月教育调查会关于教育宗旨的调查建议案说:

……现在欧战之后,军国民教育不合民主本义,已为世界所公认。我国教育宗旨亦应顺应世界潮流,有所变更。或云:国际联盟结果为何尚不可测,我国积弱已久,仍非励行此主义不能图强;然积极发达国民体育即是强国之本,或者之言,似不必虑。②

该会会议的结果,竟主张废弃教育宗旨而以"养成健全人格,发展共和精神"为宗旨,第二年全国教育联合会竟议决以该二语为教育本义,听各教育者研究阐发,而废弃教育宗旨,其理由是无论什么宗旨都足以束缚被教育者,"终难免为教育之铸型,不得视为人应如何教之研究"。这样地迎受世界潮流,真所谓"拈得封皮当告示",尽变本加厉的能事了。然而军国民教育的呼声却经此一来而数年不闻。

① 《全国教育会联合会历届大会议决案》,页5—6。
② 《教育史料》第二册,页115—116。

民国十年，北京大学校长蔡元培由欧洲返国，鉴于欧美学生之精神活泼，体魄健强，在学生欢迎会上劝告学生注重体育。十一年五月直奉战起，北大与北京学界共同组织妇孺保卫团，学生加入者300人，由蔡交总务会议议决改为学生军，于是军事教育的思潮渐起。

军事教育虽然也是主张于学校教育中施军事训练，但其目的又大异于军国民教育；盖前者在养成全国皆兵，而后者在养成自卫的能力。此思想发展的原因，一由内乱，二由外患，三由各国军事教育思想的影响。自辛亥革命而后，军人因执政而成为军阀，被裁的兵士则流为土匪，人民在此二重压迫之下，对于自卫之武力均有急迫的要求；而民八以后，所谓国际会议的国际平和，不过是列强处分弱国的幌子。我国在国际上的地位，并不因国际会议而有所增进，山东问题也无正当的解决，国人都觉得自强的必要，更觉得非有能战的资格，不足以言和平。当欧战方终之时，国内教育者如教育调查会会员之流，很信托国际联盟能为普遍的人类讲幸福，以为以后各国在教育上决不注意于军事的训练，孰知事实上大谬不然；十四年七月六日北大学生军致电广东学生军论国民武化策中说：

法国卓策氏著新军论，主张民军，曰军官在学校；美国现行教育制度，大学有预备将校养成团之组织，就志愿兼习武事之学生，授以军事操军事学；日本自高等小学以迄中学，体操教员皆以后备军官充之，而对中学生更授以下级军官必须之知识，并养成其能力；英国各大学有将校教育团之设，其他下级学校有童子斥候队、童子旅之组织，皆适用兵法训练；法国高等以上学校，有军事课程，由海陆军部派现役将校常时或临时前往担任训练；意大利对16岁以上之男子，有规定其必受二

> 年军事预备教育，而派现役将校担任训练之计划；德意志虽被乌塞和约所限制，表面上不能实施军事预备教育，而假体育教育以行之，且有体育大学之计划。类为暗授国民以军事训练；俄国16岁以下之男子，于各学校即施军事思想之教育，16岁至18岁由地方官厅于军官指导之下实施军事预备教育，19岁以上之不必直接服兵役于国家者，即由国家于五年之间施行八个月之召集教育，而授以下级将校之必需智识。以上种种，或为和平思想者之计划，或为国际主义者及帝国主义者之现在情形，或为弱小国家之准备状况，无论其志在侵略，志在自卫，而其积极养成国民皆兵之指挥人材则一也。①

国家之存于世界，也和个人之存于社会一样，一切言动都要受时代思潮底影响，各国于战后尚且如此注重军事教育，中国即无其他两种原因，也将效颦。所以世界教育思潮是此思想发生的很重要的原因。

民国十四年因五卅惨案与国家主义思潮之昌盛，军事教育思想更风靡一时。斯年四月江苏省教育会设江苏学校军事教育研究会，主张普及军事教育于一切学校；五月江苏教育厅向江苏善后会议提出学校实施军事教育案。同月《醒狮周报》特刊《学校军事教育问题》专号，详论学校军事教育的原理与方法，并述美、德、日本学校军事教育之情形。八月中华教育改进社年会的教育宗旨案规定“实施军事教育以养成强健身体”为四要点之一。十月全国教育联合会议决桂、浙合提的学校《应注重军事训练》案。而上海中华

① 张荣福:《北大学生军》,《京报副刊》,十四年七月。

职业学校、上海大夏大学、南京东南大学及附中等并实施军事教育。其意义、理由及办法如下：

Ⅰ军事教育的意义——

军事教育云者，灌输军事学识于国民，使得充分武力训练之谓也。……军事学约分三类：1. 制兵之学；2. 练兵之学；3. 用兵之学。（刘竞生：《军事教育真谛》，见东大教育刊发刊之《敷教》第七期，刘为东大军事教育教员。）

Ⅱ提倡军事教育的理由——

欧战以后，国人鉴于德意志军国主义失败，不敢复言军国民教育，乃并学校中仅有之兵式操而亦废之。然在今日，列强压迫，军阀横行之中国，虽不可再事提倡军国民教育，而不可不养成国民自卫之能力。故为御外侮，戡内乱计，学校应注重军事训练者，此其一。学校生活贵有规律，青年体格，宜事锻炼，故为养成良好校风，发达学生体育计，学校应注重军事训练者，此其二。欧战以还，世界各国咸有废除募兵征兵制度，采用义务民兵制度之趋势，而此种制度，既不致养成军阀，复可为国家节省财力，其适合我国国情，已为一般研究政制者之所公认，故为将来实行义务民兵制度之准备计，学校应注重军事训练者，此其三。综此三种理由，则学校应施行军事训练，实已毫无疑义。①

Ⅲ军事教育实施的方案——

一　高级中学以上学校应一律施行军事训练并授以军事学。

① 《第十一届全国教育会联合会日刊》，十四年十月廿四日。

二　小学及初级中学，应实行强迫童子军训练，其初级中学生之年龄较大者，亦应斟酌情形施行军事训练。

三　施行军事训练之学校，其课外运动，及体育时间，仍酌量保存。

四　平民学校（即成人补习学校）亦应尽各地之可能，予以受军事训练之机会。①

自清光绪二十八年奋翮生提出军国教育起至民国八年止，其间的重大变迁如下：光绪三十二年以前，只是个人底倡导，但为西政教育思想所蔽，所得的反应甚少，可称为萌芽期。光绪三十二年学部奏定教育宗旨，至宣统三年各省教育总会议决定军国民教育主义案，极力无条件的提倡军国民教育，以对外为目的，可称为第二期。第三期为民国元年的教育宗旨案，但为有条件的，且对内与对外兼重。第四期为民国四年之大总统特定教育宗旨及《全国教育联合会议决案》，其用意与第二期相同。八年为国际平和思潮所涤荡，遂不再起，而于十年以后脱化为军事教育思想：此思想在十四年盛极一时，现在犹伏流不断。

24. 影响

清代讲军国民教育者大概都以为这是中国寓兵于农的古法，而在时势又为数十年来所需要。这种军国民教育或军事教育的思

① 《第十一届全国教育会联合会日刊》，十四年十月二十四日。

想既是古已有之，于今为烈的东西，论理在实际上应发生很大的影响。但是事实上却不如此：就 20 余年的往绩看来，我们只能寻出中学以上学校的授兵式操一事为军国民教育之证，极少数学校有学生军为军事教育之证，而在消极方面，反造成了割据统治中国的军阀。

军国民教育原以全国皆兵为主目的，以强健身体为副目的，在事实上二者均不曾达到；即以自卫为目的之军事教育，亦何尝有什么效果。军国民教育或军事教育每为人所诟病，以为这种教育发达，国人在国内会横行无忌，对外会发生侵略主义，然而自壬寅至今，我国之受外人欺侮也如故，中学生之驼背屈腰也如故；一旦有事，要受过新教育的人去靖难御侮，其结果不会大异于未有新教育以前。他方面则因人民不曾受军事教育的训练，不能自卫，极少数的强桀者得借军事之名鱼肉民众，割据自雄而成为军阀，次焉者则聚而为匪，掠夺他人。所谓军国民教育、军事教育云云，不过是教育言论家底乘兴的标语而已，实际上并不曾影响及于一般民众。

军国民教育之被提倡者已十余年，而且在提倡的时候确能应时势之要求，何以实际上不发生重大的影响？第一，是士风的偷惰，中国的读书人素日以“食人治人”为事，庄重自持，是所谓士人底本色；重文轻武又是历史传衍下来的习惯；所以在学校中，提倡武育终于不能收效。全国皆兵之说更只能视为纸上空谈。第二，是执政对于此种思想之敌视。教育原是政治的一部分，而军国民或军事教育更容易直接与现实政治发生关系。自清末改行新教育以来，执政者对于教育界人士莫不处于敌视防御的状态之中——这实是一种很奇怪的现象，因为从理论讲起来，教育为内政之重要部分，一切由执政者主持，不当歧视也。最大的原因，是中国在历史上便无所谓政治科学,也无所谓政治专家,一切政事,都由所谓治经的学问家,或精八股的科第人员主持。清末改行新政,一切新政人才培养不及,只得取给于旧人物,而主持现行学校教育的教育者,对于世界的新知识总比以醇酒妇人为生活的官吏晓得得多;因而官吏底设施不能使受教育者满意,受教育者没有官吏那样地涵养功深,自然要常常和他们作对。论执政者底本意,原以不办教育为最得计,但为着"教育为立国之本"的世界舆论所限制,不能不奉行故事地敷衍,以维持其地位,所以他们对于教育是根本无诚意的,一切都不会彻底去办,何况军国民或军事教育有成功,便会直接发生危险;①其不愿使教育界将此种教育见之实施,自是理之当然。故自清末至民国四年每次由政府提倡军国民教育,而政府始终不曾给学生以武装,就是这种对敌防御的态度有以致之。

或者有人要说:"现在国内战争,不有所谓学生军吗?何尝不是军国民教育或军事教育在社会上所得的结果?"我以为现在之所谓学生军,其目的根本异于军国民或军事教育,就是目的无异,其来源也是由经济的压迫,与此种教育思想不发生关系;只要稍明现在政治社会情况者均能知之,可不必再引例证。

现在中国人民底体魄,国家底外侮,固不减于清末与民国初元之提倡军国民教育的时代,而军人底专政更为蔡元培所预料到。所以为对外御侮,对内自卫起见,蔡氏在民元时所论采用军国民教育的意见(见前节)现在还很适用;十四年全国教育联合会之军事教育派理由更可存在。

---

① 十四年江苏善后委员对于江苏教育厅所提之《学校实施军事教育案》驳议中有云:"年来学风嚣张,如再加以军事训练,又有枪械在手,危险殊甚。"

第九章　实利教育思想与实用教育思想

25. 背景

教育原从实用而生,也以实用为目的。倘若有人问教育家说:"教育是不是有用的?"他纵不怫然变色,也会很惊讶这问题的奇怪,因为教育家大概是相信教育万能的,他们不独要教人做人而且要教人治国平天下,何尝有所谓有无用的教育。可是中国不然:初民时代的教育虽然与其他各民族者相似,都是应实际需要而起的,但后来因为列圣列神的制礼作乐,讲究化民成俗的大道理,于是教育竟成为与"人间世"无与的古董。古董之最足以愚民而与实际生活相去最远者为八股。严复说:八股有三大害:一曰锢智慧,二曰怀心术,三曰滋游手。而其论第一害最足以示旧教育症结之所在。他说:

> 垂髫童子,目未知菽粟之分,其入学也,必先课之以《学》、《庸》、《语》、《孟》;开宗明义,明德新民,讲之既不能通,诵之乃徒强记。如是数年之后,行将执简操觚,学为经义,先生教之以擒挽之死法,弟子资之于剽窃以成章,一文之成,自问不

知何语。迨夫观风使至,群然挟兔册,裹饼饵,逐队唱名,俯首就案,不违功令,皆足求售,谬种流传,羌无一是。如是而博一衿矣,其荣可以夸乡里,又如是而领乡荐矣,则其效可以觊民社,至于成贡士,入词林,则其号愈荣,而自视也亦愈大。出宰百里,入主曹司,珥笔登朝,公卿跬步,以为通天地人之谓儒……从此天下事来,吾以半部《论语》治之……做秀才时无不能做之题,做宰相时自无不能做之事。此亦其所素习者然也,谬妄糊涂,其何足怪!

当时要求显达,称学人,都要经过这种阶段,然而已经显达,或自始即自命高人者却不一定受八股底制限,而另求所以消磨精力之方。严氏又说:

自有制科来,士之舍干进梯荣,则不知所事学者,不足道矣。超俗之士,厌制艺则治古文词,恶试律则为古今体;鄙折卷者则争碑板篆隶之上游,薄讲章者则标汉学考据之赤帜。于是此追秦汉,彼尚八家,归方刘姚,恽魏方龚,唐祖李杜,宋祢苏黄,七子优孟,六家鼓吹,魏碑晋帖,南北派分,东汉刻石,北齐写经。戴阮秦王,直闯许郑,深衣几幅,明堂两个,钟鼎校铭,珪琮著考,秦权汉日,穰穰满家,诸如此类,不可殚述。然吾得一言以蔽之曰无用。非真无用也,凡此皆富强而后,物阜民康,以为怡情遣日之用,而非今日救弱贫之切用也。其又高者曰否否,此皆不足为学,学者学所以修己治人之方,以佐国家化民成俗而已。于是侈陈礼乐,广说性理,周程张朱,关闽濂洛,学案几部,语录百篇,《学蔀通辨》,《晚年定论》,关学刻苦,永嘉经制,深宁东发,继者

> 顾黄,《明夷待访》,《日知》著录,褎衣大袖,尧行舜趋,訑訑声颜,距人千里,灶上驱虏,折箠笞羌,经营八表,牢笼天地。夫如是吾又得一言以蔽之曰,无实。非果无实也,救死不赡,宏愿长赊,所托愈高,去实滋远,徒多伪道,何裨民生也哉。[①]

这两段已足将宋代以来教育上之弊端完全暴露无余。这样的教育,这样的治学问,根本上不会与国计民生发生关系,所以拳匪之乱,有大吏为倡,八国联军入京,南方反宣布中立。然而千余年来竟能相安无事,大家不独不感觉这种教育与学问之无用,反以为有大用,而谓治国平天下之道均不能出此范围,则由于闭关自守,不与他人接触,可以默守祖宗之成法,独行其是。海通以来,这种迂阔腐朽的教育,绝不能与欧西之实事求是的教育争衡,于是外交无不失败,内政亦因外侮所逼而无所适从。故庚子而后,极力推行新教育制度。只因八股及理学的种种遗毒深入人心,新教育既无显著的效力,而国际资本帝国底压迫日甚一日,国计民生亦日蹙一日,在此紧张生活之下,自然无力专为怡情遣日的玩意而不得不努力于生存之道,于是实利主义、实用主义的教育思想产生。换言之,实利教育与实用教育思想产生之原因,一由于旧教育之空疏虚浮,二由于国际资本帝国主义之压迫,三由于新教育之不切实用。

26. 变迁

甲午以后之言变法,言新政者莫不极力掊击八股之不当,亦莫

---

① 严复:《救亡决论》,页1、5。

不推崇教育之裨实用，但未闻有人以实利为言。光绪二十八年张百熙奏订学堂章程，大学堂虽分政艺两科，宗旨中虽亦有“振兴实业”四字，但全部纲领并未提及实用；二十九年张之洞等改订章程，其《学务纲要》之第一条亦止以“端正趋向，造就通才”为言。不过有以谋生为目的的实业学堂，较之从前之泛无所归宿者已有进步。三十二年三月学部奏请宣示教育宗旨，列举条目五项，其一曰尚实，可称为实利主义之发端。原文说：

所谓尚实者何也？夫学之所以可贵者，惟其能见诸实用也。历代理学名臣如宋之胡瑗，明之王守仁，国朝之汤斌、曾国藩等皆能本诸躬行实践，发为事功，足为后生则效。至若高谈性命，崇尚虚无，实于国计民生无毫末裨益。等而下之，章句之儒，泥于记诵，考据之末，习非所用，更无实际之可言。尝有泛览群籍，而不能成寻常书牍之文，精研数理，而不能日用簿记之法，予人口实，亦安用此学为也。查泰西五百年前，其学术亦偏重理论，自英人倍根首倡实验学派，凡论断一事一物，必有实据以为征信。此风既兴，欧洲政治、教育、理学诸大家，遂争以穷幽索隐之思，发平易切近之理，此泰西科学所以横绝五洲，而制造实业之相因以发达者，遂日进而不已。今欲推行普通教育，凡中小学堂所用之教科书，宜取浅近之理，与切实可行之事，以训谕生徒。修身、国文、算术等科，皆举其易知易从者，勖之以实行，课之以实用；其他格致、图画、手工皆当视为重要科目，以期发达实科学派。教员于讲授之际，凡有事实之可指者必示以实物标本，使学生知闻并进，且时导学生于近地游行，以为实地研究之助。与汉儒之实事求是，宋儒之即物穷理，隐相符合。方今环球各国，实利竞争，尤以求实业为要政，必人人有可农可工可商之才，斯下益民生上裨国计。此尤富强之要图，而教育中最有实益者也。[①]

尚实与尚公、尚武三项，当时视为中国民质之所最缺而亟宜针砭以图振起者，故与忠君、尊孔二项并举。这段论尚实，既指陈旧日高谈性理者之不当，并推述欧西所以尚实之由来，而尤提出具体办法以实现其主张：所谓教科书应浅近易行，教授宜以实物为主，不针砭当时教育界空疏之弊，且为教育上至当不易之原则，可以永久遵行。民国元年改订教育宗旨，将尚实改为实利主义，仍为教育宗旨中五项条目之一。其时主张实利主义之最力者为陆费逵。陆费逵时为商务印书馆发刊之《教育杂志》的编辑，其时该杂志为通行全国的唯一教育刊物，其主论每每转移风气。他述主张采用实利主义为教育宗旨的理由说：

且夫教育宗旨，以养成“人”为第一义。而人之能为人否，实以能否自立为断。所谓自立者无他，有生活之智识，谋生之技能，而能自食其力，不仰给于人是也。欲达此目的非采实利主义为方针不可。

这是就人之本义讲，不可不趋重实利。就国民之需要言，亦不可不重实利，故说：

实利主义，非惟药贫，实足以增进国力，高尚人格，非此则

① 《教育史料》第二册，页100—101。

他四主义亦将无所附丽。足食方能足兵，生计不裕，侈言尚武，则大乱随之。古今中外，断无无财而可以强兵之理。况今世战争，恃力者三，而恃财者七，无财则任何勇武之国民，必不足以取胜。此军国民主义之有恃乎实利主义者一也。衣食足而后知礼义，饥寒不免，则道心变为盗心矣。此公民道德主义，必恃乎实利主义者又一也。出世间之观念，优美尊严之感情，非不美也，然过于重视，则不免流于优柔文弱，数千年来吾国教育方针之误，即误于此。孔孟之轻利重义，黄老之恬退无为，其成效既如彼矣。今日顾可继以世界观美感二主义以益其误耶。

他所谓实利主义，不独在开发实业，并要演绎为一种德目，使人底一切举动均以此为依归，故又说：

实利主义云者，非惟实业，非惟手工图画，盖此特其形式也。其精神所在，则勤俭也，耐劳也，自立自营也。举凡一切为人之德义，实利主义之教育，无不含之，人人能勤俭、耐劳、自立、自营，则民智民德进而社会国家亦进步矣。今世各文明国，若英、若美、若法、若德、若日本，其教育皆有注重实利主义之倾向。质言之，则人之维持生活，既为人生第一要事，教育人人使能维持其生活，或更从而进步之，其教育之目的达矣。满清时代，愈兴教育而人民愈贫，道德愈下者，即以不注重实际教育，不能裨益于人生生活。而子弟谋生之能力愈薄弱也。[①]

① 陆费逵：《教育文存》，页45—46。

他这议论是针对蔡元培《新教育意见》一文而发。蔡于元年一月就任教育总长时，询他以教育方针，他即以实利教育对。及蔡文发表，谓共和时代当有超轶政治之教育，举军国民、实利、公民道德、世界观、美感五端为方针，而侧重于后二者。他见之不以为然，在《教育杂志》上发表《民国教育当采实利主义》一文，详述其应采实利主义之理由。第二段中所谓他四主义无所附丽者，即指军国民、公民三道德、世界观、美感也。故实利主义之提出，实以陆费逵为始，而见于正式法会者则为元年九月二日教育部公布之教育宗旨。① 此宗旨之得以公布，又全为蔡氏之力。他论实利教育方针之理由说：

> 虽然，今之世界，所恃以竞争者，不仅在武力，而尤在财力。且武力之丰，亦由财力而孳乳。于是有第二之隶属政治者，曰实利主义之教育，以人民生计为普通教育之中坚。其主张最力者，至于普通学术悉寓于树艺、烹饪、裁缝及金、木、土工之中，此其说创于美洲，而近亦盛行于欧陆。我国地宝不发，实业界之组织尚幼稚，人民失业者至多，而国甚贫。实利主义之教育，固亦当务之急者也。②

他虽亦重视实利教育，但不如陆费氏把它当作一切教育方针的源泉，只视为一种目前救急的项目，而与军国民、公民道德并举。

民国四年时，袁世凯任大总统，汤化龙为教育总长，于一月颁

① 宗旨全文：注重道德教育，以实利教育、军国民教育辅之，更以美感教育完成其道德。

② 《教育史料》，第四册，页26。

布《教育纲要》，谓申明教育宗旨，注重道德、实利、尚武，并运之以实用；二月并由大总统名义，颁定教育宗旨七条[①]，其第三条曰崇实。谓实业衰颓、财政匮乏、军备单弱，皆由于学术不实，故主张崇实。论崇实之道说：

> 崇实之道分两项言之：一曰物质之实，若数学科、理化科等，皆国民知识技能必需之教学也，不得徒事纸上之研究，必验之实际，以为利用厚生之道。一曰精神之实，若政治学、法律学、教育学等，皆立国之大本大原也，不得徒为理论之竞争，必体察国俗民情，以定实地施行之准则。……自今以往，讲物质之学，必寄以精神，讲精神之学，必本于物质。以真挚之心理，倡为朴茂之学风，以朴茂之学风，蒸为纯厚之俗尚。浮华既去，贞固不挠，由是职务安而实业兴，物产丰而财政裕，其与列强并驾齐驱而无可乘虚抵隙之处。富强之道，具在于斯。[②]

此段议论，虽无何种精到的见解，但其推论学术不实之弊端，与主张以实学建纯朴的学风却亦未尝不是对症之言，只可惜其目的在帝制自为而不在教育耳。

实利教育思想发轫于光绪三十二年，盛倡于民国元年，至四年犹有余波。但在民国二年有实用教育思想崛起，其内容及产生之原因，虽与实利教育思想异，其目的之注意实际应用则同，不过范围有广狭而已。故于本章中并论之。以下述实用教育思想。

---

① 爱国、尚武、崇实、法孔孟、重自治、戒贪进、戒躁进。（详见《教育史料》第二册，页104—112。）

② 《教育史料》第二册，页107。

本章第一段谓产生实利主义与实用主义教育思想之原因有三，其第三项曰新教育之不切实用，实用主义教育之产生即完全由此。首发其覆者为黄炎培。他于民国二年任江苏教育司司长，因感当时学校之缺点，著《学校采用实用主义之商榷》一文，力述当时学校教育之不当，而主张以实用主义救济之。他说：

> 教育者，教之育之使备人生处世不可少之件而已。人不能舍此家庭绝此社会也，则亦教之育之，俾处家庭间、社会间于己具有自立之能力，于人能为适宜之应付而已。析言之：即所谓德育者宜归于实践；所谓体育者求便于运用；而所谓智育，其初步一遵小学校令之规定，授以生活所必需之普通知识技能而已。乃观今之学者，往往受学校教育之岁月愈深，其厌苦家庭，鄙薄社会之思想愈烈，扞格之情状亦愈著。而其在家庭社会间，所谓道德身体技能知识，所得于学校教育堪以实地运用处，亦殊碌碌无以自见。即以知识论，惯作论说文字，而于通常之存问书函竟或弗能达也；能举拿破仑、华盛顿之名，而亲友间之互相称谓，弗能笔书也；习算术及诸等矣，权度在前弗能用也；习理科略知科名矣，而庭除之草不辨其为何草也，家具之材不辨其为何木也，此共著之现状，固职教育者所莫能为讳者。然则所学果何所用？而所谓生活必需者；或且在彼不在此耶？①

他对于当时教育上之弊端尚只为泛泛之论，庄俞于同年10月

① 《教育史料》第二册，页204。

在《教育杂志》上发表《采用实用主义》一文则更举出具体事项为证说：

学制公布，学校议建，学生骤增，表面观察，今日教育，岂不日有进步？然而一则虚伪，二则剿袭，三则矜夸，四则敷衍。一言决之，如是现状，于国家鲜有实际。惟其虚伪，小学校之教授，仅以教科书之完否为断；譬如教科书一册50课，以供半年之用，而学校教员但求按时授毕，内容如何，应用如何，毫不研究，学生得此，亦如往日之私塾，询其成绩，惟有读书几册，他无可言者。闻之某某校之学生，每日出席全为消磨岁月计，教员稍事苛求则缺席矣；如此，成绩之属，或出于购买，或得之假借，虽多美观，殊不足信。凡此事实，笔难胜述。惟其剿袭，则上之规制，下之教科，均以取材异国为雄。事之善者，奚不可法，乃于我国现状不能适用之事，亦必一一模仿。偶与交接，犹侈然曰，“此某国制也”。“此某国事也。”惟其矜夸，自视今日之教育绝不愧怍，语以改良，哂为多事，望其进步，斥为苛求；即学生一方面，亦不觉所受教育未臻美备，但以能获毕业头衔即于愿已足。积此三弊养成敷衍。呜呼！教育事业，尽一分精力，得一分成效，而以敷衍为事，则教育前途尚可问乎。[1]

学校这种不良的现象，当时亦有人感到，而提倡实业教育以补救之，但黄氏则以为“于普通诸学科不能使之活用于实地之业务，此外管理训练亦未能陶冶，使之适于实际之生活，而徒专设学校，

① 《教育史料》第二册，页234—235。

增设学科，譬犹习运动者感宽袖大服之不适也，特制一种运动用衣袭于其外，乃其里衣之宽大如故"，绝不能达其目的，欲救上述教育上之种种弊端惟有采用实用主义。庄俞说："欲救今日教育之弊，非励行实用主义不可。何则？虚伪、剿袭、矜夸、敷衍，无一不与实用主义有极端之反对，实用主义不得推行，则此种积弊，决难扫荡廓清。"

当时因新教育偏重书本，而不能适应社会上之实际需要，实用主义乃其反映之结果，故一经黄氏提倡，即如响斯应，于民国二三年之间，蔚为一种思潮，流行全国；《教育杂志》为出《实用主义教育商榷专号》，教科书上并有标实用主义四字者，惟其注重点则在小学课程的改革，黄氏《商榷书》提出小学各科改良的方法如下：

修身　注重偶发事项及作法。

国文　读本材料，全取应用的；作文力戒以论人论事命题，多令作记事记物记言等体。（记物置实物于前为题，或令写实景）尤多作书函（正式书函、便启、通告书均备），或拟电报（书函兼授各种称谓，及邮政章程，电报兼授电码翻译法，电报价目表等；旧时官乡要则，今之官商快览，以及坊间印售之日记册，附载各种，实包有无数适于应用之好资料），习写各种契据式，书法注重行书。

历史　除近世大事择要授之外，全不取系统的，授以职业界之名人故事等。

地理　多用图画，少用文字，图画必令自习，兼与手工科联络，制为图版。（如京津间所售知方图等）上绘山脉河流道路都邑区域，注明各种名称及物产，时就运动场划为各种地形，令之熟习。

算术　演算命题，多用实事或实物，习诸等必备各种度量衡器，使实验之。关于土地面积，则令实地量度；兼授珠算簿记。（并宜略授各种新式笔记）示以钞票钱票式样，及各国货币，并授验币法。（或疑此类于商业学校，非普通学校，然试以验币一事而论，孰不用银币，而真赝错出，随处受欺，则虽认验币为普通必要之技能可也。）

理科　其材料一以人生普通生活所接触所需用为断。时利用事物到吾眼前之机会而教授之，绝不取顺序的（如先植物次动物、矿物、生理、卫生，又次及理化。此法绝不取之）。教授务示实物，遇不得已时，济以模型标本，必令实验；切戒专用文字，凭空讲授，尤多行校外教授，修学旅行。

图画　虽简单之形体，亦参用实物写生，如绘笔示以笔，杯示以杯，鸟示以鸟之类（或用标本尤励行联络他科方法）。

手工　宜与图画联络无论矣。尤宜置实物于前，今仿造之；其材料，其方法，务求为他科策应。但仍须适合于生徒程度。

体育　采用锻炼主义，兼视地方情形，令习生活必需之特种之运动；如陆则骑马，水则游泳等。

如习　外国语注重会话。①

庄俞则就推行的机关立论说：

实施之机关，又分为二，在上者为中央教育部及各省教育

① 《教育史料》第二册，页207—208。

> 司，在下者为各校之校长及职员。苟能上下一致提倡，则成效之速，甚于置邮传命。……为教育部计，当编定教授要目，颁行于世，以为学校教授之标准。为教育司计，当就教育部所定之要目，择各省异同之点，加以详注；本省以为最要者，特别注意之，督促各学校尽力实施。为校长计，每学期始业时，预定教授一览表，将实用事项，分科编次，按时施教。为教员计，则讲授一事，必求其事于社会生活得适宜之应用，遇有事可与以直接之观察者，不可敷衍塞责，日濡月染，养成实用观念，则提倡实用主义之目的达矣。①

民国四年一月，大总统特定《教育纲要》其"总纲"第三条申明教育宗旨，特重实用教育，其说明说：

> 现时教育最大之缺点有四：一、不重道德，二、不重实利，三、无尚武精神，四、不切实用。教育部前颁教育宗旨注重道德、实利、军国民、美感各教育，惟未标明实用主义。且部令虽颁，国内并未奉行，教育迄今无一定趋向。是宜重加规定，以道德教育为经，以实利教育、尚武教育为纬；以道德、实利、尚武教育为体，以实用主义为用。②

实用主义之见于法令者以此为始。据其意，实利教育属于实业范围，实用教育则以一切教育须切实用为旨为归，所以于实利之

---

① 《教育史料》第二册，页237页。

② 同上书，页50。

外,仍以实用统罩一切。及民国六年,则由实用主义教育递嬗为职业教育,而实利实用教育思想亦自此而斩。

自光绪三十二年教育宗旨中列入尚实一项为始,至民国六年职业教育思想代实用主义教育思想而起止,为时只12年。自清末至民国二年为实利教育思想,其产生以旧教育之空疏虚浮及国际资本帝国主义之压迫为主要原因。二年以后为实用主义教育思想,以反对当时之书本教育为主要原因。二者之来源虽不同,但其目的则均在使教育合于实际需要。所不同者,实利教育不独使学校课程"实际化",并欲以之为一种德目,使学生由崇尚实际而养成勤俭耐劳独立自尊之人格,实用主义则特别注重学校科目之应用。

27. 影响

因为中国旧教育之空疏虚浮,国家经济之落伍,以及新教育之不切实用,于是明达之士竭力提倡实利教育与实用教育以谋补救。在提倡者之为此,固然是针对当时弊端,但十余年关于实利实用教育上之一切理论与方案,却都是些教育上的普通原则。因为除中国旧日的私塾外,绝未有教儿童以力不能胜的抽象哲理;任何文明国家之教授理科等,亦未有不用实物与实验者,也不闻世界有何种学校不欲养成学生以勤俭自立的习惯与能力者;陆费逵之以实利为德目,黄炎培之改良小学课程的方案,均为"人"的教育中应有之义,无须提倡,更无从蔚为一种时代思潮。惟中国因历史上倾重文字教育,对于外国教育的形式虽仿效不遗余力,其精神仍与从前无异,所以改行新教育制度之结果,反弄得"学生往往受学校教育之岁月愈深，其厌苦家庭，鄙薄社会之思想愈烈，扞格之情亦愈甚。”根本原因在于以制科的精神办学校，以八股的效用视学校课程；八股与制科固然不切实用，但因其历时甚久，人民习而忘之，新学校与课程制科八股化，则于不适用之外，更使人不能相忘，于是教育上之普通原则竟不能不特别提倡了。

实利与实用教育其原则虽然卑之无甚高论，但在当时却极合需要。只因中国教育不求实用的历史太长，此种思想也无重大的影响。实利教育原以增进财力与养成勤朴之风尚为目的，可是由光绪三十二年以后，我国底实业教育既未见有若何进步，一般学风亦未见受此思想之激荡而趋于勤朴。至于实用教育原为当时书本教育的一种反动，在小学教育颇发生一些效力，最显著的，第一是教科书渐与儿童能力与社会需要接近（可于比较民国三、四年以前与以后之小学教科书中得其实证），第二是理科之教授逐渐注重实验（如江苏小学理科实验竞赛），第三是植立了职业教育、科学教育的基础。只可惜当时提倡者只专以小学为对象，而不注意于中等教育，致使现在的中等教育，其流弊仍与民国二年黄炎培、庄俞所举之现象无异。

将教育上的普通原则当作一种思潮来提倡，自然难免贻笑大方；然而欲救中国教育今日空疏虚娇之病，却仍不得不努力于此贻笑大方之事。不知教育者对此作何种感想！

第十章　美感教育思想

28. 背景

美育在世界教育史上本来是一位后进，在中国新教育史上更是后进。光绪二十九年的新教育制度，对于日本学校的种种方法，大概都抄得很全备，而独不及美育。学制系统未建立以前的学校，固然是为着方言、军备等教育思想所支配，为达特殊的目的而设立，其不注意美育，自然是题中应有之义。二十八年张百熙奏订学堂章程，除了高小与中学为着实用起见而有图画科目外，寻常小学、蒙学堂亦无图画；美育的要项的音乐则各级学校概无之。二十九年的改订章程，中学与高等小学有图画科，其目的与前次无异，高小但书可加手工，初小但书可加图画、手工，师范学堂与中学同，音乐仍全部无之。学校有图画、音乐科虽不能说一定实施美育，但此二者究为艺术科目，设置之亦尚有美育的基础。两次学堂章程，竟对此不加注意，当时国人对于美育的漠视——甚且无此观念——可以概见。而光绪三十四年二月使日大臣请发音乐学生官费，学部覆谓："音乐……学校虽系文部直辖，惟核其所修之学业尚非中国今日最急之务，嗣后亦可不必改给官费”[①]之言，更是一种显明的证据。

光绪三十三年正月学部奏订女子师范学堂章程，课程有图画、音乐两科，其图画教授教旨中有“在使精密观察实物能肖其形象神情，兼养成其尚美之心性”；音乐教授教旨中有“在使感发其心志，涵养其德性”之言，始略具美育意味，壬寅、癸卯两次公布的学制系统均未言及美育，此次单独奏订女子师范学堂章程而具美育意味者，是因为初次改行新教育制度的目的，在籍学校以行新政，与政治无直接关系的美育当然不在他们底注意范围之内；而女子教育在当时则视为与国计民生无关的东西，其功能仅在于有妻相夫，有母训子，所以讲讲美育也可。

严格讲来，清代的新教育并无所谓美育。

美感教育的倡议，要以民国元年为始，首倡者为蔡元培。蔡为浙江绍兴人，清末即投身民党而努力于教育事业，光绪三十一年因上海之图谋不遂，乃去德国入莱比锡大学习哲学、心理、美学，而尤深感于德国的美育设施；且其根本思想倾重于世界主义，以美能破人我之见，故极力提倡美感教育。中国十余年来的美感教育思想，实以他为唯一的中坚人物。

29. 变迁

民国改元，在政治上既然发生数千年未有之奇变，教育亦从而受其影响。光绪三十二年学部公布之忠君、尊孔、尚公、尚武、尚实五项宗旨，前两项固然与政体及信教自由的约法有抵触，后三项虽

① 《学部奏咨辑要》初编。

亦为当时所需要，但其对象均以现实世界为限，而教育之目的，不应专以现实世界之改善为止境，更须进而提倡实体观念，所以尚公、尚武、尚实的教育绝不是完备的教育，蔡元培根据其世界主义的根本思想，与其在德国所感的美育印象，而从哲学上立论以提倡美感教育说：

> 虽然人不能有生而无死。现世之幸福，临死而消灭。人而仅仅以临死消灭之幸福为鹄的，则所谓人生者有何等价值乎？国不能有存而无亡，世界不能有成而无毁，全国之民，全世界之人类，世世相传，以此不能不消灭之幸福为鹄的，则所谓国民若人类者，有何等价值乎？且如是，则就一人而言之，杀身成仁也，舍生取义也，舍己为群也，有何等意义乎？就一社会而言之，与我以自由乎，否则与我以死，争一民族之自由，不至沥全民族最后之一滴血而已，不至全国为一大塚不已，有何等意义乎？且人既无以死生破利害之观念，则必无冒险之精神，无远大之计划，见小利，急近功，则又能保其不为失节堕行身败名裂之人乎？谚曰：当局者迷，旁观者清。非有出世间之思想者，不能善处世间事，吾人即仅仅以现世幸福为鹄的，犹不可无超轶现世之观念，况鹄的不止于此者乎？

这是论人类的生存虽然只以现实世界为限，而其最终之鹄的，则常超越于现实世界，故教育不当以现实世界为限，也不当专顾实体世界而不问现实世界；因为前者是政治家底事情，而后者为宗教家底希冀，所以他说：

> 以现世幸福为鹄的者，政治家也，教育家则否，盖世界二

方面,如一纸之有表里:一为现象,一为实体。现象世界之事,为政治,故以造成现世幸福为鹄的;实体世界之事,为宗教,故以摆脱现世幸福为作用。而教育者则立于现象世界,而有事于实体世界者也。故以实体世界之观念,为其究竟之大目的,而以现象世界之幸福,为其达于实体观念之作用。

教育家虽然有事实体世界,但其根据点仍然在于现实世界,故绝不能如宗教家底以摆脱现世幸福为目的,仍须于努力现世幸福之中求提撕实体观念。所以他又说:

然则教育家何以不结合于宗教,而必以现象世界之幸福为作用?曰:世固有厌世派之宗教,若哲学以提撕实体世界之故,而排斥现象世界。因以现象世界之文明,为罪恶之源,而一切排斥之者。吾以为不然,现象、实体仅一世界之两方面,非截然为互相冲突之两世界。吾人之感觉既托于现象世界,则所谓实体者,即在现象之中,而必非灭乙而后生甲。其现象世界间,所以为实体世界之障碍物者,不外二种意识:一、人我之差别;二、幸福之营求是也。人以自卫力不平等而生强弱,人以自存力不平等而生贫富。有强弱贫富,而彼我差别之见起。弱者贫者,苦于幸福之不足,而营求之意识起。有人我则于现象中有种种之界画,而与实体违。有营求则当其未遂,为无已之苦痛,及其既遂,为过量之要索,循环于现象之中,而与实体隔。能剂其平,则肉体之享受,纯任自然,而意识界之营求泯,人我之见亦化。合现象世界各别之意识为浑同,而得与实体吻合焉。故现世幸福,为不幸福之人类到达于实体世界之一种作用，盖无可疑者。军国民、实利两主义，所以补自卫自存力之不足。道德教育，则所以使之互相卫互相存，皆所以泯营求而忘人我者也。由是而进以提撕实体观念之教育。

上面几段议论虽然是说明政治、教育与宗教的区别为目的，然而立论的精到实是一部最有价值的教育哲学，不独民国以前之言新教育者无人道及，即降至今日亦无人道及；这种现象自然足以表现中国教育者底浅薄，而其根本原因则在于为外国教育所产生的结果所震骇而追蹑，始终不曾用过思想去体认教育的性质。所以他这些议论，不是提倡美感教育的几段冒语，实是近代中国教育哲学上一种创见。

他更进而论提撕实体观念的方法说：

提撕实体观念之方法如何？曰消极方面，使对于现象世界，无厌弃而亦无执著；积极方面，使对于实体世界，非常渴慕而渐近于领悟，循思想自由言论自由之公例，不以一流派之哲学、一宗门之教义梏其心，而惟时时悬一无方体，无始终之世界观以为鹄。如是之教育，吾无以名之，名之曰世界观教育。

这种世界观教育之鹄的，唯有美感教育才可以达到，盖人生常为小己所役，一切事功均以自利为前提。——利国福民亦自利之大者耳——惟美感能使人超利害，忘人我，跻世界于大同。故极力提倡美感教育，说：

虽然，世界观教育，非可以旦旦而聒之也。且其与现象世

> 界之关系，又非可以枯槁单简之言说袭而取之也。然则何道之由？曰美感之教育。美感者，合美丽与尊严而言之，介乎现象世界与实体世界之间，而为津梁。此为康德所创造，而嗣后哲学家未有反对之者也。在现象世界，凡人皆有爱恶惊惧喜怒悲乐之情，随离合生死祸福利害之现象而流转。至美术则即以此等现象为资料，而能使对之者，自美感以外，一无杂念。例如采莲煮豆、饮食之事也；而一入诗歌，则别成兴趣。火山赤舌，大风破舟，可骇可怖之景也；而一入图画，则转堪展玩。是则对于现象世界，无厌弃而亦无执著也。既脱离一切现象相对之感情，而为浑然之美感，则即所谓与造物为友，而已接触于实体世界之观念矣。故教育家欲由现象世界而引以到达于实体世界之观念，不可不用美感之教育。①

他底提倡美育系根据他底人生哲学及教育哲学而来，立论固然很精当，而且常常为之不断的提倡。民国六年，他在北京神州学会讲演，并扩充到教育底范围以外，而主张以美育代宗教。他从历史上说明人类精神上的知识意志感情三作用，在昔皆附丽于宗教之中，后因科学昌明，前二者均脱离宗教而独立，现在宗教所最有密切关系者唯有感情作用，即所谓美感是。但宗教常因宗派问题发生争端，常使“美育之附丽于宗教者，常受宗教之累，失其陶养之作用，而转以激刺感情……鉴激刺感情之弊而专尚陶养感情之术，则莫如舍宗教而易以纯粹之美育：纯粹之美育，所以陶养吾人之感情，使有高尚纯洁之习惯，而使人我之见，利己损人之思念以

① 《对于新教育方针之意见》，《蔡孑民先生言行录》第一册，页189以下。

渐消沮者也。”

美育可否代宗教，虽然在理论上与事实上都属未决的问题，但他提出此义而竭力申明其可能，则他对于美育功效的重视可以想见。他在《我之欧战观》一文中，更极力尊崇美术底功用，说：

> 然则法德两国不甚信仰宗教，而一般人民何以有道德心，此即美术之作用。大凡生物之行动无不由于意志，意志不能离知识与情感而单独进行。凡道德之关系功利者伴乎知识，恃有科学之作用；而道德之超越功利者，伴乎感情，恃有美术之作用。①

美感是超越功利的，无论何时都得提倡，若不用美术的教育，结果便会发生狭隘自私的毛病。所以他于民国八年新文化运动正在当位的时候，大声疾呼要讲文化运动的不要忘了美育，说：

> ……文化不是简单，是复杂的，运动不要空谈，是要实行的；要透彻复杂的真相，应研究科学。要鼓励实行的兴会，应利用美术。……不是用美术的教育，提起一种超越利害的兴趣，融合一种划分人我的僻见，保持一种永久和平的心境，单单凭那个性的冲动，环境的刺激，投入文化运动的潮流，恐不免有下列三种的流弊：(1)看得很明白，责备他人也很周密，但是到了自己实行的机会，给小小的利害绊住，不能不牺牲主义；(2)借了很好的主义作护身符，放纵卑劣的欲望；到劣迹败

① 《蔡孑民先生言行录》，页53。

露了，叫反对党把他底污点，影射到神圣的主义上，增了发展的阻力；(3)想用简单的方法，短少的时间，达他底极端的主义；经了几次挫折，就觉得没有希望，发起厌世观，甚且自杀。[①]

他虽然极力提倡美育，但一般教育者却视其言论为东风过耳，不加注意。民国十年八月刘伯明(经庶)在南京高师教育研究会讲演美育，详论美育底价值与中国不重视美育的缺点，他底主张始得同调。刘说：

美育之属于教育，与德、智、体三育同，不可有所轻重也。德、智二育一趋于意，一趋于知，美育则偏于感情。意也，知也，情也，皆人类精神现象之要素，互相作用，无所轩轾于其间。然今之谈教育者，多偏重德、智二育，弃美育于不顾，此实一大缺点。

刘以西洋哲学史见长，从历史上说明美育进展的历程，而评功利主义的教育之不当，说：

今之言教育者每轻美育，视为太狭，一切以生活为准，此盖受进化论竞存思想之影响也。英人斯宾塞，大教育家也，其完全生活中专言对于环境之关系而不及美，视美为闲暇之消遣，此亦受进化论之影响者。杜威虽言改造经验，然亦不言美，恒言主动之驾驭而轻被动之欣赏；若此时哲学正值戎马倥

① 《蔡孑民先生言行录》，页273—274。

偬之秋，欣赏非此时所能计也。美人最重效率，以为人生最大目的，有瀑布于此，彼必计其马力，用以转动轮计。吾国人最重享受可以之补美人之偏；而美国人之所有者亦可以补吾国人之偏也。

民国十一年李石岑主编上海商务印书馆发刊的《教育杂志》，更以提倡美育为唯一的职志（宣言中虽曾以体育与美育并举，但系因人太不注重体育而然，据他底解释，体育亦伏于美育之中），并于该志14卷第1号发表《美育之原理》一文，表示其对于美育之意见。他首论美育的功用，说：

德、智、体三育，何以未足于吾人以最后之满足？欲答是问，宜先问德、智、体三育与人生之关系若何？盖教育之第一义，即在诱导人生使之向于精神发展之途以进；而德、智、体三育所以完此职责者，能达至若何程度，此不能不问也。夫教育之原始的形式，本即为德育与体育；学剑学礼，同时并进，而祖先之风习、情操、法律、道德赖以维持。……自社会之分化发达，知识的教化之范围日广，而德育之势始稍杀。盖知识的教化，所以启示人生者，远驾于德育之上，则德育不足以敌智育也明甚。唯智育以授与知识与技能为主旨，其有裨于人生之实用也固甚大，然究足以导吾人于生命向上之途与否，仍属疑问。至于体育，虽为人生所必需；若仅以强健体格为唯一之天职，此外并不附以精神上之意义，则此昂昂七尺躯，只成为宇宙之赘疣，而何生命向上之足云？故18世纪，中于德育过甚之弊而不脱传袭的思想；19世纪，中于智育过甚之弊，而招弗罗伯尔一类之自然主义的悲哀;二十世纪初头,中于体育过甚之弊,而有前此之军国主义的欧洲大战。最近教育界觉悟之结果,知德、智、体三育偏重固不足以予人生之满足,即并重亦难语于精神之发扬,而不得不着眼于人类之本然性。至所以启示人类之本然性而导之表现者,则美育也。

又论美育之性质,说:

德、智、体三育,如用之有当,则或足阻人类之本然性使不得展舒;甚或锢蔽之,斲丧之,故古典教育、注入教育、军国民教育生焉。德、智、体、三育所以陷于斯弊者,亦非无故。德育与美育,适立于相反之地位:德育为现实的,规范的;美育为直觉的,浪漫的。德育重外的经验,美育重内的经验。德育重群体之认识,美育重个体之认识。德育具凝滞阻碍的倾向,美育具活泼渗透的倾向。又智育与美育,亦立于相反之地位:智育重客观的;美育重主观的。智育重普遍的;美育重个性的。智育重抽象的,美育重具体的。智育重思考的,美育重内观的。德、智二育,虽各有其领域,而于人类本然性之发展,自远不如美育所与机会之多。至于体育,则本属美育之范围,更无所谓领域。体育原期身体之美的发达,所谓人体美之陶冶,亦即希腊教育之中心思想。人但骛于体育在增高体位,遂忘其本义,而去精神向上之途乃愈远。故德、智、体三育,对于人类本然性之发展,皆不能无缺憾,换言之,对于人生,皆不能予以最后之满足。此美育之提倡,所以非得已也。

关于美育底价值，他已经阐发无遗；就其所见，美育底内涵最富，可以括一切教育，故于此文之结论上说：

> 美育者发端于美的刺激，大成于美的人生，中经德、智、体、群诸育以达美的人生之路。

据他底意见，德、智、体、群各种教育，都是美育中应有的事，而美育底目的即在于创造美的人生，陈义本然很广，而且未及设施的方案，所以该志本号末尾吕澂《论美育书》虽然对于美育的解释与他底意见相合，但在方法上则主张独立设施。吕说：

> ……欲于今日提倡美育，非独立设施，不受一切牵涉，不足以示其正轨。若普通教育既未能与美育合其目的，自亦无从用美育方法于其间，所有美术科目，任其自与其教育目的相调和，正不必强蒙以美育之名，而至于非骡非马也。

自蔡元培于《新教育方针之意见》一文提出美育的主张而后，言美育者对于美育的解释虽有差异，但对于实施上都主张附丽于普通教育之中；而且都极重美育或以之涵盖教育全体的目标。或以主义特重的教育目标。自吕澂底通讯发表，在美育设施上有独立与附丽之分，而以美育为特重或涵盖教育全体的目标，亦有人发生疑问。首提出此项问题而加以分析者为孟宪承。他于《所谓美育与群育》中说：

> 美的教育有二义：第一特殊的“独立设施”的一种教育目

标，第二普通教育中一种目标。如吕澂先生说的“悬美的人生以为正鹄之教育……必完全独立而后获尽其用”，我看就指第一义说的。李石岑先生说“美育之力隐隐代德、智、体三育而有之”，是指第二义说的。……至于教育者所谓“美的教育”多指第二义。

此为分析美育设施有独立与附丽之别。他又说：

主张把“美育”作为统罩的或过重的教育目标，我看持有下列两项理由：（一）“美育”给我们精神最后之满足，而教育第一义，即在诱导人生使之向于精神发展之途以进；（二）“美育”给我们道德上一种涵养和感化，如蔡先生说的，“纯粹之美育，所以陶养吾人之感情，使有高尚纯洁之习惯，而使人我之见，利己损人之观念渐消沮”。

否认美育为统罩或过重的教育目标的人，对于以上两点，先有疑问。第一，在现在的时代，社会讲教育，是否以精神发展为惟一正鹄？第二，“美只为美”的运动，原在使艺术中不搀杂理知和道德分素；所以艺术家，也尽多非科学非道德的。美情涵养，是否必常有道德的效果？他们所以否认这教育观的理由有三：（一）这目标是主观的。吾人生活于此自然美人类美艺术美之中，实不能一刹那间不受美之刺激，但是人生环境的刺激，不限于美；对于美的刺激的反应，也人各不同。成年人感受的美，儿童未必同样感受，艺术家欣会的美，凡眼未必能同样欣会。这样主观的一个东西，不能作为教育全体客观的主标。（二）这目标是畸形的。人生活动，职业的居了大半。

美育是种暇逸教育(Education for Leisure),不能概括教育的全部。(三)单提这目标,是不合现在中国的时代和社会的需要。西洋美育论,是实利主义过盛的危言,是文明过于机械化的反响。若现在的中国,资财但见消亡,生计濒于破裂,教育家若不肯忘情于社会,也该快设法用教育来改造物质的环境,图谋物质的乐利了。教育家眼看着可怜的中国人,祷祝他们能"希求兴趣之人生",却不由得垂涕而道的向他们说:你们快先努力正大之人生,是要紧呵!①

因此,他以为"任举一种目标,要概括教育全部总有些牵强",而主张照美国史奈钝(Snedden)底意见,将美育放在文化教育之中。他这种议论,很能确切规定美育底限度,而美感在教育上的地位也由哲学的而入于科学的。他作此文,原是有感于《教育杂志》上李、吕两人底议论而发,虽然在实际上不曾发生什么影响,但在理论上却已进步不少。

以上都是些关于美育的原理,具体的实施方法以蔡元培与吕澂两人所论为最详。蔡于民国十一年六月《教育杂志》上发表《美育实施的方法》一文,根据他以美育为教育上最重要的目标的见解,详述家庭、学校、社会三方面的设施方法,其大要如下:

家庭的美育方法——第一步是美的胎教:有孕的女人入胎教院,胎教院底地方、建筑、设备均须有优美的采色,使孕妇完全在和平活泼的空气里面过生活,不使各种不良的刺激影响及

① 《新教育》第4卷第5期。

孕妇而间接及于胎儿；第二为家庭美育：孕妇养儿以后，变迁到公共育婴院，院中设备力求美化，院内成人底语言动作须有适当的音调与态度，以为儿童模范，衣饰也要一种优美的表示。

学校的美育方法——幼稚园有舞蹈、唱歌、手工等美育专课，不用枯燥的算法与语法；中小学有音乐、图画、运动、文学等科目，中学时代更须选取悲壮滑稽的著作；中小学之其他一切学科也都要随时利用其与美感有关系的资料，以陶养学生底美感。大学则设美术专科如音乐、美术（包含建筑、雕刻、图画三科）、戏剧、文学等；就是其他非美育专科的学校底建筑式、陈列品都要合乎美育的条件，更可时时举行辩论会、音乐会、成绩展览会、各种纪念会来普及美育。

社会的美育方法——首从专设的美育机关起，如美术馆、美术展览会、音乐会、剧院、影戏馆、历史博物馆、古物陈列所、人类博物馆、博物学陈列所与植物园动物园；次为地方的美化，如道路、建筑、公园、名胜、古迹、公坟，均须含有美育的观感。

这种设施的方法，虽然范围很广，但并不是乌托邦的幻想，最大部分都是欧美文明国已有设施。

吕瀓于民国十二年五月《教育杂志》上发表《中学校的美育实施》一文，专论学校中的美育设施，他先立定五种根本条件如下：

其一，认一般教育当以美育为其骨干，学校的美育于现今一般美育的实施上最为急务，而中学校的美育于其间尤有重大的关系。

其二，因为完成中学校的美育，于教学的方面须酌量改革艺术科的教法,使能直接养成学生底美的态度,渐由美的享乐、创作而进于美的人生观;又须尽量联络能和艺术发生关系的学科教授,务使多有美的态度之机会,且保持全校教授上面的统一。

其三,对于训育方面须以美的陶冶为主,而随时加以指导;又须使学生以协力养成美的趣味,实践道德,以至于有纯粹的品性和健全的人格。

其四,因教学训育所必需,对于设备方面务求不违背美的原理,时时处处都能给教学者以便利,且于无形之间,能涵养美感。

其五,任教授和训育者务期其能利用极真实的态度而由人格的力量感动学生。

因此,美育所涉及的方面很广,而训育与教授的关系尤深,他曾作一图示之如下:

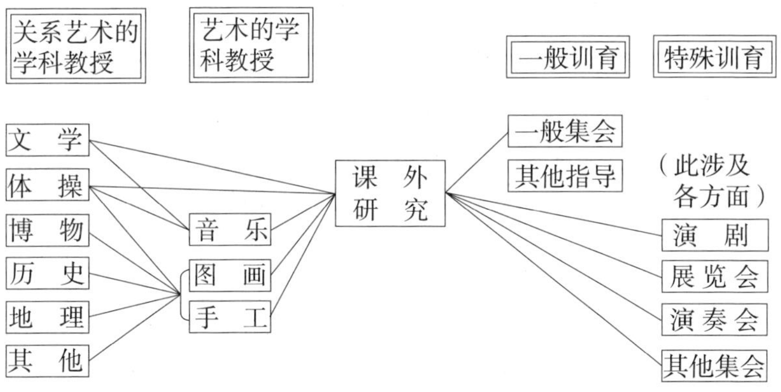

美育实施应有一种主持的总机关,由校长、教职员等组织之,定名曰美育会议,议决关于实施的方案与研究美育原理。此会议

决之案件全体人员均须负责，其组织上之关系如下图：

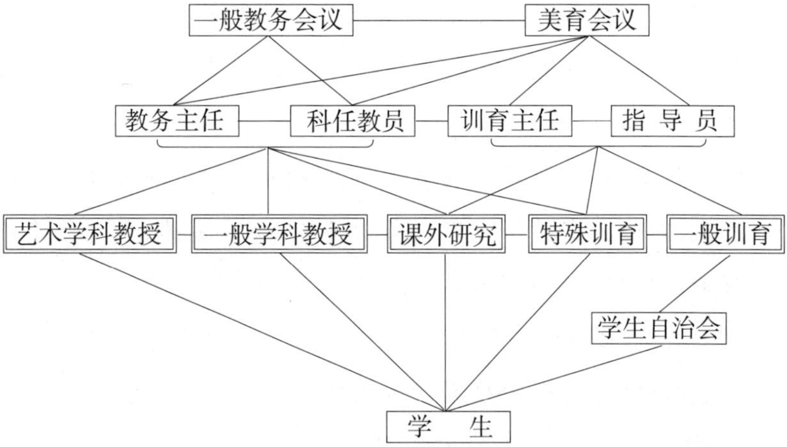

他这种计划虽说只限于中学，但学校美育实施的方法与原则都详备无遗，十余年来言学校全般之美育设施方法者，实以他此文为独到。

自民国十一年以后，在全国教育界历史最长，销路最大的《教育杂志》既以提倡美育为唯一的职志，于是该杂志常有关于美育的文章发表，教育界因他种思潮的激荡（后详）与该杂志主持者之提倡，遂蔚成一种思潮。十一年而后，集合全国教育界人士于一炉的中华教育改进社年会都有美育组，每次均有提案若干。虽然该会每次都只在集合若干教育者为蜂哄的讨论，而不注意于实际的设施，但十一年以后，美感教育思想发展的情形，却可于其提案之言论中见之。

自十一年至十四年的四年间，教育改进社年会关于美育之提案二十件，通过者十六件，其思想的倾向可别为三大类：第一类为普及：即于普通教育中尽量推行美感教育，于一般社会上设置美术馆及多开美术展览会等，如十一年之《欲求美育普及宜设美术院案》,十二年之《各省应设美术品陈列馆案》,十三年之《各省设立美术馆案》,十一年之《清政府增设国立美术展览会案》,十四年之《举办全国美术展览会案》等是。第二类为应用,即使美术应用于实际生活及各种工艺上,如十一年《专门美育以造就专门人材增进美的制造以供国民之赏鉴为目的案》之第二项办法,主张工业学校增加美学及美术科目为通习必修科,十二年之《高级中学每省至少起首有美术或美术工艺两校逐年增设一二校案》,十三年之《高级中学必设艺术科案》等。第三类为存古,即设立机关保存中国固有之艺术品,如十年之《欲求美育普及宜设美术院案》,十四年之《组织中华古美术品调查委员会案》,请《山西省政府保护大同云国石佛寺案》等是。

美育何以要普及？他们说：

> 今日中国青年之道德日趋于卑下,志趋日流于龌龊之境者,盖无高尚纯洁之美育为之涵养,为之引导故也。①
>
> ……美术之为物能涵养国民思想,使之高尚:尝见学生在校求学之时,其日常生活尚有秩序,其思想亦颇正当,一旦离校,则多至堕落,此何故乎？盖社会缺乏美术之设备以助其精神发达故耳。若吾人游西人之都市或入其公共场所及官衙学校议院等处,惟觉其地之优美,使卑鄙之志顿减,非地能移人之性也。盖其建筑及大小器物均含有美术性质:美术之为物,岂可轻视之哉!②

① 《新教育》第五卷,页514。

② 同上,页520。

今日学者常说美术代替宗教,实则美育普及,则迷信自破,无所谓宗教,自无所用其为替代也。①

美育何也要应用?他们说:

美术非工业不能宣传,工业非美术不能发达。②

社会、家庭、建筑、制造、服饰、消遣,各方面无不应用美术。③

以言职业,则法之绘画,德之版印,皆足以利及民生者;以言重要,则为社会精神之所击,尤为急务……艺术之足以维系社会,大有利于社会也,职业之重要者也。④

他们对于保存中国固有艺术品的意见说:

我国美术发达,自古迄今,班班可考。固由国民性质使然,亦由于提倡有人,故成绩因可表见。古者帝王崇尚美术,或搜集名迹,或辟画院,延揽奖励美术家种种办法;帝王提倡于上,一般之社会承风于下,势力雄厚,人材蔚起,今日得睹古迹美术上之有荣光者,皆由于尔时提倡奖励之功之所赐也。比者百年以来,国家多故,此风几于湮没,巨匠名手稀如晨星,识者为之兴叹,而外国人之考求东方美术者,无不慨想古昔之甚况,古迹之足珍。而近世以来,此风消沉,不独不能发展,且

① 《新教育》第五卷,页518。

② 同上。

③ 同上,第七卷,页271。

④ 同上,第九卷,页598。

有不能保存之势，为可惜也。欧美各国，对于美术，极意尊重美术人材，极力奖励美术馆、画院等，国家不惜巨资，经营设备，吾国人之游历彼邦者，莫不艳羡称道之。且吾国古迹美术品，亦代为之保存，而吾国固有之文物，反弁髦视之，致使国民不能自数家珍，不知美术为何物，无乃太昧乎！①

30. 影响

从实用主义的教育家看来，美育是饥不可食，寒不能衣的东西，虽然理论上有些人提倡，实际是不会发生大影响的。但从民国十余年的往迹看来，美育在教育实际上的影响并不亚于其他各种教育思想，甚或过之。兹先胪列几件最显明的事实，再推论其所以较大的影响的原因。

民国教育制度是由清末的现行教育制度递嬗而来，即各校课程亦多与清末所订者无大出入。唯有普通教育中之艺术课程则有很大的差异。在科目上，清末之中小学固无音乐一门，即图画亦系为应用而设。民国初元公布之中学令施行细则，均有音乐、手工、图画的美育科目，而且均以美感为目的。《国民学校令施行细则》之教则说：

手工要旨在使儿童制作简易物品，养成勤劳之习惯，审美之兴趣；……图画要旨在使儿童观察物体，具描写之技能，兼

① 《新教育》第九卷，页514—515。

> 以养其美感；……唱歌要旨在使儿童唱平易歌曲以涵养美感，陶冶德性。

关于艺术科目的课程时间，在国民学校中约达全体八分之一，高等小学约达七分之一，中学约达十分之一，较之清末普通教育中除女子师范外，艺术科目只有以应用为目的之图画一科，而其时间不及二十分之一者，在数量上已发展不少。

十一年新学制公布以后，全国教育联合会拟订的中小学课程纲要，小学艺术课程达全体18%（合音乐），中学约8%，在小学的数量已大增加，中学校的艺术也以美育与应用为对立的目的。

这是美感教育思想在普通教育中所发生的影响。在特殊设施上，上海的美术专门学校成立于民国初元，该校毕业之男女学生出而至各省设立美术学校者为数不少，北京亦于民国七年，由国家设立美术学校，十一年七月并改为美术专门学校，在学制系统上另辟一新领域；而七年二月教育部并准于直辖学校教员出洋研究者二十四名外，留额四名选派学习美术音乐等科，十六年国民政府，之大学院设美术院、音乐院，教育行政者对于美术之重视于此可以见之。至社会上对于美育的观感，在五四以前虽无特别的赞赏，但亦无人反对。五四而后则已蔚为一种思潮，各地美术学校，固多相继设立，对于美术的观念也和从前不同：就是昔日所认为最不合体的模特儿（Model）亦在各美术学校中任人写作；虽然顽旧的当局也曾有所干涉，但终因社会上一般思潮之转移而莫如之何。这是美感教育思想在美育独立设施及社会上所生之影响。

中国改行新教育之动机原在变法图强，故清末的教育思想，均不能超越现实世界底藩篱，而民国初元经蔡元培底提倡美育，竟在实际上发生较大的影响，其原因约有三端：第一，是美育本身的功能。美感教育原以提倡无人我、超利害为旨归，美的性质也就是无人我，超实利的；惟其如此，所以无论怎样提倡，在实际上都不会如军国民主义的教育那样易于引起争端，因而不甚为人斤斤较量。思想之与此相合者固然乐得赞同，不合者亦因无利害冲突而不必为急剧的反对，所以十余年来，此种思想能不断地顺利进行。第二，是政治的助力。蔡元培虽然以提倡美育为其终身事业中一件大事，但在民国元年的时候他却是一位负全国教育重责的教育总长，他底言论的势力，固然要因其地位上的关系而与他人不同，他的地位也足以实现其主张。所以他底理论能于民国初元在普通教育中实现一部分。十六年任国民政府大学院长更特设美术院、音乐院以实现其主张。第三，是时代思潮的激荡。蔡元培十余年来常有提倡美育的文章发表，但在五四以前，社会上竟少反应。自经李石岑在《教育杂志》上提倡以后，美育思想遂普及于一般教育界，李石岑底提倡与《教育杂志》的发行力固然很有关系，而五四后的大同思潮却有更重大的关系。因为五四运动而后，中国的旧文化固然发生重新估价的问题，而清末以来的功利主义的教育更不足以敌欧战后的国际思潮，于是外国的种种思想，也因固有思想的解放与新思想的要求而输入。美的教育一经提倡，便沛然盈溢于一般教育者之脑中，而普及于一般社会。倘若没有五四运动作背景，《教育杂志》之倡导，纵不如蔡氏在民国八年以前所得的结果，也绝不会蔓衍得如此之快。

根据此三种原因，所以饥不可食、寒不能衣的美感教育思想，竟能在教育实际上绵延地发生些较大的影响。

美感教育思想固曾发生了影响，而且不如其他的教育思想有什么“负”影响，倡美感教育的人，似乎当知所止了。可是照着提倡者底本意，以无人我、超利害为美育的职能，则美感教育在现代中国的教育上也可以说是毫无影响；因为无论在个人方面，或在社会方面，都不轻易看得见这种功效，而且民德反有日趋卑劣的现象；就是社会上具体的美的设备，也未见得有若何改进。所以若有人问现在还当提倡美育吗，我敢举就丽底一首新诗为答：[①]

头痛医头，脚痛医脚；
　慢说现时美育用不着！
　　中国全身都在疼痛中，
　　　美育也是治一部分的灵药。
你说是“衣食足然后礼义兴”，
　美育不能当饭吃，当衣着
　　然而多少饱食暖衣的大人先生们，
　　　“坐于涂炭”而不知龌龊！
都由美感太疲麻，
　人生蹙蹙无可乐；
　　又何怪日长无事的太太们，
　　　怀着胎儿又麻雀！
唉！可怜的人生呀，头痛医头，脚痛医脚，
　谁说美育现时用不着！

① 《教育杂志》14卷6号。

第十一章 大同教育思想

31. 背景

现在,世界固不曾大同,将来是否可以大同,也无确切的论证,然而希望大同的心理却是人所同然:无古今中外之分。这种希望也如宗教信仰一样,虽然明知其不能见诸事实,然而许多人却情不自禁地要信仰它,是由于人生的究竟问题,无法解决,只得希望有全知全能的神明解决之。教育家之希望以大同主义的教育使世界大同,也是鉴于现在社会上的种种苦痛——如军国主义、资本主义所产生的战争侵略的弊端——无法解决,而希望用教育的方法建设一种最自由最合理的世界,以解除现实的困苦。

就中国改行新教育制度的动机,以及改行新教育以后的国势看来,本可以不产生大同教育思想;因为自鸦片战争而后,中国在国际上无处不受压迫,国人图强之念已无时或已。然而竟行这种教育思想?第一个原因自然是出发于希望解除苦的公共心理,第二是国际压迫的反映,第三是中国人和平根性的表现。现实世界不论是好是坏,人类对之总是不能满足的,这是人类底特性,也是大同理想自有史以来即存在于明达者心意之中的重大原因。中国人素尚王道的，在政治上常非法家的法制，而重视儒家“为政以德”的办法，在教育上则以明明德于天下为唯一的目标，而以正心诚意，格物致知的方法出之，不主张“争民施夺”，所以无论武人内乱到怎样的程度，平民总是希望和平。国人底生性既是这样地爱和平，而国际帝国主义的压迫，又无法抵抗，于是乃更从反面希望世界大同，以减轻自己的苦痛。

因此种种原因，大同教育的思想，竟在中国新教育历史中时隐时现地绵延数十年。

32. 变迁

在近代中国教育史中首倡大同教育者为康有为。他在清光绪戊戌以前，著《大同书》根据《礼运》：“大道之行也，天下为公，选贤与能，讲信修睦，故人不独亲其亲，不独子其子，使老有所归，壮有所用，幼有所长，鳏寡孤独废疾者皆有所养，男有分，女有归，货恶其弃于地也，不必藏诸己，力恶其不出于身也，不必为己……是为大同”之说，衍其条理，分论大同之世的各种政制。全书计数十万言。惟他以为今方为“据乱”之世，只能言小康，不能言大同，故秘其书而不宣，知者惟其少数弟子。后虽在《不忍杂志》中刊布甲乙两部，但只全稿三分之一。在乙部中虽会将其理想的社会列表详示，但无关于教育具体的方案。其弟子梁启超曾于《清议报》中著《康有为传》，有言及其教育理想者摘录如下：

(甲)种族改良……女子平日当受完全之教育不待言

矣，……而又必定市廛乡宅之地，使各有别，凡居室不许在城市工场尘溷之地，使其有清淑之气，而政府又别置各种旅馆于山水明秀之诸地，以为士女行乐之所；令其受生之始，已感天地清明之气；及妇人之有身也，即入公立之胎教院。其院尤必择胜地，院内结构精雅，陶养性情之具无不备，有名医以司理其饮食，调节其运动，有名师间日演说，以熏善其德性。他日胎教之学，日精一日，则人种自日进一日。

（乙）育婴及幼稚教育：育婴之事，必由公局，父母不得与闻，固由破家族之累，亦因养子之学非人人尽能，不如专门名家之为愈也。公家立育婴院，与胎教院相连，孩童一生，即移斯院，院内保母，皆专门此学，终身以之。两三岁后，移于幼稚园，受幼稚教育。

（丙）教育平等：欲使人类备大同之人格，则教育为第一义矣，自六岁至二十岁，皆为受教育之时期，无论何人，皆当一律。今各国惟小学年度，必须受学，著为功令，其中学高等学以上，则任人自由。盖子弟为父母所有，其父母境遇不同，无能强也。若大同之制，则世界自教其后进，凡任公家教育之职者，皆有全权以主持之，必不可使有畸轻畸重。如是久之，则人类之智德，可以渐臻平等矣。凡自二十岁以前，一切举动，皆受先辈所监督，分毫不许自由。①

他这种理想，第一项属优生学；第二项为儿童公育；第三项则乌托邦社会主义的教育理想。他于三十年前即无所因袭，见到此

① 《清议报全编》卷八，页27—28。

地,其思想不可不谓超人一等。但他自己则始终谓当以小康之义救今世,对于政治及社会道德,都以维持旧状为职志,即对于其子弟之欲宣传其大同之说者,亦极力阻止之,故其思想很少为一般人所知。

民国元年,蔡元培的《新教育意见》,其中论世界观之教育一段(详"美感教育思想"章),亦含有大同主义的意义,不过论而不详。

六年因孔教问题而牵及教育方针,高一涵于本年一月在《新青年》2 卷 5 号上发表《1917 年预想之革命》一文,谓近日从专制思想中演出贤人政治与孔教为修身大本之宪条两大盲说,非极力扩清不可。故主张 1917 年从事于政治精神与教育主义之革命。他论教育主义说:

> 夫教育主义大别不外二种。一隶属于政治者,一超轶乎政治者,国家而以官治为中心,其制度含有专制性质者,往往以政治势力,左右教育。故教育主义,纯粹隶属于政治范围之中。国家而以民治为中心,其制度含有共和性质者,往往任人民自由选择,听其趋向,以为教育之方针。故教育事业,全超轶乎政治范围而外,军国民教育、实利主义教育及公民道德教育,属乎前者。世界观教育、世道主义教育,属乎后者焉。
>
> 曷言乎世界观教育?世界之种类亦有二:一曰现象世界,前者以谋现世幸福为鹄的,后者则以谋究竟幸福为鹄的;前者有空间时间之关系,后者则无空间时间之可言;前者由于感受,后者全恃直觉。政治者,由人类所感受之刺激,为一族一国之群众谋现世幸福之谓。教育者,由人类一己之直觉,为普遍世界之群众谋无终无极之究竟幸福也。故强使世界观教

育,俾隶于政治范围之下。其违背教育主义者二:一为空间之限制,即缩小教育范围,使仅及于现象世界中一族一国之人;一为时间之限制,即减短教育功用,使仅谋现象世界之现在幸福也。人不能有生而无死,国家不能有存而无亡,现世幸福,随死亡以消灭。以不生不灭之人生,于无始无终之实体中,而仅仅以谋随死亡而消灭之现世幸福为鹄的。若而人生,若而世界,有何价值之足云。此世界观教育,所以为世界人生之最终蕲向,而超然于政治之表现者也。

曷言乎世界主义之教育?夫合无始无终之时,无穷无极之世,与有生无生之物以成世界,则所谓世界,即非一时一地之有生物所得专焉者也。矧人类特为生物中之一种乎。论者动曰人道主义,为世界之究竟。不知人道主义,特以人类为范围。不过占世界生物中之一部。谓为人类之究竟,犹且不可,况谓为世界之究竟乎。教育者,以合宇宙万汇有形无形、有生无生之全体为范围者也。限以有生有形,已嫌其偏,何况更限于人类。设再以政治之潮流为教育之标,则更以人类一种族一国家之事,为实体世界无始无终不生不灭之真实人生体也。此人道主义之教育,所以不若世道主义之教育尤为范围普遍,万汇咸周之道,而为教育主义之究竟也。

他第一段的议论与蔡元培《新教育意见》中所言无多差别。第二段谓"由人类之直觉为普遍世界之群众谋无终无极之世界幸福",则较蔡氏"不以一流派之哲学一宗门之教义梏其心,而惟时时悬一方体无始终之世界观以为鹄"进一步;盖一为自动的创造,一为被动的解脱也。至其论世道主义之教育,则更由人类及生物,不仅在超轶政治而已。这种主义,近世教育家实无人道及,他可称为教育主义上的超人了!

八年欧战告终,国际和平之说大倡,教育部组织教育调查会,以调查审议教育上之重要事项为目的,该会会员沈恩孚、蒋梦麟因欧战后军国民主义教育不合民本主义,民元公布之道德、实利、美感、世界观诸项已经太复杂,未易适从,而提议以"养成健全人格,发展共和精神"为宗旨,其立脚点固民治主义也。斯年全国教育联合会则以为"新教育之真义,非止革改教育宗旨","应觉悟人应如何教",而不必研究如何教人,而主张废止教育宗旨,宣布教育本义。虽然拟请教育部宣布的教育本义,仍为教育调查会所议决的两句话,但"人应如何教"的思想,固超轶国家(不说国民而说"人")的大同主义,所以此议案亦可为大同教育思想的一种支流。

欧战而后国际和平的声浪虽然哄动一世,但军国主义与资本主义的进展仍和从前无异,于是一部分教育者,由国际和平的声浪与国际压迫的事实两重矛盾的状态中,发现大同主义的希冀。代表此种希冀者,为常乃悳、舒新城、沈仲九、陈兼善等于十一年发起的教育改造社。此社原定借上海《时事新报》的附刊出一种《教育旬刊》,鼓吹他们底见解,后因他种事故不曾发行,该社也无形消灭,但《教育旬刊》的宣言却由常氏草就(宣言中的意见亦以他为主),现在还列在他底《全民教育论发凡》的附录中。他述他们主张教育改造的原因说:

> 几千年的教育,只是少数人的专利品、虚荣的装饰物、特殊阶级的拥护利器。自家族主义、部落主义、贵胄主义,以至于现代的军国主义、资本主义,都很巧妙地利用教育以扩张他

们底势力，维系他们底地盘。几千年来的教育家，无形地变作特殊阶级雇用的工人；这些可怜的被雇者，还要创出些可怜的学说，可怜的制度，用以牢笼后代的青年。几千年的教育，只是被拘禁在这样几个狭小的笼里边，从家族主义的笼，到军国主义、资本主义的笼。他们永远不想伸头到笼外去，呼吸一呼吸自由创造的空气，几千年来的教育学说、教育制度，只是无形地受着必然的社会组织的压迫和暗示所造成的原产物。他们常是随在社会之后，没有走在社会之前，他们只是社会的顺民，不是社会的诤友。他们纵然有时也偶然碰到些自由创造的思想，但还是笼以内的自由，笼以内的创造。①

并提出八条原则以为改造的目标，其前两条则全为大同主义的思想。原文说：

第一，我们相信：要撤销民族上、地理上种种的隔阂误解，必须于教育上，先铲除这些隔阂误解的种子；因此我们主张改造后的教育，是世界的，不是部落的，一切军国主义的人造的沟墙，应当根本打破。

第二，我们相信：要实现真正的社会平等，必先使社会上各个人，都有受平等教育的机会；因此我们主张：改造后的教育，是人类全体的，不是特殊阶级的。一切有利于官僚阶级、资本阶级的制度，应当尽力铲除。②

---

① 《全民教育论发凡》，页220—221。
② 同上，页227。

以后他曾作论文数篇,发表于《民铎杂志》申述其理想。于《全民教育论发凡》中述说其理想的社会教育国说:

> 在一个广阔的社会中,这社会被许多科学的发明所帮助,得到的紧密而连接的关系,感到了彼此无比的亲切;在我们这社会中到处都充满了教育的意味——环境教育——我们可以随时在一里半里之内,得到一个丰富的小图书馆。我们可以在十步五步之内,找到一块甜美的小公园。我们在每一个村落间,都可以找到有科学家在小小的实验室内工作。我们在每一个街市间,都可以找到有艺术家在窄窄的艺术场内表演。我们可以藉无线电话的力量,不出门而听到大音乐家的奏技,大宗教家的说道,大学者的讲学。我们可以借无线电报或其他交通利器的力量,于半分钟内得到了万里外世界公立大图书馆内我们所需要的珍藏的书籍。我们可以藉光学的发明,在天空中看到了当日的全世界新闻。我们可以藉电相与影剧结合的新发明,在每家的墙壁上看到了万里外所欲看的大戏剧院的舞蹈。我们不要热闹翻天的大都市了,全世界便是一个大都市。我们不要乌烟瘴气的大工厂了,全世界便是一个大工厂。我们的农田同时便是我们的校园。我们的街市同时便是我们的博物馆。我们的人每日里有正当的工作,正当的娱乐;也有正当的学习——自然也有每人应得的正当的面包喽。——我们的学习机会是随时随地都可得到的。那什么简陋的补习学校,简直是博物馆里的标本。我们的小孩子,也不要进什么牢狱般的学校了。他可以从到处听得见的谈话中得到了正确的言语智识,从到处看得见的标本中得到了正确的

> 文字知识——自然只有文字中基本的二十八个字母(以世界语来说),十六条文法是需要人教的,别的都可以从习惯中去学习了。——从丰伟广博的博物院或大影戏院中,得到了正确的历史智识;从半点钟内环游地球的飞行中,得到了正确的地理知识;从随时随地的田园中,得到了正确的博物智识;从随时随地艺术生活中,得到了正确的审美智识,此外如同伦理道德以及算术几何之类,自然更易从日常生活中学习的喽。我们倘若对于某一种学术意欲为精深的研究呢?那么,或者坐上飞艇立刻到某地的研究室中,随着某大学者去行做实验;或者更舒服一点,坐在家中随便打个无线电话,自有世界公立大图书馆同极快的传达器,替我们送来,所要用的书籍仪器,或者随手拨一拨墙上的电话机,便可以与千里外的某大学者谈话。倘若是从事于职业的呢?那自然某一种职业即是某一种的职业学校。我们在工作上随时可以得到学习的意味。这样学来的知识,才是确实的,不像现在学校的样子,一出校门便什么也忘记了。到这个时候,我们自然不需要什么学校了。我们的全社会,便是一个大学校。我们从受胎到涅槃,生于斯,长于斯,死于斯,工作于斯,娱乐于斯,学习于斯。我们一辈子过得是学校生活,也就一辈子过得是教育生活。但这个学校生活,却不是现在那样背家庭,离乡里,埋头书本、干燥无味的学校生活。①

他这种思想虽不如高氏世道主义之教育“泽及苍生”,但其为乌托邦的思想则与高氏无异,因为他的艺术的描写,只能在艺术家

① 《全民教育论发凡》,页96—98。

底想象中全部实现,而不能望真正有此种现实世界也。

总上所述,除教育联合会“人应如何教”的思想为大同教育底一种支流外,我们对于康、高、常三人大同教育的思想可以共产的、泛生的——不是生物学上之泛生——艺术的三个区别词以别之。

33. 影响

大同主义的思想,其发源固由于人心之所同然,其实际则为不易实现的理想。故要在实际教育上寻求这思想的影响,却比较他种思想为难。

康有为底共产的大同教育,世界上社会主义的共产派虽常有人说到,但他底理想还未曾在世界上的任何国实现(苏俄曾有儿童公育的法规,但未实行),中国更说不到。高一涵底泛生的大同教育,与常乃悳底艺术的大同教育更纯属一种超人的理想,在现实的世界中自然不会有实现之日。所以真正的大同教育思想,在近代的中国中完全不曾发生过影响。

但这种思想底支流(八年全国教育联合会“人应如何教”的废止教育宗旨,宣布教育本义之议案),却因民治主义底反映,而使中国教育界发生一些浪漫的自由的行动(取消军国民教育主义与自由实验教育方法,随便提出教育主张等),不过终以敌不住环境的压迫而延时不久。十一年而后,国家主义教育思想(参阅该章)发生而后,此种思潮即逐渐消沉下去,而主张大同教育最力的常乃德亦抛弃其旧日的主张,而从事于为国家主义的运动(见《全民教育论发凡》常氏自跋)。今而后,此思想的前途更难于推断了。

第十二章　职业教育思想

34. 背景

民国初元教育者鉴于新教育之不切实际，因提倡实利主义教育，二年因普通教育之不切实用，乃进而提倡实用主义教育；但结果均于事无补；不独普通教育不能适应社会上的实际需要，即以职业训练为目的之实业学校毕业生，亦不能治生。加以内乱方盛，国内经济能力既不能照常发展，国际资本主义的压迫更不能避免；国计民生，日趋穷蹙，社会上既感治生的职业之需要。中学校学生因各级教育不为比例的发展，与经济能力之限制而升学者日少，亦非提倡治生之职业教育不能济其穷。此时又值欧美职业教育的思想传到中国；于是数因相并，而职业教育自民六年以后，便一日千里地发展。所以要提倡职业教育的原因，六年十月发刊之《教育与职业》杂志，黄炎培所作之《中华职业教育社宣言》说得最详。他述当时中小学生升学之情形说：

> 甲寅之秋，同人有考察京津教育者，某中学学生数百人，其校长见告：吾校毕业生升学者三分之一，谋事而不得事者二

分之一。乙卯、丙辰两岁,江苏教育会以毕业生之无出路也,乃就江苏公私立各中学调查其实况:乙卯升学者得23%;丙辰得39%;此外大都无业,或虽有业而大都非正当者也。今岁全国教育联合会各省区代表报告:则升学者仅及十分之一,或不及十分之一。若夫高等小学,今岁调查江苏全省毕业者4983人,而收容于各中等学校者不及四分之一;此外大都营营逐逐,谋一业于社会,而苦所学之无可以为用者也。

或曰:此之所云,普通学校耳。则试观夫实业学校、专门学校,有以毕业于纺织专科,而为普通小学校图画教员者矣;有以毕业于农业专科,而为普通行政机关助理员者矣;甚有以留学欧美大学校专门毕业,归而应考试于书业机关充普通编译员者矣。所用非其所学,滔滔皆是。虽然,此犹足以糊其口也;其十之六七,乃并一啖饭地而不得,实业学校毕业者且然,其他则又何说?然则教育幸而未发达,未普及耳,苟一旦普及,几何不尽驱国人为高等游民以坐待淘汰于天演耶?曩岁同人鉴于教育之不切实用,相与奔走呼号,发为危害,希图教育当局之省悟。今则情见势绌,无可为讳,盖既不幸言而中矣。

黄氏于二年曾力倡实用主义教育,四年与游美实业团至美考察教育,感于欧美实用教育之与治生联成一气,乃更进而提倡职业教育。他在本宣言中又说:

今欧美之于职业教育可谓盛矣!德国一职业学校,分科至300多种;美国黑人实业学校,凡房屋以及房屋之砖之瓦之钉,屋内一切家具,马车以及车之轮之铁之褥之油幔,马之缰及马之豢养，御者之衣及履，食物如面包，以及制面包之麦之粉，若牛肉、若牛油、若鸡蛋、若牲畜之豢养及屠宰，无一非出学生手；凡归自欧美者莫不艳称而极道。然试考其发达之源，英仅自1908年苏格兰设职业教育局始；美仅自1907年波士顿设少年职业顾问所始。其后经舆论之赞成，极一时之响应以有今日。

他于宣言后又附本社宣言：馀义二则说：

其一，职业教育者，盛行于欧洲渐推于美国，而施及东方，万非本社所敢创，更万非本社所得私。

其二，本社之倡职业教育，非专事推荡世界潮流以徇时尚；诚恫夫今之国家与社会不忍不揭橥斯义，为万一之补救：本于自谋非发于外铄。①

由此可知职业教育思想产生之来源有二：一由于国内社会之需要，二由于欧美职业教育思想之激荡。

35. 变迁

职业教育的思想虽然自民国六年黄炎培创中华职业教育社始盛倡于国内，但其来源甚久，清光绪二十九年张之洞奏订学堂章程《学务纲要》中谓"农工商各项实业学堂以学成后各得治生之计为

① 《教育史料》第二册，页238—243。

主”，实业学堂设学要旨谓“实业学堂所以振兴农工商各项实业，为富国裕民之本计”，其用意与职业教育无殊，不过不以职业教育为言耳。首提出职业教育四字者，当推陆费逵。他于宣统三年，《教育杂志》发刊之《世界教育状况》序中，谓“吾国今日亟宜注意国民教育、职业教育、人才教育”，以为“国民程度之高下恃国民教育，国民生计之赢绌，恃职业教育，而国势之隆替，教育之盛衰，厥惟人才教育。”斯年夏，组织中国教育会于京师，并以是三者列入会纲。民国元年，蔡元培发表新教育意见，其论实利主义一段亦具职业教育性质。二年，陆费逵并于《中华教育界》发表《论人才教育职业教育与民国教育并重》一文，其论职业教育说：

> 职业教育则以一技之长可谋生活为主。所以使中人之资者，各尽所长，以期地无弃利，国富民裕也。……况兴办学校，需费良多，绝非一钱不名之社会，所能有事。旷观中外教育发达之程度，无不视贫富为比例。而非职业教育兴盛，实业必不能发达，民生必不能富裕。①

他于此时提倡职业教育并非无因，实鉴于当时卒业中小者之无所事事，故说：

> 中小学校，办理不得其人，款项又复支绌，因陋就简，成绩不良，升学则程度不足，改习实业则学艺又不足应用，此一因也。教育界之人才款项，两俱消乏，高等专门学校，寥若晨星，

① 《教育文存》，页12—13。

职业学校,更如景星庆云,亘全国不数见焉,虽欲深造而无升学之所,此二因也。实业界之人才款项,亦甚缺乏,企业者寡,用人自少,此三因也。有此三因,于是教育愈普及,识字之游民愈多,天下可叹息之事,孰有过于此者哉。①

当时中小学校毕业生之无所事事,教育者均曾感到。黄炎培所提倡之实用主义,亦以此事实为背景,不过社会上的经济能力,尚非捉襟见肘的时候,父兄之于子弟虽望其学能致用,但还不力求其学以治生;加以黄氏以提倡实用主义为唯一的要务,陆费逵不过为偶发表所见,故职业教育思想竟为实用主义的教育所笼罩而潜沉下去。民国四年,欧战方起,军队肉搏而外,经济势力实为致胜的重要条件,而国内经济能力又极不发达,于是有主张提倡职业教育以发达经济力。陈独秀于斯年十月在《新青年》一卷二号发表今日之教育方针,列举方针四项,其第三项为职业主义。他说:

现实之世界,即经济之世界也。举凡国家社会之组织,无不为经济所转移所支配,古今社会状态之变迁,同一步度,此社会学者所同认也。今日之社会,植产兴业之社会也,分工合力之社会也;尊重个人之生产力,以谋公共安宁幸福之社会也。一人失其生产力,则社会失去一部分之安宁幸福,生产之力弱于消费,于社会于个人,皆属衰亡之兆。征之吾国经济现象果如何乎?功利货殖,自古为羞。养子孝亲,为毕生之义务,此道德之害于经济者也。债权无效,游惰无惩,此法律之

① 《教育文存》,页14。

害于经济者也。官吏苛求,上下无信,姬妾仆从,漫无限制,此政治之害于经济者也。并此数因,全国之人,习为游惰,君子以闲散鸣高,遗累于戚友,小人以骗盗糊口,为害于闾阎;生寡食众,用急为舒,于此经济竞争剧烈之秋,欲以三等流氓立国,不其难乎!今之教育,倘不以尊重职业为方针,不独为俗见所非,亦经世家所不取,盖个人以此失其独立自营之美德,社会经济以此陷于不克自存之悲境也。

六年欧战方酣,欧美社会因战争之破坏而发生职业问题,国内因新教育之弊端日显,对于职业之要求更切,内外相通,职业教育思想乃大倡。

斯年五月,黄炎培等创中华职业教育社于上海,其创立之原因前节既已摘述其大概。他们因中小学毕业生之不能升学,与实业学校毕业生之不能就业,因主张以职业教育救济之。其方式有三:一曰推广职业教育,二曰改良职业教育,三曰改良普通教育为适于职业教育之准备。其实施之方法如下:

……曰调查、曰研究、曰劝导、曰指示、曰讲演、曰出版、曰表扬、曰通信答问。其所注意之方面为政府、为学校、为社会;而又须有直接之设施:曰择地创立都市式、乡村式男女子职业学校,日夜星期职业补习学校;而又须改良普通教育之准备:曰创立教育博物院,迨夫影响渐广,成效渐彰;又须设职业介绍部:其为事曰调查,曰通告,曰引导。[①]

① 《教育史料》第二册,页242。

中国自清光绪二十九年改行新教育制度以来，即有实业教育，黄等不曰改进实业教育而独提倡职业教育，他们以为甲乙种实业学校未足以括职业教育而尽给社会分业之所需，且当时之实业学校因“（一）设置拘系统而忽供求，（二）功课重理论而轻实习，（三）学生贫于能力而富于欲望，不能解决生计问题”，故主张沟通教育与职业而对于国民生计问题为根本之解决。

中华职业教育社之宣言虽然对于提倡职业教育之原因详说无遗，但职业教育之含义则置而不论，斯年十月《教育与职业》杂志上，蒋梦麟曾发表《教育与职业》一文详为解释之说：

……教育为方法，职业为问题，故曰职业教育。故职业教育无他，提出职业上种种问题而以教育为解决教育之方法而已。

职业，英字曰 Vocation，言操一技之长而借以求适当之生活也。例如制鞋，技也；以制鞋而求生活，则此制鞋即职业也。制机器，技也；以制机器而求生活，则此制机器即职业也。植果木，技也；以植果木而求生活，则此植果木即职业也。能簿记，技也；以簿记而求生活，则此能簿记即职业也；洗衣，技也；以洗衣而求生活，则此洗衣即职业也。制机器，工之一也，聚类此者而概言之曰工业。植果木，农之一也，聚类此者而概言之曰农业。簿记，商之一也，聚类此者而概言之曰商业。洗衣，家政之一也，聚类此者而概言之曰家政。农、工、商、家政，四者，职业中之四大类，欧美各国所公认者也。凡职业中所发生种种问题，不外乎此四大类，故言职业教育，有（一）农业教育，（二）工业教育，（三）商业教育，（四）家政教育之分。

职业底本义既在"操一技之长而借以求适当之生活",则一切教育无不以生活为旨归,又何必独标职业教育以立异?他以为凡卒业于大学而得一技之长,借以求适当之生活者曰高等专门(Profession),近今所谓职业教育者,中等程度以下为限,大学不与焉。故他以为职业教育之提倡,在于助学校解决一重要问题,非以为此包括教育之全体。他论学校与职业之关系说:

> 学校为推行教育之机关,故即为间接解决国家、社会、个人、职业及种种问题之机关。学校非专为职业而设,举学校而尽讲职业教育则偏矣。职业教育为二十世纪工业社会之一大问题,吾国青年之立身,国家之致富,多是赖焉。举学校而尽排除职业教育则偏矣。吾辈今日所欲研究之问题,非谓因提倡职业教育,将取文化教育(Cultural Education)而代之也。不过以文化教育有不能解决之问题,提倡职业教育,希有以解决之耳。若社会无职业之必要,青年受文化教育而即有谋生之能力,则所谓职业教育者,特赘旒耳。又何提倡之足云。①

斯年十月全国教育会联合会并议决《职业教育进行计划案》,其理由与方法虽不出上述各种议论底范围,但有促设女子职业学校一条,却为前此所未明白提出者。

职业教育最初的目的原只在谋生,八年则更推广至于做人,而揭橥三大目的:曰为个人谋生之准备,为个人服务社会之准备,为国家及世界增加生产能力。斯年教育联合会并议决《普通教育应

① 《教育与职业》1 期,页 2—3。

注重职业科目及实施方法案》,列举男女学校设备教授练习上种种应注意之点,以补六年提案之不足。自此而后,全国教育界的公共机关,如全国教育联合会与中华教育改进社开会时,无不有关于职业教育的提案。民国十年全国教育联合会议决之《新学制系统案》,并确定职业教育在学制上的地位,而取从前之实业教育而代之。十一年新学制系统经法令公布,职业教育在法制上也有了根据。其含义亦逐渐推广,职业教育社邹恩润在《职业教育研究》书中下职业教育之定义说:

> 职业教育乃准备能操一技之长,从事有益社会之生产事业,藉求适当之生活——其大目标在培养知力、意志、感情各方面而为完全有用之人物;质言之,必当培养儿童有自求知识之能力、巩固之意志、优美之情感,能应用于职业而自谋其生活,同时能进而协助社会、国家之幸福,方为完全有用之人物。①

黄炎培则说:

> 凡用教育方法使人人获得生活上之供给及乐趣,一面尽其对人群之义务,此教育名曰职业教育。

他们这种广义的解释,可以概括一切教育的功用而无余,其用意固与最初以谋生为目的者异,在理论上则反陷于笼罩的谬误:因为照此定义,不能再寻出非职业教育之教育以为对待,而实际上职

① 《教育杂志》17 卷 1 号,《职业教育概说》,页 3。

业教育又不能尽括一切教育也。

十二年黄炎培因青年底欲望与能力不能并进，产生许多困恼，社会也因而不安，乃更简括职业目的为“使无业者有业，有业者乐业”。要使无业者有业，不能不注意于农、工、商、家事等科与实际职业有关的设施；要使有业者乐业，则不能不注意于职业训练与职业指导。黄氏于十二年在东南大学讲授职业教育，曾定下列之职业训练的理想目标：

Ⅰ. 各科公共的职业训练理想：

(1)须令了解职业的真意义在社会服务；(2)须养成诚实的道德；(3)须养成勤劳的习惯；(4)须养成互助合作的精神；(5)须养成服从的美德；(6)须养成所欲人之职业社会的正当习惯而有稳健改进的精神；(7)须养成是种职业的康健体格并预防因职业而生的病害；(8)凡应用的知识须令十分纯熟；(9)须养成对于是种职业的乐趣；(10)须养成其世界观与人生观。

Ⅱ. 农科的特殊训练理想：

(1)须保持其乡村淳朴的风气；(2)须充分养成其天然的美感。

Ⅲ. 工科的特殊训练理想：

(1)须养成精细的头脑与正确的动作；(2)须养成其美术的意味；(3)须发展其创造的精神与能力。

Ⅳ. 商科的特殊训练理想：

(1)须养成其敏捷决断的能力；(2)须令熟悉社会情形。

Ⅴ. 家事的特殊训练理想：

(1)须养成美术的意味；(2)须养成经济的思想与能力；

(3)须充分授与服务社会的观念。①

十三年中华教育改进社更注意于职业指导,由该社延请专家,制定调查表格,在江浙各省中等学校实行讲演、调查;斯年三月该社并就《申报》发刊之《教育与人生》周刊发行《职业指导专号》,详述职业指导的原理与方法。在他们看来,职业指导底范围很广。邹恩润说:

> 职业指导底范围,不仅于学生离校后介绍适当的职业;凡选择职业、预备职业、实际从事职业以及改进职业等等问题,无不根据实际的调查与分析的研究,予以有效的指导与协助;它的实展时期,自从小学职业准备直达青年离校后,确能在职业界自立的时候为止;所谓确能自立的时候,不是说既得所介绍的职业,就算确能自立,却是于既为介绍相当的职业之后,还要由指导员时时到青年任职的地方,细问服务的状况,助他解决种种困难待决的问题;如果他的学力还不够,还要替他筹划补习的方法(这就是所谓"Follow up work"),直至没有困难,没有危险,不必指导援助而可以自立,然后指导的责任才算完毕。②

自民国六年而后,职业教育四字虽已深印国人心中,但其效率则犹甚少,其原因盖只在职业学校、教育界及农工商职业界用工夫,而不能与社会沟通。黄炎培有感于此,于十五年又提倡大职业

① 陈启天:《中国新教育思潮小史》,页15—16。
② 《教育与人生》24期,页261。

教育主义说：

> 积极说来，办职业学校的，须同时和一切教育界、职业界努力的沟通和联络。提倡职业教育的，同时须分一部分精神，参加全社会的运动。消极说来，就算没有訑訑的声音颜色，只把界线画起来，此为“职业教育”、彼为“非职业教育”，已经不行哩。换一句话，内部工作的努力不用说了，对外还须有最高的热诚，参与一切，有最大的度量，容纳一切。其实岂但职业教育，什么教育都该这样，也许什么事实都该这样。这样职业教育方针称它什么呢，大胆的称它“大职业教育主义”。①

他这主张，理论上系以广义的职业教育为根据，而实际上之效益不显，则可于此段议论中反证之。

十六年春，国民革命的势力达到长江下游，因国民党正纲中有提倡职业教育数字，而职业教育又与民生主义有关系，故中华职业教育社，仍能继续进行，其机关刊物之《教育与职业》及《生活与职业》丛书，亦照常出版，职业教育思想并不因之稍挫。不过在十六年以前，理论上除却勉为民生主义作注脚外，尚无新的发展耳。

36. 影响

中国近代各种教育思想在实际上之影响，无有出乎职业教育

① 《教育与职业》71 期，页 3。

思想之外者。第一，是在新学制系统中占了正式而重要的地位。职业教育不独取从前的实业教育而代之，其范围反远广于中等教育及初等教育后段之正系统。其图如下：

职业教育在新学制上之位置图

依据十一年十一月一日学校系统改革令

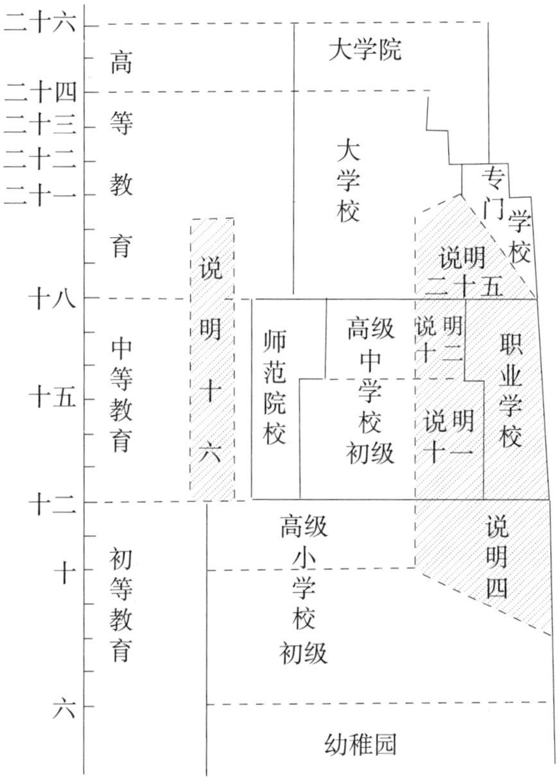

说明四　小学课程得于较高年级，斟酌地方情形，增置职业准备之教育。

说明十一　初级中学施行普通教育，但得视地方需要，兼设各种职业科。

说明十二　高级中学分……农、工、商……家事专科，但得酌量地方情形，单设一科或兼设数科。

附注二　依旧制设立之甲种实业学校改为职业学校或高级中学农工商等科。

说明十五　职业学校之期限及程度，得酌量各地方实际需要情形定之。

附注三　依旧制设立之乙种实业学校酌改为职业学校，收受高等小学毕业生；亦得收受相当年龄之修了初级小学学生。

说明十六　为推广职业教育计，得于相当学校内酌设职业教员养成科。

说明二十五　大学及专门学校得附设专修科，年限不等。凡志愿修习某种……职业而有相当程度者入之。①

其次，在实施上有很大的成绩：自民六黄炎培等创中华职业教育社，以为研究宣传职业教育之机关而后，即设有中华职业学校，从事实际上之实验。因其创始矜慎，集款有方，此两机关至今犹在进展。他们于提创之始，即注意于调查引导，故在调查与出版两方面均有相当的贡献，而全国职业教育机关的发达，亦非他种教育机关所能及。据十六年五月《教育与职业》杂志所载，十年度调查结果，自十一年至十五年全国职业教育机关如下表：

年　度	十一年	十二年	十三年	十四年	十五年
数　目	828	1194	1548	1666	1695

又截至十五年五月始为止，全国职业学校的种类如下表：

① 《职业教育概论》，《教育杂志》第17卷第1号，页6。

校别	专教农、工、商、家事	职业传习所及讲习所	中学附设职业科	小学附设职业预备科	大学及专门设职业专修科	职业补习学校及补习科
校数	846	196	57	37	113	99
校别	职业教育养成机关	实业机关附设职业学校	慈善或感化性质之职业教育机关	军队附设之职业教育机关	总计	
校数	8	24	132	6	1518	

从第一表，我们知道职业教育日有增加，则此思想正在发展。从第二表十五年五月以前之全国职业教育机关共 1518 所，除去最末两项及小学之职业预备科不足称职业学校，共 175 所外，余为 1337 所。据中华教育改进社发表十二年四月以前之全国教育调查，中等以上学校（连甲种实业在内）只 1121 所，虽然在时间相差三年，而改进社之调查亦不能如职业教育社之精确，但大体说来，职业学校之发展，当亦较他种学校为速。

就上面所列的事实看来，十年来职业教育思想，时时在进展之中，这自不能不归功于提倡人之处事有方。但其最大的原因，还是社会上的实际需要。中国从前的教育虽然是以无用为用，但自与西洋交通而后，即感于西洋实业发达为立国之本，故在清末有西艺教育思想。及光绪二十九年全部改行新教育制度而后，因制度与环境之冲突，与传统观念（读书为做官）之阻力，借新教育以谋实事求是之效用未显，而旧日“治人，食人”的弊端对于新教育反而益厉，于是光绪三十二年之教育宗旨以尚实为言，民元之教育宗旨以实利为言，民二而实用教育大倡。这些都是国人于当时教育中找不着出路的反映。提倡职业教育者最初以解决生计问题为号召，正与国人所悬求的潜意识相合，故一发而竟获社会上多数人之同情;加以民六而后,内乱迭起,民不聊生,无业者固希望得业以“仰事俯蓄”,有业者亦常在恐怖失业中或经济压迫下(即所业不足以养生)过生活,职业教育是否真能解决职业问题,固是一种疑问,但使“无业者有业,有业者乐业”,却是全国人民潜意识的公共要求。所以职业教育自经提倡而后,虽然在理论上亦有人反对,在实际上则极少阻力:实业界、教育界且不论,即军人(如阎锡山、唐继尧、朱熙)、政客(曹汝霖、汤化龙)亦乐于从事。这就是大家感觉治生之迫切而然的事情。

职业教育四字虽然是适合国人底需要,在学制系统亦曾得了正式的地位,职业教育机关亦年有增加,但其对于教育上与社会上真正已解决或能解决的问题何在?却是一个重大的疑问。且不拿他们后来广义的解释(做人)相绳,就其最初“谋生”的目的言,又曾达到几何?中华职业教育社宣言提倡职业教育之原因,谓江苏教育会调查公私立中学“乙卯升学者得 23%,丙辰得 39%,此外大都无业,或虽有业而大都非正当者也”。然而这种现象,并不因职业教育思想的进展而有重大的改变。十五年八月该社于江苏职业学校联合会开会时,提出《毕业失业问题》一案,仍说江苏“中学一部分,自民国五年至十四年间,统计毕业生不升学又不就业者,对于总数所占之百分比最大为三十六,最小二十二。……乃若最近上海邮务生之招考,定额不过数十人,月薪不过数十元,而应考者在 6000 人以上。乃至外国留学毕业归来,昔日欢迎之不暇者,依今届调查,百人中亦有五六十人急切未有所事”。由此看来,可见十年前与十年后之情形无大异。原因何在?他们说:

其一,供之量过于求之量也。自科举停废,政体改革,人人争出于学校一途，而来源骤增。自政治泯棼，公私匮乏，百业凋敝，而用途锐减。其二，所供非所求也。学校所课，理论为多，而职业所需，惟求实用，乃至学校或尚博而不专，学程或务高而失实，枘求凿供，良非无因；加以政府少登庸新进之阶梯，青年失历练才能之机会，但觉绳墨之未中而不知培养之无方。其三，供与求不相洽也。此则由于群治组织未尽完备，消息未尽灵通，仅一二都会、少数机关略备媒介之功，而未得行政机关支配调剂之助力，以故有才者日愁失职，而求才者坐叹才难。其四，则非才能关系而心理关系也。自生计日艰，欲望亢进，自谓有才者，每不肯内审其所操，而惟计较职位之高卑，酬金之厚薄；重以新旧过程，蜕化未已，新式机关所培植，不尽适于旧式社会之需求，精神既苦其不调，物质更愁其不给。而供求之际，益起纠纷，同人以为旧社会之故步自封，新教育之设施未协，亦既分担其责任，正宜互解其困难。盖此种种者，几于人尽能言，事无可讳矣。①

他们所说的种种自然是重要的原因，然而还不是最重要的；因为人类是活动的，只要生活上感急切的需要，自会本着求生的本能去解决它。现在的学校毕业生虽然感着生计的迫切，但所要求的却不是社会上的正当职业，而是历史上传统下来足以夸耀乡里的官。这种传统思想，其来已非一日，十七年一月二十九日上海《时事新报》有篇《中国人之超人主义》的社评，说得很详明，兹摘录如下：

德谟克拉西（Democracy）之精神，与吾国民族素少渊源，试

① 《教育与职业》80期，页627。

翻吾国书史，自周而下，政治久为少数人之事，国家浸成一姓之私业。《史记·项羽本纪》载项羽窃窥秦皇帝扈从旗仗之盛，而叹彼可取而代也。《高祖·本纪》载高祖一日戏语太公曰："季业与仲孰多？"此二语者，盖可尽中国人之政治观念矣。虽然，中国社会之习惯，威权常足制胜一切意志者也。绝世怪杰无论起身行伍，崛起草莽，但其智术权力，足以驾驭一切，一国之人，莫不翕然奉为共主；怪杰不世出，而觊觎君国之事，亦不世有。在此时期之中，某种范围以内，一国士人所与朝夕磨砺而期望者，惟在一姓锡赉之功名富贵，政府所恃为治平弭乱之长策者，亦惟在"分天下之富贵，与天下之豪杰"共之。苏子瞻所谓战国至秦出于客，汉以后出于郡县吏，魏晋以来出于九品中正，隋唐至今出于科举，彼所谓出，乃出于凡民而入于超人之意也。科举时代，巷里相传，一登高科，荣及奕世，中国社会，自来奖进超人主义，固非一朝一夕矣。

近人某君有言，中国社会之组织，自来为直线的，而西洋社会之组织，乃为弧线的。何以言之，中国人幼而入学，少而习科艺，应考试，壮而入官，老而退为缙绅，社会中之聪明隽秀，咸出是一途，故自入学而入官而缙绅，乃为直线的。惟西土社会入学不必限一科，各科各有其特殊之长，民间优秀，或出于工，或出于医，或出于其他技术，不必入官方为荣显，亦不必入官始露头角。士人之隽杰特异者，既散布于社会下层之四周，其社会组织之线，自为弧线的，则其国家之基础，焉得而不巩固。故超人主义之说，即如尼采之言而推演之，其在政治上之流弊，则大之如吾国数千年来之社会，小之如德国罕亨穿伦王朝之二世而亡；其在经济或社会上，则大之造成苏维埃式之革命，小之亦足引起经济界中绝大之不安。凡上所言犹就真正之超人主义而言，其弊寔虽如所述，然尚不如特长足以稍弥其缺失；若等而下之，全国目光群集于做官发财，奔走趋跄，日夜祝祷一官半职，以为异日享用之地，而犹腼不知耻，日号于人；谓大丈夫得志于时者，所当为也。呜呼！是殆变相之超人主义，而成吾土特产之物矣。

比岁以来，愚漫游东西，每值政局变革，都会首善之地，阖境逆旅，无不云集，当世之通人亲故穷乏之环而攻之者，重足侧目，无可形容；偶或澄思静听，则某也果弋何职，某也传语稍待，若进而稍稍考求其真际，则赵趄于号房之门，跼促于客室之内，求八行探风旨者，无往而非是。呜呼！此中情状，岂但人间之地狱，其阴风惨恻，直如身入阴府。然吾人试再鼓其勇气，而探索此中营逐者之内容，其贫无为生者固不在少数，然本有事业生计可寻，而必欲问津于是，以为非是不足以夸乡里而傍朋侪者，其人数尤万不在前者之下也。呜呼！今日吾国一切治平大计姑置不谈，但论此点，盖足亡国而有余矣。

在今日的中国，官固足以“夸乡里而傍朋侪”，然而仅仅只此，还不足吸引着无业者万里奔波，有业者弃业追求。其最大之原因，一在官吏不凭资格，不凭能力，职位之高卑，全凭人力；一在官吏可滥用权威之获意外收入。有此二因，故一切号称知识分子，皆集于官之一途，以冀因缘时会，得意外之财以为挥霍之资，而满足其权力欲。

在事实上官固不可人人尽得，得官者又未必人人获利，而一般人竟向这条路上走？是因为中国史实，尤其是自民国以来的史实，无处不示人以官威之盛、官利之厚，其情形正与彩票相似。购彩票者虽明知中彩之号码只有若干，更明知中头彩者只有一人，然而在开彩以前，人人都以为头彩必为我有，最少亦不至完全无获，以此种希望的心理去猎官，在官尚是彩票的性质以前，实亦不能责其无谓：因为利己心、支配欲，原是天赋的本能，绝不能使人见利不图，见权不取。中国的社会几完全为这种思想所支配，无怪职业教育的思想时时进展，职业教育的机关日日增多，而知识界的无业问题仍无从解决。

处今日民穷财尽的中国，无人不感觉生计问题之迫切，也无人不以就业为重要问题。在此种情势之下，安分守己的治生问题，固然要待教育去解决。职业教育之提倡不论为狭义的或广义的均属要务，不过仅仅提倡职业教育，绝不能解决知识界的职业问题，必得注意政治问题与社会事业。

在政治上有良好的政府，能以具体的政策解决国民的生计问题，自然是大家所希望的；就是退一步能切实整理官规，使凡为官者均以资格能力为本，并绝其额外收入的源泉，而将现在的彩票性打破，则官即算一种职业，其利益也不过与他种职业相等而已。这样，官既无特殊的利益可图，又不可以幸致，有业固不必弃业追逐，无业者亦当另辟生路，而求所以供给需要、适应环境之道；也就是功德无量。更次一步则希望政治舞台上的人员，念青年弃学从政之可惜（因为一经做官，即难再事学业，即将逐渐化为游民），明白取得政权之不可业，而不利用青年干政以制造未来的游民，亦于国民生计问题不无补益。

在社会事业上只希望有能力者，尤其是曾经从事政治活动而有相当声誉者，竭力从事于各种正当事业之创造，一以容纳人才，一以转移风气。这种举动的功效，自然比政治的势力来得迂缓，然而“天下风俗之成，成于一二人之手”，其事固尽可为，其效且能垂远，固值得有力者之身体力行也。

中华职业教育社宣言，曾引美国瑟娄博士“苟与我六十万金办中国职业教育，我必以二十万金充调查费”之言，以标其注意点之所在，我则仿其言而改其意说：“苟我有十分的力量提倡职业教育，我必以九分的力量鼓吹整顿官规与率导社会上之有能力有声誉者，终身努力社会事业”，以示我从历史上研究职业教育思想所得之结果。

第十三章 民治教育思想

37.背景

本章所说的民治教育即德谟克拉西(Democracy)的教育或平民教育的异名。因为平民教育很容易使人误会为平名千字课的平民教育,而德谟克拉西的音译又不易为不识外国文的人所了解,所以不同那两个名词而用民治教育四字。

中国的政制虽然没有阶级,每有所谓蓬门公卿,但人民对于政治却都持"天下有道则庶人不议"的态度,而缺乏民治的精神。所以教育上的民治主义,在中国历史上的根据也很少。就是清末改行新教育制度,也是以军国民及国家主义为背景,而不曾有民治的教育思想。故民治教育的思想实发源于民国初元而大盛于民国八年以后。

此思想之发生自然与政体的改变有相当的关系,但共和政体的教育思想未必就是民治主义(俄、德早如此),所以民国初元,蔡元培对于此种教育略有倡议,即为实用主义所抑伏。至八年而此种教育思想特盛,最显著的原因有下列三种:

第一为外部的原因,即欧洲大战的结果。欧战之起源,史家都说是德国的军国民主义教育作祟。德国战败，这种教育自然不为大家所乐闻，适逢战争中，美国挟其富有，又替协约国出了许多力量，故停战议和时，美国的威尔逊总统竟为会场中最重人物。美国立国的历史较短，前有华盛顿、林肯底平民精神，所以美国在政治上是比较富于民治的倾向的。威尔逊既以这种政治的史实为基础，于战后又以战胜国领袖的资格，倡国际和平之议，所以影响很大。1918—1919年之间，世界上固充满了国际和平的声浪，素尚大同的中国人更希望其实现，所以民国八年，教育调查会有“养成健全人格，发展和平精神”之教育宗旨的建议，九年全国教育联合会有民治教育的设施标准的议案。

第二为文学革命。从表面上看来，文学革命，似乎与民治教育思想无何种关系，实际上近时中国民治教育思想的发展，大半靠文学革命。中国历史上之所谓文学是包括国故上之各种学术的，自汉武帝罢黜百家、独尊儒术以后，中国学术界思想，已由儒家统一。文学之目的在载道，其内容则在尊古，故新思想无从掺入文学之中。自清末改行新教育制度、废科举而后，古文的尊严逐渐打破，但文言未改成白话，社会仍旧还足两橛：因为读书人的话是文言，社会上一般人的话是白话；语言上既有隔阂，所谓知识阶级的思想不能普遍地传到一般社会。自民国六年胡适、陈独秀、钱玄同等在《新青年》上发表文学改良的论文与通信以来，两橛的社会因而连结了。当时所谓世界思潮，尽量由文学问题引入中国，更尽量由白话传播到一般民众。在八九年之间的《新教育》、《建设》、《新潮》、《解放与改造》、《少年中国》、《星期评论》、《每周评论》、《学灯》、《觉悟》、《晨报副刊》等，与其他刊物三四百种都用白话记述社会上各方面的问题；新的固然尽量介绍，旧的也尽量批评。这时期对于新思潮的介绍虽无何种很有系统的成绩,但旧的束缚则久已打破。一切新思潮的研究都可无所顾忌地干去。欧战后的民治思潮适于此时传到中国,大家都可不受束缚自由迎受。民治教育思想也在此种情形之下而自由发展。

第三是五四运动。这次运动的目的虽然在于政治的改造,实际上却是新旧思想冲突的结果,故运动的历程中,都是以著名学者为领袖,以全国学生为中心,初少政治作用。民国六七年来,旧思想因文学革命而失其尊严,但其传播的范围还只限于一部分的知识阶级;至五四则因实际上的活动而波及中国全社会,旧思想的破坏,新思想的迎受更为自由。国人受儒家思想的束缚数千年,一旦无条件地解放,自然要如野马奔驰,无所底止。所以五四而后,凡世界上有系统的思想如共产主义、无政府主义、工团主义、实验主义、新唯实主义、无抵抗主义等等,都同时泛呈于中国学术界。杜威适于此时挟其素所研究的民治主义教育哲学来中国讲演,又有其中国文学革命的先驱胡适等,为之竭力鼓吹,所以民治主义教育思想也在那时而极盛。

38. 变迁

民治主义教育思想,虽然在民国八年而始盛,但其发源却在民国元年。蔡元培元年赴参议院宣布政见演词说:

> 教育方针应分为二:一普通,二专门。在普通教育务顺应时势,养成共和国民健全之人格,在专门教育务养成学问神圣

之风习。①

所谓养成共和国民健全之人格，即民治教育要素之一。此盖由政治思想推衍而来。

他在《临时教育会议》演说更讲得明白。

> 民国教育与君主时代之教育其不同之点何在？君主时代之教育方针，不从受教育者本体上着想，用一个人主义或一部分人主义，利用一种方法，驱使受教育者迁就他之主义。民国教育方针，应从受教育者本体着想，有如何能力，方能尽如何责任，受如何教育，始能具如何能力。从前瑞士教育家沛斯泰洛齐有言："昔之教育，使儿童受教于成人；今之教育，乃使成人受教于儿童。"何谓成人受教于儿童？成人不敢自存成见，立于儿童之地位而体验之，以定教育之方法。②

此段专从受教育者底本体着想，注意个性之发展，实民治教育的又一要素。惟因他在当时特注重于世界观与美感教育，二年以后，又为实用主义教育思想所笼罩，遂致此种思想不显。

欧战告终，军国主义受人诟病，民治主义盛极一时，故八年四月教育调查会"就世界教育趋势，吾国民治根本着想"，特议定以"养成健全人格，发展共和精神"为宗旨。其说明如下：

> 所谓健全人格者：

① 《教育史料》第四册，页33。

② 《教育史料》第三册，页216—217。

(一)私德为立身之本,公德为服役社会国家之本。(二)人生所必需之知识技能。(三)强健活泼之体格。(四)优美和乐之感情。

所谓共和精神者:

(一)发挥平民主义,俾人人知民治为立国根本。(二)养成公民自治习惯,使人人能负国家社会之责。①

这说明底内容虽然不尽合民治主义教育的要义,但其用意固在于提倡民治主义的教育。在近代教育上正式提出民治两字者,要算他们为始。

五月美国杜威应北京大学、江苏教育会等机关之聘来中国讲演,民治主义的教育思想乃大昌。他是近代教育史上一个有地位的学者,平日专注意于民治教育的研究,故其最重要的教育哲学题曰《民治主义与教育》(*Democracy and Education*);他又是一位倡工具论实验主义哲学家,其来又在我国实用主义教育思想盛倡之后,并有其在文学革命占重要地位的弟子胡适为他竭力宣传,所以这种思想也因他来而益昌。讲民治主义教育的也不能出他底学说底范围以外。胡适述他底民治教育思想说:

杜威底教育哲学,全在他底《民治主义②与教育》一部书里。看他这部书底名字,便可知道他底教育学说是民治主义的教育。古代的社会有贵贱上下,劳心与劳力,治人与被治种

① 《教育史料》第二册,页117。

② 原为平民主义。

种阶级，古代的知识论和道德论都受有这种阶级制度的影响，所以论知识便有心与身、灵魂与肉体、心与物、经验与理性等等分别；论道德便有内与外，动机与结果，义与利，责任与兴趣等等分别。教育学说也受了这种影响，把知与行，道德与智慧，学校内的工课与学校外的生活等等都看作两截不相连贯的事。现代的世界是民治政治的世界，阶级制度根本不能成立。民治政治的两大条件是：（一）一个社会的利益须由这个社会的分子共同享受；（二）个人与个人，团体与团体之间，须有圆满的自由的交互影响。根据这两大条件，杜威主张民治主义的教育须有两大条件：（甲）须养成智能的个性（Intellectual individuality），（乙）须养成共同活动的观念和习惯（Cooperation inactivity），"智能与个性"就是独立思想，独立观察，独立判断的能力。民治主义的教育的第一个条件，就是要使少年人能自己用他的思想力，把经验得来的意思和观念一个个实地证验，对于一切制度习俗都能存一个疑问的态度，不要把耳朵当眼睛，不要把人家的思想糊里糊涂认作自己的思想。"共同活动"就是对于社会事业和群众关系的兴趣。民治主义的社会是一种股份公司，所以民治主义的教育的第二个条件就是要使人人都有一种通力合作的天性，对于社会的生活和社会的主持都有浓挚的兴趣。

怎样才可以做到这两个条件？他又说：

要做到这两大条件，向来的"文字教育"、"记诵教育"、"书房教育"绝不够用。几十年来的教育改良，只注意数量的

> 增加(教育普及),却不曾注意根本上的方法改革。杜威底教育哲学底大贡献,只是要把阶级社会遗传下来的教育理论和教育制度一齐改革,要使教育出来的人才真能应民治主义的社会之用。……对于实行的教育制度上,杜威的两大主张是:(1)学校自身须是一种社会的生活,须有社会生活所应有的种种条件;(2)学校的学业,须要和学校外的生活连贯一气。①

杜威在中国讲学两年,足迹遍十一省,所讲者既以教育为主,其在北京之长期讲演录,在两年之间发行十余版,杜威两字在当时几于妇孺皆知,而由其主张演成之"教育即生活,学校即社会"的标语,也成为教育界最普遍的口头禅。

但因为中国教育界的知识贫乏而又缺乏求知的习惯,往往将名词误解,而发生种种问题,杜威在中国时即已启其端,而有人引以为忧。姜琦于《新教育》1卷4期中发表《教育上德谟克拉西之研究》一文,一面说明民治主义教育的意义,一面提醒他人底误解说:

> 教育上之"德谟克拉西"者,无论在全般文化上或教育本身上,从个人方面而论,当尊重各个人之权利(Right)、平等(Equality)、自由(Liberty)。详言之:即尊重各个人之人格,与十分应享之权利,使实行其义务也。从社会方面而论,当依门户开放机会均等之原则,不许有何等之社会的秘密,社会的独占。夫社会须为各个人而开放,推而广之,及于世界,在正义人道的理想之下,组织所谓"国际的国民同盟"以保持世界之

① 《新教育》第1卷第3期。

和平，促进文化之进步也。易言之：吾人在公正、平等、自由之下，各自独立，以营个人之生活；而在共同利害之下，互相扶助，以营社会之生活者，即“德谟克拉西”之真相也。

这是述民治主义教育之真义。又说：

苟明乎此，方可与言新教育。否则徒羡“德谟克拉西”之虚名，而失其真相，偶尔误用，必贻大患。从来学校之骚动，多出于“威权主义”、“压迫主义”之教育，盖因威压而激成反抗也。然今后学校之生徒，万一不解教育上“德谟克拉西”之真义，辄根据政治学上之狭义的“德谟克拉西”所包含之“主权在人民”一语，下一种类比之推论，曰：“主权在生徒。”谓学校内一切事务，悉当由生徒自行主持，愚恐今后教育之弊害，更有甚于前者。愿有青年教育之责者，慎勿以“德谟克拉西！德谟克拉西！”为一种时髦套而利用之，以取悦人之心目。须常向一般青年子弟解说“德谟克拉西”精神之所在，俾免误入歧途以归正道。

这是述误解民治主义之弊害的。九年，此思想在实施上更有具体的方案。全国教育联合会议决《民治教育设施标准》案，原文说：

战后教育思潮，大都趋重民治，吾国教育家近已竭力提倡向此轨道进行，但在教育行政官厅及学校尚与真民治精神相差甚远。兹本公正、博爱、互助主义，谨拟三项办法如左：

（甲）教育行政方面：

一、用人行政，尊重舆论；二、关于行政上重要事项，须革除长官独裁之旧习；三、推广各种补习学校及工读学校；四、普及平民教育。

（乙）教职员方面：

一、校务之兴革，须取决于校务会议；二、学生成绩，凡关于学级升降等项，须由校务会议定之；三、教职员与学生共同作业；四、指导学生自治；五、兼施各种补习教育及假期讲演；六、学校得组织通俗图书馆，俾一般人民得有阅书之机会。

（丙）学生方面：

一、注重自动自学；二、练习公民自治；三、发展实际生活之知能；四、练习服务社会；五、注重体育；六、研究学术，扩充创造本能。①

在这三项标准之中，有一种最特殊的精神为从前所无者，即以会议制替代独裁制。

自此而后，教育会联合会每届关于学制系统的议案，都有这种思想的表现；十一年议决之新学制系统其标准七条，固完全民治主义的精神也。原文说：

1. 适应社会进化之需要；2. 发挥平民教育精神；3. 谋个性之发展；4. 注意国民经济能力；5. 注意生活教育；6. 使教育易于普及；7. 多留各地方伸缩余地。

自新学制公布而后，此思想已达圆满时期，虽其影响至今犹在

① 《全国教育会联合会历届大会议决案》，页139—140。

发展,其进行的历程,已自此而逐渐异灭了。

39. 影响

民治主义的教育思想虽然呈突起状,历时不长,但论影响之广而大,在近代中国各种教育思想中,要称首屈一指。兹举实事以证之。

此思想对于中国教育上第一种影响,是中央集权制之破坏。五四以前,教育上中央的权力很大,法令由教育部颁布,而且必须遵守,否则教育部可行使其权力干涉之。五四而后,教育部虽设置如故,但其权力逐渐减少;消极方面既不事事干涉,积极方面亦不曾发布通行全国的教育政策,甚至最关重要的学制系统,也由各省教育会联合会议决后,始以会议形式略为改订而明令公布之。其他如课程、教学等,则更一听各地学校之自由实验。在此情形之下,亦曾有几种有进步的活动:第一,是各地学校的课程可以按照地方而斟酌规定。教育部既无统一的课程限制各校,就是教育会联合会所议决的标准,也只是一个大纲而不强制各校之遵行。第二,是选科制的采用在初中即行选科制,虽有人嫌其太早,但高中以上之采用选科制则对于教育效率,学生个性均优于年级制。第三,是教学方法之自由实验。五四以前,各学校教授要旨,都由教育部规定,各校有不遵行者,常以"违反部令"之罪相加;自民治教育思想盛倡而后,学者可各本其见解,自由实验新方法,如测验、设计教学法、道尔顿制等方法之实施,均由教育者自动倡行,即其明证。

民治主义的第二种影响,是女子在教育上与男子有同等的机会。民国元年的新学制，虽然不曾规定女子不准受高等教育，但男女同学只以小学为限，而女子中学不发达，女子大学更绝无，实际上女子只有很少数能受中等教育，而无法受高等教育（最少数之留学生与教会女子大学除外）。民治主义的教育对于国民的待遇，只问"人"不问"性"，所以因此种教育思想之激动，而女子解放的声浪日高。九年北京大学与南京高师同时开放女禁。自此而后，中等学校亦渐男女同学，高等学校更完全不问性别。十一年之新学制系统案，也全无两性差别的规定。这实是近代中国教育史上值得大书的一件事。

第三，是平民教育之发展。平民教育最初发展于国外。当民国三年，欧洲大战，三年未决，英法各国壮丁都加入战线，国内缺乏工人，乃在我国招募华工二千余人担任后防工事及国内工作。因为出国的工人大半都不曾受过教育，每有作奸犯科的事情发生，基督教青年会特为之设法施以教育，于是民国七八年间，在法国的华工始有一种识字运动的平民教育。九年而后，国内之平民教育运动亦相继滋长，中华教育改进社及全国教育联合会常有关于平民教育的议案。这种运动在国内所以能产生发展的原因，完全是民治主义教育思想的力量。汤茂如说：

> ……欧战发生，我国人民底思想大为变动。全国学生和有知识的人对于本国的文化思想，大大怀疑；对于本国内政外交，群起参加。甚么新文化运动、学生运动、公开学术讲演，都在这个时候前后发生。最可注意的就是此时国内平民主义的鼓吹和白话文学的提倡，正与晏阳初等在法国办苦力教育的思想不谋而合。……民八以后，共计三年，有美国教育哲学家

> 杜威博士在全国各大学校讲演《平民主义与教育》，又有国立北京高等师范教育研究科的教授和学生在民国九年创办《平民教育周刊》，鼓吹教育平民主义化。国内这一切的运动和理论上的鼓吹，好像是按照一个预定的计划先在全国制造空气，然后由晏阳初等返国提倡从平民生活里产生出来的平民教育。①

这是民治教育思想促进平民教育的实证。

第四，是政治与教育的关系接近。在中国历史上政教原来是不分的，但清末改行新教育制度，一面虽然以谋国家之强盛为目的，一面又怕"革命"、"变政"等思想，所以学生干政悬为厉禁。自民治主义的教育思想大倡，教育界常本"国家兴亡，匹夫有责"之义，对于政治上种种问题固要与闻，而经过"五四"、"六三"两次的实际活动，执政之黠者每利用教育界以为其政争的工具，教育界之黠者亦利用政治势力以排斥异己。流风所及，初尚因政潮之影响而致教育界不安；继则教育界利用政潮自相争持或更自造党派，用鼓荡政潮的手段自相残杀。政治上的种种卑劣方法，固然传染到教育界，教育界对于政治上的一切问题，也无不干涉。卒至政治与教育形成两种敌对的机体，两方人物，无时不在作战状态之中。这种现象之构成，完全由于新旧思想之冲突：即教育界对于民治主义的思想尽量为无选择的吸收，而执政者则犹保持其传统观念，虽因利害关系有时不得不敷衍，但其真正的思想则唯恐此种于已有妨的教育，不立即停止。所以五四而后，自中央至于各县之执政者，对于教育绝无维持诚意，有时并摧残无所不至，政学冲突的消息，几于无时不有。这种现象在积极方面，固然能唤起人民关心政治

① 《教育杂志》19卷9号，页2—3。

的意识，而使执政者对于民意有所忌惮；在消极方面，则造成青年弃学从政的恶影响，使当时社会秩序紊乱，把后代负国家重责的青年戕贼。虽然现在国民党的国民革命，也很受这种思想之赐，但利害相权，实属得不偿失！①

① 五四而后，政治界对于青年所造的罪恶，十七年二月中国国民党在南京开第四次大会之宣言说得最透彻，兹摘录于下。（此宣言由戴季陶起草，全体会议通过，为国民党最近对于教育之公共意见。）

"自欧战以来，中国青年学生对于社会问题、政治问题渐见觉悟，种种不满于现在境遇之心与日俱进。而实际之政治组织、教育设施，不足以应时代之要求。于是各地学潮风起云涌。……乘青年智识不充、修养不足、社会无进步之组织，人民无确实之保障，利用世界潮流，煽动青年，用为工具。惑之以利，乱之以色，迷之以虚伪口号，强之作破坏之妄举。现在全国青年之误入歧途者，既已隐身魔窟而不知，知之又无自诉之道；即多数质性和平诚实者，亦均彷徨歧途。正如盲人瞎马，夜半深池，稍一失错，遗恨终生。各地教育机关，外受战祸与政变之危害，内受学潮之影响及人才缺乏之困苦，几乎无一人能安心求学，无一校能安稳维持。重以政治之派别分歧，引诱之法术无穷，学校在学之学生，变为政争之用品，由互争而互斗，由互斗而互杀，如此情形，不从速救济，则历时愈久，流毒愈深，不但教育破产，一切社会机能皆将陷于绝境，就今日受痛苦最大者言之，无过于未成年之学生参加政治斗争、社会斗争之一事。夫政治运动及社会运动，乃关系人民实际生活、国家实际利害之问题。参与此种运动者，必须有实际利害之认识与正确知识之判断。未成年之青年男女，身体精神之发育未完全，基本之知识经验未具备。即个人之私生活尚不能离成年者之保护而独立。何况国家社会之大事，乃放任未成年者自由行动，是不特将民族可爱可实之未来生命，付之无代价之牺牲，亦直是将国家社会全体之生命作儿戏之试验品。凡各国法律，之私法之规定行为能力之年龄未成者，一切行为不认其有法律上之效力，亦不科以法律上之责任。至国民之公权，则更有各种限制。此不特维持社会公共之生活秩序，国家之安全发展，亦所以培养青年保护青年者。以目前中国之情形论，文化落后，经济落后，国民之身体精神益见衰弱，所仅足属望者，惟后起之青年耳。然当其应受修养与保护之时代，不教之以正当之学问，示之以正当之道途，使其身体精神遂其自然而健全之发展，乃欲付以成年所不能胜之重任，及其憬然于错误，而祸害已被及于社会国家，然后不得已而科之以未成年者所不应受之严刑，此岂足以救亡，所以召灭种之祸而已！救济之术，首在保障教育之独立，充实教育之内容，防止青年之恶化腐化，普及国民教育，提高民众知识，以造成健全之国民，方为健全国家之基础。而对于女子教育，尤须确认培养博大慈祥之健全的母性，实为救国保民之要图，立国强种之基础。"

第五，是学生底权力增长。“教育即生活。学校即社会”，原是民治主义教育思想中标语。但所谓教育即生活，是教育的实施即寓于实际生活之中，不是离开实在的生活而施教育，故教育要与受教育者之实际生活的需要相应；所谓学校即社会，是“学校自身须是一种社会的生活，须有社会的生活所应有的种种条件”，不是学校的一切设施，师生底一切活动都要模仿着实际的社会。所以为着“欲期全国学生人人有共和国民之资格”而有学生自治的提倡，其用意在发展青年天赋之本能，养成其负责与互助之习惯，其方法在练习团体组织，其宗旨在发挥民治精神。[①] 故学生自治系以“公民教育的精神为教育陶冶，与实施政治有别，其权限须视学校之性质及学生之年龄与程度由校长酌定，由教职员指导。”[②]换句话说：教育之责任在指导，对于社会生活除适应外，并要负改革的责任，所以学校生活不能照抄社会生活；学生自治须由教职员指导。但因为教育者之误解（如九年易培基之“校长民选”——即由学生选举——论），与不健全的舆论之鼓吹（如民国九、十年之间，上海《民国日报》力倡学校犹政府，学生犹国民之说），及学生运动之成功的种种原因。学生在学校不独自治而已；并要治校，对于社会则一切问题均要干涉，而尤注重于政治运动。学生持着群众底势力，在消极方面很替国家做了几件事——如拒签《凡尔赛和约》，及五四运动——社会上当初对于他们很有好感，就是孙中山十三年十月《北上宣言》主张召集国民会议解决国是也，将各省学生联合会列会议团体之一。学生团体在社会上的势力真是炙手可热！可是群众运

① 详见民国九年全国教育联合会议决之《学生自治纲要案》

② 同上。

动最重要而最不可轻用的武器，如罢课、游行等用得太多，对于社会已失其刺激力，效力也就逐渐减去。五四而后，各种学生运动，除关于外交的事情得着社会同情而有相当的成功，对于国内的政治运动很少有结果，而因为学术界思想的紊乱，全国无资景仰的学者指导青年，青年误用其权力以治学校治教职员，更误解共产党阶级斗争之说，遇事与教职员为敌，无时无地不有学潮，甚至小学校亦有驱逐教职员之宣言与罢课请愿的举动。弄到"做教员的情愿生生世世不再投胎做教员"①，而学生底势力遂为无限制地增加；结果在学生自身养成虚骄的习气——既不治学，也无力治事；在社会则侧目而视，敢怒不敢言。最近则国民政府亦有严禁学生运动的明文（如云南、贵州），而学生牺牲于"赤化"与"反革命"名词之下者，更不知若干。由学生自治的误解而产生这种恶果，原非提倡民治主义教育思想的人所料及，也不是民治主义教育思想所应有。——然而事实竟如此，教育界的先驱者应得深深地反省！

上面所述五事，不过是民治主义教育思想在中国实际教育所发生较大的影响。详细说来自然不只于此——如青年底文学热、恋爱热，都与此种教育思想有关系——但就是这些已足以表示此种教育思想的势力之大了。各种实际的效果有好的也有坏的。这些好的坏的，在现在都还是种子，将来发育的结果如何，此时无从预断。但就已往的事实看来，我们却不可不注意下列的几件事。

① 吴稚晖为上海大同大学风潮再致陈德徵函中语。见《吴稚晖全集》卷九，页172。

民治教育的思想本是现在的时代思潮，它底本身并无何种坏处，在中国不能得到应得的结果，并不是“橘逾淮而化为枳”的土性关系，乃是培植无方的人工问题。中国在现在本是一个过渡时代，旧有的思想习惯经不起世界潮流，自然要被洗涤而去，新的也一时不能建筑如磐石之安。在此时期只靠所谓先觉者看清方向，示民众以可由之路。摆在我们的前途康庄，只有两条：第一是科学精神的培养，第二是物质文明的提倡。

这两条道路并不是现在的新发现，五四以来即常常有人说及——吴稚晖讲得尤多——然而教育界却始终无人领导民众向这两条路上走——第二条路连说也没有人说。——“做教员的情愿生生世世不再投胎做教员”，实是五四而后，迫于生活而从事教育的人底共鸣之感。这种共相之构成，自然是由于学生不受指导，不事学问；再问学生何以不受指导，不事学问？我们便不能不归根到科学精神与物质文明问题上去。青年底天性是好动的，他们要向社会活动并不足责，而且当提倡；他们之所以乱动，是由于他们一面为物质生活所逼，不得不谋生路；一面是看得“治国平天下”的事情太容易，故不注重研究专门的学问。换句话说，他们在物质上常感生活之不安，在精神上以为无独立创造之必要。倘使教育者能时时注意青年底科学精神的培养，而养成其创造能力，坚毅习惯，远大眼光，则他们知政治之不可业，成功之不可幸致。——这是现在最大多数从政的青年所未想到的问题——而按部就班地在学业上用功夫，现在社会上的混乱现象当可以减去大部分。但是专讲唯心是无用的，必得竭力提倡物质文明；就是要极力鼓吹开发实业，使青年都向这条路上走，而提高国人底生产能力，做到家给人足的地步，然后尽量享受由生产力所得之物质供养——绝不是如现在中国专讲享用不讲生产的物质文明——青年在物质生活上能安妥过去，再有科学精神充满了他们底内心；有饭吃，有事做，他们自然不感“生之烦闷”而去做不应做的事了。

引导走两条路的力量自然以政府的教育政策为最大，然而教育家的个人也未尝无力量，只不知教育家对于此事之见解如何耳！

第十四章　独立教育思想

40. 背景

人类为着生活上的需要不能不要教育，又因为教育是达到人生目的之一种工具，所以什么人都要运用这工具去达他预期的目的。在个人方面，长者之教育幼者，是要使幼者能造成他们所视为正当的继承者；在社会方面，各事业家之教育学徒，是要使徒弟们可以继续发展各种事业；在国家方面，它用全力去教育国民，是要借国民底力量达它生存发育的目的。教育的本质既然是一种工具，所以它底效用，全看使用它的人底摆布而定；而使用者各人有各人底见解，故教育底型式也至不齐一：一人底模样，大则跟踪国家政体的变化而变化，小则追随个人见解的移转而移转；就在教育学的历史上，也找不着如物理、化学、数学等公共原则来，更何能说到独立。而况在政治上，教育为内政之一，照理也不能脱离政治而独立。在历史上教育也不曾有过宗教般的势力支配过政治。严格讲来，教育独立四字联成一个名词，实不大合理。可是在中国近代教育史上，竟有教育独立的一种思潮，在时间上绵延近十年，在空间上并充溢乎全国！

中国自清同治以来，即逐渐注意于新式教育制度之当采用，庚子而后，全国之号称明达者，更急急于此，以为非此不足以强国。然而在清末大家都把它视为新政之一，绝未闻有人以之排斥于政治范围之外。清社覆亡，虽然新教育制度不无相当的功用，但民国初元的执政者，却不因其有推翻现政府的可能而有所歧视，更不曾敌视。无论什么内阁发表大政方针时候，总要抓着教育作段文章。

民国四年而后，因为欧战发生，世界思潮有种种激剧的变动，政府对内对外的设施，又不足以满足国人的期望，政府与人民已逐渐分离。只因政府的威信尚未尽失，人民尚不为强烈的反抗。及八年为着山东交涉问题，政府的措置过于与国人的期望相反，于是有"五四运动"、"六三"冲突。"五四"、"六三"的意识虽为全国人民所构成，但发端则由于教育界人士。政府对于教育界自然要以祸首相许，于是政府与教育界竟立于敌对地位，从前以教育为内政之一而竭力进行者，自此而后，则唯恐其或有起色，以与政府为难。适北京中国、交通两行停止兑现，至十二月价格不及兑折，京中公立学校教职员所得薪俸，多为纸币，致生活大感困难，屡次要求发现而不得，乃于十二月十五日起一致罢课。但因财政困难与政府对教育无意维持的两重原因，卒无圆满解决；以后在经费上固然愈欠愈多，而政学的冲突亦日演日剧。教育界觉得政府之不可靠，于是有"教育经费独立"的要求。后来因宗教及政党问题在教育上引起种种纠纷，于是乃由教育经费独立，推广及于教育离政治宗教而在立法上行政上完全独立。

总括说来，教育独立的思想是由于"政教冲突"而产生。

41. 变迁

五四而后，教育经费积欠日多，教育界感着生存上的需要，常以罢课停职种种方法对待政府，但事实上并无何种满意的结果，于是乃进一步而谋教育经费之独立，北京教育界提倡于前，各省教育界附和于后。九年全国教育联合会开会，有教育经费独立的议决案。原案分关于教育经费及教育基金两项，甲项第三款为划清教育经费使之独立，他项经费不得侵用，他们底理由与方法如下：

> 教育为立国根本，而经费为教育命脉。对于该省区学校经费，各省区主管财政者，往往任意推延，多不按期核放，稍有事故，借口停发，致办理多年之学校，无法维持，甚至停辍，良可慨叹。自应由中央先行划清教育经费，并令行各省区长官督饬财政教育主管机关妥筹办法，统计每年该省区教育费共需若干，于最短期内妥为区处专款存储，按时发放。无论遇何紧要事件发生，均不准挪用，以示限制。庶经费确定，教育可期进步。①

由此可见当时教育经费所以不能如期发放，并非国家财政真正困难，乃是各省执政者之不把教育为事。就此案甲项第二款所述国家预算军费占二分之一以上，教育经费只及七十五分之一；宜乎教育界对于军政界之不满而常常发生风波也。

① 《全国教育会联合会历届大会议决案》，页132。

十年政府积欠教育部直辖八校的经费更多，八校教职员乃于四月十二、十三两日开联席会议，决定暂时停止职务向政府交涉，请指关余盐余或交通邮电等项收入为教育基金，政府无切实答复，北京中等学校亦起而罢课援助，但政府仍无办法。迁延三月，至六月三日，教育界全体向总统府请愿，至新华门为卫兵殴伤数十人。学潮更波及全国。自此而后，政府与教育界更如水火之不相容，而极谋自立的观念更为教育界的普遍意识。教育独立的思潮亦自此勃发而不可遏。

十一年一月李石岑主编上海商务印书馆发行的《教育杂志》，极力提倡教育独立，于二月发表《教育独立议》一文，于教育经费独立而外，并主张教育立法教育行政独立。他首述建议的理由说：

> 年来吾国教育，因经费支绌，濒于破产之境；忧时人士，欲图补救，大倡教育经费独立之说。全国教育联合会深韪其言，屡提议案。不佞心窃忧之：教育经费独立，固属要务；但徒经费独立，教育机关隶诸政府管辖之下，结果仍等于零。鄙意在今日研究此问题，首在教育行政机关根本改造。改造之法，在中央废除教育部，在地方废除教育厅，而省县城市镇乡教育会之职权与组织，另行创造；别创立一省县市城镇乡教育行政委员会，其职权尽举教育行政之职权而有之，而其组织出自选举，更采合议制之精神：盖今日国情需要，在联邦，不在单一；教育尤在因地制宜，不可执一以范全国。

在教育立法方面，他主张以城镇乡、县市、省教育会，以合议式议定其范围内之特殊规程、教育预算，并选同级的教育行政委员与高级的教育会代表。在行政方面，他主张由各级教育会选举之委员及地方自治团体所派之委员，共同组织各组教育行政委员会，处理其范围内之教育行政事务。

此后该志在十一年、十二年内，不时有关于教育独立的论文，或与李氏商榷，或另提意见，但大抵无甚出入。十二年十一月，周太玄在该志上发表《我国教育之集中统一与独立》一文，以集中、统一与独立三者并重，对于教育立法、教育行政、学术之最高机关及教育经费四项均有论列，比较符合事理。在行政上他以为教育与司法相同，应有相当独立之价值，故对于教育部与教育总长之产生有下列之规定：

> 教育部在国家政务之中，虽仍可包括在内阁以内，但其位置性质，至少应与现行政体中之参谋部相等；即教育部总长应由大总统特任，其去留应以教育行政本身为标准，不当与其他之国务员连带负责。
>
> 由最高教育会议推荐，由大总统任命，或由大总统提出于最高教育会议，得其同意，然后任命之。

对于地方教育行政，则主张将全国划为十学区，“每区择适中及重要地点，设一区学院、一国立大学及一区教育会议，综理一切高等教育、中级教育、国民教育、社会教育、平民教育及其他特种教育等等。各区学院及大学，均统属于教育部；但其内部组织及更改，则应有最高教育会议将其议定之条例，交教育部颁布执行之”。

在教育立法上，他以为教育之根本大纲可由国会厘定，至属于教育制度组织及一切专门事务等，则由最高教育会处理之。此最

高教育会底性质及组织如下:

此为一国教育之常设最高立法机关,与教育部及教育总长为教育行政首长者处于对等地位。其组织法,应由国会议决公布之。其职权除制定关于教育之一切成文法外,又有推荐教育总长及同意总统所提出之教育总长之权。

其本身组织,应有确实代表与有关系之各方面之权力。其会员中之最不可少者为:教育部总次长各一人,众议院议员代表三人,国家学会代表四人或六人,十国立大学校长,十区学院长,全国中小学校校长代表若干人,全国学术团体联合会代表若干人。此外教育界名宿而未居职位者,得由会中议决加聘为会员。此会每年至少开两次。有必要时,教育总长得召集之。但会员有若干人以上之认可,亦可自由集合。此外应设职员如秘书、编辑等若干人。每次开会之后,应制定详细报告书,颁布全国;或平时办一定期出版物亦可。

在各学区则由各学区教育会议处理之。他说:

其次,在各学区中,亦应有一每区之最高集议机关,以为一学区中各种教育机关交换意见、解决问题之地。故每区应设一"第□区教育会议"。

其组织法,由最高教育会议制定。其会员应为本区学院院长、本区大学校长、本区大学各科学长、本区视学员全体、本学区中小学教职员代表若干人、本学区中小学校长代表若干人、本学区学术团体联合会代表若干人;并得延聘本学区教育界名宿若干人为会员。亦应举办定期之书面报告。

又说：

> 最高教育会议与区教育会，得于每次大会开会时，组织一委员会常川驻留；或为特种问题，亦可组织委员会继续研究。

属于学术之最高机关者，则主张设国家学会处理之：盖“一国专门学术之代表，学术上问题之判定，以及一切关于学术上之制作、发明、发现之鉴定与奖励等，既不能属于教育立法机关，又为教育行政机关所不能举，于是不能不另有一最高之学术机关，收集全国绩学专门之土，分门设位以专司之。”

国家学会之组织及性质如下：

> 国家学会之组织大纲如下：（一）国家学会由众参两院组织委员会建设之；（二）国家学会应区分为理学、文学、哲学、艺术四大门，各门分为若干类；（三）每类设会员定额若干席；（四）每类设总书记一人，由会员任之，另聘雇书记事务员若干人；（五）国家学会设外国名誉会员若干席；（六）国家学会设中外通信员若干席；（七）国家学会各门自订办事细则；（八）大会主席临时选出，不设会长；（九）国家学会会员，名誉会员与通信会员皆系终身职；（十）会员通信员有年俸，聘雇人员有薪修；（十一）每门自订会员名誉会员及通信员之徽章。
>
> 国家学会这地位，与教育部及全国最高教育会平行。国家学会常设于首都地方，中央政府每年应支与以定额之经费，不

受一切政治外交之影响。

在教育经费方面，他分为"教育行政经费、普通教育经费、特别教育经费三项。即指广义的教育行政，包括教育部各区学院、最高教育会议、区教育会议之经费而言，又可名曰间接教育经费，盖属于教育之事务者。至于普通教育经费，则指学校经费而言，即直接用于学校者。除私立学校不计外，凡国立、区立、市立、乡立之各级学校经费皆属之。此种经费，可以为共同之统计，而不可为共同之预算决算，尤不能挹彼注此、盈虚相补，亦不可时丰时瘠、随国家及行政区域之预算为转移。简言之，即应绝对的含有永久性与独立性。特别教育经费，即指临时教育经费及国立、区立、市立、乡立之一切学术与其他教育事业，如博物馆、图书馆、公共实验室、平民教育设备、社会教育设备以及定期讲演会、特种补助教育机关、教育学术展览会、奖励金、救济金等；既不能归入教育行政经费，亦不能附于普通教育经费者而言，亦宜有相当之独立及可靠之来源。"

三项教育经费之来源及保证之原则如下：

（一）属于教育行政经费者，仍算为国家行政经费之一部分，列入于预算决算案中，政府有伸缩权，但此种伸缩以不摇动教育行政之组织为限度。

（二）普通教育经费应由国会或中央政府、地方政府分别指定恒定之税收，国产、公产或官营事业之恒定收入为其基本金及常年经费，既与教育行政经费了不相涉，更与国家财政盈绌无关；一经指定、划归某校之后，所有权即完全转移，使其基金或常年经费成为永久的、独立的。

（三）属于特别教育经费者，应分为两种：一为临时的，如博览会、调查团、研究会之类，当然为政府预算中之一种特别支出。二为经常的，其中分为二种：一种系开办费，一种系常年费。前者系一时的，或作为国家临时支出之一宗，或预先规定于本年之教育行政经费以内；后者为经常的，若能与普通教育经费相同，得有确实之指定收入固佳，否则，由教育行政经费中按年拨给亦可。但此项款项，因系属于特别教育经费，不得缩减，不得挪移。

周氏这种建议，完全以事实上之需要为主，虽系荦荦大端，但都可施之实际，实为提倡教育独立者之一种较完备的方策。

以上所述教育独立思想均由从事实上立言，其主要目的，在使教育能脱离政潮的风波，除大政方针须受政治的支配外，凡属于教育事务之进行，均可由教育界自为处理。这里所谓教育独立，是指教育事务能独立进行，不是不受政治势力的支配也。

十一二年间教育思想正盛之时，有从理论上主张教育应脱离政党与宗教而独立者，以蔡元培为最彻底。他于读过李石岑《教育独立议》之后，草《教育独立案》一文，发表于《新教育》第4卷第3期。这文底后部固是一种实施的方案，其前半并是一段有价值的教育哲学的议论，其立脚点与其在民国元年发表《新教育意见》时无异。兹录其全文如下：

教育是帮助被教育的人，给他能发展自己的能力，完成他的人格，于人类文化上能尽一分子的责任；不是把被教育的人，造成一种特别器具，给抱有他种目的的人去应用的。所以教育事业,当完全交与教育家,保有独立的资格,毫不受各派政党或各派教会的影响。

教育是要个性与群性平均发达的。政党是要制造一种特别的群性,抹杀个性。例如鼓励人民亲善某国,仇视某国;或用甲民族的文化,去同化乙民族;今日的政党,往往有此等政策,若参入教育,便是大害。教育是求远效的,政党的政策,是求近功的。中国古书说:"一年之计树谷;十年之计树木;百年之计树人。"可见教育的成效,不是一时能达到的。政党不能常握政权,往往不出数年,便要更迭。若把教育权也交与政党,两党更迭的时候,教育方针,也要跟着改变;教育就没有成效力。所以教育事业不可不超然于各派政党以外。

教育是进步的:凡有学术,总是后胜于前;因为后人凭着前人的成绩,更加一番功夫,自然更进一步。教会是保守的:无论什么样尊重科学,一到《圣经》的成说,便绝对不许批评;便是加了一个限制。教育是共同的:英国的学生,可以读阿拉伯人所作的文学,印度的学生,可以用德国人所造的仪器;都没有什么界限。教会是差别的:基督教与回教不同;回教又与佛教不同。不但这样,基督教里面,天主教与耶稣教又不同。不但这样,耶稣教里面,又有长老会、浸礼会、美以美会等等派别的不同。彼此谁真谁伪,永远没有定论。只好让成年的人,自由选择;所以各国宪法中,都有信仰自由一条。若是把教育权交与教会,便恐不能绝对自由。所以教育事业,不可不超然于各派教会以外。

但是怎么样可以实行超然的教育呢?鄙人拟一个办法如下:

分全国为若干大学区;每区立一大学;凡中等以上各种专

门学术，都可以设在大学里面，一区以内的中小学校教育，与学校以外的社会教育，如通信教授、演讲团、体育会、图书馆、博物院、音乐、演剧、影戏……与其他成年教育、盲哑教育等等，都由大学办理。大学的事务，都由大学教授所组织的教育委员会主持。大学校长，也由委员会举出。由各大学校长，组织高等教育会议，办理各大学区互相关系的事务。

教育部专办理高等教育会议所议决事务之有关系于中央政府者，及其他全国教育统计与报告等事，不得干涉各大学区事务。教育总长必经高等教育会议承认，不受政党内阁更迭的影响。

大学中不必设神学科，但于哲学科中设宗教史、比较宗教学等。

各学校中，均不得有宣传教义的课程；不得举行祈祷式。

以传教为业的人，不必参与教育事业。

各区教育经费，都从本区中抽税充用。较为贫乏的区，经高等教育议会决后，得由中央政府拨国家税补助。

他这种建议不是他底独创，是融合各国现行教育制度之长而来。故他底原注说：

分大学区与大学兼办中小学校的事，用法国制。大学可包括各种专门学术，不必如法、德等国，别设高等专门学校，用英国制。大学兼任社会教育，用美国制。大学校长，由教授公举，用德国制。大学不设神学科，学校不得宣传教义，与教士不得参与教育，均用法国制，瑞士亦已提议。抽教育税，用美国制。

这文对于教育应当脱离政党与宗教的理由，说得最为详尽，数年来倡教育独立的，在理论上尤有出其范围者。但因内乱不已，教育为政治所支配。教育界虽日日想教育独立，日日唱教育独立，但实际上不独教育不能离政治而独立，并且经费也日形亏竭，即“教育经费独立”六字亦不曾办到。自十一年后，教育独立的声浪，亦暂时消沉下去。至十三年国民党改组，其政纲中有增加教育经费并保障其独立的规定，而该党主张以党治国，以党指挥一切。十三年在广东设国民政府，国家一切设施均欲党化，故有“党化教育”之名。但党内（如邹鲁）党外之教育界，对此均有疑问，于是教育独立问题又成为教育界讨论之中心。十四年中华教育改进社会议决宪法中教育专章十条，其第四条即规定“教育事业应超然于宗教及政党争议之外，并不得于上课时间内，教授宗教或党纲，亦不得举行宗教仪式”。于是教育独立之含义，乃为教育离政党及宗教而独立，不仅是教育之事务之独立而已。十四五年之间，教育刊物之讨论此问题以《国家与教育》及《新教育评论》两周刊为最多，但在理论上大体不出蔡元培教育独立议的范围以外，在实施方案上，大体不出周太玄《我国教育之集中统一与独立》的范围。

在谋全部教育独立的思想中还有一种从教育界本身上以谋部分独立的思想：即在高等教育中，以教育者个人的学识，创为讲学制，以谋自由发展其学问，而不受任何方面的干涉与拘束，可以梁启超十年在《改造》杂志所发表的《自由讲座制之教育》一文为代表。他系由不满于学校教育而然。他说：

> 近世所谓学校教育者，缺点有二。第一：其形式若军队然，军队之进也。怯者固毋得独怯，勇者亦毋得独勇，千万人

若一机之动也。今之学校,科目求备;而各科皆悬一程准,课其中程不中程,虽勇力体力较劣下者,非勉及于程焉不可;其优异者亦及程而止,程以上弗授也。夫其程既通于全社会以求彻上彻下,不得不以中材为鹄,劣下者勉而就,或勤苦伤生,而终浅尝无所获也。优异者精力有余于所课,而旅进旅退焉,则或以仅中程而自满;虽不自满,而其少年最适于求学之光阴,已有一部分焉,未尽其用。此种"水平线式"的教育,实国家主义之产物,国家若大匠然,需楹则斲材为楹,需桷则斲材为桷,楹桷大小若一,所斯就矣,而材之戕贼亦已多矣。故此种教育法,适于群众教育,而不适于天才教育。

第二:其学业之相授受,若以市道交也。学校若百货之廛,教师佣于廛,以司售货者也。学生则挟资适市而有所求者也。交易而退,不复相闻问。学生之与教师,若陌路之偶值;甚者教师视学校如亭舍也。

因而他主张创自由讲座制以救济之,即用少数之有专门学术堪任教授者组织讲师团体,自由设科,招收学生听讲,其理由如下:

此种组织采用前代讲学之遗意而变通之。使学校教师学生三者之间,皆为人的关系,而非物的关系。讲师之于讲座,自为主体,而非雇佣的。讲师之与学生,实共学之友;不过以先辈之资格为之指导,学生所得于讲师者,非记忆其讲义以资一度之考试,乃在受取讲师之研究精神及研究方法。质言之:其获益最重要之点,则学者的人格之感化也。讲师之熏陶学生,除讲堂授课之外,更大有事焉。则可以察其性之所近,因

> 势而利导，而学生之自发的研究，乃可以日进也。则天才瑰特之士，不至为课程所局，可以奔轶绝尘尽其才矣。如此则教育不至为“机械化”，不至为“凡庸化”，社会上真面目之人才或可以养成也。

十四年陈衡哲、任鸿隽在《现代评论》2卷39期上发表《一个改良大学教育的提议》亦即此意。他们说：

> 我们以为当参合中国书院的精神和西方导师的制度，成一种新的学校组织。中国书院的组织，是以人为中心的，往往一个大师以讲学行谊相号召，就有四方学者翕然从风，不但学问上有相当的研究，就是风气上也有无形的转移，如朱文公的白鹿洞、胡安定的湖州，都是一例。但是书院的组织太简单了，现在的时代，不但没有一个人可以博通众学，满足几百千人的希望，而现在求学的方法，也没有一人而贯注几百人的可能。要补救这个缺点，我们可兼采西方的导师制。就是一个书院以少数教者及少数学者为主体；这个书院的先生，都有旧时山长的资格，学问品行都为学生所敬服，而这些先生也对于学生的求学、品行两方面，直接负其指导陶熔的责任。

十六年国民政府定都南京，设大学院为统辖全国教育行政及学术之机关，各省并采大学区别，将教育行政统属于大学之下。在教育事务上颇呈独立之象；因国民党党纲有保障教育经费独立之规定，亦有谋教育经费独立者；但教育独立四字，已不复有人再提倡了。

就上面可述的事实看来，教育独立思想的变迁凡四：最初因经费之拖欠而有教育经费独立之思想；后则因为欲经费独立，非使教育脱离政潮不能办到，于是乃进而倡教育事务独立；更进则为教育脱离政党与宗教而独立；此为教育独立思想进展的系统。旁出此系统之外而自成一气者，为就教师人格学业上谋高等教育之部分的独立。

42.影响

就数年来教育独立的思想分析起来，已得前节末段所述的四款。第一款，所谓教育经费独立，自民八而后日趋日下，北京政府统治之下的教育经费，固然积欠屡屡，就是国民政府统治下的省份，亦未必见得有何种起色。惟国民党有保障教育经费独立的党纲，也许从党的立场上可以办到教育经费独立；然而与教育独立的思想无关。第二款，教育事务独立，国民政府设大学院为全国教育学术的最高机关，各省区并设大学区管理区内教育行政事务，与大学院自成系统，不如旧日之受普通行政的支配，比较算是一种成效。第三款，脱离政党与宗教而独立，在中国历史上宗教原不曾与教育混合，只因清末为国际不平等条约的拘束与国人不知教育权之可贵，无形听外国教徒在中国设学教授中国国民，虽然其势甚盛，但根基究不稳固，加以国人自觉的意识发达，故教育离宗教而独立的思想略一传播，教会学校即逐渐发生动摇。至于离政党而独立，则事实上适得其反。第四款，从教师人格与学业上谋高等教育之部分的独立，则为学术研究的性质，虽然足以补现在高等教育制度的缺陷,但全部教育制度未改革以前,亦不能望其有效。

总括说来,教育独立思想在实际上的影响很少。

就经过的事实上看来,教育独立的含义共有五种:一为教育经费独立;二为教育事务独立;三为教育离政治而独立;四为教育离宗教而独立;五为高等教育之学术独立。凡真正可称为教育独立,必得具备此五种条件。然而在事实上,第三款绝办不到:因为教育是国家行政之一部,无论国家采政党政治,或非政党政治,凡握得政权者,自然要发表其政治之主张(政策),教育当然要为其政策所支配。所谓教育离政治而独立实是不通之论,所以蔡元培在《教育独立议》中对此未尝不说得剀切详明,但在国民政府下做大学院长,却不得不实施国民党之教育。故严格讲来,教育独立四字实不能联成一个名辞,必得于其下加种种限制词以限制之,此则望提倡教育独立的教育家深长思也。

附注:此外尚有师范教育独立,以其为局部的,将于《近代中国教育史》中论及,故不列于此。

第十五章　科学教育思想

43.背景

科学两字是从日文翻译而来,在新教育制度未采行以前,只有洋务之名,惟不尽指科学。及西艺教育思想(参阅该章)发达,始以西艺概括现在的自然科学与应用科学。至民国十年因美国孟禄应实际教育调查社之聘来华调查教育,力言中国科学教育之不行,而于翌年由教育改进社聘美人推士来华指导科学教育。科学教育四字始通行于教育界。科学教育思想虽然自有西艺教育思想以来,即已不断地发展,但其背景则为截然不同之二事。张準说:

> 道、咸以后,吾国屡挫于外,举国人士,以旧之不足恃,群思变法,汲汲以输入西学为务……其目的不在科学本体,而在制铁船造火器,以制胜强敌,谋富强救国之策。①

这是清代科学教育思想产生的由来;换言之,当时的科学教育

① 周邦道:《科学发达史》,页247。

思想是外侮的反映。至于民国十一年的科学教育思想则为新教育不切实际的反映。盖清代虽因图强之故,大倡西学,但科举的传统思想固少有改变,学校虽有数理博物的科目,仍是一种变相的八股。孟禄说:

> 中国中学科学教育之不良有二因:一个原因,就是令学生背名词,重分类。殊不知科学的目的在于使学生应用,科学的教学最重要的就是实验。中国中学之科学教学,不给学生实验的机会。……第二个原因,就是中国对于科学的概念不明了,即视科学为名词与分类的事体。①

这是外国人的话,但事实却是如此,他这几句话,实是"科学八股"的好注脚。当时的教育家有感于这种现象之不当,于是照孟禄的话,向美国请来一位长于科学教育的推士,指导科学教育。这是十一年以后,科学教育流行一时的原因。

44. 变迁

中国的科学教育思想原与西艺教育思想同源。我们不将这两种教育思想混合叙列者,是因为前者专以科学直接应用为目的;后者则以科学的一般应用为目的。真正的科学教育在培养一般人民底科学思想,普及科学方法于民众,西艺教育虽亦曾重科学的直接

① 《孟禄的中国教育讨论》,页46—47。

应用而不能称科学教育思想者以此。

近数十年以受过科学的训练而首倡科学教育的人，要推严复。他生于清咸丰三年（1853），死于民国十一年（1922），于光绪二年（1876）由福建船政厂派赴英国海军学校，习战术及炮台诸学，最长数学，兼治论理、社会、法律、经济诸科。他于甲午而后，深以中国之危亡为虑，戊戌召对，曾著上《皇帝万言书》，力言自强之道；斯年主天津《国闻报》笔政，并译斯宾塞尔《劝学篇》，著《原强》、《救亡决论》等文鼓吹兴学救国。《劝学篇》重在群学，《原强》后二篇则特重科学教育之提倡。他说：

……凡其耕凿陶冶织纴牧畜，上而至于官府刑政战守转输邮置交通之事，与凡所以和众保民者精密广大，较吾中国之所有倍蓰有加焉。其为事也，一一皆本诸学术，其为学也，一一皆本于即物实测，层累阶级，以造于至精至大之涂故，蔑一事焉可坐论而不足起行者也。①

这是说西洋各国的刑政农商，皆以实验的学术为事，所以其国强盛，至于中国虽自同治而后有译西书、设船厂、开学堂种种新政，但其崇尚空文的思想固未曾改变，所以仍是无效。故他主张用西洋实事求是的科学方法教儿童说：

夫西洋之于学，自明以前，与中土亦相埒耳。至于晚近言学，则先物理而后文词，重达用而薄藻饰。且其教子弟也，尤

① 《原强》，页8。

必使自竭其耳目，自致其心思，贵自得而贱因人，喜善疑而慎信古。其名数诸学，则借以教致思穷理之术，其力质诸学，则假以导观物察变之方，而其本事则筌蹄之于鱼兔而已矣。故赫胥黎曰："读书得智是第二手事，唯能以宇宙为我简编，民物为我文字者，斯真学耳。"此西洋教民要术也。而回观中国则何如？夫朱子以即物穷理释格物致知是也；至于读书穷理言之，风斯在下矣。且中土之学，必求古训，古人之非，既不能明，即古人之是，亦不知其所以是；记诵词章既已误，训诂注疏又甚拘，江河日下，以至于今日之经义八股，则适足以破坏人才，复何民智之开之与有耶？且也六、七龄童子入学，脑气未坚，即教穷玄极渺之文字，事资强记，何裨灵襟，其中所恃以开濬神明者，不外区区对偶已耳。所审覈物理辨析是非者，胥无有焉。以是为学，又何怪制科人十九鹘突于人情物理，转不若农工商贾之有时而当也。今之蒿目时事者，每致叹于中国读书人少，自我观之，如是教人，无宁学者少耳。①

前段论西洋教育注重科学的优点，后论则论中国教育徒尚空疏的弊端。欲救中国，非力将实事求是的治学精神普及于社会，推行于政刑不可。故说：

西学格致则其道与是适相反：一理之明，一法之立，必验之物物事事而皆然，而后定之为不易。其所验也贵多，故博大，其收效也必恒，故悠久，其究极也必道通为一，左右逢源，

① 《原强》，页15。

> 故高明。方其治之也，成见必不可居，饰词必不可用，不敢丝毫主张，不得稍行武断，必勤必耐，必公必虚，而后有以造其至精之域，践其至实之途。迨夫施之民生日用之间，则据理行术，操必然之券，责未然之效，先天不违，如土委地而已矣。且西士有言，凡学之事，不仅求知未知，求能不能已也。学测算者，不终身以窥天行也，学化学者，不随在而验实物也，讲植物者，不必耕桑，讲动物者，不必牧畜；其绝大妙用，在于有以练智虑而操心思，使习于沉者不至为学，习于诚者不能为妄。是故一理前来，当机立剖，昭昭白黑莫使听荧。……西学格致非迂途也。一言救亡则将舍是而不可。①

这是要人应用科学方法于事事物物，实为科学教育之极致。

在当时科学两字尚未通行于中国，故严氏不曾提出科学教育四字，但他论中国教育的弊端以及“东海可以回流，吾言必不易”的坚决态度，主张“痛除八股而大讲西学科学”，其识见固不可及；而竭力申述科学态度在于善疑慎言，科学方法在于直接观察，科学效用在于辨是非，尤非当时之空言西学者所能望其项背。

自此而后，新教育制度在中国立定了根基，各级学校中也有所谓理科之类的科学的科目，但都是为着仿照外国学校的办法而然的，并非科学教育思想的产物。直到民国三年留美学生，在美国发起中国科学社，于四年一月起发刊《科学》月刊，鼓吹科学方法，研究各种科学。该志第1卷12期任鸿隽发表《科学与教育》一文，论科学与教育关系，主张应用科学方法于教育上，科学教育始联成一

---

① 《救亡决论》，页6—7。

词。他说：

……科学实力之所亭毒，潮流之所趋赴，虽欲否认之而不能。科学于教育之重要，久已确立不移矣。其在今日，科学之范围愈广，其教育上之领域亦日增。……教育之事业论自何方面言之，皆不能离科学以从事。若夫智育之事，自科学本域，言教育者当莫能外，无容吾人之重赘一词。今当进论吾之第二问题；即导行审美之事，唯文学能之乎。如曰能之，当如何而后可。文学者，又统泛之名词也。泛言之，凡事理之笔之于书者皆得谓之文学。故论辩、辞赋、小说、戏曲之属文学也，而历史、哲学、科学、记载之作亦文学。乃今所言，对科学以为说，则当指其纯乎文章之作，而科学历史之属不与焉。大抵文学之有当于教育宗旨者，不外二端。一、文法。文法者，依历久之习惯而著为遣词置字之规律也。及既成，则不可背。习之者辨其字句之关系，与几何之证形体盖相类。故西学者皆谓文法属于科学，不属于文学。吾人则谓其文词字不中律令者，其人心中必无条理。故文法之不可不讲，亦正以其为思想训练上之一事耳。二、文意。文意者，人生之意而文字之所达者也。科学能影响人生，变易人生，而不能达人生之意于此领域中，惟文字为有权。然吾人当知文字之有关于人生者，必自观察实际，抽绎现象而得之，而非钻研故纸，与玩弄词章所能为功。吾国周秦之际，学术蔚然，以言文章，亦称极盛。以是时学者皆注意社会事实也。汉唐以后，文主注释。宋明以后，则注释与记事之文而已：不复参以思想，亦不复稽之事实。故日日以文为教，而文乃每况愈下。思想既窒，方法既绝，学术自无由发达。即文学之本域，所谓以释人生之本意，亦几几不可复见;独审美性质,犹未全失耳。呜乎,自唐以来,文人学士,日嚣嚣然以古文辞号于众者,皆于审美一方面致力耳。至所谓“道”与“学”者,彼辈固不知为何物,亦不借彼以传也。是故今日于教育上言文学,亦当灌以新知识,入以新理想,令文学为今人之注释,而不徒为古书之象胥,而后于教育上乃有价值可言。至于一切古书,亦宜以此意读之,乃不落欧洲中世纪人徒读希腊拉丁之故步矣。①

他对于文学亦主张以科学方法训练思想灌输新知,而打破旧时文以载道的玄谈,实为前此文人所未言及者。他所以如此主张,是因为他注重在科学之提倡。故他底结论说:

要之,科学之于教育上之重要,不在于物质上之知识,而在其研究事物之方法;尤不在研究事物之方法,而在其所与心能之训练。科学方法者,首分别事类,次乃辨明其关系,以发现其通律。习于是者,其心尝注重事实,执因求果,而不为感情所蔽,私见所移。所谓科学的心能者,此之谓也。此等心能,凡从事三数年自然物理科学之研究,能知科学之真精神,而不徒事记忆模仿者,皆能习得之。以此心能求学,而学术乃有进步之望。以此心能处世,而社会乃立稳固之基。此岂不胜于物质知识万万哉。吾甚望言教育者加之意也。②

民国四年至八年之间《科学》杂志发表科学与各种事业之关系

① 《科学通论》,页107—108。
② 同上书,页109。

的文章甚多,除教育外,德行、农业、林业、工业、商业与科学的关系均曾论及,而尤注意于科学方法的提倡。但在八年以前所得的反应很少。

五四而后,民治教育思想大倡,所谓新文化运动,科学教育的提倡亦其重要目标之一。及十年五月孟禄来华调查教育,批评中国科学教育之不良,科学教育思想乃大倡。教育者并知从前提倡教育之不当,与学校有仅关于理科的科目不能算作科学教育,必得有研究科学之人,用科学方法,解决困难问题才可算科学教育。持此议论者可以张準为代表。他于十年五月在南京高等师范教育研究会讲演《近五十年来之中国科学教育》说:

> 近数年来,大家始知畴昔所主张提倡之教育,均属未中肯綮,不着边际。欲言教育,必从科学的方法上着手,凡各种科学不可全恃他人已得之结果,必自己加以研究试验;此盖真正的教育科学开端之时也。然从事科学的教育,有两大要点,不可不注意者:
>
> (一)要有研究科学之人——传播科学之时期,业已过去,研究科学,今正其时。年来如中国科学社、北京地质调查所、中央观象台等或调查,或观察,或就研究所得,发为文章,著录专书,成绩斐然,深可称道。……将前人所未研究者,从而研究之,此皆一时之创举。如能群起继续,于科学教育前途,必有莫大之裨补;盖就本地风光,讲述科学。最足引起学生研究之兴趣也。
>
> (二)要用科学方能解决困难问题——欲使科学教育发达,一方固宜研究科学,一方亦宜运用科学方法,解决实际上

> 之困难问题，以坚普通一般人对于科学之信仰。余尝谓西学输入，日本较中国为后，而其进步则较速者，即西学输入日本者，首为医药，研究是学者，随即能解决疾病问题，故彼邦人民，咸信西学之功用；厥后派遣学生，游学外洋，由医学而逐渐及于其他之科学。若中国最初所学习之科学，属于军官制造方面，甲午一败，人遂以科学为不可靠矣；进步迟缓，宁非由此乎？本校（南高）与江苏所设之昆虫局，现以除扑蚊蝇为职志，结果所至，社会信仰；则不但应用科学因而昌明，纯粹科学亦将从此发达矣。①

十一年推士来华指导学校教育，虽然在实际曾做了一些事，但因为他是一个实际的科学教育家，在教育思想上不曾发生什么影响（他在 *Science and Education in China* 书中关于教育制度的建议很有特见，惟不在科学教育范围之内，也无人注意及之）。当推士在中国竭力调查中国科学教育状况，切实指导科学教育方法的时候，国内学术界为着张君劢一篇讲演词，而发生科学与玄学的论战，②参加者数十人，论文达三十余万言。这次的论战，虽然不曾直接讨论科学教育，但是三十年来潜伏在一般人心中之"怀疑科学"的意识，至此全部宣泄出来；而重视科学，主张科学教育底意见也无挂碍地明白公布于世：科学教育思想便也无形受了很大的帮助而普及于社会。这两方面的人物要以张君劢与吴稚晖为代表。张君劢说：

① 《科学发达史略》，页255—257。

② 详见《科学与人生观》（上海亚东书局出版）。

吾以为教育有五方面：曰形上，曰艺术，曰意志，曰理智，曰体质。科学教育偏于理智与体质，而忽略其他三者……

又说：

教育家为应付社会中之生计制度计，常以现时生计制度为标准，而养育人才。于是学一艺而终身于一艺，为无产者谋生之不二法门。若夫变更社会之贫富阶级，使凡为人类，各得为全人格之活动，皆得享全人格之发展，则为适应环境之科学的教育家所不敢道。①

因之他以为教育方针应改良者有下列三事：

(1)学科中应加超官觉超自然(Supernatural)之条目，使学生知宇宙之大，庶几减少其物质欲望，算账心思，而发达其舍己为人，为全体努力之精神。

(2)学科中应增加艺术上之训练。就享受言之，使有悠悠自得之乐；就创作言之，使人类精神生活益趋于丰富。

(3)学科中应发扬人类自由意志之大义，以鼓其社会改造之勇气。②

他并举德俄革命以证人事进化无公例可寻(即超科学的)，而

① 《科学与人生观》，页73。
② 同上书，页73—74。

谓其为科学教育明著之反证。故最后警告国人说：

> 若固守科学的教育而不变，其最好之结果，则发明耳，工商致富耳；再进也，则为阶级战争，为社会革命。此皆欧洲已往之覆辄，吾何循之而不变乎？国中之教育家乎！勿以学校中加了若干种自然科学之科目为已了事也。欧洲之明效大验既已如是。公等而诚有惩前毖后之思，必知所以改弦易辙矣。[①]

他虽然反对科学的教育，但他所举的三条方针，就是主张科学教育的人也一样重视；他说："享全人格之发展则为适应环境之科学的教育家所不敢道"，亦足示其不明教育的真义，并无何种特殊的见解。但国人数十年来误解科学教育的真义的情形，却由他全部表现出来。当时赞成其说者，自然很有，但力量远不如提倡科学教育者吴稚晖底大。吴素重视科学，重视物质文明，平日的言论无处不表示此种意见。他在这次论战中发表一篇长七万余言的文章，题曰《一个新信仰的宇宙观及人生观》，虽然不明白说他在主张科学教育，但主张科学教育的意思却无时不流露于文字之间。他以宇宙是由具有质力的物体自然变化而来，人类在宇宙中的目的就是要向真善美走去。因为人类是向上，究竟的目的终不能到，所以便有梁漱溟所谓向前、向后、持中的三条路，[②]以代表西洋、印度、中国的三种生活样法。他是极端相信科学而主张向前进的。所以他说：

> 我信"宇宙一切"皆可以科学解说。但欲解说一切之

① 《科学与人生观》，页76。

② 详见梁漱溟著《东西文化及其哲学》。

"可",永远不"能"。能解一切之可,无异说能知无始之始,能知无终之终,能知无外之大,能知无内之小,这自然不能。惟能虽不能,而可则自可,向可中求增其能,是之为学。不问其可,自信别有所能,是为美学态度。不信其可而愿姑试其能,是为玄学态度。心知其可,不肯身限其能,是为科学态度。①

他既认科学态度是不肯自限其能,故谓覆天载地的大责任,亦可由一己担负。故又说:

至此而挟极度之创造冲动,及最高之克己义务,始可自责曰:"人生庶几忝为万物之灵。"(若享权利时,自以人为万物之灵,乃绝大错误)。凡覆天载地之大责任,为宇宙间万物之朋友所不能招呼者,一由吾人招呼之。如此岂是"就生活而生活""顺天理而待尽"可以胜彼艰巨?……招呼朋友,实际亦知未能及于宇宙之些许;恃有"科学万能"在,区区覆天载地,正可当仁不让。②

这些话都是表示他对于科学的信念,若是要他向人讲教育,他便明白劝用科学提倡物质文明。他说:

……学校要有"全套的一副",本无所谓偏重不偏重,自然各有他相当的数量。但是中国数千年偏重了文的哲想,自无

① 《吴稚晖全集》卷四,页126。
② 同上书,页150。

可讳言。最近数百年又被圣功王道的八股思想统一了一阵，至今余毒未清。因此改了洋文学，谈起洋哲理，插入洋圣功王道的法政学，加入洋经世文编的商科理财，结以洋周秦诸子的各种洋九流三教（什么主义，什么主义），逐渐成了洋八股的伟观。所以若再听凭他百千大学开设了，使他休明出来，结果是：有饭吃便把官僚、政客、土豪、游民，做他们的尾闾去排泄罢了。那种博学鸿词科式的泰戈尔也必定盛极一时，过他们高尚亡国奴的生活，因此欲矫枉而过其正，非鼓吹一个干燥无味的物质文明出来。不足以淡此瘴气（谓洋八股）。干燥无味的物质文明，是止有偏重了科学工艺，才鼓吹得出，不是远靠理想所能鼓吹得出的呀。①

他底文章总是嬉笑怒骂诙谐百出。他这段话对于中国现教育的弊端，可谓批评痛快淋漓：他看得这种洋八股的现象气愤不过，所以到处谩骂（他底全集中底文章讲到中国教育问题便有这种言语）而极力提倡科学教育。他自然不是专门的教育家，但对于“洋八股”思想之破坏力与对于科学教育的暗示力都不小。胡适称他为近世大思想家之一，他实在足以当之。

45. 影响

科学教育思想虽然在近代中国教育史绵延三十余年，但其对

① 《吴稚晖全集》卷一，页122—123。

于实际教育的影响却很少。清末与民国的各级学校课程中虽有所谓理科之类的学科,但并不是科学教育思想的产物,而是模仿西洋新教育制度的结果。五四而后因民治主义教育思想的激荡,十一年推士来华,在华两年走遍十行省,经历24城市,248学校,演讲276次(见 *Science and Education in China* 第一章),并于十二年暑假在东南大学暑校讲授科学教授原理,十三年暑假在清华学校主讲科学教员暑期研究会;在两处均特别注意于科学教师之养成,前后从学者二百余人。此外中华文化基金会,得美国退还庚子赔款,对于中国科学教育拟订七年计划,年供15万元,设立科学教习,分物理、化学、动物学、植物学、教育心理学五种科目,分配于北京、东南、武昌、成都、广东、奉天各大学。此为五四运动后中国科学教育之具体设施,与科学教育思想有相当关系者也。

中国科学会社据张资珙于十五年调查所及,计由国人自组者十四,中外合组者一,外人所组织中国人得加入者四,关于自然科之出版物54①;全国科学教育设备,据吴承洛调查,大学、高等师范、专门学校设备以纯粹理科(化学、物理、博物)为主者28校,以医科为主者18校,以工科(矿冶、土木、机械、电机、应化)为主者18校,以农科(农林、水产)为主者12校。此种组织与设施虽然大半不是科学教育思想的结果,但由此亦可见中国科学与科学教育的现状。

科学教育的目的,消极方面在于破除迷信,积极方面在于普及科学方法于民众而培养其创造能力。据此以衡量中国科学教育思

① 见张準著《科学在中国之过去与现在》。(原文先载上海《时事新报·学灯》,后录入《江苏教育公报》,九年八期。)

想底效果，所得的答案完全是一个否定，兴学三十余年来，不独所谓愚夫愚妇还在望“真命天子”出世，即号称受过学校教育的达官伟人乃至于留学东西洋的留学生，亦每有设案求雨，焚香扶乩的事情；而近年同善社、悟善社、灵学会之发达，更有匪夷所思的现象。这些现象之所以构成，自然有许多是经济的原因（如兵匪横行，人民无安身立命之地），而科学教育之无效却是原因中之最大的。科学教育在中国所以无效有两个最主要的因子：第一是民族的习性，第二是科举的余毒。

迷醉东方文化的学者都赞美东方的精神文明，所谓精神文明，是专重内省的自满的文明；持盈保泰、优游自得，在足衣足食之后自然有许多用处，但把这种精神推而广之，应用到一切事物上面，便是不敢与自然作战，事事听从自然摆布。愿受自然摆布的民族，忽然要转过头面来讲制驭自然的科学，弄到有名无实，自然是“事有必至，理有固然”了。

科举余毒足以阻碍科学教育之发达，张準讲得最详细，我们可拿他底话代为说明。他说：

……曾（国藩）李（鸿章）左（宗棠）三公之创设学校，翻译西书，派遣子弟出洋留学，固在五十年前，何以科学上卒未得良好影响，吾敢一言以蔽之曰，是科举之过也。彼时选派出洋之学生，固望其洞澈西人格致之源，归而“触类引伸”“精益求精”“视其所学为身心性命之学也”。孰知学成既少，归而投身社会，则以出身不由科举，为世所轻，其或致身通显，则又与其学无与。所谓“延入书院分科传教”者，尤未见实行。故其所学自西人者，归不数年，渐非已有矣。清末考验出洋毕业生，

> 群起而赴之,贤者亦不免自贬,盖科举势力有以迫之也。及至学校创办,仍不离科举之习,朝廷固明谓:"学校之制,其奖励出身,与科举无异。"故其教者习者,悉以是为的,科学课目,与五经四子书同为记诵之学,备毕业等第之考核而已。彼制造局所译各书,其读之而通晓科学者,世不多见,然市侩之徒,改换其面目。变而为《富强丛书》、《西学时务通考》、《西学大成》等书供士子场屋之用,盖不知销行几千万部;而士子之剌取一二,生吞活剥,逗凑铺张,博得学通中西之名,如《格致书院课艺》、《南菁书院课艺》所载者,则其直接受此译籍之赐也,是科举之过也。①

民国以来,科第奖励制虽然取消,但记讲义以求文凭,凭头衔以谋差事的情形仍然如故。吴稚晖之所谓洋八股,实非过刻之论。

中国当提倡科学教育,恐怕除了讴歌东方精神文明如泰戈尔一流人物是不会发生问题的。我们不能在此讨论实施的具体方案,其进行的方针有二:一、在积极方面极力鼓吹国人努力创造物质文明引起其科学研究的要求;二、在消极方面极力打破现在彩票性的官吏恶习,使人民不得自食其力以从事生产的建设,而间接发展科学。(第二项在职业教育思想中曾经详说过,第一项本书结论中还得再说,故不赘。)

① 《五十年来之中国科学》,页3。

第十六章　非宗教教育思想

46. 背景

中国社会上虽然有佛教、回教、道教、孔教的名称，但道、孔两教实在不能算作宗教；回教虽为一种纯粹的宗教，但聚族而居，不与汉人混合，即散居在汉人中者亦不向外传教；佛教虽通行全国，但其教义经过儒家的诠释，人民对于它的信仰亦哲学化了，而不全属宗教。故中国历史上无十字军的宗教问题，宗教与教育更两不相涉。十一年北京非宗教大同盟谓中国是无教之国，实很近似。

自前清鸦片战争而后，列强强迫我订立不平等条约，于条约中取得内地传教权，更因传教而在内地自由设立学校教育中国国民。及光绪二十九年改行新教育制度，教会学校愈加发达，然他们因为条约上无根据，①原拟向官厅立案，而当时执政者不知"教育权"之可贵，对于教会学校，不从根本上取缔，惟以不给奖励为限

① 同治七年《中美续约》第七款载有"美国人可以在中国按约指准外国人居住地方设立学堂，中国人亦可在美国一体照办"。此款本义为允许外人在其居住地设学教其本国人民，并非自由设学教育中国人。

制的手段,[1]于是教会学校与教堂同时进展。民国而后,因内乱绵延不断,教育经费长久拖欠,教育事业亦每为军阀政客所操纵所干涉,致固有之学校尚不能维持,更说不到发展,而教会学校因不受国内政治影响乃更乘机推广。

中国人民在历史上既少真正的宗教信仰,耶教之在中国传播又以国际的强权为背景,其仪式既与国人的习惯不合(尤其是不敬祖先),其以强凌弱的态度更足以引起反感(光绪十六年,深州、饶阳、武强、安平各州县廪生不许教民应试童生,即其显例)。教会学校不过因国势与内乱的种种机会而得特别发达。但其设立学校的目的,不在为世界造"人",也不是为中国造"国民",而在为耶稣造"教民",故对于幼年儿童教以荒诞神话的《教会三字经》,[2]中等以上学校则特别重视外国语言文字而不注意中国文化。[3] 教会学校底内容既与中国的国情民习不合,其能在中国存在数十年者,全靠国际上及中国内政上的特殊机会;国人一旦醒觉,其机会自会消灭,而反对这种教会教育的非宗教教育思想也自然而然要发展的。——非宗教教育的本义原是"非"一切宗教教育的,不过中国真正施行宗教教育的机关只有基督教的教会学校,故非宗教教育也以基督教教会教育为唯一的对象。

---

① 光绪三十二年学部通咨《外人设学无庸立案文》说:"教育为富强之基,一国有一国之国民,即一国有一国之教育,匪惟民情国俗各有不同,即教育宗旨亦实有不能强合之处。现今振兴学务,各省地方筹建学堂,责无旁贷,亟应及时增设,俾国民得有向学之所。至外国人在内地设立学堂,奏定章程并无允许之文。除已设各学堂暂听设立,无庸立案外,嗣后如外国人呈请在内地开设学堂,亦均无庸立案。所有学生,概不给予奖励。"

② 参阅舒新城著《收回教育权运动》,第三章甲项。(中华书局出版)

③ 参阅舒新城《教育丛稿》第一集,《收回教会中学问题》。

学校的宗教教育原建筑在宗教势力之上,中国教会学校的宗教教育,则建筑在不平等条约之上。欧战而后,这两种基础为理性主义与民族运动破坏了,所以中国宣传宗教教育的教会教育也不得不倾倒。关于此问题胡适在《今日教会教育的难关》中说得很详明,他说:

> 二十五年前,传教事业的敌人是愚昧的迷信。二十五年后,传教事业的难关是开明的理性主义。我们现在不怕基督教士挖眼珠子去做药了;我们现在对于基督教的教义与信条也渐渐明白了。但我们有人要进一步疑问基督教的根本教义能不能成立;我们有人要问上帝究竟有没有,灵魂究竟有没有。西洋近代科学思想,输入中国以后,中国固有的自然主义的哲学逐渐回来,这两种东西的结合就产生了今日自然主义的运动。这种自然主义对于宗教的态度是:
>
> (1)宇宙及其中一切万物的运行变化皆是自然的,自己如此的,用不着什么超自然的主宰或造物者。
>
> (2)生物界的生存竞争的残酷与浪费,使我们明白那仁爱慈祥的主宰是不会有的。
>
> (3)人不过是动物的一种,死后是要腐烂朽灭的;朽灭是自然的现象,不足使我们烦心。我们则应该努力,故我们能做的事业,建造我们人世的乐国,不必去谋死后的净土天堂。
>
> 这种新的理性主义的根本态度是怀疑:他要人疑而后信,他的武器是“拿证据来”。在这个“拿证据来”的旗帜之下,就是基督教的教义与信条也不免受他的评判与攻击。①

① 《中华基督教教育季刊》第1卷第1期,页8—9。

这是宗教教育根本动摇的原因。在中国还更有一种可以使它动摇的势力就是新起的民族主义的反动。他又说：

这几十年来，中国受西洋人的欺侮总算很够了；好几次的反抗，都归失败。最后一次的反抗是庚子年的拳匪运动。自从那回之后，中国人知道这种盲目的、无知识的反动是无用了。所以二十世纪头上的十多年可算是中国人对外不反抗的时期；外国人处处占优胜，处处占便宜；中国人怕"干涉"，怕"瓜分"，只好含羞忍辱，敢怒而不敢反抗。但是这十几年来，可不同了。辛亥革命与民国成立鼓起了中国人的勇气，唤起了民族的自觉心，干涉与瓜分的噩梦渐渐远了。到了欧战发生，欧洲残破，真正"戳穿了西洋镜"，中国人对于西洋列强的真相渐渐有点明白了，怕惧的心理渐渐减低，自觉心理渐渐发展。欧战期内，国际贸易的大变迁，国内产业的发达。列强在远东的压迫力的暂时弛缓，欧战国际形势的大变迁，俄国的革命，德国奥国的衰败，这些事实都够使中国民族——自觉地或不自觉地——心理起许多大反动。结果就是一种新的民族主义的大反动。……

他们为什么不许外人在中国传教办学呢？因为他们相信凡帝国主义文化侵略的唯一方法是布宗教，开学校。宗教一方面是帝国主义昏迷殖民地民众之一种催眠术，另一方面，又是帝国主义侵略殖民地之探险队，先锋军。(《向导》八十一期)[①]

---

① 《中华基督教育季刊》第1卷第1期，页7—8。

此外还有两种原因：第一是德国、土耳其于欧战后不使宗教混入教育之中，使国内非宗教教育思想获得实证，而增进其滋长的势力；第二是十一年而后，共产主义与国家主义，同时发达：此两种主义在他方面虽互相冲突，但对于反对教会教育方面则主张相同；他们各就其主脚点鼓吹非宗教教育，且努力于实际活动；故非宗教教育思想，于十三四年间普及一般国民，且在实际上发生许多效果。

宣传宗教教育的教会学校数十年来在中国自由发展不生问题，五四以后发生动摇，十三年后几至于不能存在，其原因在此。非宗教教育产生与滋长的原因也在此。

47. 变迁

因为中国在历史上可以称为"无教之国"，所以对于宗教素不重视；甲午而后，号称识时务者虽竞言洋务，但决不言西教。[①] 而学校中宣传宗教尤悬为厉禁。光绪二十九年张之洞、张百熙、荣庆奏订学堂章程，即明白规定外国教员不得讲宗教。原文说：

> ……所聘西师即教师出身，须于合同内订明：凡讲授科学，不得借词宣讲涉及宗教之语；违者应即辞退。[②]

这种明令的限制虽然很严，但因当时对于教会学校取放任主

① 光绪二十二年梁启超之《西学书目表序例》即云教类之书不录。

② 《教育史料》第二册，页19。

义，除公立学校须受政府监督外，教会学校仍然无所忌惮地宣传宗教。民国初元虽然蔡元培于《新教育意见》论到宗教与教育的区别，对于宗教略有不满之词，但未明言教育应分离而独立。其时有刘以钟者论《民国教育宜采相对的国家主义》，力主教育与宗教分离。他说：

> 宗教与教育，应有何等关系，久为学者所争，最近则分离说大占优势。所谓伦理教化运动者，发起于英伦，遍及全世界，据其所主张与实验，则脱离宗教之道德教育，伦理正确而收效显著，现该运动之势力，日益膨胀，将使十数年之后，学校教育全脱宗教之范围，是世界之趋势也。况道德教育，既以国家为中心，所采德目，不能与国定要旨相背驰，故不容宗教混入学校教育，使国民道德，失其中心，而根本为所动摇也。本此旨得二种要件如左：
>
> （一）无论法人私人，或宗教团体所设立之学校，均须受国家之监督，遵照学校规程，不得施宗教教育及其仪式。
>
> （二）凡学校内，（除大学哲学科）不得行违反国定道德要旨之宗教讲演。①

此段为他所主张之国家主义的教育必要条件之一，实为倡言教育与宗教应分离之最早者。

六年蔡元培在北京神州学会讲演《以美育代宗教》极力攻击宗教，谓其侈言阴骘，攻击异派，无补人心，而主张以无人我的纯粹美

① 《民国经世文编》第三十二册，页41—42。

育以替代之。实为正式倡言非宗教教育之始,但所得的反应甚少。

五四而后,国民的思想大为解放,对于社会的一切都以怀疑的态度,重新估定其价值。八年七月一日国内青年之有志向上者,组织少年中国学会,方标明其宗旨为"本科学的精神,为社会的活动以创造少年中国";在思想方面每为国人的先驱。九年该会第二年评议部会议,因巴黎会员的提议议决"以后同人不得介绍任何宗教信仰者为本会会员,并请已入会而有宗教信仰者尊重此条议决案自请出会"。① 这个议决案其拘束力本只以该会会员为限,惟他们有专学文艺者,虽然不一定信仰某宗教,但感情很盛,而以此种议案为不当(如田汉)而发生异议。于是会中执行者乃于九、十年之间,在南北两京举行宗教讲演问题大会,请国内名教授王星拱、屠孝实、梁漱溟、李石曾、周作人、刘伯明、陆志韦及英国哲学家罗素等讲演,于该会机关刊物《少年中国》月刊第2卷8号、11号,第3卷1号连出《宗教问题》专号三期,讲演者对于宗教者虽有赞否两派,但该会会员所发表之文字除田汉外(亦系泛神论,与宗教徒有别),其余大概否定宗教。北京大学哲学研究社亦于九年十二月宗教问题讲演会请名人讲演。国内学术家在思想上受了这种很广大精深的激荡,无论平日有无宗教信仰,都把宗教问题当作一个重大的问题看待。非宗教教育的思想至此已植立了很深的根基,只待春风到来,便自然而然要特别滋长了。

十一年三月催非宗教教育思想滋长的春风果然到了,这就是世界基督教学生同盟要在北京清华学校开会,其预备提出的问题有"如何宣传基督教于现代之学生"、"学校生活之基督化"、"学生

① 《少年中国》2卷4期,页87。

在教会中之责任”等,更明白向学校及学生宣传基督教。于是南北两京有非基督教大同盟之组织(少年中国学会会员参加者不少),极力攻击宗教及基督徒煽惑中国青年。北京同盟非宗教的理由说:

人类本是进化的,宗教偏说人与万物是天造地设。人类本是自由平等的,宗教偏要束缚思想,摧残个性,崇拜偶像,主乎一尊。人类本是酷好和平的,宗教偏要伐异党同,引起战争;反以博爱为假面具骗人。人类本是好生乐善的,宗教偏要诱之以天堂,惧之以地狱,利用非人的威权道德。宗教本是没有的,他们偏要无中生有,人造迷信。宗教本是假设的,他们偏要装假成真,害人到底。①

他们反对基督教徒煽惑青年学生的理由说:

中国在世界,比较起来,是一片干净土,算是无教之国。无奈近数十年来,基督教等一天一天的向中国注射传染。最近几月,气焰更张,又有什么基督教学生同盟,于光天化日之下,公然要到中国首都的北京来举行。回想我们人类所受过基督教的毒害,比其他诸教都重大些。他们传教的方法,比起他教,尤算无微不入。他们最可痛恨的毒计,就是倾全力煽惑青年学生。青年学生原是很纯洁的,不易煽惑,他们便使用他们不知怎样得来的金钱,建筑高大华丽的房屋,叫做什么基督教青年会。他们始而对青年学生说入会的不必信教,其实既

① 《中华教育界》11卷9期,页4。

入彀中，一步一步的引人入胜，卒至基督教青年会就是基督教预备学校，就是基督徒养成所。①

其时大同盟的宣言遍登京沪各报。北京大学校长蔡元培原系反对宗教者，于斯年四月九日在北京非基督教大同盟讲演大会发表其对于宗教及非宗教教育的意见说：

我曾经把复杂的宗教分析过，求得他最后的要素，不过一种信仰心，就是各人对于一种哲学主义的信仰心。各人的哲学程度不同，信仰当然不一样，一人的哲学思想有进步，信仰当然可以改变，这全是个人精神上的自由，断不容受外界的干涉。我愿意称他为哲学的信仰，不愿意叫做宗教信仰：因为现今各种宗教，都是拘泥着陈腐主义，用诡诞的仪式，夸张的宣传，引起无知识人盲从的信仰，来维持传教人的生活。这完全是用外力侵入个人的精神界，可算是侵犯人权的。我所尤反对的，是那些教会的学校同青年会，用种种暗示，来诱惑未成年的学生，去信仰他们的基督教。我的意见，曾屡次发表过了，最近在《教育独立议》（著者按：原文见《教育独立思想》章，可参阅）中详说教育事业，不可不超然于各派教会以外的理由……我的意思是绝对的不愿以宗教参入教育的。②

此时非宗教教育思想，在国内固已风动一时，在法国留学之周

① 《中华教育界》11卷9期，页5。
② 同上，11卷10期，页1。

太玄等更极力反对宗教及宗教教育。他们曾在法集合非宗教的论文十二篇,印成一册题曰《无所谓宗教》,四处传播。其中张宗文之《教育与宗教》一文,则完全从教育上非难宗教。他说:

> 教育是一种艺术,是实行理想以适合于真理;所以极自由,极开放,任个人的自动,达个性的本能;以自己的判断,定真伪的从违;决不容外界的干涉,受形式的裁判。试问基督教会办的学校,他们是采用这种教育的真旨么?允许学生从科学上寻出论证来推定或反对基督教的谬断么?废除读神秘的圣经和跪十字架前祈祷的形式么?学生的思想不受基督主义裁制么?但在含有基督教会的学校总不超出基督主义的范围,他们教学生总不离圣经和祈祷,无非维持宗教所欲达的目的和所采的方针,这是可断言的。所以教会学校为的是宣传宗教,不是教育。世人若以教会学校是教育,那么和尚尼姑教他们的徒弟念佛经,也是教育了!①

他更为总括的结论说:

> 总而言之:教育是由研究启发人类精神的工具;宗教是强迫信仰壅塞人类智慧的桎梏!教育要脱离宗教方能表现他自由发展的真精神,所以教育与宗教决不能相合。②

在国内则有斯年七月中华教育改进社在济南开第一届年会,

① 《无所谓宗教》,页38。
② 同上,页44。

胡适、丁文江、陶孟和底《凡初等学校（包括幼稚园）概不得有宗教的教育（包括理论与仪式）》的提案。他们底理由是：

> 儿童当此时期，受感力最强，而判断力最弱。教育家不应该利用这个机会，灌输“宇宙中有神主宰”“上帝创造世界”“鬼神自有的，并且能赏善罚恶的”等等不能证实或未曾证实的传说；也不应该利用这个机会，用祈祷、礼节、静坐、咒诵等等仪式来做传教的工具。总之，学校不是传教的地方，初等学校尤不是传教的地方。利用儿童的幼弱无知为传教的机会，是一种罪恶。①

十二年余家菊、李璜两人将其散见于《中华教育界》专论国家主义教育的论文，集印为《国家主义的教育》四处散布，并有《醒狮》周报不时登载非宗教教育的文字鼓吹反对教会学校，而共产党的机关报如《向导》、《中国青年》等更常有攻击教会教育的文字，于是十三、十四、十五年之间，非宗教教育与收回教育权运动竟蔚成一种全国风动的强有力的舆论。全国教育界人士集合的教育团体如全国教育联合会、中华教育改进社开会时无不有关于反对教会教育的议案，少年中国学会、全国学生联合会有反对教会教育的决议（十三年），《中华教育界》并出《收回教育权运动》专号（14 卷 8 期），各学者以论文发表非宗教教育的理由更多。总括之可分为下列各项：

1. 政治的理由　十三年全国教育联合会议决之《取缔外人在

① 《新教育》5 卷 3 期，页 457。

国内办理教育事业案》说：

> 外人在我国办理教育事业，流弊甚多，隐患甚大。综其著者，约有四端：教育为一国最要之内政，外人自由设学，既不呈报我国政府注册，复不受我国政府之考核，此侵犯我国教育主权者其一。各国教育各有其应具之本义，外人之民族性质及国家情势，与我国不同，办理我国教育，自必扞格难合；此违反我国教育本义者其二。况外人之在我国办理教育事业，情同市侩，迹近殖民；潜移默化，将至受甲国之教育者爱甲，受乙国之教育者爱乙，于丙、于丁、于戊等亦然，独立精神全被澌灭。此危害我国学生之国家思想者其三。试更就外人在国内所设教育事业之内容考究之，主办人员非多为宗教之宣传；即系有意于政治上之侵略，教育事业，其附属品耳。即如学校编制，大抵任意配置，科学课程，未能切符我国应具之标准，此忽视我国学生应有之学科者其四。①

2. 社会的理由　周太玄说：

> 教育是为社会多方的训练与预备，故对于社会的均衡上，它有一种实现的普遍性。至于宗教虽系社会的产物，但其倾向乃是在要求社会之一致化。它与教育底目的既恰相反，所以在它底一致化实现的时候，社会立刻失其均衡，而入于一种沉闷黑暗的境地，如果这种环境的条件战胜社会，则社会将渐

① 《教育杂志》16卷12期，《教育界消息》，页2。

由衰败以至于死亡……所以凡是名实相符的教育是决不利于宗教的宣传,而能同时尽宣传宗教的职责的教育,必不是真的教育。所以从社会方面看来,宗教与教育也是不能相得益彰,相辅为用的。①

3. 伦理的理由　李璜说:

第一,近今的伦理教育可以从自然说入手,而宗教的伦理教育可以说从超自然说入手。……第二,近今的伦理教育根本是学校式的。……第三,近今的伦理是含有社会的相对性的。……宗教教育在近今伦理教育上无立脚之余地,如果让教士们还在学校里混,以为有补于伦理教育,那就错了。结果不但无益,而且有害。②

4. 文化的理由　余家菊说:

教育本是一种文化事业,其职责在启发受教育者,使之能够领受已有的文化,此为教育之保守机能。更以固有的文化为基础,使受教育者能够利用之以创造新文化,而对于文化上为多少的贡献,此为教育之促进机能。必能尽此两种职责,才可叫做真教育。……宗教之要素为信仰,凡经典上之所叙述,皆属天经地义,不可怀疑。……居二十世纪之中,而信怪道为

① 《中华教育界》14 卷 8 期《非宗教教育与教会教育》。
② 《中华教育界》14 卷 8 期《伦理教育与宗教教育》,页 68—69。

圣经，既不是愚昧未启之民，只得说是理智之麻木了！文化之进步，全赖理智活动之敏锐，故教育以启发理智为一大目的；宗教之结果即使理智归于麻木，其与教育不能两立，就无待多言。①

5. 宗教的理由　胡适说：

为基督徒计，与其得许多幼稚可欺的教徒，还不如得少数晚年入教的信徒。早年受劝诱入教的人，中年知识开发之后，往往要起反感。天才高的也许变为福尔泰(Voltaire)一类的革命；中下的也许放姿流荡，打破一切教义的拘束。倒是那些中年以后信教的人，信心不易减退，宗旨不易变迁。给他自由思想的机会；他若从经验中感觉宗教的需要，从经验里体合得基督教的意义，那种信徒才是真信徒，一个可抵千百个。圣奥古斯便是一个有名的先例。②

因为中国在实际上是一个"无教之国"，所以始终不曾有人提倡过宗教教育，并且在改行新教育制度的时候，就有外国教师不得宣传宗教的规定。只因当时执政者不明教育权的重要，对于教会学校不加限制，听其自然发展，遂致二十年后酿成尾大不掉的现象。在此二十余年中，非宗教教育思想与教会学校为正比例的发达，其演化的情形可分为三大时期：第一是潜伏时期，即从光绪二十九年至民国六年。在此时限之中，教育者虽不曾发表关于非宗教教育的言论，但《学务纲要》所规定的外国教师不得宣传

① 《国家主义的教育》，页154—155。
② 《基督教教育》季刊第1卷第1期。

宗教之精神，却泛存于教育者心意之中，故时机一到，即发为思潮。第二为理论时期，自民国元年至十一年。在此期内，首有蔡元培及少年中国学会倡议否定宗教，后有非宗教大同盟之产生，但均在理论上反对宗教及宗教教育，而不及于实际的取缔方法。第三为实行时期，从十一年至今。在此期内，各学者一面以言论反对学校宣传宗教教育，一面在教育团体中提议取缔教会学校的实际方法；政府与社会受其影响，在十五六年之间照案实行者亦不少。

48.影响

非宗教教育的思想既由政治上新民族主义及思想上的新理性主义为背景，又有世界潮流与国内政团激荡推阐之，所以它在实际上所发生的影响很大。在政府方面，北方有教育部十四年一月十六日公布的外人捐资设立学校《请求认可办法》。其后四条（全文共六条）原文说：

> （三）学校之校长，须为中国人，如校长原系外国人者，必须以中国人充任副校长，即为请求认可时之代表人。（四）学校设有董事会者，中国人应占董事名额之过半数。（五）学校不得以传布宗教为宗旨。（六）学校课程，须遵照部定标准，不得以宗教科目列入必修科。①

① 《收回教育权运动》，页79—80。

此项法令一面注意教育权之收回(如三、四条),一面注意于教育离宗教而独立。南方国民政府方面,十五年十月由教育行政委员会发布《取缔私立学校》通令,其第八、十、十一三条之用意与上文正同。原文说:

> 第八条:私立学校,不得以外国人为校长,如有特别,情形者,得另聘外国人为顾问。第十条:私立学校,一律不得以宗教科目为必修科,亦不得在课内作宗教宣传。第十一条:私立学校如有宗教仪式,不得强迫学生参加。

在社会方面,中华教育改进社及全国教育联合会自十一年后,均有关于取缔教会学校的决议案,出版物方面的《少年中国》、《中华教育界》、《醒狮周报》、《中国青年》、《向导周报》等均常有关于非宗教教育的文字。在教会学校方面,曾于十四年议决采用新学制课程,十五年议决注重中文等议案。而自十三年五月至十四年九月间,教会学校之发生风潮而学生退学者五十余校。[①]

就过去的事实看来,非宗教教育思想在实际上发生的影响最大。其所以能有这大的影响,是因为宗教教育在中国民族思想上没能根深蒂固的基础,它的发展,全凭着外力的压迫与内政的紊乱,其性质原是一片无根的浮萍,所以遇着民族运动与理性主义的暴风,加以世界思潮与国内政团的推波助澜,便不得不风流云散了!

---

① 详见舒新城著:《收回教育权运动》第六章(中华书局)。

第十七章　国家主义教育思想

49. 背景

国家主义教育思想是从政治上的国家主义产生的。政治上的国家主义发轫于斯巴达，复兴于18世纪，盛倡于19世纪。近世政治上之倡国家主义者前有德意志，后有土耳其、意大利。各国倡此种主义虽然很复杂，但有一种共同的背景，就是外侮的压迫。

中国因为自昔几完全是大一统的国家，虽也有为他种民族征服的时候，但征服者于握得政权之后，便同化于被征服者，故处敌国外患者的时期很少；加以社会组织又是小农制度，国民惟求个人底安舒而不问政治上的争端。所以中国民族性素日富于大同思想，在政治上亦无所谓国家主义的设施。

自清代与欧美交通以来，外交无不失败，甲午而后，受创尤巨，谋国者莫不以谋国家之自强为事，虽然不明标国家主义的政纲，但一切设施固从这条路上走。不过因为大同思想的根基远深于国家主义，所以于欧战后国际和平的思想传到中国之后，便发生根本动摇。但巴黎和会的事实不足以满足我国人的期望，山东问题不得直，不平等条约不能取消，事事仍须受外人的宰制，而国内军阀土匪的横行日甚一日，人民的困苦也日甚一日。苏俄遂乘此机会竭力在中国宣传共产主义，以谋消灭中国。因此种种政治上的国家主义乃于十一年后而大倡。国家主义的教育思想亦随之而盛。余家菊、李璜叙其提倡国家主义的教育原因说：

> 我国底国势，眼见得愈趋愈下，虽其原因有在内在外两种，而结果则不外受外人宰割。考我国废科举兴学校之唯一动机，无非求所以摆脱外人之支配。故当时救国救种之论，忠君尚武之说，如春笋怒发，振作人心之功颇不为小。及至民国纪元，确定教育宗旨；尤斤斤以军国民主义垂示国人，发愤图强之念，盖未稍衰。元二年以后，内讧迭起，共和之基础未固；欧战骤兴，杀伐之惨相大暴。于是有识之士，内感国体之飘摇，外应和平之趋势，遂有废弃原定教育宗旨，而提议新教育旨趣之事。新教育旨趣为："养成健全人格，发展共和精神。"至此而教育思想为内乱所左右，致忘却吾国在国际上之地位，已昭然若揭。用教育确定国体，是教育中固有之义。然而教育之功用，有更重要于此者，则是用教育以绵延国命。我们审顾内外，惧国民之将斩，特重提十年来国人因内乱，而遗忘之教育救国论。先后作文以明此义。……①

从上文看来，可知国家主义教育思想是以内忧外患为背景，以自立自强为目的。

① 《国家主义的教育》序。

50. 变迁

国家主义教育思想之盛倡,虽然是民国十一年以后的事情,但因为清末变法自迫于外患而然,所以此思想之发源在学制系统建立以前。光绪二十八年(壬寅),梁启超论《教育当定宗旨》说:

> 一国之有公教育也,所以养成一种特色之国民,使之结为团体,以自立竞存于优胜劣败之场也。然欲建此目的,绝非可以东涂西抹,今日学一种语言,明日设一门学科,苟且敷衍,杂乱无章,而遂可以收其功也。故有志于教育之业者,先不可不认清教育二字之界说,知其为制造国民之具。①

又说:

> 凡一国之能立于天地,必有其固有之特性,感之于地理,受之于历史,胎之于思想,播之于风俗,此等特性,有良者焉,有否者焉。良者务保存之,不徒保存之而已,而必采他人之可以补助我者吸为已有而增殖之;否者务刮去之,不徒刮去之而已,而必求他人之可以匡救我者,勇猛自克,而代易之。以故今日各国之教育宗旨,无或有学人者,亦无有不学人者;不学人然后国乃立,学人然后国乃强。要之使其民备有人格,享有人权,能自动而非木偶,能自主而非傀儡,能自治而非土蛮,能

① 《饮冰室文集》卷二十九,页2。

自立而非附庸，为本国之民而非他国之民，为现今之民而非陈古之民，为世界之民而非陬谷之民，此则普天下文明国教育宗旨之所同，而吾国亦无以易之者也。①

他虽然不以国家主义的教育为言，但所谓教育为制造国民之具，所谓使其民备有人格，享有人权，能自动、自立、自治、自立，固国家主义的精神也。

光绪三十二年学部奏定之教育宗旨，其忠君一项亦言教育要旨在使人人有急公义洗国耻之志，不过因国体关系而以忠君笼罩一切而已。民国改元，教育宗旨有军国民教育一项，其目的亦在捍卫国家。惟刘以钟则于其时明白提倡国家主义的教育。他曾著一论文题曰《论民国教育宜采相对的国家主义》（原文初发表于何处，现无可考，惟就其最初"近者民国成立，国体变更"二语推断其发表时期在民国元年；又就其讨论之内容，推知其发表在蔡元培《新教育意见》以后），他所谓相对的国家主义，义为调和的，与绝对的国家主义相对待。其要点在不背世界进化原则及不妨个性之发展。他举学理历史及国势、国民性、国体上四种理由述其所以主张民国教育应采相对的国家主义原因。其第三、第四两项理由则完全就中国国情上立言，原文说：

三、国民性之观察　我国国民素乏国家思想。其原因虽极复杂，略举数大端如下：国家组织，向未完全，政府对于人民，常取放任态度，其原因一。拒绝世界之交通，接触他族之

① 《饮冰室文集》卷二十九，页7—8。

日甚少，其原因二。国家为一人所有物，与人民关系浅薄，其原因三。革命结果，不外政权之授受与社会组织国民精神无绝大之影响，其原因四。伦理趋向，常偏重个人道德，其原因五。有此五因，遂使我国国民薄于国家观念，此国民性之大缺点也。夫国民乏国家观念，则国本易于动摇，我国有史以来，国家基础之薄弱，正坐此病。民国成立伊始，欲组织完全国家，非使国民富有国家思想不可，此又主张国家主义之一理由也。

四、国体上之研究　民国合五种人族而成，五族宗教言语风俗习惯，各有异点，当使同化于一文教之中心，企图精神之统一，然非施以强固严肃之国家教育，则万不足收同化之功，而获统一之效也。①

他更述国家主义教育必要条件有五：第一，教育方针当视国家行政方针为转移；因为当时才力单薄，生计困难，政府行政方针以振兴实业为要图，故教育方针应注重实利主义；又因国家阽危，军备缺乏，政府施政以整军为要图，惟军国民教育与人道主义相背驰，故在教育上主张采其形式方面，即采军事训练之精神养成信守规律。第二，国民道德以国家为中心，其道德德目为爱国爱群，信守规律，勇往进取。第三，教育行政权集于中央，其要项：(1)高等专门及大学由教育部设立管理；(2)省立中等及地方立之中等以下学校由教育部巡视监督而辅助之；(3)外国留学生概由教育部派遣；(4)法定教育机关之组织及权限，悉由教育部规定。第四，小学

① 《民国经世文编》第三十二册，页39—40。

教育为国民共同基础,故主张采用单一制,统一教授要旨。第五,教育与宗教分离,一切学校均须受国家监督。不得施宗教及宗教仪式,除大学哲学科外不得有违反国定道德要旨的宗教讲演。

自此而后实用主义教育与职业教育思想当位,欧战而后,国际和平之声浪,充满于国内教育界人士底言论中,国家主义无复有人提倡。及巴黎和会结果,打破国人国际和平的迷梦,于是教育界又渐注意于国家主义。十年十一月徐则陵在南京高师教育研究会讲演《教育上之国家主义》,谓15世纪以来的战争,大抵因国性——包括公共思想、遗训、习惯、风俗以及希望诸端的文化——问题而起,"至18世纪国性自觉心大起,各民族群起争国性",遂产生下列的两大原则:

> (1)一国文化,即国性之所寄托,欲保存国性,须将"文化"由少数贵族传于一般平民。(2)"文化"由民族陶铸而成,初以"文化"定现存的国性,即可根据现存的国性改铸"文化",为将来国性所寄托。①

他以为现实国性的方法惟有教育,并历举德、法、美三国提倡国性教育的情形,而主张中国提倡国性教育说:

> 中国兴学二十余年矣,有人人能唱之国歌否乎?除国语外,有提倡联络国内感情之工具否乎?课程上有特别注意公共思想企望之养成者否乎?有提倡大同主义者乎?二十年来

① 《教育汇刊》第二集讲坛,页6。

办学无广大的宗旨，无通盘计划，枝枝节节，故有今日之教育现状。教育无宗旨，故教材教法，都无根据。欲教育改良，须即定宗旨，以养成吾国“文化”，为国性之寄托。同时并提倡大同主义，以救其偏。宗旨定，则选择教材，遂有标准，如历史资料之取孔子之大统一主义、岳飞之激昂报国等事实，国文资料取文天祥之《正气歌》、郑所南之《心史》、史可法之《答清睿亲王书》等。以地理言，则在在可以搜集此类资料，中国自胜清以来，所有赔款、割地、租港、开商埠等，无不可纳之史地范围，以唤起国民之国性自觉心。但根据此等事施教，有激起学者怀恨之心之流弊，故教者须提倡超出人上之心，以矫正之。工业上、商业上、学术上，如能超出人上，则国势自强，不必处心积虑，以复仇为事也。此则提倡国性教育者所应三致意者也。①

他所讲的虽以国性为总纲，其内涵则重在发扬本国文化，故以国家主义为题。惟于发扬本国文化之中并主张同时提倡大同主义以救济之，用意与刘以钟同。此后有郑宗海，于十三年六月在《教育汇刊》上发表《教育上应有之国家主义》一文，其主张亦与此相类。他说：

……假使教育制度务期尽合国情，教育宗旨与教育教法，务与吾国固有之经验相联络，且期有以养成浸润于同性之公民因以引起其爱国之心，而同时复示以吾国所处之地位与世界之大势，则可以成良好之公民，而终得有对世界之相当态

① 《教育汇刊》第二集“讲坛”，页8。

度。换言之,可以得国家主义之良好要素而复不悖于世界主义,苟以"主义"二字为足资误解,则弃其名而存其意,亦未为不可,既当使其成为中国式的教育,亦当使其成为世界内之中国式的教育,戋戋之愚,谓必如是而后可也。①

上述之人,虽曾倡言国家主义的教育,但并不作为一种唯一的信仰竭力宣传。对此为系统的研究与宣传的,要首推余家菊与李璜。

自十一年而后,他们曾在《中华教育界》、《少年中国》、《教育杂志》等处发表关于国家主义教育的论文多篇,但最初不称为国家主义教育,而曰民族教育、国民教育。十一年法、比退还庚子赔款之议起,国内教育界只注意于款项的瓜分而不顾国家的根本大计。余氏恐因庚款而受各国教育侵略,乃于九月在《中华教育界》(12卷2期)发表《民族性的教育与退款兴学问题》一文,力言民族性教育之必要;谓民族性的教育,有消极积极两种意义:在消极方面,教育要根据固有的民族特性,在积极方面,要养成显著民族的意识。李氏于十二年七月、九月、十三月在同杂志发表《国民教育与国民道德》一文,初仅提出国民教育,谓国民教育的重要目的,在沟通一国人的感情,在实施上应当使学生知道国民的责任,更当使之愿意去尽国民的天职。次论国民教育要养成祖国观念,提高国民人格,最后则提出国家主义的教育数字以为标帜,谓家族主义与世界主义都不合乎时代环境的要求。中国人此时"正离家的生活而初入国的生活的时候……应当讲国家主义的教育"。并下国家主义的定义说:"国家主义便是主张国民个人的意识要与国家社会的意识沟通而

① 《教育汇刊》2卷2期,页5。

打成一片。”不过他所注重的，仍在初等教育，所以本文的结论说：

> 现在总结一句话：国民道德的养成大半靠国民学校历史地理教师的训练。我们前头所谓新精神的训练，一大半是靠历史地理的知识以沟通国民情感而实现精神上的统一，以共当此日和来日的国家大难。①

他们这两篇论文中的名词虽然不同，但其内容均在发挥国家主义的教育，故斯年他们将此两文与其他五文集为单行本而题曰《国家主义的教育》，并于序中申明说：

> 再书中所用名词如民族教育、国民教育等彼此时有出入，但其所表现的主要精神则完全一致。主要精神为何？就是国家主义之教育而已，我们各此集为《国家主义的教育》亦以此故。②

此书列为《少年中国学会丛书》之一，由该会散发各处宣传。而该会会员底个性极强，各有其自信的思想和事业，在学术上固然各科都有，在政治思想上亦各不相同：有信国家主义者，有信共产主义者，有信三民主义者，有信无政府主义者。此书发布之后，即引起会员之讨论，持反对论调者以恽代英为代表。他以为：

> （一）国家主义的教育，不应当从中国民族特性，或东方文化上立说。

① 《中华教育界》13卷3期，页6。

② 《国家主义的教育》序，页2。

> (二)教育方针,宜明定在用以救国,不应仍游移于和谐的或专门化的教育。
>
> (三)但自同情或自受的教育,不足以救国。①

但他赞成反对教会教育,但主张从经济独立上着眼,所以他结论的前两条说:

> 一、基督教挟经济优势以传教,非中国经济独立,不能将基督教根本打倒。
>
> 二、要用教育救中国,须先知中国究竟如何才能得着经济独立——才能得救。②

恽氏是相信共产主义的,所以他注重经济独立问题。但自此而后,辩论极多,中国共产党则以政见之不同而反对之,教会教育界则以利害关系而反对之。提倡此种教育者则更竭尽全力以宣传之。十三、十四年间之教育出版物如《中华教育界》、《教育杂志》、《新教育》、《教育与人生周刊》、《新教育评论》、《江苏小学教育月刊》、《国家与教育》无不有讨论研究国家主义教育的文章,《中华教育界》并于十四年七、八两月出《国家主义的教育研究》两厚册。《国家与教育》为专研究此种教育之国家教育协会的刊物,中华教育改进社年会并有"请教育部依据国家主义明定教育宗旨的议案"。在此时期,国家主义的教育思想已弥漫全国,虽然因政见问题,不能昂首于国民政府的辖地,但全国教育界无论其为赞成为反

① 《少年中国》4卷9期《读〈国家主义教育〉》,页1。

② 同上。

对,都把这件事当作一个问题。此种教育思想真可谓盛极一时了。

在十三四年之间,宣传国家主义的教育之最力者当推余家菊、陈启天、李璜三人。陈氏为《中华教育界》编辑,故能影响教育界一部分的舆论,李氏以社会学的见地,从消极方面,说明国家主义的教育与其他主义的教育不同之点,而提醒许多人对于此种教育的趋向,余氏则从教育上建立系统的理论,于十四年辑其十二年以后专论此种教育的论文为《国家主义教育学》一册发挥其整个的主张。故此种教育思想的代表,当推余氏。据他底意见,国家主义的教育的要义如下:

> 简言之,即以国家主义为依归之教育也。其涵义可随时伸缩。就中国目前言之,则莫急于(一)培养自尊精神以确立国格;(二)发展国华以阐扬国光;(三)陶铸国魂以确定国基;(四)拥护国权以维国脉矣。盖自尊精神为国民昂藏之气所由出,失此则濒于奴隶之境矣;国华为数千年历史所鼓铸而成,理宜引伸而发扬之;国魂为全体国民情意之所由融洽,步趋之所由协谐;国权为民命之所由保,行动之所凭藉也。①

中国的国家主义的教育既有上述四种急切的需要,故其政策亦与一般言教育者不同。他曾举九事为纲:其一,收回教育权,主张"(一)非中华国民不得于中华民国国土内(1)创立学校(2)管理学校(3)并经营其他一切教育机关。违者得分别封闭并惩戒之;(二)任何教育活动不得有宣传宗教之意味夹杂于其中以确立教育中立之旨。学校而违反此条,则封闭之;教师而违反此条,则惩戒

① 《国家主义教育学》,页4—5。

之”。其二，教育宗旨，主张最少须含之事：“（一）曰国民之独立性，对外能抗强御暴，不失其大国民之风；（二）曰国民之责任心，对内能奉公守法，克尽其国民之天职；（三）国民之谐和性，彼此相扶相助而发挥其休戚与共之情谊。”而拟定为“养成健全国民，发挥独立精神，培植共和思想”。其三，教育机会均等：谓“国家宜确定奖学制度。使无力求学者能领受国家津贴以维持其生活，并取得受教育之必要的费用。在小学更宜设免费膳食之例，供给家贫子弟以膳食而不取资”。其四，蒙藏教育：谓“蒙古、新疆、西藏，为俄英勾引煽动，必须借教育与宣传之力以通其情意培其同心，特设蒙藏师范学校培养教师，于内地学校酌留蒙藏名额或设专校，并由高等教育机关遣人深入蒙藏，以探讨其人情风俗，于中小史地教科书，尽量采用有关蒙藏之教材”。其五，侨民教育：谓“首当坚固其眷念祖国之心，发强其抗拒西人之念。一面当示以本国文物之伟大，山河之锦绣，土地之饶沃，物产之丰富，以激起其爱护之心。一方又告以西人统治殖民地之毒辣方法，商场战争之倾向策略，以养成其自卫之能力”。其六，国史研究：谓“全国应设立一国史学院，专司历史的研究，自政治学术以迄风俗习尚无不在其研究之列。中小学之历史亦必郑重教授。凡语涉轻薄之教本一律摈除”。其七，学术独立之主张。“择全国适中之地，设立二三研究院，丰富其设备，广延人才，优其待遇，使之专心致志于研究之业。若虑经费不足，则可逐年减少官费留学名额而移拨其经费于研究院，日积月累，久而久之，其图书仪器当可应有尽有矣。”其八，教育官制：谓“教育随政潮而转移，此最不幸之事也。教育而不超出政潮之外，则各派政党将竞用教育为政争的工具。或则用学校中作宣传机关，或则用学生作攘夺武器，皆足以离散国民之凝结心而戕贼国家之精英也。

欲救济之，则教育行政机关须有独立之组织。依英国例，教育部设永久次长一人综理全部事务，不随总长为进退。又依法国例，设全国教育会议一，议决教育方针与教育政策，不以总长一人之好恶而牵动全国教育。至一般教育官吏，则限定以有教育专门知识者充之，更加以法律之保障，不得无故更调。各省区教育厅之组织亦仿此"。其九，确立教育周：谓"于全年中指定一周间为教育周。一则以使全国人民皆晓然于教育之重要；二则以使全国教育界皆有若干相同的教育旨趣，如设立爱国日则全国教育界当然一致提倡爱国；三则可以提醒教育界研究实施某种教育之方法，如设立国防日，至是日则教育行政人员与教育实际人员皆当讲求国防的教育方法；四则可以提醒教育界实施某种教育，如设立蒙藏教育日，至是日则各教师皆当以开发蒙藏之义训示学生。……教育周各日间所应宣传、讲论、实施之事项而分别定其日名如下：第一日爱国日，第二日教育普及日，第三日教育权收回日，第四日蒙藏教育日，第五日侨民教育日，第六日体育日，第七日国防教育日"。①

在训育方面，他提出四大方针：

一曰以理性指导情意，使学生有整肃之气，精进之心；二曰以他律补助自律，使学生有忌惮之情，自爱之心；三曰以纪律范围自由，使学生于活泼之中恪守秩序；四曰以理想提持习惯，使学生脚踏实地而又知所趋向。②

此四种方针均向爱国方面进行(即以爱国为目的)，故拟定理想体系图如下：

① 《国家主义教育学》，页32—43。

② 同上书，页49。

理想的体系概略

（以爱国为脊柱）

- 爱国
  - 拥护国权
    - 外抗强权
      - 政治侵略、经济侵略、文化侵略之反抗
    - 内除国贼
  - 奠定国本
    - 普及教育
    - 扩张民权
    - 振兴实业
  - 发扬国光
    - 探讨国学
    - 发皇国民特性
    - 主张远大的国际政策
    - 创造新学术
  - 燮和国民
    - 养成国民的共同意识
    - 调和国民的利害冲突

对于课程他主张自然科学与人本科学并重，在编制上主张均衡原理，以使国民人格之圆满与国民情意之协和为目的。而视身体之发育与精神之发育有同等之重要。

此外还有两事，为一般教育学者在教育体系所不讲的，就是军事教育与师资培养。他以战争为人类生活中一大事项，历史上未尝止息，而中国国势衰弱，外侮相逼至，非整军武未足以自立，故主张学校实施军事教育，而谓军事教育之目的有八：1. 御外侮；2. 勘内乱；3. 守纪律；4. 严组织；5. 壮胆气；6. 强筋骨；7. 讲军学；8. 习武艺。自后期小学起即施行相当的军事训练。对于师资训练，他定方针六条，主张：1. 全国师范方针宜统一；2. 使师范生于本国文化有较深的涵润；3. 使教师明了教育的价值与教育者在国家中之地位以唤起其责任心;4. 培养师范生之精心忍毅诸性格,使其有爱人之品格,治人之能力;5. 教师之发育应为多方面的;6. 师范生应有成熟的导学(教授)技能与治事习惯。本此六项方针,而主张师范教育政策应:(1)师范教育应由国家经营;(2)师范学校应当独立;(3)师范生宜享受公费。

国家主义教育思想到他始有系统的建设。《国家主义教育学》一书共12篇。原序说:

> 第一释义篇,示国家之精神的性质,兼明国家主义之基本主张。第二国魂篇,示国于大地。必有与立,而明国民精神之当褒扬也。第三溯源篇,示国家主义之源流,可由是而知其与帝国主义有别。第四五六七皆为释疑篇,示国家主义并不摈弃任何健全的主张,惟于偏宕之说如唯物史观等,则亦不惮驳斥之。第八政策篇,明国家所应采行之教育方策也。第九训育篇,第十课程篇,第十一尚武篇,皆所以示实施的途径也。第十二师资篇,示师资训练之准绳兼以明师范学校与师范大学之理应独立。①

他底基本思想在利用教育建设国家,其用意固与清末改行新教育时的教育者无多出入,惟其为系统的组织,以自成一家言之教育学说,则非他们所能想象。就中国现代教育学术史上看来,此书实有其特殊的价值,不仅代表国家主义的教育思想而已。

① 《国家主义教育学》自序,页1。

51. 影响

国家主义的教育思想自壬寅至今为时将及三十年，除民国二年至八年之间因实用教育与国际和平的思想当位而被抑伏外，其余的时间都继续不断地显现于教育界，时间上不可谓短。而中国之改行新教育制度，原在谋国家的独立自强，此种教育思想在需要上亦不可谓不切。以长久的时间与迫切的需要为根基，照理当可于实际上发生很大的影响。但事实上却不尽如此！

在民国二年以前，主持教育者，虽人人都知道中国教育的目的，在谋国家的自强与独立，于无意之间竟成一种国家主义的教育思想，然而大家都无深切的研究，只于皮毛上看到日本之强盛由于变法，于是模仿着变法，究竟中国的缺点何在，外国的优点何在，却不曾加以考虑，惟本一时爱国的冲动而大声疾呼说："'中国旧东西是不够的，外国许多好处是要学的'，至于外国学问是什么，应该怎样学法"，（梁启超语，见《申报》"最近五十年"）却不去管。所以在实际上不独不能达独立自强的目的，甚至本国文化既不曾发扬，外国优点亦不曾学得，而造成中国教育日本化、美国化，反使社会上扰攘不安，青年无所适从。切实说来，此种思想虽然来源甚长，但在民国二年以前，实际上不曾发生什么好结果，反因"为目的不择手段"（即极要自强而不知所以自强的方法）之故，而使教育日趋于亡国化。

十一年而后国家主义的教育复兴，倡议者比较有深切的研究，理论亦较完备，虽因教育思想与政治主张混在一起，而受实际政治力的支配不能得充分的发展，但在消极方面却有两种很显著的事实，足以表现其实际教育上的影响：即收回教育权与军事训练（此两事自然还有他种原因，如共产党政纲之类，但此种教育思想要算主因），在积极方面却也唤起国人的国家观念不少。不过复兴的时间甚暂，尚不能断定其究竟的影响如何而已。

国家主义的教育思想何以不能生重大的影响？我底试答有下列几种原因：第一，中国人在历史上是富于大同思想的，对于国家的观念素为薄弱，对于本国文化更不重视，所以千余年来相传的书院制与考试制，可以无条件以工业社会的班级推翻之，本国历史材料可以用外国事迹替代之（民国来的小学教科书，大半外国材料多于本国材料）。所谓富国强兵，也不过口头说说而已，实际上并无人去设法实行。第二，是教会教育的反映：外国教会到中国办学校，原以传教为目的，也以便利外国传教者为目的，他们当然不知中国文化，更无研究中国文化之必要，所以教会学校都不注重中国文化。但因为有国际的优势与经济侵略为后盾，毕业于教会学校者反有相当的出路（邮务、海关、洋行、教堂），国人亦无形受其影响而模仿之，都市中小学校之采用外国教科书即其明证。第三，为留学教育之失策，留学之本义，原在研究学术，而中国留学政策则误将受教育替代研究学术（详见拙著《近代中国留学史》末章），遂致操全国教育命脉的东西留学生不明中国国情，极力以其留学国之教育施之中国，而不独立创造适合国情的中国教育。国内教界化之，于是群以模仿外国的制度方法为能事。第四，是教育主义与政治主张混为一起（这只属十一年后的复兴期），教育本是不能离政治而独立的，教育主张与政治主张混合本没有什么坏处。不过实际的政治，其排他性很强，某政党在握得政权以前，政治主张既不能实现，缘此主张而生的教育主义，当然不能容于政见相异的政府，所以此种教育思想在十一年后，不能如职业教育与平民教育之可以通行南北而在实际上发生效果。

在此四种原因之中，第四种是暂时的，因为政党之政策可以随时变更，前三种则系永久的，要实现教育建国的思想，对于前三者的原因还得更为努力地祛除也。

第十八章 公民教育思想

52. 背景

国人对于国家政治素日是持着“邦有道则庶人不议”、“邦无道危行言孙”的态度，对于社会问题则以“各人自扫门前雪，休问他人瓦上霜”的精神应付之。于是“日出而作，日入而息，耕田而食，凿井而饮，优哉游哉，帝力与我何有哉！”的思想，便充满了人民底脑筋之中，所以民国改换招牌 17 年了，乡里人还在望真命天子出现，军阀官僚剥尽人民的脂膏以自肥，人民还是“恂恂如也”惟求免祸。所以伍廷芳常说：“民国无民，国民无国。”

这种“吃饭不管闲事”的生活，自然是数千年历史上遗传下来的，在闭关时代，就这样也不难自存。海通而后，政治既因世界潮流的激荡而有所更张，执政者知非培养国民能力不足言图强，故清光绪三十二年学部奏请宣布教育宗旨即以尚公为言，且谓此为中国民性之所最缺者。及民国成立，主权在民，已列入《临时约法》之中，国人对于国政应当参与，但因历史上传统观念的势力太大，一般人民之有公权者还不知道怎样行使，更说不到公民担负政治责任。于是国政日紊，国事日非，外有列强的压迫，内有军阀土匪的横行。人民底苦痛日深,所谓教育家亦弄到不能生存。教育界推溯原因,以为中国之所以如此,国民之无公民常识当为重要原因。[①]加以欧战终了,民治主义大倡,其流波远到中国,而美国教育哲学家杜威于斯年来中国讲演,又极力鼓吹教育的民治主义,留美之习教育者又根据美国教育情形而极力提倡,于是公民教育的思想遂一日千里地发展,中小学校的修身科已改为公民科。至十五年则更以上海基督教青年会与江苏教育会底提倡,《新教育评论》之鼓吹而普及全国教育界,推广到学校以外了。

总括说来,公民教育的思想是中国的政治紊乱与世界的民治主义混合激荡而产生的。

53. 变迁

公民教育四字虽然十二年始由中华基督教青年会协会在广州提出,但公民教育思想的发源却远在二十年前。清光绪三十二年学部奏订之教育宗旨尚公篇说:

> 所谓尚公者何也?列强竞起,人第见其船坚炮利,财富兵雄,以为悉由英雄豪杰主持之,故国以强盛。而不知英雄豪杰,间世一出,不可常恃也,所恃以立国者,乃全国民之心力如

① 十四年江苏教育会、中华职业教育社、上海家庭日新会三团体国庆日举行公民教育运动通启说:"我国之所以扰攘,最大原因,实在国民对于公民应负之责任,未能彻底明了,以致动为感情所驱使,酿成今日之现象。本此症结以施教,则舍公民教育,实无他法。"(见《中华基督教育刊》第1卷4期)。

潮如海如雷霆而不可遏，相亲相恤相扶助不可解耳；其所以能致此者，皆在上者教育为之也。其学堂所诱迪皆尚信义，重亲睦，如修身、伦理、历史、地理等科无不启合校生徒之感情，以养其协同一致之性质。故爱国合群之理，早植基于蒙养之初，是即孔子之教弟子孝弟忠信而进之以泛爱亲仁也。惟我国学风日变，古意浸失，修身齐家之事，尚多阙焉不讲。至于聚民而成国，聚人而成众，所以尽忠义亲爱之实者，则更不暇过问群情隔阂，各为其私。通国之中，不但此省人与彼省人意存畛域，即一州一县乃至一乡一里一家一族之中，亦各分畛域。今欲举支离涣散者而凝结之，尽自私自利者而涤除之，则必于各种教科之中，于公德之旨、团体之效，条分缕析，辑为成书，总以尚公为一定不移之标准，务使人人皆能视人犹己，爱国如家；盖道德教育莫切于此矣。①

这段虽不曾提出公民两字，但欲“于教科书中将公德之旨、团体之效，条分缕析，以提倡爱国合群之理，使人人皆能视人为己，爱国如家”，则明明公民教育之标的也。

民国元年教育部公布之教育有道德教育一纲，主之者为教育部总长蔡元培，他于《新教育意见》一文中曾详公民道德的内容。原文说：

何为公民道德？曰法兰西人革命也，所标揭者曰自由、平等、亲爱，道德之要旨，尽于是矣。孔子曰：“匹夫不可夺志”，

① 《教育史料》二册，页99。

孟子曰:“大丈夫者,富贵不能淫,贫贱不能移,威武不能屈”,自由之谓也;古者盖谓之“义”。孔子曰:“己所不欲,勿施于人”;子贡曰:“我不欲人之加诸我也,吾亦欲毋加诸人”;《礼记》、《大学》曰:“所毋于前,恶以先后,所恶于后,毋以从前,所恶于右,毋以交于左,所恶于左,毋以交于右”;平等之谓也;古者盖谓之“恕”。自由者,就主观而言之也;然我欲自由,则亦当尊人之自由,故通于客观。平等者就客观而言之也,然我以平等遇人,则亦不容人之以不平等遇我,故通于主观。二者相对而实相成,要皆由消极一方面言之。苟不进之以积极之道德,则夫吾同胞中固有因生禀之不齐,境遇之所迫,企自由而不遂,求与人平等而人能者,将一切恝置之,而所谓自由若平等之量,仍不能无缺陷。孟子曰:“鳏、寡、孤、独,天下之穷民而无告者也”;张子曰:“凡天下疲、癃、残、疾、茕、独、鳏、寡,皆吾兄弟之颠连而无告者也”,禹谓天下有溺者,由己溺之,稷谓天下有饥者,由己饥之;伊尹思天下之人,匹夫匹妇,有人与被尧舜之泽者,若己推而纳之沟中,孔子曰:“己欲立而立人,己欲达而达人”,亲爱之谓也,古者盖之“仁”。三者诚一切道德之根源,而公民道德教育之所有事者也。①

他不独提倡公民两字,并规定公民道德的内容为自由平等亲爱,公民教育思想至此已经确定范围。他虽然主张公民道德,但在学校科目中尚未有公民的名目。五年十月修改《国民学校令施行细则》修身要旨中始有“自第三年起兼授公民须知,示以民国之组

① 《教育史料》四册,页27。

织及立法司法行政之大要”的规定，但亦未实行。八年全国教育联合会以“值此世界人势日趋改进，平民主义澎湃五洲，苟非于公民知识、教养有素，势必盲从轻举，易入歧途，关系国家实非浅鲜”之理由，议决编订公民教材案，主张由各省区教育会聘请教育专家精选教材，按其程度，分别编制专为中小学校授公民科之资料，对于通俗教育方面，则由教育会搜集材料，分别门类，制成表解，以为任讲演者之参考资料。① 江、浙两省教育会即本此意编定公民教育专册，分为卫生、道德、法制、经济四编。

自八年杜威由美国来中国讲演，极力发挥其民治主义的教育学说而后，教育社会化的思潮特盛；而因五四运动成功，在政治运动上，学生竟成为社会上中坚分子，在学生方面固然需要政法各方的知识，教育者也以为公民教育为训练学生参与政治的要件，于是由公民科的教材问题而扩充及于公民教育问题。公民教育之内涵亦有人详为讨论。程湘帆在《公民教育之宗旨与目标》中说：

> 欧美学者对于此端（公民教育之意义）大概有两种主张：一是狭义的，以公民在政治上不可少之知识、习惯、技能、欣赏、观念、思想、精神为准。二是广义的，除造就政治上的资格外，并及社会、家庭、人类、职业与夫个人之修身之类。迩来，主张广义的公民日盛。比如，杜威曾谓：“向之训公民资格者多以狭义，如适当选举能力和奉行法律之习惯之类。其实儿童将来除为选举投票人及服从法律外，亦为家属中之一人……将操行有益社会之职业以维持其独立和尊严者；亦将为所处社会

① 详见《中国教育会联合会历届大会议决案汇编》，页108。

中之一分子，对于所处社会文化之进步，将有所贡献”，艾施雷(Roscal L. Ashicy)亦谓：“公民资格系社会性质的，非政治性质的；系普通的，非有限制的；系本自然权利的，非人意赐予的”；我国亦有公民国民之分。公民为享受法律上公权之国民。其实团体既系共和，平民政治之潮流既日见澎湃，自应无公民国民之分。惟当此过渡时代以种种关系不得不略有此阶级之制。然教育普及虽未能一时办到，却已为一般人士所注意。平民思想又日渐输入人心。故教育宜抱“德谟克拉西”主义，造就广义的公民。①

他既主张取广义的公民教育，故规定教育宗旨如下：

……公民教育之宗旨可概括之曰：以“德谟克拉西”的原则，造就为家庭、为社会、为国家、为世界人类忠勇服务的明达公民。

他并根据此宗旨定公民教育目标40条，以养成能实现上述之宗旨的习惯、技能、欣赏、兴趣、知识、精神、思想、态度为主。

公民教育思想自八年而后，既已盛行一时，故十一年新学制公布后，全国教育联合会拟定中小学课程标准，即将从前的修身取消而代以公民。改革的理由斯年七月中华教育改进社在济南开第一届年会中有《修身科宜改称公民科》的议案。说得很详：

修身范围太狭，仅斤斤于个人之修养，务使个人适应社

① 《新教育》4卷3号，页398。

会;公民学则改良社会以适应个人。故修身不适用于共和的社会,此应改之理由一。修身注意道德之涵养,缺乏法律的观念。法治国之人民,以富有法治精神为最要。其能培养法治精神,巩固法律观念者,莫公民学若。本是而言,则修身不适用于法治的国家,此应改之理由二。修身之标准太旧,多从消极方面立言,与公民积极图谋团体幸福适相反。修身不适用于合作团体,此应改之理由三。①

就全国教育会新学制课程标准所规定的,公民科的内容及目的如下:

甲、小学公民课程目的:

使学生了解自己和社会(家庭、学校、社团、地方、国家、国际)的关系,启发改良社会的思想,养成适于现代生活的习惯。

其内容即总括于毕业最低限度的标准之中:

初级:(1)明了个人与学校、职业的关系和服务的责任;(2)明了市、乡、县、省的组织,和公共事业性质的大概;(3)有投票、选举、集会、提案等及关于他方面自治的常识。

高级:(1)明了国家的组织、经济、地位以及国际的情势;(2)明了公民对于国家、国际的重要责任。

① 《新教育》5卷3期,页457。

乙、初中公民学的目的：

1. 研究人类社会的生活；2. 了解宪政的精神；3. 培养法律的常识；4. 略知经济学原理；5. 略明国际的关系；6. 养成公民的道德。

其内容分六段：

1. 社会生活及其组织；2. 宪政原则；3. 中华民国的组织；4. 经济问题；5. 社会问题；6. 国际问题。

这种课程纲要虽曾规定公民科的目的和内容，但公民学的性质尚无说明。十三年中华教育改进社年会各组宣读论文，冯顺伯、金崇如、王仲和三人底《初中公民学教本的说明》曾辨明公民学异于政治常识，经济常识等之所在，他们说：

有人谓政法常识是公民学，又有人谓卫生、道德、政治、经济是公民学，又有人谓公民学即新式的修身。我们觉得果真公民学即是上指的种种东西，学校中何不即设立那些东西的科目，又何必巧立名目标出公民学呢？公民学既经特别设立，自有特殊的性质、特殊的范围、特殊的目的，遂有独立成一科目的价值了。公民学可以收集政治常识的材料，却不是政治常识。因为不是仅仅造成一种公议投票的公民。公民学可以收集卫生、道德、政治、经济的智识，却不是把这四种材料照样分部提出纲要灌给学生的。公民学教员又何苦替应用生理学、社会学、政治学、经济学教员,费心血教四部缩影的科学呢?公民学更不是新式的修身:因为单讲个人道德,不涉及社会生活,不了解人生知识,公民还是一种不完全的公民。所以我们觉得公民学所要养成的公民;狭义言之,是中国的理想的国民;广义言之,是社会的标准人物。公民学为达到这个目的起见,在初级中学应该采取众社会科学的健全的结论,以解释做理想国民、做标准人物的事实及方法。可以算是实际应用的人生哲学。这样,公民学乃今日所需要的公民学。又因为初级中学学生抽象力正在发达时期,不得不从具体的事体,切近经验的现象入手训练,所以初中公民学特别要包括学校训育了。

总括一句:初中公民学是社会科学、人生哲学、学校训育的结晶品,是这三种元素所构成的东西。①

中小学校的公民科原由旧有之修身改进而来,修身以德性之修养为主,公民则兼括有公权之国民所应具的常识,范围后者较前者为广,但在修养方面则不甚注意。故十四年改进社第四届年会公民教育组刘鷗书提议《中等学校宜及时提倡孔道培养国民品性以遏乱源而巩国基》,由该组议决介绍全国学校作为公民之参考,刘氏以为中国现在之所以混乱,皆由于孔道不倡所致,故列举五种学校师生倡明孔道之方法,而尤不满意于以公民代修身,其办法之第五条说:

修身为我国实行道德之一科,其名词复见于经传。告朔

① 《新教育》9卷12期,页303—304。

饩羊，本不应废，今既代之以舶来品之公民科，似亦不可抛弃私人道德。偏重公民知识，以致流弊潜滋，不可穷诘。古来之兼善天下者，皆始于独善其身，今则自身未修，即倡言服务；不能自治，竟狂言治人，是皆未奉教于孔子也。而暗受偏激教科书之害，亦复不浅。有教人之责者，宜共思所以匡救之。①

他这议论在事实与理论两方面都无充分的实证，当然难以发生实效，但教育者对于公民科及公民教育的不满的思想却可于此见之。

斯年国庆日江苏省教育会、中华职业教育社与上海家庭日新会在上海职工教育馆举行公民教育运动，基督教青年会并于斯日发起全国公民教育大运动，于学校公民教育之外，并扩充及于社会方面。十五年五月江苏教育会组织委员会制定公民信条，分拨各学校及教育机关，其条如下：

1. 发展自治能力；2. 养成互助精神；3. 崇尚公平竞胜；4. 遵守公共秩序；5. 履行法定义务；6. 尊重公有财产；7. 注意公众卫生；8. 培养国际同情。

他们并组织公民教育讲习会，聘请专员担任讲师，召集各县教育机关人员听讲；复议决每年五月三日至九日为公民教育运动周，全省各学校于此期内朝会或其他集会时按照上列信条分日讲演。他们对于公民教育底意义及实施方法有如下文：

① 《新教育》11卷2期，页269。

至公民教育之意义，则有广狭二义：狭义者专指选举、纳税等项而言；广义者则范围扩大，不仅止于政治，而兼及职业、家庭、社会、国家诸大端矣。就吾国现状立论，似无需效法欧美，亦不必模仿东瀛，要以能养成适合现时中国国情，对于家庭、社会、国家能忠勇服务之公民为目标；而以能自实践狭义的公民义务，次第及于职业、社交、健康及休闲时间之注意为范围。括而言之，则第一，当灌输丰富之公民知识；第二，当养成良好公民之习惯；第三，当锻炼健全之公民精神。而实施时，则宜先从家庭入手，次推之于学校。最后乃行之于社会。其处于教育当局者，则应时时注意，勤加倡导，俾国人尽知自小学以至大学，自幼孩以至老死，一以公民修养为进德之基；并组织《公民研究团》、《公民养成团》、《公民宣讲队》等，普及于一般民众，实下“知行合一”之功夫；定每年5月3日至9日为公民教育运动周，俾民众知所警悟，群趋于正轨，而使社会日有进步，呈活动之现象。①

由中华教育改进社主持之《新教育评论》，亦于1卷20期发刊“公民教育专号”，按照江苏教育会所提之公项条目，由高仁山等分条各系短文以宣传之。

十四年之间，中国政党上国家主义与共产主义的争执甚烈，其时国民党又在实行容共时期，在国民政府之下，言国家者常不幸而列入反革命派中，教育界亦每因倡国家主义者之一部分有政团的组织，而常在“说国家即会陷入国家主义的政团里”的“小心”中过

① 《小学教育月刊》2卷1期，“本省教育要闻。”

生活，所以江苏省教育会底八条公民教育信条，无论在条文或每条的说明中完全不提“国家”两字。而主张国家主义的教育者则以这样的公民教育不是中国所需要，一面批评上述八条之不当，一面提出其积极的主张。李璜谓：“（一）公民乃善承先人之业而自爱者；（二）公民自安于一身而必时虑其群；（三）公民能以爱国为当务而不惜为国牺牲。公民教育应当是（一）历史教育的发挥；（二）连带负责的说明；（三）国家观念的养成。”①余家菊则谓：“公民为人民之有公权者……公民教育者所以使人民有享用公法上的权利并履行公法上的义务者也。”他更“根据国势、政情、民习之三者拟定公民教育目标七条：……1. 发扬民权；2. 拥护国权；3. 奉公服役；4. 竭忱守法；5. 普及教育；6. 进步思想；7. 科学思想。”②

自此而后，北方既忙于复古，南方又忙于实施党化教育，公民教育四字已不常见于教育刊物，而江苏省教育会在十六年因国民革命军底势力达到上海时，其本身且不能存在，所倡导的公民教育周更无从实行了。

从上述的变迁看来：我们可以将公民教育思想分为数期。自清光绪三十二年学部奏请宣示教育宗旨提出尚公的条文至民国元年为萌芽期，其时只言爱国爱群的公德而不明言公民。自民国元年改定教育宗旨由蔡元培说明公民道德的内容起至八年为第二期，以自由平等亲爱为德目，以政治知识为学此科底内容。自八年至十四年为第三期，因民治主义教育思潮的输入，公民教育四字连成一词而为人所重视，中小学校的修身亦改用公民科，其内容则由

① 《国家与教育》第13期，页2。

② 《醒狮》第80号。

卫生、道德、法制、经济而扩充及于社会问题、人生哲学、学校训育，惟其间有不以公民科为然，而主张中学宣扬孔道以培养品性者。第四期为十四年至十五年，此期已由学校公民教育进而及于社会公民教育，在实际上亦曾有广大的运动。惟理论上颇有冲突，但亦无长时间的争执，至十六年则完全消沉下去了。

54. 影响

公民教育思想绵延二十余年，在实际教育上最明显的影响，第一是十一年新学制的中小学修身课程，一律改用公民科，第二是十四、十五两年基督教青年会、江苏省教育会的公民教育运动周。

公民教育的含义虽因时代及学者的见解而不尽一致，但大概均以养成奉公守法爱国爱人的德性为目的。故我们要问公民教育的真正效用，首当比较民众此种德性因公民教育思想而增高若干。必民德增高，始可言公民教育思想在实际上的影响，否则课程之改变，社会运动之发起，亦只是形式而已。

民德的比较本不是一件很容易的事情，一二人观察的结果也不足以为判断一切的资料。但就二十余年来社会的情形看来，我们虽不当效学究先生之唱“世风日下，人心不古”，可是也寻不着足以令人欢忻的实证。民国十七年来政治的扰攘，军阀的专横，士风之偷惰无不日甚一日。民德所以不能提高，有三种重大的原因：第一是内乱与外力（资本主义的侵略）相通，国内产业不发达，以致人民生计日蹙。在种种压迫之下，生活极其困难，故凡遇可以谋生的机会，不惜牺牲一切以赴之；望一般人民于救死不暇的生活中去讲道德，未免过于迂阔。第二是中国历史上不重公民道德，传统思想阻止民德提高，如与生计无关的旅馆通宵达旦，不顾他人安宁的吵闹，就是实例。第三是政治的恶影响，民国以来政务人员之取舍全无标准，事务官以至事务员乃至工厂常以政务官的进退为进退；职守既无保障，政府亦无官规，从政者为自求保障其失职后的生活计，自不能不掠取分外之财。而掠取以后，又因其得之甚易而无谓用去，结果生活之穷蹙如故。于是陈陈相因，循环相转，无论在职去职，莫不以取得意外之财为目的。所谓人民表率的官吏既如此，小民之习而化之自不待言。就是主持学校教育的人竭力想培植学生底公民道德（现在的学校行政人员系由官厅委任，在性质上与官吏无异，在行为上亦常与官吏相似，所谓校长吞款也是常有之事，不过不如行政界——尤其是财政界——之普遍耳），在学校纵有相当的成绩，到社会上也敌不住环境底陶铸；所以公民教育思想发生数十年，在实际上竟毫无结果。

公民教育运动是否再产生，我不能预断；即使再发生而不在上述的三种原因上求根本解决的方法，也只是徒劳而已。

第十九章 党化教育思想

55. 背景

党化教育是中国国民党于民国十三年后握中国政权的一种名词。此名词根据国民党"以党治国"的口号而来。故欲明,党化教育思想的背景,不可不略述国民党以党治国的由来。

中国国民党最初为兴中会,创于清光绪二十年(1894)至三十一年(1905)而改为同盟会,民国元年(1912)改为国民党。三年(1914)改为中华革命党,十二年(1923)改为中国国民党,该党创立已三十余年,虽然常以革命为言,但在十二年以前并不倡言一党专政,完全为一议会政治下的一个政党,对于教育亦不甚重视。民国六年(1917)俄国十月革命成功,其总理孙文因中国屡次革命不成而大感于俄国革命成功的迅速,乃派蒋中正去俄研究赤卫军的军事学,苏俄亦派代表马林来见,十一年又派廖仲恺去日本与苏俄代表越飞会商,于是俄国共产党的经验与其一党专政的理论乃渐侵入国民党。孙氏鉴于苏俄共产党有严密的组织和铁的纪律而成功,乃于十二年在广东召集该党全国代表大会,于十三年一月改组而采用苏俄"以党治国"的方法①,首建党政府(即国民政府)。政府既受党的指导,政治上的一切设施均以党纲为前提。党教育四字即由此推衍而出。

孙氏在日固不曾明言党化教育,即国民党政纲及其第一、二次代表大会宣言亦无党化教育字样。此名词底由来,十六年十一月上海特别市市政府教育局发刊之《党化教育》运动特刊,有署名研者,撰《党化教育的由来》一文,曾略述其来源,兹录于下:

> 我国从事政治活动的人,非到"吾道不行""退老西河"时,都不很注意教育。因为大家总图近功,以为教育是很迂远的。革命领袖孙先生,从前亦只在政治上活动,对于教育不很注意。
>
> 革命屡次失败,大家考察革命所以失败的缘故,实在因为民众太漠视革命了,所以发生"唤起民众"的口号,定下"扶助农工"的政策。同时在教育方面,也很活动。广州不必说;上海除上海大学由党经办外,其余的中等以上学校,也秘密施以党的指导,军阀辇毂下的北京各大学,党的活动,也常在幕后隐现。——这是党和教育发生关系的起头。
>
> 可是那时东南大学,因为一部分教职员,站在养尊处优的特殊地位的缘故和党的势力不很调和,常为革命党人所不满。曹锟、吴佩孚倒败后,国民党的势力,居然发展到北方;东南大学易长的风潮,也因之而起。当时拥郭拥胡,显然分成两派。

① 孙氏组织国民案之说明说:"现尚有一事可为我们模范,即俄国完全以党治国,比英美法之政党握权更进一步。我们现在并无国可治,只可说以党建国,待国建好,再去治他。当俄革命时,用独裁政治,诸事均一切不顾。"(见《中山全书》讲演类,页197—198)

虽然不无党的作用在里面，但也并非纯粹是党的作用。可是拥郭的却就藉口于"教育应该独立党争之外"的一句话，以相抵制。因此这方面有人著论以党化教育为恶名，那方面便有人说明教育党化的必需，而"党化教育"也就成了一个流行的新名词。

56. 变迁

自十四年一月东南大学教授因免郭风潮于其通告全国教育界书提出"传闻此次郭校长免职之举，确为所谓'党化教育'之一幕"而后，党化教育四字即盛行于南北教育界之论坛，国民政府对于其治下的学校教职员之取用，虽以党员为必备的资格，但并不以党化教育为言。十五年二月广东组织教育行政委员会，其会员许崇清发表之《教育方针草案》一文，亦止说本生活教育的原理与革命的一般教育政策而拟定今后的教育方针，应当注意于产业教育的提倡和政治教育的发展。但国民政府之系统的教育方针，要以此义为始；亦可谓为党化教育一种内涵。他论产业教育问题说：

今后的教育方针，当面第一个紧急问题应该就是产业教育问题，这当然不是单独学校的设置，教法上的讲义所能奏效。必定要革命的实际政策，现行经济秩序里面展开了新经济秩序的诸要素，学校教育同时又与这些进步的要素相协动，然后才能成功。即使工场农场不能与学校并合。亦当在学校内设置类似的境遇,使生徒在日常学校生活内,能得充分实际活动的机会。然后各学科所养成心的反应,才能确为实际社会所要求的反应。这样在实际环境里面所施的教育,才能获收彻底的效果。

这个学校的社会化,当然要将现行学校组织,及教育的实际大加变更。至少要将现在的小学校和中学校,加以适当的改造。在小学六年间,至少亦要采用类似实际活动的设备和方法,以教授日常生活所必需的普通学科。在中学校则从第一年起,六学年间依产业教育的见地,逐渐分化其课程。课程分化的程度,一视地方生产事业情形而定,更由援用类似实际活动的设备和方法,渐进而与地方实际事业相联络。以半日从事实际工作,半日研究其所事工作的理论,总求在这样的学校毕业后,人人都成为一个具有实用常识,而且兼备科学知识的生产者。在生产组织底下,都是有机的全体内一个自觉的分子,至于其他学理,则任以实际活动的余暇,在国家所设极完备的大学或研究所里面自由研究,一切事业,均须负供给学者研究资料的义务。

这些设备及方法的变更,必定所费甚巨。农业、工业等学科,课程所应备机械、装置、说明、材料,及优秀教师等所需费用,必定比现在所支出的更多。教育费用定比现在增加数十百倍。但我们的目的既然是在增加教育的效果,发挥其经济的价值,以协助革命的速成,则费用虽多,亦不应畏缩。

或者有人会疑惑说:“这是偏重生产而忽略道德文化。”但我们对于这些人现在只说一句话,道德文化都是立在经济的基础上面者，我们所以注重生产业，并非忽略了道德文化，正是要建筑道德文化的基础。①

这种议论是以民生主义为出发点，与民国元年蔡元培《新教育意见》之以世界观为出发点者截然不同。论理想后者自较前者为高远，但实际上之效用则前者远胜于后者。清末改行新教育制度，动机虽在图强，方法则在使科学八股化，所以三十年来新教育了无成绩。所谓“在这样的学校毕业后，人人都成为一个具有实用常识，而且兼备科学知识的生产者”。实是现在中国教育当务之急。他论政治教育问题说：

其次，就是政治教育问题。这个要求当然不是要将治者的政治意识硬灌注到一般民众去。我们所主张的学校教育，既然是要与社会的实际事业相结合，以实际活动来长养生徒的创造力。则这个政治教育问题，当然亦应在实际活动里面求解决。

本来所谓政治，即是对社会生活的统制，不过在阶级对立的社会，政治成了阶级支配的用具。中间生出种种传统、种种势力关系，遂成了一种特殊的机械耳。政治进化淘汰了这些阶级支配的历史的要素，必然仍是对一个社会生活的统制，而一般民权的设定，其目的亦不外是。要将从来的政治组织化为一个纯粹的社会统制，使民众得在社会里面自由发挥其统制力，以期获收政治上美满的效果；所以今后的政治教育，必

① 《教育史料·补编》，页5—6。

定要是长养这个社会统制力，方足以符革命的要求。然而这个社会统制力的长养，仍是要以社会的经济的实际活动做基础，才能得彻底的成效。我们试看看许多治者，政治所不及的社会单位，民众自身在这些单位的统制里面，因应其实际生活条件而发挥的创造力，不特于教育为无功，反而有害。又次，就是军事训练问题。这种训练，在平时所要求的原不外是绝对地服从命令，和敏捷的履行职务两事。他的基础立在权威上面，只是一种机械方法，在教育上价值是极少的，但在目下世界上一切殖民地及半殖民地，都已蓄存着许多发火材料，战争革命的爆发，已具有充分的可能性。即在资本主义极发达的列强，本国革命的气势，亦已逐渐紧张。而中国处在如今的形势底下，为谋革命事业的发展，对于帝国主义什么时候要起军事上的斗争，亦是未可逆料。战斗的准备，当为我民族目下所不容稍懈的一个重大任务。在这样时势有了这个民族的动机，军事训练在教育上的价值，当比平时更大。①

这段也自然是以民权主义为根据，然而他知道“社会的经济的实际活动，在政治教育上确有莫大的功能”，而主张“以实际活动来长养生徒的创造力”。不主张“以治者的政治意识强加灌注，以窒息民众的创造力”，同时主张“学校实施军事训练，以谋与世界帝国主义反抗”；也较后来之以党教育（后详）为党化教育者之见解高超若干倍。

十六年四月国民政府建都南京，国民党一面在行动上分共，一

① 《教育史料·补编》，页6—7。

面在理论上自求独立，于是“党化教育”四字乃见国民政府治下负有指导教育重责的教育行政委员。韦悫者委员之一，于七月一日起在报纸上发表国民政府教育方针草案，明白提出党化教育的名词而确定其意义，这草案虽然不曾由政府公布，但“曾经教育行政委员会大致通过”，所以也可视为法人底大体的意见。他说：

> 我现在想把党化教育的意义再为确定一下：党化教育是革命化和民众化的教育，这是大家都公认的。什么是革命化的教育呢？我以为革命化的教育有两个意义：从前的教育是因袭的教育，这种教育以继承传统的思想为主要的目的，以演绎法为无上的法门，以灌注观念为教育唯一的方法，以记忆为教育最重要的功能。革命化的教育是反因袭的教育，而以最进步的自然科学和社会科学做基础的。这是革命化的教育的第一个意义。
>
> 教育是社会和国家的事实，因此教育往往根据社会和国家的组织而转移，在不平等的社会教育是统治阶级维持其统治权和压迫民众的工具。易而言之：这种教育是压迫阶级的保育政策，而专以保存他们的利益为前提的；革命化的教育是推翻一切社会不平等的组织，而建设一个真正自由的平等的博爱的社会的原动力。换句话说，革命化的教育是完成政治革命和社会革命的工具。这是革命化的教育的第二个意义。
>
> 什么是民众化的教育呢？方才我说：不平等的社会教育是压迫阶级的保育政策而专以保存他们的利益为前提的，民众化的教育当然不是这样。民众在被压迫的地位不能完全享受教育的利益，即使得些少教育，也不过是压迫阶级的思想。这

是何等可怜呵！民众化的教育是民众所有的教育，而且是民众人人皆能享受的教育。

因袭的教育养成特殊利益的阶级，所制造的人材不过做压迫阶级的工具。试看从前科举时代的教育，所录取人材，无非做朝廷奴仆。民国成立后，教育还是制造自私自利的特殊阶级，讨好于帝国主义者及军阀以求活。民众化教育一方面使民众人人皆能享受教育的利益，另一方面可以养成为民众谋幸福的人材。

民众的教育还有一个重要的意义，就是我们研究科学是以民众的利益为中心的。这一点关于社会科学，较为重要：因为社会科学往往为压迫阶级所利用，将是非颠倒，事实曲解，以辩护他们在社会上的位置。所以资产阶级的经济学都是讲资本主义是好的，帝国主义的地理和历史都是为帝国主义者歌功颂德的。在民众教育里面，科学自然以事实为根据，不容有什么曲解，而且科学的应用，完全是为民众谋幸福的。

我以为党化教育不但要革命化和民众化，而且要科学化和社会化才行。党化教育和科学的关系我在前段已经说过，但是我所讲的只关于科学的内容和科学的应用。以我来看，我们要照科学的方法来实施党化教育，并且要拿最进步的自然科学和社会科学做基础。这就是党化教育要科学化的意义。

教育本来与社会有密切的关系，可惜因袭的教育把教育与社会分离，致教育失却社会的效能。我们的革命策略，是以社会的事实为中心的，因此我们的教育应该以社会的事实为根据，而与社会需要适合。换句话说：教育要变成改革社会建设社会的种种活动，那就学校的设备课程活动都要变成社会化了，这就是党化教育要社会化的意义。[1]

他以革命化、民众化为党化教育的内涵，其见解自然较以在学校宣传党义为党化教育者为高，然而亦只是泛泛之谈，不如许氏言论之于党、于中国社会需要均适应也。

自此而后，党化教育的声浪，笼罩了长江、珠江两大流域，并及黄河流域之一部分。教育界所讨论者大半为党化教育（江、浙各县在暑假中都有党化教育讲习会），出版界亦争出党化教育书籍以应国人需要；此时而有人不明党化教育之用意何在，只能“腹疑”，若将其所疑的理由发为言论文字，反革命的罪名，大概是可以博得的。这自然革命时代所不得不然，但由此可见政治对于教育思想的势力。可是这种思想在此时期达到最高点以后，其含义亦至分歧。

王克仁说：

> 党化教育积极的意义，是教育要革命化、人格化、民众化、社会化、科学化，不是这样的教育，就不能救国。不能救国的教育，便不是中国国民党主张的党化教育。……在民族主义方面，我们教育最重要的目标是：养成民族的精神，厚结民族的力量，保存民族的思想，恢复民族的地位。……民权主义的教育目标，是在养成国民有夺争民权的意志，有善用民权的智能。并且能切实了解民权的要素。……民生主义方面的教育目标是：一、在教育民众，了解产业的演进；二、在了解实际生活的元素；三、在信仰力行解决民生问题的要策。[2]

① 《教育史料·补编》，页10。

② 王著《党化教育概论》，页14。

陈德征说：

党化教育就是把中国的教育来国民党化，变为一种特殊的教育，国民党的教育，以求贯彻我们总理以党治国的主张，以为达到本党以党治国的目的之预备。①

上海党化教育委员会说：

党化教育当以培养青年为目的。……革命须先具牺牲精神，然后免权利竞争而能为民众谋利益。②

上海特别市教育局说：

党化教育就是融化中国国民党主义和精神的教育……党化教育的设施离不了新教育；……新教育是以儿童生活为中心，以社会生活为目的，意在发展个性，造就人格健全的公民，以服务于社会，同时增进社会效率，使社会造成新的政治和经济的组织，以福利人群，达到"公天下"的目的。

周雍能说：

党化教育即训政工作之别名；则党化教育运动实即训政

① 陈著《党化教育概论》，页2。

② 上海党化教育委员会宣言，页2。

工作之运动。

保君建说：

党化教育已成为今日教育上最重要最急切之一问题。今我国家以"党治"号召，意在使全国民众，胥为党化，咸明了党之主义及政策，然后鼓舞精神，努力建设，以期由训政而宪政，达于革命成功之时期。故党化教育之意义，不仅在口头之宣传，而在实际之设施。不仅及少数学校之学生，而须普及最大多数之民众。①

鲁继曾说：

党化教育就是教我们怎样做人的教育。……就是把中国国民党的根本政策，或《三民主义》、《建国方略》、《建国大纲》，和历次全国代表大会的宣言和议决案作为方针的教育，因为只有这种教育，才能够使我们对于个人切身的问题、社会的问题、民族的问题、国际的问题，来作极正当极公平的解决。这样说来，我在上文说"党化教育就是教我们怎样做人的教育"那句话的意思，到此者也就可以明白了。②

杨宙康说：

国民党之所信奉者三民主义，国民党所致力者国民革命，

① 《党化教育运动特刊》，页 2。
② 同上书，页 12—13。

然则党化教育之目的其在斯！……国家之于教育各国自有其主张。教育学上之教育，乃对普遍之人类。而国家政治中之教育，实为训练其国民之教化行为，安能超出政治环境？历观近世各国之政史，各大政治家，莫不各有教育政策，以为立国御民之根基。至于大思想家之因时列议，挽救时代者，其意见一经民众之赞许，即生出绝大势力，而化及于教育矣。国民党所致者为国民革命，革命之成功，必须民众了解其目的。况三民主义之实现，全赖于民众。“故不欲主义之成功”，革命之实现则已；若期其然，则党化教育乃为必然之现象也。①

以上议论除两法人外，王著经中央执行委员会宣传部审定者，陈为上海特别市党部宣传部主任，周、保、鲁、杨诸人均为上海特别市教育局重要职员，同时在该局主持之《党化教育运动特刊》（十六年十一月），所发表，均系有权威之言论，而各人意见差别甚大，党化教育四字的含义也分歧异常；大之视为做人的教育，小之视为训政的工作。至设施上的主张更不一致，有以灌输党义为重者，以有党员任教职员为重者，有以每周举行党的仪式为重者，有以学生参加政治运动为重者。各种具体的主张，虽亦为思想之产物，但非正流，故不具论。

党化教育虽然为国民党之教育者所盛倡，但在国民党之理论中并无根据，所以歧义百出，而且党化两字为通名，可适用于一切政党，党化教育在论理上更不能专指国民党之教育。所以到十七年，国民党之先觉者觉得这名词不妥，而议改为三民主义之教育。首倡者为吴稚晖，他于十七年二月二十三日在南京《民生报》上发

① 《党化教育运动特刊》，页12。

表谈话说：

党化教育四字，说来太觉广泛，共产党也是党，国民党也是党，未免弄不清此党化之党，应为共产党或为国民党也。依余之意，最好改为“三民教育”乃能妥切明显，而不致为人所假借利用。

这是说党化教育四字含义过于广泛者。大学委员会及政治教育委员会所提之《维持教育救济青年案》则明指此四字无来源，而主张改为三民主义教育，原文说：

党化教育之一名词，不知从何而起。吾党主张以党建国以三民主义化民，故吾党之教育方针，为“三民主义之国民教育”，似无疑义。党化二字，内容既不确定，出处亦不明了，总理著作，大会决议，均无此名，其为世俗习用无疑，正名定义，宜直称三民主义教育。在正式公用名词，不采世俗用语，以杜流弊。[①]

自此而后，倘使国民政府不再采用“世俗用语”，则党化教育四字将成为历史上的名词，党化教育思想亦自此而告一结束了。

57. 影响

党化教育四字虽然是因有国民党而产生的，但在国民党的经

---

① 《江苏大学日刊》第15号。

典并无根据，不过因“世俗用语”而演成一种思潮。因其为世俗用语而非出于先觉者之系统的提倡，所以内容不确定，民众易误解。此三四年来，因为政治势力的驱策，混沌的党化教育思想，竟发生许多恶果。这种现象，提倡党化教育的人也深感到。上海特别市教育局十七年二月发刊之《上海教育》第一卷第一期，有署名研者，其《党教育》一文说得很明白，兹摘述如下：

> 我们看见许多学校，尤其是小学校，实施他们所谓的“党化教育”。
>
> 他们的方法是：
>
> （一）课程中尽量采用党的教材，不但要想把全部的三民主义，灌输给学生，叫他们生吞活剥。并且国语文中充满了革命伟人的伟大史传，常识课中尽装着国民党里的一切政纲，音乐必唱“革命之歌”，形艺也学“革命画报”……真把党的一切，当做日常功课了。
>
> （二）仪式上竭力摹仿党的形式，纪念周不消说，就是寻常集会，也一定瞻谒总理遗像，恭读总理遗嘱。总理的遗嘱差不多和清朝八股时代童生们临考时恭默的“圣谕广训”一般。
>
> （三）墙壁间满黏着党的标语，什么“打倒帝国主义”、“打倒残余军阀”、“铲除土豪劣绅”、“杀尽共产党徒”……无话不有；甚至临时标语，例如“讨伐唐生智”、“通缉汪精卫”、“欢迎五委员”……也鹦鹉学语似的写着。血淋淋，恶狠狠，杀人放火的挂图，也常常悬挂在校舍之内。
>
> （四）学生们奔命于党的运动，今天什么游行，明天什么集会，后天什么演讲，凡是党的运动，不单中等以上学校的学生

参加，有时小学生亦要参加。并且往往不是志愿的，是以罚钱为强迫的。学生们真觉有“疲于奔命”之感。

我们仔细推想，这是党化教育吗？或者不过是“党”而未“化”，并且不合教育意义的“党的传习”吧？我们姑且迁就一点，叫它也是教育，但只是“党教育”，决不可称为“党化教育”。

这种教育的弊端如何。他又说：

党化教育，谁也不能反对。但是“党教育”，却就有研究的余地了。

党治下的教育，当然不能离党而独立。但是既称教育，总要合乎教育的意义；决不可把党的一切传给学生，化也没有化，就自以为是“党化教育”了。冒名还是小事，因此枉费了学生们的光阴，斫丧了学生们的心力，并且反易使学生们视党的一切为具文，把党义玩忽得和酒肉和尚玩忽佛旨一般，结果或者造成了借党糊口的党学究，靠党吃饭的党棍，这样不但害学生，并且害党，那才是大罪过哩。

我们且不要高谈什么革命化、社会化、民众化、科学化的一切设施，单就事论事的把各学校所施的“党教育”改变一下，那也就可以算近是党化教育吧。

他这些慨乎言之的话，自然不是提倡党化教育的人所能料及而愿料及，然而实际上却真有害学生害党的事情了。

平心说来，中国国民党既采用苏俄共产党的精神，主张以党治国，本其党中的三民主义提出中国教育政策以实施之，论理上固极合理,而且是世界上任何政党执政时所常有的事情。就过去的事实讲,许崇清所提出的实业教育政治教育的方针,既不背国民党的三民主义,也很适合中国现实社会的要求。只因该党当初对于教育无确定的政纲,遂致其意见不生效果,反使“世俗用语”演成思潮;在理论上既引起许多反对,在实际上则更因误解发生所谓“党教育”的现象。虽然现在大学委员会有所纠正,然对于儿童及民众所遗的恶影响,已非短时间所能补救。斯则我们治史的人所深为叹惜的!

第二十章　近代中国女子教育思想变迁史

58. 贤母良妻主义

若说中国在女学未列入学制系统以前没有女子教育谁也不肯承认:因为有《内则》与《女诫》等书作反证。可是《内则》、《女诫》上所说的种种,都是些社会遗规,由所谓富贵之家在家庭对女子施以训导,并非如现在一样公开地遣女子入学校求学。所以严格讲来,在那时以前实在无所谓女子教育——最少当是无女子的学校教育。

自鸦片战争而后,国人渐知国之不竞由于无学,乃渐言变法自强;及甲午而后,此种思想乃大倡。但谋国者从不言及女子应负何种责任,更不曾言及女子教育。张之洞在清末号称识时务者,其《劝学篇》在当时的教育上很发生些影响,外篇论教育制度亦很广博:农、工、商、矿、兵等学均有专篇,独无女学;即《兴学》与《学制》两篇详述外国制度本国办法,亦不言及女学。他不讲女学并不讲他对于女子有何宿怨,存而不论,乃是男尊女卑数千年来的社会习尚使他不认识女子是有人格的人所致。

然而当时之在野的闻人却因教会在中国创办女学与日本因教

育发达而强的种种刺激，而竭力提倡女学。梁启超于光绪二十三年在其主办之《时务报》发表《变法通议》三之六《女学》章(详见《时务报》汇编第二十三册)力主兴女学说：

> 居今日之中国而与人言妇学，闻者必曰天下之事，其更急于是者不知凡几。百举未兴而汲汲论此，非知本之言也。然吾推极天下积弱之本，则必自妇人不学始。

他并举四种理由以证明非兴女学不可。第一为分利之害：谓"女子二万万全属分利，而无生利者。惟其不能自养而待养于他人也，故男子以犬马奴隶畜之，于是妇人极苦；惟妇人待养，而男子不能不养之也，故终岁勤动之所入，不足以赡其妻孥，故男子亦极苦"。妇人男子之所以极苦是由于妇人无业，妇人无业，是因其无学，兴女学即所以富民强国。此为他对于兴女学之经济的见解。第二义论妇女无才之累，意在养成良妻。他说：

> "妇人无才即是德"，此瞽言也。世之瞀儒执此言也，务欲天下女子不识一字，不读一书，然后为贞淑之正宗，此实祸天下之道也。……海内之大，为人数万万，为户数千万，求其家庭内外，相处熙睦，形迹言语，终身无间然者万不得一焉。……家庭之间终日不安，入室则愀，静居斯叹，此其损人灵魂，短人志气，有非可以常率推者，故虽有豪杰倜傥之士，苟终日引而置之床笫筐箧之侧，更历数岁，则必志量局琐，才气消磨，若是乎妇人之果为鸩而不可近也。夫与其饮鸩而甘之，则盍于疗鸩之术，少留意矣。

其第三义论母教，第四义论胎教，均为贤母的条件，其论母教说：

西人分教学童之事为百课，而由母教者居七十焉。孩提之童，母亲于父，其性情嗜好，惟妇人能因势而利导之，以故母教善者，其子之成立也易，不善者，其子之成立也难。……故治天下之大本，一曰正人心，广人才，而二者之本，必自蒙养始，蒙养之本，必自母教始，母教之本，必自妇学始，故妇学实天下存亡强弱之大原也。

论胎教说：

……今之前识之士，忧天下者则有三大事；曰保国、曰保种、曰保教；国乌乎保？必使其国强而后能保也；种乌乎保？必使其种进而后能保也；进诈而为忠，进私而为公，进涣而为群，进愚而为智，进野而为文，此其道也。教男子居其半，教妇人居其半，而男子之半，其导原亦出于妇人，故妇学为保种之权舆也。[1]

在近代中国教育史中正式提出贤母良妻为女子教育目的者要以他为始。惟他之提倡女学，系为外侮所激，所以以强国保种为女学最后的目的。他于同年作《倡设女学堂》启，更明示他所以提倡女学之原因说：

泰西女学，骈阗都鄙，业医课蒙，专于女师，虽在绝域之

---

① 《时务报》卷二十三，页2下。

俗，邈若先王之遗，女学之功，于时盛矣。彼士来游，悯吾窘溺，倡建义学，求我童蒙。教会所至，女塾接轨。夫他人方拯我之窘溺，而吾人乃自加其梏压，譬犹有子弗鞠，乃仰哺于邻室；有田弗芸，乃倘手于比耦。匪惟先民之恫，抑亦中国之羞也！

甲午受创，渐知兴学。学校之议，腾于朝庑，学堂之趾，踵于都会，然中朝大议，弗及庶媛；衿缨良规，靡逮巾帼，非曰力有不逮，未遑暇此琐屑之事邪？无亦守扶阳抑阴之旧习，昧育才善种之远图也。

夫男女平权，美国斯盛。女学布濩，日本以强，兴国智民，靡不始此。三代女学之盛，宁必逊于美日哉？遗制绵绵，流风未沫，复前代之遗规，采泰西之美制，仪先圣之明训，急保种之远谋。海内魁桀，岂无恫游民土番之害者欤？傀傀窘溺宁忍瞠目坐视而不一援手欤？仁而种族，私而子孙，其亦人人之所乐为有事者也！天下兴亡，匹夫有责；昌而明之！推而广之！乌乎！是在吾党也矣！

其女学堂试办章程立学大意条说：

学堂之设，悉遵吾儒圣教，堂中亦供奉至圣先师神位。办理宗旨，欲复三代妇学宏规，为大开民智张本；必使妇人各得其自有之权，然后风气可开，各实相副，故堂中一切捐助创始，及提调教习，皆取材于闺阁之中，借除内言外梱之戒。

梁氏在当时号称新党领袖，一面以言论鼓吹兴女学，一面与康广仁(戊戌六君子之一)在上海创女学堂为言。他虽曾言及男女平权，但以风气未开，办学仍不能不以借除内言外梱之戒为言，学生仍不收奴婢娼妓。又因缠足为女子恶习，非解放无从得其自有之权，除初期外，亦不收缠足女子。其时各地闻风响应者很不少。林纾在福建作《闽中新乐府》，中有《兴女学》一首赞此道：

> 兴女学，兴女学，群贤海上真先觉。华人轻女患识字，家常但责油盐事。夹幕重帘院落深，长年禁锢昏神智。神智昏来足又缠，生男却望全先天。父气母气本齐一，母苟蠢顽灵气失。胎教之言人不知，儿成无怪为书痴，陶母欧母世何有，千世一二挂人口。果立女学相观摩，中西文字同切磋；学成即勿与外事，相夫教子得已多。西官以才领右职，典签多出夫人力；不似吾华爱牝鸡，内人牵制成贪墨。华人数金便从师，师因常无在馆时，丈夫岂能课幼子，母心静细疏条理，父母恩齐教亦齐，成材容易骎骎起。母明大义念国仇，朝暮语儿怀心头，儿成便蓄报国志，四万万人同作气。女学之兴系匪轻，兴亚之事当其成。兴女学，兴女学，群贤海上真先觉。

乐府所说，除放足外，关于女子教育均以良妻贤母为目的。贤母良妻的女子教育可称为戊戌以前社会先觉者的共同思想。

戊戌政变，新党失败，所谓新思潮亦随着沉没下去。及庚子之变，外患逼迫更甚，非变法几不能自存。于是兴学之议，洋溢国中。但却无人注意女学问题，光绪二十八年张百熙奏定学章，对于各级学堂的章程均详为拟订，但无一字提及女子教育。二十九年张之洞、荣庆、张百熙改订学堂章程亦无女学专章。只因为要女人帮着教小孩子（男子）以强国，所以有《蒙养家教合一》一篇，他们说：

> 三代以来,女子亦皆有教,备见经典。所谓教者,教以为女、为妇、为母之道也。惟中国男女之辨甚谨,少年女子断不宜令其结队入学,游行街市,且不宜多读西书,误学外国习俗,致开自行择配之渐,长蔑视父母夫婿之风。故女子只可于家庭教之,或受母教,或受保姆之教,令其能识应用之文字,通解家庭应用之书算物理,及妇职应尽之道,女工应为之事,足以持家教子而已。其无益文词,概不必教。其干预外事,妄发关系重大之议论,更不可教。故女学之无弊者,惟有家庭教育。女学原不仅保育幼儿一事,而此一事为尤要,使全国女子无学,则母教必不能善,幼儿身体断不能强,气质习染断不能美。蒙养通乎圣功,实为国民教育之第一基址。①

这自然比前次学堂章程完全不提女子教育者高超许多;但是这样的教育与女子本身根本无关系,只是"国民教育第一基址"的工具而已。至此,女子教育乃更由贤母良妻思想而转到贤母思想。

这种为母教的女子教育,不仅是在朝者底一种抱残守缺的见解,实是社会上很流行的思想。光绪二十一年上海科学书局,发行一种《初等小学女子官话修身教科》,其第一课论女学原因说:

> 女子为国民的母,所以读书识字,比男子更觉要紧;因为要预备将来的母教,必要有了好母,方有好子。这等说起来,女学岂不是第一件要紧的事吗!

① 《教育史料》第2卷,页168—169。

在读者或以为这几句话是为着迎合“在朝者”底心理而写的，实则此书出版时，学部的女子小学章程还没公布，教科书也还没有审定的规制；不过江浙交通地方，有些父兄采用新法为女子设立学校，这种教科书是供那些学校用的，其言论的内容固为社会的俗尚所构成，并不受执政者底限制。

此外还有最有力的实例，就是留日女学生对于女子教育也是这种思想。光绪三十二年留日学生在东京发刊《中国新女界杂志》，其第二期孙清如女士有《论女学》一文，从体质、德性、家、国、种族五方面引述中国历代学者论学之要点，而归根于“兴吾女学以端天下之母范”说：

> 体质何以强，得其养而已，何以弱，失其养而已。夫养之之豫，孰有踰于母哉，欲母之能豫养其子，舍学奚由。
>
> 语云少成若天性，习惯成自然。又云教子婴孩，德行之贤否，断断乎于胎教及家庭教育为始基也。女学不兴，将何以教。
>
> 善觇家之盛衰者，于其和与不和卜之，而其和与不和，则由于学与不学，未有不学而能相夫教子，和以成家以至于昌祥者，是故之为贵。
>
> 女学莫备于诗，豳风陈稼穑之艰难，而必详及妇功者何哉？盖男子力耕，而妇人坐食，不徒风俗薄恶，且必不免于贪匮；故古人言农必及桑，言耕必及织，春则养蚕以为丝，秋则绩麻以为布，皆妇人之职，而莫不勤也。后世失学废业，或以妇女为玩物、为累赘，而男子困矣。困则衣食不足，而饥寒迫，饥寒迫而盗贼生，大乱之所由起也。书曰：既富方谷。欲锡民以幸福，必先富之，欲富之，莫如兴学以勤其业。图存者其亦知

所从事哉!

种族何以有胜败,胜败于优劣而已。处竞争剧烈之场,而无真实能力以与之角,断不能由侥幸以苟全。今夫一女不学,则一家之母无教,一家之母无教,则一家之子失教;积人成家,积家成国,有学无学,受教失教,优劣相形,胜败立判矣。

当时教育行政者因事实的需要(外有女留学生,内有女学校),乃于光绪三十三年正月奏定女子师范及女子小学堂章程,女学在学制系统中始正式占一地位。女子教育思想则由贤母主义进而为贤母良妻主义。原折说:

窃维中国女学,本于经训。故《周南》、《召南》,首言文王后妃之德,一时诸侯夫人大夫妻,莫不恪秉后妃之教,风化所被,普及民间。《江汉》诸篇,言之尤备。孔子曰:人而不为《周南》、《召南》,其犹正墙面而立也与!盖言王化始于正家,倘使女教不立,妇学不修,则是有妻而不能相夫,有母而不能训子,家庭之教不讲,蒙养之本不端,教育所关,实非浅鲜,此先圣先生化民成俗所由,必以妇学为先务也。

因为女子教育的目的在于造成贤母与良妻,所以教育设施均以此为依归。即平日男子奴视女子之弊风亦不主由女子自求解放,而以男子为主动以祛除之。《女子师范学堂教育总要》第一条说:

中国女德,历代崇重。凡为女、为妇、为母之道,征诸经典史典,先儒著述,历历可据。今教女子师范生,首宜注重于此,务时勉以贞静、顺良、慈淑、端俭诸美德。总期不背中国向来之礼教，与懿征之风俗，其一切放纵自由之僻说（如不谨男女之辨，及自行择配，或为政治上之集会演说等事）。务须严切屏除以维风化。（中国男子间有视女子太卑贱，或待之失平允者，此亦一弊风。但须于男子教育中注意矫正改良之。至于女子之对父母夫婿，总以服从为主。）

女子教育既在使其服从父母夫婿为目的，所以修身教材有下列的规定：

凡教修身之课本，务根据经训，并荟萃《烈女传》、《女诫》、《女训》、《女孝经》、《家范》、《内训》、《闺范》、《温氏母训》、《女教经传通纂》、《教女遗规》、《女学》、《妇学》等书及外国女子修身书之不悖中国风教者，撷其精要，融会编成。……

当时之所谓女德，其内涵只在服从父母夫婿，而以对于男子之守贞为尤要，所以修身教材规定为《烈女传》、《女诫》等。而李瑞清任江苏提学使时，于宣统三年通饬各女学改星期第五日放假，更足以证明所谓礼教、道德，皆以贞洁为旨归。他说：

《江汉》风行，读《周南》而知德化。女师典训，企班媛而颂徽音：盖琴瑟在御，静好先兆于安弦；讼狱无常，夙夜每防其多露。此女学以女教为先，而名誉以道德为本也。查宁省女学之盛，颇称完善。但惊凤为群，或不禁鸱枭之暗逐，芝兰既植，亦难免萧艾之潜滋。故口众可以铄金，虫生多缘腐物，弊宜祛

> 于所忽，法必极于无疏。……今特改宁省女学校星期放假，均限于第五日一律通行……庶杯蛇市虎之疑，自隐消于不觉，秀柏贞松之节，更相得而益彰。①

自梁启超倡女学至李瑞清改女学星期第五日放假，概可以贤母良妻主义统之。此时所谓贤母良妻完全从男子底方便上着眼，并非以女子底天禀为本，故教育主旨重在服从。换句话说：此时教育者对于女子只因其要做男子底妻与母而施以教育，而不认女子本身有与男子对立的人格，只视之为男子底附属物。然而这种思想底势力在实际教育上却很大：光绪三十三年以后之女学固然以此主义为目的，社会上亦无何种反抗的思潮。民国四年九月，陈独秀等在上海发刊《新青年》杂志，极力攻击孔子之妇女观②，于二卷六号特辟《女子问题》栏，讨论女子问题。女子之投稿者每以女子教育为言，但其言论则大半为此贤母良妻之传统思想所支配。该杂志 3 卷 1 号梁华兰论《女子教育》，一面主张女子教育要与男子教育平等，一面仍主张女子教育应以贤母良妻为主义。她说：

> ……女子者人类之母也。相夫教子，持家处世，其所贡献于国家者既多……吾国女子以数千年之压制，服从既成为第二天性，然正利用其服从之性，奉之以良好教育，终成世界第一女子。

① 《近代中国教育史料》第二卷，页 173—174。

② 详见《新青年》第 2 卷第 4 号，陈独秀：《孔子之道与现代生活》。

这样的女子教育，不是与男子平等之旨相悖吗？她解释说：

> 或谓贤母良妻主义，其所需之教育，养成贤母耳良妻耳。无与于高深，是不与教育平等之义相违背乎？曰未也。夫贤母良妻，乃教育之旨归，而教育自身，则为其途术，固未有受高深教育，不能为贤母良妻者也。且正以受高深教育之故，思想高超，见解精确，益以知贤母良妻为人类之所急耳。

她所谓男女教育平等是在形式上受同等的教育（即男子受高等教育女子亦受高等教育），女子教育的内容仍以服从性的贤母良妻为主。这种思想可说是数千年贤母良妻的女子教育的产物，而于此时结束之。

59. 女国民教育思想

民国以前的女子教育，虽然以贤母良妻为唯一的目的，但有不少卓荦的女子，受着当时新出版物的濡染，很注意于国家大事，于民国初元而有参政运动及女子北伐队之组织；男女平等的声浪也充满了社会。民国二年，江苏金一著《女界钟》，极力宣传女子救国的主张，鼓吹女子参政，男女共同统治中国。他痛骂从前的教育为奴隶的教育，"女子者奴隶之奴也，并奴隶之教育亦不闻"，故极不赞成偏枯于男子之教育说：

> 教育者造国民之器械也。女子与男子，各居国民之半部

分，是教育当普及，吾未闻有偏枯之教育而国不受其病者也。身体亦然，其左部不仁，则右部亦随而废。教育者，又精神之库也，无精神之教育，是禁人之食谷麦而杂堆雀鼠以为粮者也。（原书页三十六）

他以为女子应当受教育，并当以养成有人格有个性的人为宗旨。他提出女子教育八项目的如下：

一、教成高尚纯洁完全天赋之人；二、教成摆脱压制，自由自在之人；三、教成思想发达，具有男性之人；四、教成改造风气，女界先觉之人；五、教成体质强壮诞育健儿之人；六、教成德性纯粹模范国民之人；七、教成热心公益，悲悯众生之人；八、教成坚贞节烈，提倡革命之人。①

他这八项目的虽曾说及母性（诞育健儿），但其主旨却在为救国。此种教育思想若要用一简单的名义括之，可称为女国民教育思想——不是贤母良妻的教育，也不纯粹女子的教育，而是偏重于国民义务的女子教育。

此思想至十四年而复昌：

中国国民党十三年改组而后，其对内政纲第十二条有“于法律上、教育上、社会上确认男女平等之原则，助进女权之发展”的规定，国民政府治下之女子，在原则上一切权利均与男子平等，对于国家之义务当亦与男子同样负责。适十四年上海五卅惨案发生，

① 《妇女问题十讲》，页251。

军事教育的声浪盈溢教育界中，国民党中央执行委员会妇女部在广东发刊的《妇女之声》，亦以国民的立场，主张女子军事教育。吴邑兰论女子军事教育之影响说：

> 现在军事教育的空气，已经弥漫全国；但受训练的只是男子，女子就沉寂无闻。反问我们的女同胞，是否中国国民的一分子？国家兴亡与我们有没有关系？天生我们是否没有战斗的本能？我们体魄是否不及男子？何以不能受军事训练？现在有好多人说，女子性是懦弱慈祥，战斗是奋勇残忍，所以不堪军事训练；但这是习惯所致，不是不可移变的。试看看古今中西的历史，女子从军的事实，昭著简册。唐时木兰，装成一个男子，代父出征，在外十二年，杀尽胡虏，凯旋荣归，随伊出征的伙伴，却不知伊是一个女郎。当英法百年战役时，法兵大失利，加以英太子英勇无敌，将有席卷巴黎之势，后来有一个农间少女应安特克出来鼓励法国兵士，她自己骑一匹马冲向前去，风驰电掣。疲敝的兵士，看见她这样勇敢，也奋不顾身，屡破英兵。欧战时德意志的男子，通通出赴战场，国内的治安，就靠保安警察队，而女子充任保安警察的是极多数，有些并赴战场做警备队。这样看来，我们巾帼英雄的本领，却不下于须眉的好汉，不过我们没有训练罢了。
>
> 兵弱才尽，就是我国的现象，我们女子能忍心来看吗？我国有四万万同胞，女子占了一半，这一半女子是没有受军事教育的，岂不是空养了一半残疾无能的国民？①

① 《妇女之声汇刊》，页54—55。

她以为军事教育对于女子还有四种特殊的利益:(1)生育强健国民;(2)改良风化;(3)鼓励民众;(4)御外侮、剿内乱。当时黄埔军官学校曾有顾问俄人密投尼罗夫人,而俄国妇女从事于军事训练者亦有五千之众①,流风所及,女子从军的女国民教育思想竟一倡而见诸事实,十五年粤桂湘之北伐军中常有女子服务,十六年南京之中央军事政治学校,对于女子之待遇与男子完全相同。②

60. 男女平等教育

由《新青年》于六年讨论女子问题,对于旧日女子道德力加攻击而后,女子底自觉又进一步;对于从前贤母良妻的女子教育乃从理智上加以反抗,而有人主张女子与男子有同等的人格,对于社会国家亦当与男子负同样的责任。七年九月该杂志5卷3号,胡适发表《美国的妇人》一文(北京女子师范演讲稿),以具体的方法说出他对于女子教育"超贤母良妻主义"的意见道:

> 去年冬季,我的朋友陶孟和先生请我吃晚饭,席上的远客,是一位美国女子,代表几家报馆,去到俄国做特别调查员

① 均见《妇女之声汇刊》,页57。

② 此外,十四年中华教育改进社年会,亦有人提议《女子教育宜添设军事常识案》,但系以谋国民健强与自卫为理由,名义虽同,内容全异。该案原文说:(1)女子为国民之母,强其子,必先强其母。而军事训练,实为健强身体之最良方法。此为谋国民健强计,宜有军事训练也。(2)历来女子往往为暴力男子所蹂躏,皆由于其身体过弱,无力自卫也。要达到女子在社会上与男子处同等之地位,不惟在经济独立,还须有自卫之体力,以维护其生命与名誉,此为女子自卫计,宜有军事训练也。

的。同席的是一对英国夫妇，和两对中国夫妇，我在这个"中西男女合璧"的席上，心中发生一个比较的观察。那两位中国妇人和那位英国妇人，比了那位美国女士，学问上、知识上不见得有什么大区别，但我总觉得那位美国女子和她们绝不相同。我便问我自己道：她和她们不相同之处在哪一点呢？依我看来，这个不同之点，在于她们的"人生观"有根本的差别。那三位夫人的"人生观"是一种"良妻贤母"的人生观；这位美国女子的，是一种"超于良妻贤母"的"人生观"。我在席上估量这位女子，大概不过三十岁上下，却带着一种苍老的状态，健强的精神。她的一言一动，似乎都表示这种"超于良妻贤母"的人生观；似乎都会说道："做一个良妻贤母何尝不好？但我是堂堂地一个人，有许多该尽的责任，有许多可做的事业。何必定须做人家的良妻贤母，才算尽我的天职，才算做我的事业呢？"这就是"超于良妻贤母"的人生观。我看一个女子单身走几万里的路，不怕辛苦，不怕危险，要想到大乱的俄国去调查俄国革命后内乱的实在情形——这种精神，便是那"超于良妻贤母"的人生观的表示；便是美国妇女精神的一种代表。

什么是超贤母良妻的人生观？他解释说：

这种"超于良妻贤母的人生观"，换言之，便是"自立"的观念。我并不说美国妇人个个都不屑做良妻贤母；也并不说他们个个都想去俄国调查革命情形。我但说依我所观察，美国的妇女，无论在何等境遇，无论做何等事业，无论已嫁未嫁，大概都存一个"自立"的心。别国的妇女大概以"良妻贤母"为目的。美国的妇女大概以"自立"为目的。"自立"的意义,只是要发展个人的才性,可以不依赖别人,自己能独立生活,自己能替社会做事。中国古代传下来的心理,以为"妇人主中馈";"男子治外,女子主内";妇人称丈夫为"外子",丈夫称妻子为"内助"。这种区别,是现代美国妇女所绝对不承认的。他们以为男女同是"人类",都该努力做一个自由独立的"人",没有什么内外的区别的。……男女同有在社会谋自由独立的生活的天职,这便是美国妇女的一种特别精神。①

他从事实上举出美国男女在社会上负同等责任的实例,而以为"这种精神的养成全靠教育"。故最后的结论说:

如今所讲美国妇女特别精神,只在他们的自立心,只在他们那种"超于良妻贤母的人生观"。这种观念是我们中国妇女所最缺乏的观念。我们中国的姊妹们若能把这种"自立"的精神来补助我们"依赖"的性质,若能把那种"超于良妻贤母的人生观"来补助我们的"良妻贤母"观念,定可使中国女界有一点"新鲜空气",定可使中国产出一些真能"自立"的女子。这种"自立"的精神,带有一种传染的性质。女子"自立"的精神,格外带有传染的性质。将来这种"自立"的风气,像那传染鼠疫的微生物一般,越传越远,渐渐的造成无数"自立"的男女,人人都觉得自己是堂堂地一个"人",有该尽的义务,有可做的事业。有了这些"自立"的男女,自然产生良善的社会,良善的社

① 《胡适文存》卷四,页39—41。

> 会绝不是如今这些互相依赖，不能"自立"的男女所能造成的。所以我所说那种"自立"精神，初看去，似乎完全是极端的个人主义，其实是良善社会绝不可少的条件。这就是我提出这个问题的微意了。

他这篇文章，算是新青年对于妇女问题建设的贡献，其影响很大。

五四而后，妇女问题竟成为社会问题的中心，《新青年》、《解放与改进》、《新潮》等杂志常有关于女子教育的论文，少年中国学会之《少年中国》并于八年十月出《妇女号》，其《少年世界》则于九年七、八两月出《妇女号》两册，讨论女子解放问题，介绍世界关于女子问题的学说，记载国内外男女同学及女子学校的实况，其中各文每每论及女子教育问题，其思想大体倾重于男女教育平等及经济独立诸方面，而主张打破旧日狭隘的贤母良妻主义。

斯时有留日学生冯飞著《女性论》，对于妇女问题为系统之研究，于九年由中华书局出版，销行很广，亦反对昔日的贤母良妻的女子教育，而主张"培植其（女子）宿具之知能，使其必要知识充足，庶与男子立于对等生活之上不致败北"（页136）。不过他不重视普通的或高等的文化教育，以为不独要解放女子职业问题，而主张"立于平等人格上，用启能主义，注重女子职业教育，以为未来百事之基础"（页163）。

十年《妇女杂志》（8卷2号）李光业发表《今后的女子教育》一文亦主张男女平等教育。他说：

> 从前的女子教育，缺乏人格的要素，根本上视为劣弱，即

所谓女性劣弱观是。由此观念，而发表奴隶观、方便观、非人格观。妇人非为独立的人格者，而为男子的奴隶方便，并为其子女的奴隶方便。今后的女子教育，对于此等不合理的观念，当一扫而空，注力于人格的陶冶，图女子人格思想的充分发达；先认自己人格的存在，有独立的价值和权威，更进而把"夫"和"子女"，也视为和自己同等的人格者，自行树立自己的理想，自觉自己的价值。

又说：

历来的女子教育，偏于家庭主义，而于女子同为社会国家的一员的一点，极其蔑视，实为一大缺憾。此后当注意于理知的陶冶，以弥补此中的缺憾，使女子具有男子同样的知识和思想，共同图国家社会的进步发达。①

十一年奉直战争后，有所谓"法统恢复"，将由国会制定宪法，其时北京女界有女子参政协进会与女权运动同盟会，前者标明要求参政的三项目的，其第三条即为"专打破专治家政的教育制度以求知识平等"。后者提出七条纲领以为运动进行的目标，其第一条即为"全国教育机关一概为妇女开放"。而高一涵斯年暑假在武昌暑期学校讲演《女子参政问题》，更从参政问题上主张打破贤母良妻的人生观，而极力攻击旧日女子教育偏重家事教育之不合理说：

我国女子教育制度多偏重家事方面，所以国民学校中所

① 《妇女问题讨论集》第一册，页172—173。

用国文读本要加入家事要项。女子中学的课程特设家事、园艺、缝纫各科;女子师范特别加入"以造就蒙养院保姆为目的"一项。再看各省及中央所办的女子职业学校,大概总不外家事、烹调、缝纫、蚕桑、缫丝、编物、刺绣、摘棉、造花等科。这种教育机关,简直可算是"良妻贤母养成所",所有的职业,大半属于家庭的事业;所学的知识技能,大半是操持家政的知识技能。我们天天说男女知识不平等,请问这种教育制度——女子教育与男子教育不同——又怎能造成男女知识职业平等的结果呢?所以女子要想抱着为社会之一员的人生观,又非打破这种使女子知识不能与男子平等的教育制度不可。①

十二年中华教育改进社女子教育委员朱其慧、刘吴卓生、杨袁昌英等则从公民资格上主张男女教育平等。她们说:

在民主国旗之下,男女对于国家,都有应尽之义务、应享之权利。至于义务如何去担负,权利如何去享受,才能致国家于治平,这是要靠着教育慢慢去做成的。义务非学不会尽,权利非学不会享。一国之人,若有一半不会尽义务,不会享权利,这个国家是断断站不稳的。所以要想有一个健全的国家,必先要个个国民——男的、女的——都健全,都有相当之学识、技能、品格、体力,去分挑公共的担子,发挥特殊的贡献。照这样看来,女子教育是建设健全国家的一个要素。我们不谈普及教育则已,要谈普及教育,必须使女子教育同时普及。②

① 《现代论文丛刊》第三册"妇女",页35—36。

② 《新教育》6卷2期,页231。

但是她们主张普及女子教育还有一层更深的理由，就是：

> 况且教育的功效是继续进行世世代代的努力的结果。我们试看一家之中，如只有受过教育之父亲，子女容或不受教育；但母亲一受过教育，子女是没有不受教育的。只要一代的女子受教育，子子孙孙的教育，都得了保障了。所以女子教育，不但有普及现代教育的功用，并且有保障后代教育的效力。①

她们以为女子在教育上所负的责任比男子尤大，女子教育的效用，除本身具备公民资格外，且能将未来的公民教育好。这实是许多讲女子教育的人所未见到的。

上述各种思想虽在小节上有些出入，但大体上都以男女受平等教育为依归，故可总括之为男女平等教育思想。

61. 女子教育

民国以来，还有一种绵延不断的女子教育思想，即可称为“女子教育的思想”。这就是说：既不把女子当做男子看待，也不专重她们底国民责任方面，更不视为男子附属品的妻与母，只从女子底特质及其对社会应负的责任上施以特殊的教育。

这种教育思想起源于民国二年。当民国元年男女平权思想大盛，女子组织北伐队之时，教育者有主张女子须与男子受同样的教育，治同样的职务。陆费逵于《中华教育界》发表《论女子教育问

① 《新教育》6卷2期，页231。

题》一文，力辨其非。他说：

> 女子之性质柔弱而优美，限于生理的作用，无可如何。吾岂不欲吾国骤增加倍之政客与军人（意谓女子能之则倍于现有之男子也）而必窒遏之。无如实际不能；犹之牝鸡不能司晨，无可讳饰也。若天下女子，竟为男子事业，则妻之持家，母之育儿，将令孰任，如激烈者所主张，岂果强令男子为之，以泄数千年女子之愤耶！岂果舍吾文明而效西藏之陋俗耶！况就生理而论，激烈之政争，极剧之工作，女子万不能堪，即使能之，而一遇胎产，则一年数月之光阴，消于无形，政争必难持久，工作势必中止，吾知即有女政客、女军人、女工程家，世亦莫敢用也。①

他则主张：

> 第一当养成贞淑之德、和易之风，并授以家政之智能，期可以为人妻。
>
> 第二当养成慈爱之性、高洁之情，并授以育儿教子之技能，期可以为人母。
>
> 第三当设女子师范学校女子裁缝、刺绣、蚕业、图画、音乐等学校，期可以习一业以生活。②

五四而后，男女平权之说复盛，他于九年又为《女子教育的急

① 《教育文存》卷四，页26。
② 同上书，页29。

务》一文重述其主张说：

> 我们现在讲女子教育其目的有四：
>
> 第一，健全女子的人格；第二，养成贤母良妻；第三，在男子能养家的时代从事无害生理无妨家庭的职业；第四，预备充足的实力于必要的时候代男子做国家社会一切的事。①

第四项为原来所无，他解释加此项之理由说：

> 我所说这四个目的，前三个是通常的，第四个是预备处社会国家之变的。我国现在的情形，稳健的人，大概都只赞成前三个目的，激进的人，要专注重第四个目的，我以为都是错的。为什么呢？照现在的国情，前三个目的是不错的，但是兵可百年不用，不可一日不备，这第四个目的是预料将来的国情，一定要到的；与其临时抱佛脚，多吃多少苦，多受许多累，恐怕还要误事，何妨早点预备。况且目的悬在这里，几时做得到还不晓得呢？大家要知道万一数十年后，再有大战，我国卷进漩涡；或者经济竞争更烈，多数男子无养家的能力，女子不能不争生存，那时候方才知道我第四个目的要紧咧。②

他虽然极力主张女子教育，但其立脚点都本于事实之观察而来，尚未找出科学上的证据。十年三月，姜琦在浙江省立女子师范讲演《女子教育问题之研究》，则更从女子生理及心理上的特质上

① 《教育文存》卷四，页29。
② 同上书，页9—10。

主张男女有分教之必需，与贤母良妻应为女子教育重要目的之必要。他说：

> 女子生理的天分怎样？约举如下：
>
> 一、身体之发达，女子比男子早达成熟期。二、身体之构造孱弱，肢体之运用细致。三、营养装置之活力微弱。四、神经作用锐敏，且易于疲劳。五、因生殖作用，在生理上牺牲较大。六、生殖能力之始终期都较早，因之生殖能力之期间较短。七、生殖力之丧失期（即老年期）之生活较长。八、有哺乳能力。九、在生殖能力期间，每月生活，必有一次之生理的变化。
>
> 女子之心理的天分怎样？约举如下：
>
> 一、在智的活动上，发达之型式，较为早熟，而偏于狭小。二、记忆及想象锐敏，而短于推理和商量。三、感情作用较强，而意志作用不很发达。
>
> 女子之社会的天分怎样，说明如下：
>
> 女子之社会的天分，前已说过了，不外乎同着男子施行分业协力，所谓“两性协力”就是了。这种“两性协力”有三层功用：第一，是种族保存；第二，是幼儿养育；第三，是家庭经营。这三层功用之中，第一第二，并非是女子所专有，男子也是有的，不过女子因有以上所举之生理的天分，所以较男子是直接的，因之其功用也较男子为大。例如哺乳作用，男子是绝对不能的。……至于第三层家庭经营，从上说之女子之心理的天分上看来：因为他们性情细密，对于琐碎的家事，也是她们的特长，男子远不如的。①

① 《教育杂志》13卷5号。

因此他以为“女子教育是在人类社会上就着女子底特性,使他们自己发挥,或施以一种特殊的影响”。“女子教育的真目的,是在于养成完全的女子人格(包括良妻、贤母、公民而言)。详细的说明:是在于使女子成为真女子,开发所有的天赋的诸种本分。以遂其圆满的、调和的发达之一种作用。”故在他方面,他赞成男女同学,而反对男女同教。

他虽然从女子生理及心理的特质上主张女子教育应以养成包括良妻贤母及公民的完全的女子人格,但良妻贤母何以当养成,及女子教育究当注重些什么,还无具体的说明。陈衡哲底意见适足以补其缺,她说:

> 假使一个女子在结婚之后,能把她的心思才力,都放在家庭里去,把整理家务、教育子女,作为她的终身事业,那么,我以为即使她不直接的做生利的事业,她却不能算是社会上的一个分利之人。她对于社会的贡献虽比不上那少数超类拔萃的男子及女子,但至少总抵得过那大多数平庸无奇的男子对于社会的贡献了。但劬劳家务是一件牺牲很大的事业,知道的人既少,名誉的报酬也是等于零度。换句话说,做贤母良妻的人,都是一种无名英雄。她们的努力常在暗中,而她们的成绩却又是许多男子努力的一个大凭借。她们是文化的重要基础,但正像一个塔或其他建筑的基础一样,她们承受的压力是很大的,她们的牺牲是埋藏于地下的,她们不像那塔尖的上矗云霄,为万目所瞻,为万口所赞,但她们却是那座巍巍与天相接者的重要根基。我们明白了这一层,便不致因为女子从事

家务以外职业者的少,即否认她们在文化上的贡献了。①

因此她以为:"贤母良妻的责任,不比任何职业为卑贱……大多数女子以家庭为世界,不但是一件当然的事,并且也是值得保持的社会情形了。"

故在教育上她主张女子于人文教育外,应以母职的训练为最重要说:

……我深言女子不做母妻则已,既做了母妻,是必不可不尽力去做一个贤母、一个良妻的。世上岂有自己有子女不能教,反能去教育他人的子女的呢?又岂有不能整理自己的家庭,而能整理社会的人呢?易子而教,是可以的,请一位家庭教师或保姆来分工,也是可以的;但精微的母职,却是无人代替的。儿童的智识,你尽可以请人来代授,而儿童的人格,却是必须由你做模范的。这是我对于贤母一个名辞的解释。假使一个女子在结婚之后,连这一层也做不到,那么,我想她还不如把对于其他一切事业的野心都放弃了,干脆去做一个社会上的装饰品罢了。所以我说,母职是大多数女子的基本职业。②

其次,在女子教育上应当注意的就是改良女子的体育;第三是改良幼稚教育及培植保姆人才。她底主要目的虽然在讨论女子职业问题,但将"神圣的母职"与社会及人生的关系为详备的说明,而

① 《现代评论二周年刊》,页62—63。
② 同上书,页69。

主张女子教育特重母职的训练,则又由生理心理的科学差别观而进于社会观及伦理观。她虽也说贤母良妻,但是女子本位的。是以女子为主的,与从前以女子为男子附属品的贤母良妻主义完全不同。“女子教育的女子教育思想”的基础更稳固了。

62. 女子教育思想进展的因果

三十余年来的女子教育思想虽然枝节很多,但大体上总可分为上面所述的四条主干。这四种思想之产生者不是偶然的,有共同的原因,也有特殊背景。前者为社会组织的变更,后者为家族思想、国家思想、人权思想、科学思想的激荡。兹分别述之。

中国从前不重视女子教育,如陈独秀所说儒家思想的流弊自然是一种原因,然而最大的原因还是社会组织问题。因为各种思想之产生,都离不了环境的影响。儒家思想能在中国当位数千年,固然帝王提倡之力居多,然而一经提倡即能永久站得住脚,却是由于这种思想最适合于中国小农社会组织的需要。在小农社会组织之下,生活的变化很少,人民可以终身不出乡里而过活自如,既不如工商社会的交通频繁;对于各种应付事物的新知识的需要,也不如工商社会之切。所以以农立国的国家,其教育普及的程度总要后于工商业国家。中国在历史上虽然尊师重道至以“君师”并称,然而教育从未普及过。以家庭为世界的女子,除了实际生活的训练外,不需要何种新知识。所以在西洋教育制度未入中国以前,社会上间有女子教育,亦只是富厚之家的装饰品,决不如现代社会之为普遍的要求。

前清自鸦片战争而后，世界工商业社会组织的潮流，渐渐传到中国小农制度的旧社会了，旧的组织渐渐动摇，新的要求渐渐随各国传教权与内地通商权而渐渐起来。甲午庚子而后，旧组织之不适于生存更增加了明显的实证，新的要求也更迫切。于是光绪二八年有新教育制度之制定，以增高男子的知识；以后国人与列强的交往渐多，列强在国内经济的势力渐大，国内交通渐便，社会组织亦逐渐工商业化，要想在都市谋生活的人无论是男是女，都有识字的需要；乡间的男子亦因中等以上之学校集中都市，初在都市就学，继在都市谋生，而对女子知识的要求上，发生重大的影响。因为无论如何女子因生理上的关系，总须有一个时期依赖男子为生，男子底要求变了，女子底需要，也自然要受其影响而改变；而况中国是数千年来遗传下来的男子中心的社会，男子底要求最足影响女子底需要。所以庚子而后中国男子底生活既趋于都市化（不论是实际在都市谋生，或受过都市教育之后而回乡间去生活）。女子也非有相当的知识不能得到适当的生活，于是女子教育逐渐成为问题，逐渐被人重视而逐渐发展了。社会生活发生一次大变动，女子教育思想亦随着变动。

这是近代中国女子教育思想所产生的总原因。

社会组织的变动虽然可以说明中国女子教育思想发生的原因，但何以只有这四种重大的变迁？上面曾经举出四种副原因，兹分述之。

清末国内的小农制度的社会组织，虽然因与世界交通而逐渐动摇，但家族制度是中国数千年相传的遗物，它在一般人——尤其是所谓知识阶级——底心意中有了极深的根基。那时一方面既为现社会的要求，不能不给女子以教育，他方面又要保持家族制度的遗规，使女子受教育后而于家族仍保持其服从的性习，所以女子教育思想便自然而然趋于狭义的贤母良妻方面。民国成立，男女平等的人权思想，固然发了芽，但家族思想底权威犹未尽矢，所以参议院众议院选举法规定，选举权被选举权均以有中华民国国籍之男子为限而不及于女子。但女子之先觉者，既为男女平权的思想所激荡，对于国家与匹夫有责之义更不轻视，所以有女国民的教育思想；五四而后，男女平权不独为一种思想，而且在事实上亦已实现许多，故五卅惨案发生后，国民党中央妇女部特重女子底国民责任方面，而提倡女子军事教育。这种女子思想都是以国家思想为背景的。

女子在五四以前，虽曾有被人认识其为妻母与为公民的资格，但“女子是人”的概念不过在民国初元男女平权思想中有一种模糊的印象而已。五四运动，号称文艺复兴，女子解放的思想无不从人权上着眼；她们一面对于旧日男尊女卑的思想与习惯极力攻击，一面主张男女教育平等：此时之所谓男女教育平等，不止在形式上女子要与男女同等而已，并且要与男女受同样的教育，从经济独立上力谋一切脱离男子底系绊，而成为独立的“人”。[①] 所以男女平等教育的女子教育思想是以人权主义为背景。

女子固然是人，但于人底通性之外还有女子底特性（男子亦然），此事在以上三种思想中，自然亦不是全无见及，但总不如“女子教育的女子教育”思想之深切。这种思想虽发源于民国二年，但只是一种常识的考察，及五四而后，科学思想渐进，女子教育思想

① 《少年中国》第1卷第4期关于此思想之论文最多，王会吾女士之《中国妇女问题——圈套——解放》一文尤详。可参阅。

亦从科学上着眼而立了较稳固的基础了。

二十余年来女子教育思想，既如上述，女子教育的实际又如何？论数量自然远不及男子（据十二年中华教育改进社统计，女生只6.32%），但就女子教育本身讲，女子由全无受教育的机会，而到女子与男子有同等受教育的机会，女学生由306人（光绪三十二年）而到417,820人，进步不可谓不大。不过要与男子为同等的发展，仍不可不本科学的女子教育思想方针特别努力。

第二十一章　结论

——60年来中国教育思想总评及今后的途径

63.60年来中国教育无中心思想之原因

60年中国新教育思想大体已如上述,各种思想对于实际教育的影响,已于各章中分别说及,本章略为综合的批评。

著者深信宇宙间一切现象均须受因果律的支配,历史不能例外,思想史亦不能例外。就数十年过去的事实看来,我们对于近代教育思想之进展可以得两个基本概念:第一是各种思想之发展与其起伏,均有政治的社会的因果可寻,教育本身不是如一般教育者所想象之独立的东西。第二是因为数十年中国社会与政治变动甚剧,影响及于教育思想而不能有直线的发展,只有曲线的进步。这两个基本概念的实证,第三章以下曾分别说及,这里只综合略述之。

中国兴学不过60年,各种教育思想纷然杂呈,无中心思想贯彻一切,在某派的历史学者看来,以为这是偶然的现象,但我们则以有显然的因果。只要屏除意气,从事实上观察,便可知此数十年教育上之所以无中心思想,显然有下列的两种原因:第一是中国在此数十年间因外力之压迫，社会组织、政治思想发生急剧的变化，教育者事先无深切的研究，只是临时应付问题；第二是当此新旧交替的过渡的时代，外力逼迫我完全抛弃旧的社会制度，而我因历史与交通的种种关系，新的组织固不尽合需要，旧的俗尚亦不能一时革除，于是新旧冲突而成为徘徊歧路的现象。现在且简单说明之。

中国在历史上为小农制度的国家，家族观念极重，民性偏于保守，故儒家的中庸思想能支配数千年的社会，独裁的专制政体亦能绵延数千年。因为小农制度与家族观念的发展，社会经济不如资本主义的国家集富于个人，亦不如共产主义的国家集富于国家，而将全国富力分散于社会。所以社会上以家给人足为其生活的理想，对于国事则以"不在其位不谋其政"的态度出之，而视为少数君相官吏底事情；而少数号称治国平天下的士人反在社会上占了很高的地位，有"食人、治人"的特权。故中国旧日的教育制度每具家族制度的精神（师生如父子）教育事业由人民自理，国家只行使监督权（考试），教育方法重内心的修养，不重外力的发展，而以奇技淫巧为可耻，教育目的以尊崇古训，保持家族（扬名声显父母）为旨归；受教育者除最少数之贫困子弟系为谋日常生活的便利而外，余则均以做官为最后的目的，而不事生产的官吏在中国竟是一种最高贵最有利的职业，所谓读书人均以此为唯一的出路。这是中国旧社会与旧教育大概的情形。

再看西洋工商业社会的社会生活与教育情形怎样？自工业革命而后，资本主义逐渐发达，社会生活以个人为本位，自由竞争制更足以鼓励个人的上进；而因为国内工业发达，不得不向国外谋销场。国际的竞争则非国力为后盾不可。所以个人与国家发生密切的关系，遂使资本主义与国家主义同时进展。故19世纪以来，工厂式的领班制逐渐发展而为列强通行的教育制度，教育事业由国家经营，教育方法重外力的发展（注重物质科学），教育目的在偏重国势之扩充，受教育者以谋生与为国为主要目的。一切恰与中国的情形相反。

若听这两方面的教育制度自然发展，二者绝不会有趋于一点之日。可是中国自鸦片战争而后，在国际上累受巨创，社会组织因外国经济势力的侵入而发生动摇，为图国家的生存计，不能不变法，不能不改行新教育制度。当时主张改行新教育制最力的人如张之洞、张百熙等，纯然为旧式官僚，不独对于教育无确切的研究，即教育常识亦不敷用，故学制系统之中初不列入女子教育，而宣统间之法令竟将多级误为单级。民国改元，国民党执政，亦无确定的教育政策。蔡元培任教育总长时所发表之新教育意见，虽然在教育哲学上有相当的价值，但对于教育行政则全无办法。自此而后，凡总揽全国教育事务之教育首长，无一人对于教育有确切的研究，更无一人有何种特殊的贡献，乃至欲求合乎教育原理的教育政见亦不可得。在社会方面亦无真正的教育家，足以表率群伦，倡导一切。所以学校制度时而仿日，时而仿德，时而仿美，全凭外界的势力为转移；而教育思想则更混乱异常，惟凭少数人底直观或世俗用语为标准（如职业教育、党化教育）。此无他，就是由于数十年的教育者受了数千年传统思想的陶铸，其本来的意向，原是尊崇古训，黜抑西化的；不过为环境所迫不得不改行新路为应付之资。故在形式上力求惟妙惟肖地模仿西洋教育制度（如中小学教科用日、英文本之类），而潜意识（Subconsciousness）则切实回向旧路上走。因此数十年来的种种教育思想都只在表面上浮沉。其潜在的伏流自始至终不被截断而且不时抬起头来,冲断浮流。伏流的枝节很多,其大干有二:即(一)科举遗毒;(二)复古思想。

64. 旧思想对于新教育之影响

前面曾经说过,无业的士人阶级,在中国社会上历来便有特殊的地位,士的出路以做官为唯一的途径。自唐代改用科举取士,明清改试八股而后,所谓读书人者其目的既在做官,其见闻更为狭隘:当其在寒窗攻苦之时,除四子经义而外,固不知世界还有何等事物,一旦登科出仕,亦本其四子经义的陈说以治天下,人民化之,自然更不知除读书人所称的四子经义还有何等事物。故读书与做官成为必然联属的名词。清末因国家的压迫,而不得不改行新教育制度,但在当时看来,所谓新教育者不过将书院改为学堂,将八股改为教科而已。教育的效用,仍与八股无异。所以光绪二十九年张之洞等奏定学堂章程,一面请废科举,一面对于学校毕业生仍以科名奖励。民国以来,科举奖励虽然废止,但此种思想却深入人心;乡间父兄之送子弟入学校固然以功名相期,子弟之入学校者,亦莫不以得一官半职扬名显亲自期。至于国家遣派国外留学生原以强国为目的,当今之时欲国家强盛,自非从学术上努力不可,所谓留学生者,消费国家的财力最多,对于振兴学术所负的责任最大;但因派遣政策之错误(即以受教育替代研究学术,详见舒新城著《近代中国留学史》第15章)与科举遗毒的影响,留学生虽然自光绪二十九年而后成千成百的出去,但在国外既以受外国之教育为目的,于学术上少努力,回国又以求得一官半职为要务,而不继续于学术上用功夫。流风所及遂致无业游民,与教育普及为正比例的增加。而各种教育思想均无所救正,这是旧思想支配新教育之一例。

又因为数十年来无表率群伦的教育专家,对于西洋教育固然无综合的彻底的研究,而不知其真正的优点之所在,对于中国固有的教育制度、教育方法亦无确切的了解,而不知何者当弃,何者当取,只凭环境的驱策,效梁启超之徒然唱"中国旧东西是不够的,外国许多好处是要学的",遂致教育上一切常为囫囵吞枣地模仿,而不合中国社会的需要,社会旧俗尚无适当的替代而不能改革。教育者与一般社会的潜意识,则对于中国的旧文化仍为无抉择地骸骨迷恋。于是一而趋新,一而复古。复古的教育思想,绵延的时间最长:薛福成、李鸿章之提倡西学固以复古为言,张之洞辈之提倡西政亦以提倡古学为号召(他并在湖北设立存古学堂),乃至民国十四年章士钊长教育部,十六年刘哲长京师大学亦莫不以复古为唯一的要务。所谓名流如唐文治辈,其教育思想更无不如此(详见舒新城编《十五年中国教育指南附录》)。所以数十年来新教育不能获得其应有的结果。这是旧思想支配新教育之又一例。

65.60 年来教育思想进展之现象

从第三章以下各章所述的思想看来,无处不足以证明教育思想是受政治思想与社会思想的影响而产生、而变化。就各种教育思想的内容考察之,亦未尝无进步。不过进步不是直线的而是曲线的。例如科学教育思想发轫于同治年间之西学时期,然而光绪戊戌而后西政思想产生，科学教育即无人过问，直至西政发生流弊，科学教育思想始借西艺的躯壳而复苏；乃到民国初元又隐而不现，五四而后又始大倡。以民国的科学教育思想与清代的西政西艺教育思想较，自然是有很大的进步，然而必得转几个弯子，而不一线前进（其他各种教育思想亦大体如此），其原因就是由于社会思想与政治思想变动的过剧，影响及于教育所致。中国社会的情形最复杂；六十余年来，无时不为外患所逼迫，也无时不有内乱相乘（以民国来为最甚），一方面受世界潮流的激荡，非跟着世界的列强向前走不可，而国内交通不发达，内乱迭兴，又不能举全国而跟他人走。所以国内社会生活显然形成两橛：一橛尽量吸收西洋物质文明（如京、津、沪、汉等处之大都市）；一橛尽保持古代小农的生活。于是社会上政治上无时不发生冲突，社会思想方面有主张农村立国的（以章士钊为代表），有主张均富于社会的（见前溪著《中国新经济政策》），有主张普产主义的（胡汝霖所倡，见《新国家》杂志），有倡基尔特主义的（张东荪等），有倡共产主义的（共产党），有倡无政府共产主义的（无政府党），有倡民生主义的（中国国民党）；在政治方面，有主张君主立宪的（保皇党），有主张民主立宪的（同盟会），有主张议会政治的（共和党、国民党），有主张一党专政的（共产党、中国国民党），有主张复辟的，有帝制自为的。教育遂受其影响而发生各种思想：如清末的社会及政治方面均以外侮为中心，教育思潮虽有种种，但大体一脉相承，以富国强兵为目的，以模仿日本为手段。民国来，社会及政治均以内乱为中心，就教育思想的程度言，虽已不如清末之专事模仿而有自觉性，但因为社会秩序紊乱政治失去重心，所以起伏不定而且互相冲突无一定线索可寻。故各种思想之进展更为曲线的。

60年来教育思想之进展虽为曲线的，但却有共同的轨迹可寻；这轨迹的第一线是由模仿的进而为自觉心，即由趋步他人（日本）底后尘进为自己设计解决自己的问题。民国以来之各种教育思想，虽然都曾受着外界（国以外）的影响，然而倡导某种思想的目的与其出发点除最少数外，均以本国社会的需要为主（如教育独立、非宗教教育、科学教育等）。第二线是由特殊阶级的进而为平等的：清末女子不能与男子受同等教育，民国四年有预备学校的命令，五四而后民治主义教育思想大昌，男女的不平等与社会阶级完全打破，即其实例。第三线是由装饰的进而为实用的：清末以"制造乃工匠之事，儒者不屑为之"（见第五章）。现在则职业教育四字为通人所乐道，其明证也。

66. 今后的途径

从上面所述的种种看来，我们知道中国六十年来教育思想发展的因果及其进步的趋向。今后的途径如何？著者敢略述个人的意见以供参考。

关于今后教育上的实际设施，将于《近代中国教育史》详为叙述，此处只略述思想上应有的倾向。要定今后中国教育思想的倾向，第一要知道教育是人类活动的一部分，绝不能离其他活动而独立；社会、政治、经济，各方面的理想与事实都足以支配教育，故教育的改造绝不只是一个教育的问题，而是社会、政治、经济各方面的问题。我们在此处虽然以研究教育问题为中心，但万不可以相信唯物史观者相信唯物史观的态度去相信教育万能，也不当如唯物史观者对于他事物的态度去相信教育无效。我们所当注意的，只是教育是人类活动中的一部分的事实，它虽然不能离他种活动而独立，但它的改造，却也影响及于他种活动。因此，我们要指示今后教育的途径，应当看清社会、政治、经济各方面的情形，建立一个可以达到目的的康庄。

其次，中国现在的社会情形很特别，世界潮流既然从各方面逼迫她向工商业制度的路上走，而她底旧组织又从各方面——交通阻滞、兵匪横行等——牵制着不许她向那面走。在这过渡时，既不能保留旧的，也不能全用新的，应得斟酌于二者之间另辟一条新路。

现在中国政治不上轨道，社会兵匪横行，无秩序、无组织，经济濒于破产，而两橛的社会生活现象，仍然如故。中国所以弄到这样地步，有两个总因：第一是列强的压迫；第二是国民对于国事中了“不在其位，不谋其政”的儒家政治思想的毒。要脱离列强底压迫，非在经济上能独立，军事上能自卫不可；要民众对于国事有天下兴亡匹夫匹妇有责的态度，则非加以民治的政治训练不可；而要使教育普及于现在交通不便的乡村，须首将集中都市的现行教育制度打破，除特殊学术教育机关择地设立外，应在乡村设立有指导员的图书馆、科学馆、体育馆，使乡民有自由受教育的机会；次则励行考试制度，使在校读书与受三馆指导在家自修者均受同等考试，以为国家各方用人的标准。这种教育，我暂名之为导师考试的教育。

因此我们对于今后的教育的途径，我们可以得下列的结论：

第一，要经济独立，应提倡生产教育（不是职业教育，职业教育重个人生计，生产教育重国家富力）。

第二,要求在国际自卫,应提倡军事教育。

第三,要民众对于国事负责,应提倡民治教育。

第四,要使现在中国的教育普及,应提倡导师考试制的教育。

十七年三月　南京

参考书目

舒新城:《近代中国教育史料》,全书共四册,八十万言,从清同治以来公私教育文献中选辑而来,分三十一类,六十年来教育上之重要材料大体略具于此,故本书以此为主要参考书。(中华书局)

舒新城:《近代中国留学史》(中华书局)

舒新城:《收回教育权运动》(中华书局)

舒新城:《教育丛稿》(中华书局)

舒新城:《民国十四年、十五年中国教育指南》(商务印书馆,两册)

梁启超:《新民丛报》(壬寅,癸卯)

梁启超;《乙丑重编饮冰室文集》(中华书局)

梁启超:《时务报》

梁启超:《西学书目表》

梁启超:《清议报全编》

梁启超:《清代学术概论》(商务印书馆)

康有为:《公车上书记》(光绪乙未上海古香阁石印本)

康有为:《不忍杂志汇编》

严　复:《原强》

严　复:《救亡决议》

严　复:《上皇帝万言书》(此三文初发表于天津《国闻报》,光绪壬寅由上海书局与《劝学篇》石印为《严氏丛刊》。)

薛福成:《筹洋刍议》(光绪戊戌上海书局石印本)

王之春:《通商始末记》(光绪乙未宝善书局石印本)

曾纪泽:《曾惠敏公全集》

李鸿章:《李文忠公奏议》

张之洞:《劝学篇》

蔡元培:《蔡孑民先生言行录》(北京大学新潮社)

吴稚晖:《吴稚晖先生全集》(群众图书公司)
孙　文:《中山全书》(中山书局)
余家菊:《国家主义教育学》(中华书局)
余家菊、李　璜:《国家主义的教育》(中华书局)
陈启天:《建国政策发端》
周邦道:《科学发达史》(中华书局)
胡　适、陈宝泉:《孟禄的中国教育讨论》(中华书局)
胡　适:《胡适文存》(亚东图书馆)
陈独秀:《独秀文存》(亚东图书馆)
李石岑:《李石岑论文集》(商务印书馆)
李石岑:《李石岑讲演集》(商务印书馆)
任鸿隽:《科学通论》(科学社)
陆费逵:《教育文存》(中华书局)
常乃悳:《全民教育论发凡》(商务印书馆)
梁漱溟:《东西文化及其哲学》(商务印书馆)
梁漱溟:《漱溟卅前文集》(商务印书馆)
蒋冀振:《翻译学通论》
陈宝泉:《中国近代学制变迁史》(北京文化书社)
章锡琛:《妇女问题十讲》(开明书店)
冯　飞:《女性论》(中华书局)
陈德征:《党化教育概论》(光华书局)
王克仁:《党化教育概论》(民智书局)
倭　仁:《倭文端公遗书》
丁汝昌:《丁文诚公奏议》
中华教育改进社:*Bulletins on Chinese Education,1923* (商务印书馆)
蒋梦麟:*A Study in Chinese Principle of Education*(商务印书馆)
庄泽宣:*Tendencies towards a Democratic System of Education in China* (商务印书馆)
Twiss,G. R. :*Science and Education in China* (商务印书馆)
《钦定学校章程》(张百熙奏订者)
《奏定学堂章程》(张之洞、荣庆与张百熙奏订者)
《学部奏咨辑要》(共三册,自学部成立至宣统三年,中央教育法规均录其中)

《变法自强奏议》(专录戊戌前后之奏议)
《光绪政要》(此书收录光绪变法的要件甚多)
《约章成案汇览》(其中第三十二卷收录宣统以前之留学文献最多)
《京师同文馆学友会报告》(抄本,对于同文馆设立之原委,述之甚详)
《全国教育联合会议决案汇编》(至民国九年止,江苏教育会印行)
《新青年》(前五卷)
《新教育》(全部)
《教育杂志》(全部)
《中华教育界》(全部)
《教育与人生》(《申报》,十四年停刊,共六十期)
《教育与职业》(全部)
《少年中国》(全部)
《少年世界》(妇女号)
《教育汇刊》(南高,全部)
《教育丛刊》(北商,全部)
《中等教育》(全部)
《初等教育》(全部)
《新教育评论》(全部)
《平民教育》(北高)
《江苏小学教育月刊》(全部)
《江苏教育公报》(十四、十五年)
《国家与教育》(全部)
《基督教教育季刊》(全部)
《基督教教师丛刊》(全部)
《敷教》(东大教育科)
《解放与改造》(全部)
《改造》(全部)
《新女性》(全部)
《晨报副刊》(十一年后)
《现代评论》(全部)
《醒狮》(十四、十五年)
《中国青年》(十三、十四、十五年)
《向导》(十三、十四年)

《第十届全国教育会联合会日刊》
《学灯》(上海《时事新报》副刊,十一至十五年)
《觉悟》(上海《民国日报》副刊,十六年)
《民铎杂志》(第四卷之后)
《上海教育》(第一期)
《党化教育运动特刊》(上海市教育局)
《中国国民党第四次大会宣言》
《南京民生报》(十七年二月)
《江苏大学日刊》(十七年二月)
《最近之五十年》(《申报》)
《民国经世文编》
《中国基督教教育》(商务印书馆)
《中国基督教年鉴》(上海青年会协会,十四年)
《无所谓宗教》(法国印行,以周太玄为主)
《妇女之声汇刊》(十四年,广东刊行)
《中国新女界杂志》(光绪三十二年日本刊行)

普通名词索引

七画

八画

九画

十画

十一画

十三画

十五画

十六画

十八画

人名索引

十画

十一画

十二画

十三画

十四画

十六画

舒新城先生学术年表*

1893 年（光绪十九年）

出生于湖南省溆浦县一个农民家庭，初名玉山，学名维周，字心怡，号遁庵，又号畅吾庐，曾用笔名徐怡、怡等。

1898—1902 年（光绪二十四年—光绪二十八年）

入私塾读书，先后学习"四书"、《诗经》和《书经》等，并开始学作八股文和应制诗。

1904 年（光绪三十年）

一度失学，在商店做学徒。此后时学时辍，除继续学习"四书"、"五经"外，还学习《了凡纲鉴》和张之洞的《论说入门》等，并受到《新民丛报》的影响。

1907 年（光绪三十三年）

春，考入书院，对历史发生兴趣，阅读范缜的《神灭论》，反对崇拜鬼神。

1908 年（光绪三十四年）

秋，考入溆浦县立高等小学，开始接受新式学校教育。在课外自学《西学丛书》、《皇朝经世文编》等，喜读章太炎的《驳康有为论革命书》、陈天华的《猛回头》和《黄帝魂》，服膺民族革命学说。

---

* 本年表由刘立德编撰。

1909 年(宣统元年)

11 月,用假名考试,通过"小学教员检定"。

1911 年(宣统三年)

4 月底,广州爆发黄花岗起义。受此影响,他要求学校当局在上体操课时发真枪,组织学生罢课。被开除后,他一度在友人开办的学馆里教体操和算学,开始了教师生涯。

武昌起义前后,他在县城里的"自治研究所"学习,年底毕业。

1912 年

年初,到由书院改设的小学任教。

夏,考入常德"湖南省立第二师范学校单级教员养成所",学习半年,开始相信"教育救国"、"教育万能"。

1913 年

春,到长沙的游学预备学校学英文。

6 月,到武昌文华大学中学部暑期英文补习科学习。

8 月,借族人舒建勋的中学毕业文凭,冒名考入湖南高等师范英语部。入校后被发现,因成绩突出,据理力争,才获准在校试读。

1915 年

4 月,经湖南高等师范学校校长符定一同意,改名"建勋"为"新城"。夏,参加长江学生夏令营。

1916 年

投书《新青年》主编陈独秀,提倡社会服务以改良社会,并与同学陶菊隐等创办《湖南民报》。

1917 年

春,兼任长沙兑泽中学音乐教员。夏,从湖南高师毕业,正式到兑泽中学任音乐和英文教员。大学期间,受英语教师华尔伟

(S. B. Harvey)、伦理学教师杨昌济和教学法教师徐特立影响甚大。反复研读《曾文正公全集》和李廷翰的《贫民教育谈》,在教育理论方面深感饥渴。

1918 年

夏,脱离兑泽中学,开始教育研究活动,大量购买中文教育书籍,但读后不能满意;借到英文原版书如杜威的《民主主义与教育》、桑戴克的《教育心理学》、《教育学》等之后,读之如获至宝,遂有从事教育著述之志。

本年,湖南基督教教育联合会举办全省教会中小学教师暑期讲习班,舒新城应邀担任教育学和心理学主讲教师,大受教会教育界欢迎。接着,又应邀到教会办的长沙福湘女学任教育学科教师;同时受聘为基督教青年会社会服务部干事,负责推广教育,并担任长沙省立一中音乐教员。加入华中基督教联合会长老会。

1919 年

春,专任福湘女学教务主任,兼该校师范科教育学和心理学教师,兼讲中国历史。大量研读杜威、桑戴克、詹姆斯和孟禄等人著作,进一步坚定教育救国的信仰。

"五四"运动爆发后,舒新城动员学生参加湖南省学生联合会、长沙女学生联合会等进步社团,对女学进行中国化的改革,鼓励学生阅读进步书刊《新青年》、《星期评论》等,组织学生到平民小学实习;并利用历史课,联系现实,讲述国际国内形势,激发学生的爱国热情。

10 月,针对教会学校的弊端,他在上海《时事新报》副刊《学灯》上发表《我于教会学校的意见与希望》一文,引起长沙教会教育界的严重不满,遂被迫辞职,并脱离长老会。

11 月,与同学在长沙创办《湖南教育月刊》,任总编辑,以“研究我国教育应采之宗旨,介绍世界教育之思潮,批评旧教育之弊端,商榷新教育之建设”为方针。撰稿人除舒新城之外,还有毛泽东、杨树达等。分别致函文教界名流陈独秀、胡适和张东荪等,说明办刊的艰难,请求给予支持。同时,还给《体育周报》、《北洋时报》、《新中国》等报刊撰稿。

1920 年

4 月,《湖南教育月刊》出至第五期时,由于军阀张敬尧的胁迫而停刊。随后,到上海谋生,结识张闻天、恽代英等。

7 月,受聘担任湖南第一师范学校教育科主任,与毛泽东相识(毛此时为湖南省立第一师范学校小学部主事)。还主讲教育学和心理学,与匡互生等倡导选科制和能力分组制,积极进行教学改革。

10 月 29 日,湖南省学生联合会举行欢迎来湘讲演名流大会,杜威、蔡元培、舒新城等在会上均有演说。

本年,欲到北京高等师范学校教育研究科深造,函请胡适帮忙向北高师校长推荐,后因故未果。

1921 年

7 月,应张东荪之约,到上海吴淞,任中国公学中学部(后易名为吴淞中学)主任。他邀请朱自清、朱光潜等到校任教,实行男女同学,继续推行选科制和能力分组制实验。此项实验引起旧派教师不满,学校在 10 月爆发风潮。舒新城到北京请校长处理风潮,顺便考察了京、津、宁等地教育。11 月,风潮平息,继续实行选科制度。

1922 年

年初,积极参与学制改革运动,发表《中国学制问题》、《对于新学制草案本身的讨论》等论文；同时，认真研究道尔顿制，认为该制的自由合作精神可以解决学科制和年级制的许多问题。于是，力排众议，从10月起与常乃惠等在中国公学中学部进行道尔顿制实验。

本年，被全国教育会联合会指定为新学制课程标准起草委员会中学课程委员会七名委员之一。

本年，历时两月，撰成长达五万字论文《中学校课程的研究》，具体阐述了他的课程改革思想。

1923年

1月，因试行道尔顿制与学校当局意见分歧，遂被迫辞职。

2月，应东南大学附中主任廖世承之邀，到南京出任该校研究股主任。配合廖世承，继续实验道尔顿制，同时在江苏省立一中兼课，并专门在东南大学开办的暑期学校讲授道尔顿制，还到上海、白马湖、武进、宜兴、长沙等地做关于道尔顿制和教学法的演讲。

12月，由恽代英等介绍，加入少年中国学会，积极参加该会的活动，与杨效春、曹刍一起并为主拟订了《本会建筑会所创办学校计划书》，规定办学的目的为"实现本会之宗旨，创造中国的教育"。但计划因时局纷扰，未能实现。

1924年

4月，结束在东南大学附中担任的课程。随后，用两个月时间，自费考察了芜湖、安庆、宁波、白马湖、绍兴、杭州、嘉兴、上海、徐州等11个地方的中等教育，参观了35所中学，并应邀发表了一些演讲。

10月，应国立成都高等师范学校校长吴玉章之邀，溯江而上，到四川出任该校教育学教授，开设中学教学法、现代教育方法、教育心理学三门课程。经常进行公开演讲和教育调查,收集近代中国教育史料。本年,又发表了大量论述道尔顿制的论文。

1925 年

6 月,因学校发生风潮,被迫离开成都,返回南京,从此结束专职教师生涯。对新教育运动进行反思,以研究近代中国教育史为主,开始了专门的教育研究著述生活。与吴俊升等一起当选为少年中国学会改组委员会委员。曾列名参与发起创办《醒狮》周报和“国家教育协会”。

1926 年

为筹措研究资金,整理历年讲稿出版。开始邀集同学、学生、旧友及聘请抄写人员共八人,组成工作班子编辑辞书。

本年秋,舒新城和余家菊等合编《中国教育辞典》,用原工作班子进行,他负责教育史、教学法、教育心理学等的编辑。1927 年完稿。

1928 年

4 月,应中华书局总经理陆费逵之聘,主持续编大型工具书《辞海》,率工作班子在南京工作。

5 月,大学院召开全国教育会议,舒新城向大会提交议案。

10 月,率工作班子迁往杭州。

1929 年

2 月,在《教育杂志》上发表《致青年教育家》,引起教育界激烈争论。

1930 年

1 月,由杭迁沪,正式进入中华书局,任编辑所所长,兼图书馆馆长。他领导的《辞海》编辑班子全部并入中华书局,改组为中华书局编辑所字典部。舒新城把自己历年搜求的七千余册教育图书全部捐赠给中华书局图书馆。

在舒新城主持下，中华书局编辑所编辑出版了一大批教科书和学生课外读物，加紧《辞海》的编纂，又出版百科丛书、世界文学名著和国防丛书，重印聚珍仿宋版《四部备要》，影印《古今图书集成》，又创办《新中华》等一批期刊，中华书局编辑出版业务蓬勃发展。

其后，还兼任江苏省立教育学院、暨南大学、沪江大学、复旦大学教授，在中华书局开办“函授学校”，兼任校长，编印函授教材。

1932 年

“一·二八”事变爆发后，与刘济群合编《淞沪御日战史》，谴责日本帝国主义的侵略行径。

1935 年

2 月，与蔡元培、陶行知、郘爽秋、叶圣陶、巴金等发起推行简体字。

1936 年

2 月，又与黄炎培、郭秉文、陈鹤琴等各界人士及中华职业教育社等团体，共同开会，庆祝蔡元培七十大寿、柳亚子五十大寿，发起组织征集论文、诗词、绘画，当年由中华书局出版《蔡柳二先生寿辰纪念集》。

9 月，毛泽东致函蔡元培，一并致讯舒新城等“党国故人，学术师友，社会朋旧”，阐明中国共产党抗日民族统一战线政策。

1937 年

5 月，应“救国通讯社”常务理事黄炎培之请，与张元济、王云五等出任由中华职业教育社创办的《救国通讯》顾问。

“七七”事变前，常代表中华书局，往来于宁沪之间，主要任务是到中央文化委员会和教育部，与当局研究讨论关于准备抗战的文教政策问题。

“八一三”事变爆发后，上海沦为战场。舒新城一方面恪尽职守，与书局同仁计划教科书供应问题，另一方面，仍参加上海各种文化教育活动。

7 月 28 日，参加上海文化界救亡协会成立大会，与蔡元培、张元济等一起当选为协会理事。

11 月，中华书局总经理陆费逵先生赴港，舒新城受命代总经理，主持局务。本年，《辞海》正式出版发行。

1938 年

上海成为“孤岛”，中华书局遂决定裁员以待后图。舒新城奉命执行裁减计划，处置工潮问题。

1940 年

冬，南京汪伪政权在成立前，大倡和平谬论，欲拉拢舒新城参加投降卖国活动，被舒新城拒绝。不久赴港。

1941 年

年初，又因书局事暗中往来港沪多次。本年 7 月，在沪生病，旋即开始了在上海困居的苦闷生活，辗转数年。

7 月，陆费逵在港病逝，舒新城精神上所受打击甚大。

1943 年

春，病更加重，几至不起。舒自行钻研医药卫生书籍，并逐渐实行，后来身体好转。

1944 年

夏，长沙沦陷后，他以死相拼，拒绝返湘出任伪职。

1945 年

抗战胜利后，继续主持中华书局编辑所工作，怀着满腔热忱，计划利用广播和电影来普及教育。

11 月后，主持购置了外国的科学教育影片二百余部，并初步自行摄制了一些教学影片。

1946 年

上半年在之江大学兼课，后又在苏州国立社会教育学院兼课，并为上海市教育局、青树基金团主持电化教育工作和健康教育辅导事宜。

1947 年

1 月，复刊《中华教育界》杂志，任杂志社社长，在复刊号上发表《十年来我的教育见解的递变》。

3 月，参加由中国电影照相器材供应公司主办的"第一次电化教育座谈会"，提倡大力发展电化教育，并应邀主持制作有声教育电影和幻灯片，在中华书局设立教育电影室。

5 月，陪同联合国教科文组织专门参事胡懋仪（Peter Hume）参观中华书局编辑所的图书馆、实验室、电影室等，并与胡懋仪讨论各项教育问题。

本年，联合国教科文组织在中国召开"远东基本教育会议"，舒新城应邀撰发多篇论文，并为配合会议，举办了"中华书局图书馆基本教育图书教具展览"。同时，主持出版了《辞海》合订本。

1948 年

舒新城暗中聘请俄文编译人员，又通过茅盾等人从国际书店进口大量俄文书籍，准备了全套俄文字模，另又以《新中华》杂志为阵地，约集一批进步作家，编译进步书稿。

本年秋，与老同学陶菊隐和许彦飞（中共党员）一起，为地下党提供联络点，配合地下党的工作。

1949 年

年初，舒新城再次代理中华书局总经理一职。

上海解放后，舒新城继续担任中华书局编辑所所长、图书馆馆长，并担任中华书局业务管理委员会委员、劳资协商会议资方代表及派往少年儿童出版社的股东代表、上海市书业公会代表、海外课本联合编刊社社务委员等职。

1950 年

作为上海出版界代表，赴京参加第一次全国出版工作会议，在会上提出很多建议。

1953 年

7 月以后，虽已从中华书局退休，但仍担任中华书局编审委员会主任委员、中华书局编辑所所长、中华书局董事、上海市教育学会副理事长、上海市人民政府文化委员会委员、上海市人民代表大会代表、上海市哲学社会科学联合会委员、上海市业余广播学校校长、国务院科学规划委员会教育组成员、第一和第二届全国人民代表大会代表、中国人民政治协商会议上海市委员会副主席、上海市无党派民主人士召集人等职。

1957 年

6 月，设计《一个帮助初中高小毕业生继续就学的具体方案》。该方案经上海市教育局组织有关单位讨论，被认为可以实行，《人民教育》杂志在刊载本方案时还配发了编者按，认为"有条件的地方可以酌量试行"。

本年，在一届人大四次会议上，建议由国家设立百科全书出版社，专门出版大型辞书。9 月 17 日，在上海被毛泽东接见时，又提出修订《辞海》的建议，深得赞许。

1958 年

5 月，中华书局《辞海》编辑所成立，舒新城任主任。

1959 年

春，《辞海》编辑委员会成立，舒新城任主任委员。

1960 年

春，《辞海》初稿基本完成。

11 月 28 日，因重病逝世，享年 68 岁。

11 月 30 日，公祭仪式在上海举行，全国人大常委会、政协全国委员会、中共中央统战部及陈毅、李维汉、黄炎培、陈叔通等敬送了花圈和挽联，陈丕显等参加了公祭仪式。

中国教育史学科建立时期的中国问题

——解读舒新城的中国教育史研究

于述胜

我们可以在知识及其结构形成的意义上，把黄绍箕草创、柳诒徵辑补的《中国教育史》一书，看作中国教育史学科建立的标志①，不过，中国教育史学科的建立是一个过程，这个过程不是单纯的知识建构（即不是单一的知识积累和知识结构的形成过程），而是知识建构与社会建构（首先是中国现代教育建构）相互作用的结果：知识建构不过是社会建构的抽象形式。

在西方，现代意义上的教育史研究产生于18世纪后期。尽管人们对于教育史研究的起源有不同的归因②，但是教育史的学术研究先于作为教师教育和培训的教学科目，则是一个不争的事实（后者最初出现在100年后的19世纪末）。在中国，同教育学的其他相关研究领域一样，教育史著述也与中国新教育的生成发育结伴而行。从清末以迄于1925年前后，与移植以制度为中心的外来教育相对应，中国的教育史著述出于兴学堂、造教师的实际需要，大多以教科书的面目出现，以向受教者（教师或未来的教师）提供教

① 参见杜成宪、崔运武、王伦信：《中国教育史学九十年》，华东师范大学出版社1998年版，第9页。

② 参见杜成宪、邓明言：《教育史学》，人民教育出版社2004年版，第314页。

育的历史常识[①]为首要目的。它塑造了这个时期教育史研究的若干历史特点：以外来教科书的移译、改编为中心，根据新兴的教育学话语编排历史知识；移植的教科书框架成为教育史著述的标准格式；那些看似逸出教科书范围的教育史题目，要么是教科书知识的放大，要么是制度移植的脚本。

教育史是人类教育的自我意识之学，是通过研究主体而展开的历史与现实的对话。与中国现代教育之历史建构相呼应的中国教育史学，只有在中国现代教育发展到一定阶段，在中国人拥有了自己的现代教育经验，并能对这种经验进行系统的自我反思之时，它才能拥有自己的“现代”历史意识，并获得相应的独特知识形式。大约从1925年前后起，随着民族危机的日益深重和民族主义情绪的日趋高涨，“新教育失败”、“新教育破产”[②]等的批评声一浪高过一浪，至1930年代仍绵延不绝。以此为背景，中国人开始在中国与外国、传统与现代的关系中，把新教育作为一个整体进行反思。中国现代史上具有典范意义的教育史著述就出现在这个时期。从这个意义上，我们似乎又可以说，中国教育史学科的真正建立，应该确定在20世纪二三十年代。

舒新城（1893—1960）就是这个时期中国教育史研究的重要代表人物之一。《近代中国留学史》和《近代中国教育思想史》，则是他从事中国教育史研究的两部代表作。理解和评价两书在中国教

① 不过，这些“常识”，对于当时的中国学人来说并非常识，而是需要通过移译和研究来确定的东西。指出这一点，对于理解当时的中国教育学术状态非常必要。

② 这是当时国人表达自己对于新教育之历史意识的一种形式。如今看来，所谓“破产”、“失败”，其实只是人们教育理想或期待的破灭，因为新教育并未有效完成清末兴学以来所赋予自身的“救国”、“富国强兵”等的历史使命。

育思想史和学术史上的意义，不能就事论事，必须在学术与人生、知识与社会的互动中展开思考。

一、从教育方法转向教育史研究的历史象征意义

阿部洋的《近代中国学校史研究》和崔运武的《舒新城教育思想研究》，都把“导入教授法和转向教育史研究”视为舒新城学术人生的两大阶段。① 他们两人也都认为，从1925年至1928年期间，舒新城因反思新教育而走向近代中国教育史研究；力图通过研究揭示近代中国教育的特性和教育问题的历史成因，并以此为基础提出改进中国教育制度的方案，是其教育史研究的主要特征。这些分析和概括是符合历史实际的。

需要进一步说明的是，舒新城从教育方法向教育史研究的转变，颇具历史象征意义。忆及自己从事教育史研究的缘起，舒新城说：

> 我因幼时受私塾与书院教育的影响，对于新的教育制度，在学生时代即觉有点格格不入，及作教员经历过几次风潮并看得教育界的种种不安与师生间的种种仇视的现象，对于教育制度与社会组织之关系发生种种疑问，更常想从近代中国教育史中求得答案；而当时教育界，除去我们在吴淞的一群

① 〔日〕阿部洋：《中国近代学校史研究——清末における近代学校制度の成立过程》，（日本）福村出版株式会社1993年版，第293—318页。崔运武：《舒新城教育思想研究》，辽宁教育出版社1994年版，第129—186页。

"浮薄少年"以及其他的少数青年(十三年南开大学《学生周刊》的《轮回教育论》其最著者。参阅《舒新城教育丛稿》第一集二八六页至二九五页)及非教育家(十三四年北京出版之《每周评论》不时有批评教育的文章)对于中国的教育有所怀疑、有所批评而外,大多数的教育家,似不感着当前的教育问题,尤其少有人感到教育制度与社会组织之关系的问题。我的疑问既不能从教育家求得解决,便只有自己努力。所以我对教育研究的中心,乃根据多年来之意向,规定为近代中国教育史。①

舒新城1917年毕业于湖南高师英语科。早在学生时代,接受新、旧两种教育的经历所激起的思想矛盾②,就曾引导着他去思考那些难以排解的教育问题;求之于教科书式的教育著述(那自然也是"教育家们"的著述)而不得其解,他便利用自己的英语专长,去研读英美教育报刊和名著。所以,他非教育学专业出身,也没有欧美留学生的身份,却能在其后新教育运动的高涨期,步入西方教育引进前沿,以研究和实验道尔顿制的出众表现,暴得"教育家"大名。以道尔顿制实验为主要方法,积极投身新教育运动、从事教育方法研究时期的舒新城,把对自己教育困惑的解决,寄托在不断研究、引进和推广西方的教育理论、教育制度和教育方法上。道尔顿

① 舒新城:《我和教育——三十五年来教育生活史》,中华书局1945年版,第374页。

② 关于新、旧两种教育经验所激起的思想矛盾在舒新城早年学术研究中的具体表现,请参见拙文《学术与人生——解读舒新城和他的道尔顿制研究》,《北京大学教育评论》2007年第4期。

制实验虽以失败告终，却给了舒新城更加丰富的现代教育经验（在接受和从事新教育之外，平添了难得的教育研究经验），使他觉察到教育与社会之间无法割断的某种隐秘联系。所以，从教育方法转向教育史，与其说是单纯的知识兴趣的转移，不如说是实践反思基础上的思想逻辑（同时也是行动逻辑）的转变，即由实践西方的现代教育思想转向思想中国的现代教育实践。

教育史研究阶段的舒新城，有着自己的特殊性格：关注的是现实，研究的却是历史；研究内容体现出强烈的实践取向，生活方式却纯属书斋式的。他在中国教育史研究方面有两部代表作——《近代中国教育思想史》和《近代中国留学史》，前者把“教育思想”理解为影响教育政策和教育制度的动机和理由，实际上是以制度变迁为中心的教育思想史；后者虽以“留学史”为名，中心的却是中国留学政策的历史演变和现实改进，其实践取向至为明显。从生活历程来看，他是在经历了成都高师的学潮冲击后，毅然决然地退出教育界而走进书斋的。他之研究教育史，一方面是出于对新教育进行历史反思的理性选择，另一方面又是因深深厌恶当时中国的教育界而采取的现实回避策略。因而，他的书斋不是被安放在以大学为中心的中国现代教育和学术（首先是师范教育和学术）体制之内，而是通过以著述养著述的方式所营建起的一个与世隔绝的安乐窝。于是，他的教育史研究更像是志业而非职业，更非直接服务于教学需要的讲义或教科书编纂，尽管他也曾在某个大学讲授过教育史。

或许正是这种特殊性格，才使舒新城更能以知识化的方式切近中国现代教育转型和现代教育史学科建立的历史逻辑，并在比较典型的意义上，呈现教育史学科建立时期的中国问题。

二、《现代教育方法》:"传统教育精神"与"现代科学方法"

所谓"走向教育史研究",实际上包括内容和方法两个方面:在内容上,此时的舒新城把研究活动的重点放在了自 1862 年京师同文馆设立以来的教育变迁过程上;在方法上,他此时异常自觉地运用历史学的方法和视野来关注教育问题,即便谈教育方法、介绍国外新教育方法时,也是如此。在其历史学视野和方法中,西方教育不再是中国描摹的对象,而仅仅是建设和发展中国教育的可能资源;外来资源能否及如何被利用,取决于其在中国的社会适应性和文化适应性。明白了这一点,我们将会发现,《现代教育方法》一书,是我们了解其教育史研究问题意识的关键一环。

《现代教育方法》是舒新城以 1924 年至 1925 年在湘、川两地的教育学讲义为基础,复经 1926 年冬天到 1927 年 3 月共五个月精心编撰而成,是他在历史视野中反思自己教育方法研究的总结之作。此书他用力最多,充分体现其彼时学术理路的,为第十三章也就是该书的结论——"创造中国新教育方法之途径"。该章由三部分构成:"中国新教育制度之因果"、"中国新教育方法之今昔"及"今后的途径"。前两部分通过历史回溯形成的基本观点是:自 1898 年以来的中国新教育制度以仿行外来规制——忽而日本式,忽而德国式,忽而美国式——为主要特点,一切改革都是"无目的的,不问国情而由外力逼成的"①;从教育方法上来说,经过了四个阶段:"第一期之新学校制度,尚在萌芽,主持教育者对于班级教学

① 舒新城:《中国教育建设方针》,中华书局 1931 年版,第 97—101 页。

之方法无深切之了解，故只取形似。此期教学最重要的变迁即将个别教学打破而代以团体讲授。第二期由团体讲授之形式，进而求机械的步骤：当时最盛行者为海尔巴脱的五段教授法。第三期有单级教学、分团教学，但教学原则仍以五段为依归，惟蒙台梭利教学法之输入为别开生面之事。第四期因自由研究之激动，教育统计法、测验法、学科制、设计教学法、道尔顿制均经输入采用，其他如葛雷制、哈沃特制，亦有人介绍。”①在“今后的途径”部分，舒新城指出：

> 我以为中国旧教育制度，在组织上虽未曾注意团体活动，在教学上虽有极不合情理之处——如私塾之体罚及数岁即读“四书”、“五经”——然而其制度之全体固有为现在新教育制度所最缺乏的三种要素：即（一）学费以各人之能力为准则，学校且有恒产，非如现在之同等纳费与无恒产。（二）师生的关系为“人”的，非如现在之为“制度”的。（三）教学重个人能力，不如现在之以团体为单位，互相牵制。此三种精神之有无，实系新旧学校最大之差别，亦即我们研究中国教育所当特别注意的问题。②
>
> 以上所述新旧教育方法之利弊，均只就其常者言之，并非谓旧方式全无劣点，新方式全无优点；亦非谓旧者绝不能发生新者之劣点，新者绝不能有旧者之优点。只是从二者本身言，旧者之精神系中国历史数千年遗传下来的产物，确与社会之

① 舒新城：《中国教育建设方针》，第104—105页。
② 同上书，第106页。

> 要求相符，虽其枝节上待增减的地方甚多，但其根本却不应根本推翻；而新者因其具体方案为科学研究之结果，足以救中国旧日主观武断之弊，亦当斟酌采用，惟其不可完全移植而已。①

据此，舒新城所提出的改造中国新教育方法之途径为：

> （一）教育经费须采自给主义，学校应有恒产，纳费应有等差。（二）师生之间应将制度的关系打破，恢复"人"的关系。（三）教学方面应保持历史相传之独立研究精神而发挥光大之。
>
> 本此三原则，根本将现在中国学校制度改造，则本书所述的各种方法均可用以为助；否则，只将世界各国的一切教育方法一一移植于中国，仍与中国无与。②

从表面上看，舒新城是通过历史总结而形成改造中国新教育方法之方案的，但其实际的思维逻辑却并不如此。为什么这样说呢？

首先，他的历史回溯有个理论预设：中国传统教育以小农社会为基础，西洋现代教育是建立在工业社会基础上的；根据他现在业已接受的"中国以农立国"的立场，西洋工业化的现代学校制度不符合中国国情。因此，仿行外来规制的中国近代学校制度必然是无根的舶来品。

其次，他又主要是在"个别教学—团体（班级）教学"二分的框架内分析近代中国教育方法之演变的。"个别"与"团体"分别代表

---

① 舒新城：《中国教育建设方针》，中华书局1931年版，第110页。

② 同上。

了教育方式的两种不同类型:前者由反映中国农业社会需要的书院私塾制[1]和西方反思、改造团体教学的道尔顿制等组成,后者由反映西方工业化社会需要的班级授课制及仿行西方规制的中国新教育制度等组成。这种类型划分展开于历史叙事,历史就呈现为“过去(个别教学)→现在(团体教学)→未来(个别教学)”的先后递变序列。由于存在前一个理论预设,因而现在中国以团体教学为代表的教育状态,既不是对于过去的改进,也不适合中国当下的国情,因而不构成具有实质“发展”意义的历史阶段;说到底,它是“空间误置”的结果,是无目的(无精神)、无秩序的“教育变态”阶段。未来的中国教育显然不能再延续这一状态,而必须彻底改造之;改造的根本途径,在于把中国的“传统教育精神”与西方现代的“科学研究方法”相结合。

于是,“精神”与“方法”的结合,就构成了“教育史研究”阶段舒新城思考教育方法问题的基本理路。虽貌似历史研究的结论,其实它首先是其“观看”和思考的方式:问题在方式中呈现,结论不过是运用这一方式进行思考的结果。从学术与人生的关联上来说,它是舒新城在经历了道尔顿制研究的洗礼之后,新、旧教育体验的矛盾心理的又一次理智化解决。如果说在“道尔顿制阶段”他还有点儿作鸵鸟状,想暂时悬置传统经验而在“西洋新方法中求得想象的天堂”的话,如果说他在预言道尔顿制必胜时虽信誓旦旦却又不那么自信的话,那么,这一次他通过“精神”与“方法”的结合,

① 舒新城强调:它们虽由于新教育制度的建立而受到剧烈冲击,但仍在中国广大农村地区以相当大数量顽强存在。参见《中国教育建设方针》。

似乎使传统与现代、中国和西方都有了恰当的定位。他也确实该用“精神”两字来命名自己所论定的传统教育特性，因为那真切地反映了由其早年愉快经验所肯定的内在教育需要。

同时，这种学术理路也关联着五四以来的中国学术和思想大潮。舒新城在《创造中国新教育方法之途径》一文的末尾有一个细节，我们不该忽视：

> 近数年来，国人对学校制度发生问题而思另辟途径的，已非一人；兹录其重要之论文于后：
>
> 常乃悳：《全民教育论发凡》（商务）……
>
> 梁启超：《自由讲座制之教育》（初在《改造》上发表，近辑入乙丑编《饮冰室文集》）
>
> 梁漱溟：《办学意见述略》（《中华教育界》第14卷1期，并见《教育与人生》37期）
>
> 胡适：《书院制的历史与精神》（《教育与人生》9期）
>
> 朱光潜：《私人创校计划》（《民铎》5卷4号）
>
> 林玉堂：《谈理想与教育》（《现代评论》第1卷5期）
>
> 任鸿隽、陈衡哲：《一个改良大学教育的提议》（《现代评论》第2卷39期）
>
> 周予同：《我的理想的教育制度》（《民铎》3卷3期）①

其中产生广泛而深远影响的，自然是梁启超的《自由讲座制之教育》、梁漱溟的《办学意见述略》、胡适的《书院制的历史与精神》。

① 舒新城：《中国教育建设方针》，第111页。

大家都知道,第一次世界大战导致了西方知识界对于西方现代文化的深刻反省:由于认识到了科学的局限性,认识到了科学进化未必导致社会和文明的进步,遂形成了区分“物质文明”和“精神文明”,进而强调“精神文明”独特性和重要性的文化思潮。以梁启超的《欧游心影录》为代表,中国知识界的部分人也受到了这种西方思潮的影响。一部分人不仅接受了“物质文明”和“精神文明”相区分的思想观念,而且把它转化为“西方文化”和“东方文化”的区分,变成了西方文化重物质文明,东方文化重精神文明的观念。出于文化自主和民族自决的双重需要,“中国文化精神”、“民族精神”之类的话语不胫而走,并自此绵延不绝。“传统教育精神”、“书院精神”不过是“众神”之一。另一方面,胡适所倡导的用“科学方法”整理国故,也对中国知识界产生了广泛影响。这一“科学方法”实际上是通过在中国传统的考据之学与西方近现代的实证主义、实验主义之间相互诠释,而为中国知识界所理解、认同和采用的。从东西方文化论战到科玄论战,上述话语在学术界得到了极大普及。论者可以针锋相对,听者却可以各取所需,在“科学”与“精神”之间建立自由的联想。对于那些渴望“精神”而又服膺“科学”的人来说,二者未尝不可熔为一炉。考察一下自 1920 年代后期兴起、在三四十年代达到高潮的书院史研究,我们就会发现,大多数研究者遵循着“精神—科学”的思维逻辑:即用科学的方法去探寻书院精神。在这一思维逻辑中,“精神”提供了动力和目标,“科学”提供了方法和手段。身处这样一种时代和学术氛围之中,舒新城自不能不受其影响。

三、《近代中国留学史》："接受教育"与"研求学术"

舒新城的《近代中国留学史》，撰写于民国十四五年间，1927年9月由中华书局出版发行。在该书的结论部分，舒新城说：

> 60年来之留学史至此将告结束，若问所得，只有一言相答，即：中国60年之留学政策均把受教育当作研求学术，留学界之一切因果均由此观念造成。①

其实，早在1924年5月，舒新城发表的《留学生问题》一文就表达了类似的观点："留学政策之得失，我们暂且不问，而派遣留学生之目的，在于提高学术以谋教育独立，却是派遣者因社会上一般人所共同承认而且共同期望的。"②考虑到《近代中国留学史》成书于1925年至1926年，以及成书的背景——其时学界正展开以清华学校为主要反思对象的留学问题大讨论，我们有理由相信："把接受教育当作研求学术"，既是舒新城研究留学史的结论，更是他研究的理论出发点和分析评价中国留学问题的基本尺度。

作为中国留学史研究的开山之作，此书理所当然地受到后来研究者的不断关注。有关研究或者把舒新城的结论当作自己立论的前提，或者指责他没有注意到中国留学问题的复杂历史面相。但从学术史的角度来看，我们更应该关注的，可能是其历史评价尺

① 见本书第188页。

② 怡怡（舒新城笔名）：《留学生问题》，《中华教育界》1924年第10期。

度的真实历史内涵，即：他的评价尺度是为何及如何产生的？

论及“接受教育”与“研究学术”的差异，舒新城说：

> 教育为改进国家最重要的工具，谁也承认。可是一国有一国的立国精神，也有其民族特性：此精神与特性自然不是完璧无瑕，因时代之种种关系，当然有借助他山之必要。但借助是了解自己底缺点与他人底优点对症施药的举动，不是盲目携取的行为……因而一国的教育，都有其针对国家特性力求改进发扬的特质，凡属该国国民都当受此种教育以期有利于国。这种教育之实施，均当由本国直接负责，不当假手他人；倘由他人代庖，便有发生盲目外国化的危险。……①
>
> 研求学术的性质则大异：是自动的，有目的的，有计划的，虽然因国内之需要与其他关系而出国研究，但研究者对于其欲研究的学科有明了的目的，且有判断力，能吸取精英以为己用，一旦出其学术应用即能对症发药，所以研究者之资格绝非童年或青年，最少当受过适当的本国教育，了解本国国情，对于研究的学术有适当的基础。②
>
> 无论从任何方面讲，留学均当以研求学术以改进本国文化为目的：因为一国教育之实施本是国家底责任，托人代为一部分国民施教育，在理既不可通，而从数十年经验看来，其结果亦太不如人意。处学术贫乏的中国，当然不能再恢复闭关时代之政策，完全停送留学生。不过，派遣留学生的政策，要以

① 见本书第188—189页。

② 见本书第188页。

研究学术以改进本国文化为唯一的目的。①

从一般意义上讲,“接受教育”与“研究学术”既有区别,也有联系。从联系上讲,接受教育是研究学术的基础,研究学术是对所受教育的扩充和引申,不接受一定教育,便谈不上一定的学术研究;从区别上讲,接受教育重在获得常识,研究学术则重在有新的发现或发明。这种道理,本无深奥难解之处,舒新城当然心知肚明,其以上论述即表明了这一点。然而,他之区分二者,显然不是局限在其一般意义上的。

舒新城着意区分“接受教育”与“研究学术”,其间蕴含着“知识—文化”的关系问题。在他看来,“接受教育”首先关系到文化、民族和国家认同。中国人所应当接受的是“中国的”教育——它要由国家负责向国民提供,能传达中国的“立国精神”和“民族特性”,并能为中国的发展服务(所谓“以期有利于国”)。这种教育当然要借助知识,但这些知识必须以造就国民为目的,与文化价值承担和国家利益相联系。所以,“接受教育”本质上不是一个知识问题而是文化问题,一个与受教育主体文化身份紧密相关的文化问题。

“研究学术”则首先是一个知识问题。其含义可分三层来说:其一,是增进知识——即不是重复常识而是有新的发现和发明;其二,留学生要以知识化的方式对待外国文化,他们要了解、研究外国文化,但不是接受外国文化、为外国文化所同化;其三,研究学术的目的,是取外国学术和知识之长来改进中国文化,促进中国的学术与教育独立。

① 见本书第189—190页。

以“接受教育”的概念来强调文化、民族和国家认同，从远处讲，关联着晚清以来中国民族国家意识的生成发展；从近处看，与舒新城写作《近代中国留学史》期间（1925 年前后）中国民族主义思想情绪的再度勃发（在教育领域的突出表现，是国家主义教育思潮的兴起）密切相关。早在 1902 年，梁启超就在《论教育当定宗旨》一文中指出：

> 今日之世界，民族主义之世界也。凡一国之能立于天地，必有其固有之特性，感之于地理，受之于历史，胎之于思想，播之于风俗，此等特性，有良者焉，有否者焉。良者务保存之，不徒保存之而已，而必采他人之可以补助我者吸为己有而增殖之；否者务刮去之，不徒刮去之而已，而必求他人之可以匡救我者，勇猛自克，而代易之。以故今日各国之教育宗旨，无或有学人者，亦无有不学人者；不学人然后国乃立，学人然后国乃强。……此则普天下文明国教育宗旨之所同，而吾国亦无以易之者也。[①]

把固有文化、民族特性之继长增高作为立国、立教之基，是梁启超民族主义教育宗旨论的核心观念，对其后的思想界产生了广泛影响。舒新城在《近代中国教育思想史》中的“国家主义教育思想”部分，曾完整引用了梁启超的上述文字，并把它视为正在盛行的国家主义教育思想的重要源头。[②] 比较梁启超论的教育宗旨论与舒新城对“接受教育”内涵的界定，可以看出两者有着惊人的相

① 《梁启超全集》第二册，北京出版社 1999 年版，第 915 页。

② 见本书第 443—444 页。

似之处，只是舒新城已把梁的论述转化为：需要学人的是知识，不能学人的是文化。

关于国家主义教育思想，舒新城认为，其要义在积极方面是“明定国家教育宗旨：国家教育的宗旨重在凝成国民意识，发扬本国文化，以促进国家的统一和独立”；在消极方面是反对“外国（化）的教育：一、反对外国人在中国境内设立学校，教育中国人民培养外国的顺民和教民。二、反对以公款或私款设立的学校一意模仿外国教育甚至于倾向某外国”。[①] 从国家主义和民族主义的立场出发，人们开始批评1919年北京教育调查会议决、北京政府教育部所公布的“废除教育宗旨，宣布教育本义案”这一否定国家教育宗旨的教育宗旨，指责其彻底的世界主义（或“大同主义”）倾向淡化了中国教育的国家和民族意识[②]；清末以来的新教育以其“外国化”倾向颇受诟病，以清华学校为象征的留学教育，因其处于“外国化”的前沿，更成为众矢之的。[③] 舒新城并不是一个彻底的国家主义者，但他对国家主义教育思想的核心观念持赞同态度。因此，在论述国家主义教育思想的“影响部分”，他把“留学教育之失策”看成是教育的国家主义理念不能得到有效落实的四个重要因素之一：“留学教育之本义，原在研究学术，而中国留学政策则误将受教育替代研究学术，遂致操全国教育命脉的东西留学生不明中国国情，力以其留学国之教育施之中国，而不独立创造适合国情的中国教育。

① 舒新城：《民国十四年中国教育指南》，商务印书馆1926年版，第313页。

② 吕达、刘立德主编：《舒新城教育论著选》，人民教育出版社2004年版，第399—340页。

③ 参见《中华教育界》1925年的“留学问题”专号。《中华教育界》是当时影响最大的教育期刊之一，它此前的另一个专号就是“国家主义”。两个热点问题及其先后次序，正好显示出国家主义与留学教育反思之间的内在历史联系。

国内教界化之,于是群以模仿外国的制度方法为能事。"①

四、《近代中国教育思想史》:"直线"与"曲线"的寓意

从研究对象上说,思想史写作大致可展开于三个层面,即理论层面、制度层面和世俗层面。"理论层面"是指由体现时代精神、走在时代前列的思想家(或理论家)所提出,追求理想性、具有理论体系的教育思想。"制度层面"的"制度"是指由国家所制订并通过国家权力强制实行的教育活动规范体系;其思想则是指导制度设计、体现在制度规范之中的思想观念。"世俗层面"是指普通民众所拥有并支配其日常教育活动或行为的思想观念。《近代中国教育思想史》是舒新城教育史研究的代表作之一。因着眼点在制度改进,所以,该书关注的主要是制度层面的思想,是以制度变迁为中心的思想史。

以制度变迁为中心,首先意味着以制度变化作为教育(当然包括教育思想)历史分期的依据。舒新城说:

> 此处所谓"近代",时间断自清同治元年至今。何以将近代中国教育断自同治初元?是因为那年北京创立京师同文馆。若仅就其事迹的本身讲,同文馆的设立,不过教育上一种寻常的举动,并无何种重大的价值。但自此而后,数千年中国历史上传衍而来的教育制度,逐渐为西洋的教育制度所替代,

① 舒新城:《民国十四年中国教育指南》,第347页。

> 而社会上的传统思想亦逐渐破坏无余。倘若我们把同文馆设立以后60年之教育事象与其未设立以前60年的相较,不仅在形式上截然两途,即内容上亦完全不同。换言之,同治元年之创设京师同文馆是我国教育制度因外力逼迫而逐渐破坏之始,也是中国逐渐将固有的农业社会的教育制度变而采用西洋的工商业社会的教育制度之始。故近代的时间即以斯年为断。①

简单地说,中国近代教育也就是采用西洋工商业社会教育制度的教育。

以制度变迁为中心,还意味着把教育思想集中理解为制度安排的动机和理由。论及思想的实质,舒新城说:"思想的产生是由于应付环境,故其本质可视为一种工具,教育思想也就是应付教育环境的一种工具。"②把思想理解为应付环境的工具,一方面是强调思想的情境性,即环境是产生思想的原因,思想是对于环境问题的应对;另一方面是强调思想的实践性,即思想总是指向行动的,是对于行动的理性规划:"思想史之所以重要是在它的本质是一种决算,使人由此可以进行制定未来的预算。"③值此之故,思想同宇宙间一切现象一样,都受因果律的支配:思想是环境之果,又是行动之因。尽管思想史是对某种思想进程的连续记述,但思想本身并不具有独立自足的价值:思想史不能不辨因果地就思想谈思想,也不是一切思想都可被列入思想史中——只有那些反映环境需要、进入人类思想总账并对总体历史进程产生实际影响的思想,才具

① 见本书第215页。
② 见本书第212—213页。
③ 见本书第211页。

有思想史的价值。思想史研究的目的，就是要发现规律（明辨因果）以指导未来："我们研究思想史的目的，是在根据历史的事实，求得教育思想、教育制度沿革变迁的线索与所以变化的原因，从其中抽出若干公例来作应付现时及未来教育问题的南针。"①

把上述理念贯彻到具体研究中，舒新城形成了一个"背景—变迁—影响"亦即"因—变—果"的思想史写作模式。全书所述近代教育思想 18 种，除最后一章《中国近代女子教育思想变迁史》外，其余 17 章概以此三节构成。该书所述第一种教育思潮为"方言教育思想"。在"背景"部分，作者把方言教育思想的兴起，归结为随着不平等条约签订而来的中外交涉日繁、外交人才匮乏。在"变迁"部分，作者选择朝（如总理衙门、李鸿章、张之洞等）、野（如马建忠、梁启超）上下不同人士的典型论述，总结出方言教育思想的三项内容："第一是培植交涉人才，第二是翻译西籍，第三是中等以上各学校多习外国语；其时间则数十年绵延不断。"②在"影响"部分，作者指出"方言教育思想因为社会急切的需要与提倡者的权能，在实际上很发生影响"，这些影响包括：在交涉人才的培养方面，"数十年来之中国外交人物多出于三馆（指京师同文馆、上海广方言馆、广东同文馆——引者）之门"③；在翻译方面，光绪二十二年以前，同文馆、江南制造局翻译西籍已很有成绩，戊戌以后乃多移译日籍，"五四"以后西洋学术西品陡增；而戊戌后移译日籍对于中国教育的影响，"不独专论学理的著作系由日籍译来，即学校所用之教科书以及教育上之设施，亦最大部分从日本转贩而来"④；在外

① 见本书第 214 页。
② 见本书第 234 页。
③ 同上。
④ 见本书第 235 页。

语教育方面,"中等以上学校多习外国语一项,则自光绪二十九年改行新教育制度以后,一脉相承,无论学制系统,课程标准有何种变更,中等以上学校的外国语均为主要科目"。在消极影响方面,西学的输入在戊戌后已显杂乱无章,无组织,无选择,本末不具,派别不明,惟以多为贵;"五四"以后,国人在西学输入方面虽不遗余力,但"为经济与人力之限制,终无良好成绩,数年来其足以供大学学生参考的专著为数极少,而品质之杂劣,恐较壬癸之间犹过之"。而学校重视外国语之教学,"当时的目的在于读西文以通西学,习西文系达通西学的一种手段,后来因教会学校的提倡,与留学生之推波助澜,竟将手段变成目的,而以讲西语、用西书为荣,遂致语言学习的成绩虽有进步,而学术界仍未受其实益"。①

那么,通过各种思想的具体研究,舒新城对中国新教育思想的发展得出了哪些规律性的认识呢?在该书的第二十一章"结论"部分,他总结说:

> 著者深信宇宙间一切现象均须受因果律的支配,历史不能例外,思想史亦不能例外。就数十年过去的事实看来,我们对于近代教育思想之进展可以得两个基本概念:第一是各种思想之发展与其起伏,均有政治的社会的因果可寻,教育本身不是如一般教育者所想象之独立的东西。第二是因为数十年中国社会与政治变动甚剧,影响及于教育思想而不能有直线的发展,只有曲线的进步。②

① 见本书第236页。

② 见本书第518页。

其中第一个方面的认识——教育不能脱离政治和社会因素的影响而独立——显然有其潜在的问题意识，隐含着对于中国兴办新教育以来诸如“教育万能”、“教育独立”、“教育清高”等理想主义思想和口号的批判反思。而这，也恰恰是舒新城写作《近代中国教育思想史》的四个具体的初始目标或动机之一：“想从历史上寻求实证来证明教育不是一种独立的社会活动，常常受制于他种现象，使教育者于教育之外努力改造社会。”①由此观之，这一结论性的认识，与其说来自他对于历史过程的总结，不如说来自他参与新教育运动的切身感受，来自新教育运动参与者强烈的理想主义气息与摧毁和阻碍其实现的中国社会现实之间的巨大反差。在1920年代中期以后特别是1930年前后的报纸杂志中，“新教育破产”、“新教育失败”之类的字眼儿充斥其间。其实，与其说是“新教育破产”，不如说是形形色色教育救国论的破产，是新教育运动参与者赋予了新教育难以负荷的重任。“近代”思想史研究不过为舒新城提供了印证其感受的材料或证据。

第二个方面的认识是“不能有直线的发展，只能有曲线的进步”。所谓“直线”，是指径直趋向目标的线路。它关联着两个基本因素：“目标”和“最短距离”。显然，这一提法本身暗示着舒新城有一个“中国近代”教育发展目标的主观设定，否则便无所谓直线与曲线。那么，这个目标到底是什么？他并没有明白说出。不过，在论证这一观点的时候，舒新城曾举科学教育思想的发展为例证，其中也透露出部分消息：

① 见本书第217页。

> 就各种教育思想的内容考察之，亦未尝无进步。不过进步不是直线的而是曲线的。例如科学教育思想发轫于同治年间之西学时期，然而光绪戊戌而后西政思想产生，科学教育即无人过问，直至西政发生流弊，科学教育思想始借西艺的躯壳而复苏；乃到民国初元又隐而不现，五四而后又始大倡。以民国的科学教育思想与清代的西政西艺教育思想较，自然是有很大的进步，然而必得转几个弯子，而不一线前进。①

再结合第十五章“科学教育思想”的“变迁”部分所说的“中国的科学教育思想原与西艺教育思想同源。我们不将这两种教育思想混合叙列者，是因为前者（当为‘后者’——引者）专以科学直接应用为目的；后者（当为‘前者’——引者）则以科学的一般应用为目的。真正的科学教育在培养一般人民科学思想，普及科学方法于民众，西艺教育虽亦曾重科学的直接应用而不能称科学教育思想者以此”②，我们大致可以断定，舒新城心目中的科学教育目标，系指能充分体现科学的育智功能（即培育科学思想和方法）的教育；在他看来，这也是西方科学教育的本义。本此，所谓“曲线”，一方面是说中国人提倡科学教育不能从一开始就直趋本义，而长期在科学教育的外围徘徊，这体现了其思想史研究中以西学为本的“西化”或现代化取向；另一方面也意味着，中国人对于科学教育的提倡不能一以贯之，其间会为其他事变或思想所打断或冲淡，

① 见本书第522—523页。
② 见本书第410—411页。

这种现象被他称为“中国教育无中心思想”[①]或“无中心思想贯彻一切”[②]。这后一个方面,正是他在“结论”部分重点论述的对象。

那么,60 年来的中国教育何以无中心思想贯彻一切?舒新城认为,原因有两个。其一,是因为中国在突如其来的强大外力冲击之下仓促应战,“教育者事先无深切的研究,只是临时应付问题”[③];其二,是外力强迫中国抛弃旧制度(小农社会的教育)向西方新制度(工商业社会的教育)靠拢,而中国的传统和现实又阻碍新思想、新制度的生成发育,于是,“新旧冲突而成为徘徊歧路的现象”[④]:

> 学校制度时而仿日,时而仿德,时而仿美,全凭外界的势力为转移;而教育思想则更混乱异常,惟凭少数人底直观或世俗用语为准(如职业教育、党化教育)。此无他,就是由于数十年的教育者受了数千年传统思想的陶铸,其本来的意向,原是尊崇古训,黜抑西化的;不过为新环境所迫不得不改行新路为应付之资。故在形式上力求惟妙惟肖地模仿西洋教育制度(如中小学教科用日、英文本之类),而潜意识(Subconsciousness)则切实回向旧路上走。因此数十年来的种种教育思想都只在表面上浮沉。其潜在的伏流自始至终不被截断而且不时抬起头来,冲断浮流。伏流的枝节很多,其大干有二:即(一)科举遗毒,(二)复古思想。[⑤]

① 见本书第 518 页。
② 同上。
③ 见本书第 519 页。
④ 同上。
⑤ 见本书第 520—521 页。

如此看来，舒新城的整个“中国近代教育思想史”乃至于“中国近代教育史”叙事，又是建立在新旧中西对立、西是中非的基础上的。在这种叙事中，中国的传统教育对于新教育的发育，成了只具有消极意义的阻碍因素——或者说，中国60年来的新教育只是在西化的形式下容纳了传统中最消极腐朽的东西，是一个不古不今、不中不西的怪胎。①

五、中国问题及其问题

综上所述，教育史研究阶段的舒新城，是在历史与现实的贯通中展开思考的，具有鲜明的问题意识：他在现实问题的刺激下去研究历史，又在历史的视野中观照现实。无论是“精神”与“方法”的结合，还是“接受教育”与“研究学术”的区分，抑或是“直线”与“曲线”的论定，都不只是其历史考察的结论，而首先是一种提问和叙事的方式，因而也是一种学术研究的理路。这种理路，以一种知识化的形式，呈现出20世纪二三十年代中国教育史学科建立时期的若干中国问题。

后“五四”时期的中国教育及其学术，随着教育移植从部分（以洋务教育为代表）到整体（以清末现代教育制度的建立为起点和标志）的扩张、从制度形式到思想观念（以“五四”前后的新教育运动

① 根据上述对中国近代教育思想变迁的两个规律性现象的分析，舒新城提出了改进教育思想的两条对策：第一，“我们要指示今后教育的途径，应当看清社会、政治、经济各方面的情形，建立一个可以达到目的的康庄”；第二，“在这过渡时，既不能保留旧的，也不能全用新的，应得斟酌于二者之间另辟一条新路”。（参见本书第525页）

为代表)的深化,源于西方的现代科学知识已通过各种方式(主要是教科书的方式),在受过新式教育的知识群体中得到一定程度的普及。于是,"教育独立"、"学术独立"成了具有一定现实性的目标追求。正如王云五在为《最近三十五年之中国教育》所写的导言中所说:

> 民十五年前之革新运动,为中国旧文化之批判。民十五年后之革新运动,为中国新文化之发展。……自壬寅兴学,中经民国六年后之新文化运动,至民国十五年,学术界之于科学,已由宣传而进于研究。国内著名大学皆有实验室之设备,各科研究所亦次第成立。孙先生尝谓我国现有文明皆从外国输入,为从古未有之大耻辱;又谓唐都西安时,外国学生三万余人,其中有日本人万余,暨波斯、罗马、印度、阿拉伯及其他欧洲人。今虽不能上媲唐代文明之隆盛,亦宜渐求学术之独立。"学术独立"四字又为民十五年后本馆出版方针之一。①

"独立"意味着自主和创造,它的反面是依附和模仿,是自主性和创造性的缺乏。所以,提倡"独立"与反对"外国化",实在是同一个问题的两个方面。

独立也好,依附也罢,表达的都是一种关系。在民族主义情绪日趋高涨的后"五四"时代,教育话语中对于依附的批判和对于独立的提倡,首先指向中国与西方特别是中国与美国的教育、学术关系。这就是为什么在当时的留学教育反思中,清华学校首

① 庄俞、贺圣鼐编:《最近三十五年之中国教育》,导言,商务印书馆1930年版。

当其冲；为什么不少人把新教育的“失败”部分地归咎于“TC派”①；为什么作为对于这种批判的主动回应，清华1920年代中期成立研究院时要从国学开始，并把“研究国学，再铸国魂”确立为自己的办学目标。

独立的诉求意味着必须重置中、外教育关系。从这个意义上讲，舒新城“精神”与“方法”的结合、“接受教育”与“研究学术”的区分等，都可以被视为处理中、外教育关系的知识化形式。其中，“精神”是“中国的”也是“传统的”，“方法”是“西方的”也是“现代的”（或“世界的”）……这种知识安排，既关联着自我独特性的肯定，也关联着对存在于他者的普遍性的认可。可问题在于，自我肯定为什么要以“传统精神”或“文化精神”的概念出现？认可他者为什么要以“科学”、“方法”或“知识”的形式出现？

其时，在像舒新城这样的中国学人心目中，自主性和创造性来自自我的独特性②。而且，这一独特性不仅是事实上的特殊性（所谓“国情”），也是具有积极意义的价值上的特殊性（所谓“精神”）。那么，中国的独特性是什么？很显然，被认定为“变态”阶段的中国当下教育状态（“近代教育”），即便有着事实上的特殊性，也不可能拥有精神上的独特性，它甚至缺乏“一以贯之的中

① 舒新城在《留学生问题》一文中这样说：“近来教育界有所谓美国的TC派（即哥伦比亚大学师范学院派），教授遍各大学，然而他们大半却只知道抄录他们教师的研究结果的材料，以为讲堂上应付之工具，至于他们教师的研究精神，则丝毫没有学到。”（怡怡：《留学生问题》，《中华教育界》1924年第10期）

② 我猜想，这种对于中国独特性的强调，很可能是“五四”时期被广泛接受的“个性自由”、“个性解放”观念的国家、文化隐喻。道尔顿制研究阶段的舒新城，热情地拥抱作为该制重要原则之一的个性自由观念。按照这一观念，个体性不仅是学生自主学习的前提，也是其创造性学习的前提。更何况，中国人对于“个性自由”观念的引入和提倡，从一开始就关联着“群”与“国”的整体目标。

心思想”。由于“变态”是在与传统和西方的双向对比中形成的，而强调独特性又旨在使自己与现代西方区别开来，故而独特性只能存在于传统这一自我所从来的更长历史时段中。由此观之，所谓“传统精神”或“文化精神”，不过是基于教育独立、学术独立的现实需要，通过历史回溯和抽象而认同于自我独特性的知识或概念形式。

与西方区别开来，只是要凸显自我的独特性，却不意味着与西方对立从而拒斥西方。事实上，经过新文化的洗礼，首先产生于西方的科学和民主，对于后“五四”时期的大多数中国知识人来说，已成为具有普世意义的现代价值，像梁漱溟那样以复兴儒学为己任、被称为文化保守主义的人，对科学和民主的肯定甚至比五四新青年还有过之而无不及。此时的问题不是要不要科学和民主，而是如何以中国的方式去实现科学和民主。在这里，以中国的方式创造性地解决中国的问题，成了问题的重心和压倒一切的首要任务。所以，以“科学”、“方法”或“知识”的形式认可他者，实际上是把存在于西方的现代价值定位于自主创造的工具地位，即便它们是最具有普世意义的现代价值。

舒新城在“精神—方法”和“文化—知识”范畴内展开的教育叙事，在比较宽泛的意义上，自然也可以被看作某种形式的“中体西用”，却与晚清以张之洞为代表的“中体西用”说有着明显不同。在张之洞那里，“体”有其严格而确定的内涵。例如，《劝学篇·明纲第三》曰：“君为臣纲，父为子纲，夫为妻纲……五伦之要，百行之原，相传数千年更无异义，圣人所以为圣人，中国所以为中国，实在于此。”[①]经过辛亥革命和新文化运动，自由平等、民权民主、个性解放已通过新教育而成为新知识界的文化常识，过去的自明之

① 张之洞：《劝学篇》，中国书店2002年版，第12页。

体——无论是传统政体还是伦理——既失去了现实的根基(君主政体已被推翻),也失去了知识的合法性(即便想对传统伦理有所肯定,也只能在“传统”与“现代”的一致性方面做文章,如蔡元培对于“忠恕”之道与“朋友”之伦的再诠释)。而1920年代中期以国家主义为代表的民族主义思潮对于中国的民族特性与文化特性的强调,已不再服务于维护传统政体和传统伦理,而是要摆脱中国对于西方的依附状态(具体表现为“模仿”、“移植”西方的制度形式,崇拜西洋文化和西洋生活方式的普遍心态),通过发扬自身的独特性,去确立文化的自尊、自主和独立,激发中国人自己的创造性。可是,在当时,这种既要与既定的传统内涵相区分,又要有别于现代西方文化的所谓“民族特性”、“文化精神”,除了作为坚定信仰和精神激励的旗帜之外,很难获得实质内容。故舒新城说:

> 中国立国已四千余年,自然有其特殊精神,但因其历史甚长,亦殊不易得其真正特殊的精神所在。十四年(指民国十四年即1925年——引者)一年中,我读过关于国家主义的教育书籍与论文百余,虽然亦有言及国性者,但大概为臆断之词,至于中国现在到底需要些什么具体教育设施则更少根据。①

那到底该怎么办呢?舒新城给出的方案是:

> 我以为此问题决不是一倡即了,亦不是短时间与少数人所能解决,实值多数人毕生研究。而研究最重要的途径,不外

① 舒新城:《民国十四年中国教育指南》,第327页。

> 纵横两面:纵的方面,努力从研究中国历史上着手;横的方面,切实从考察与调查全国社会状况入手。集合多数人共同而专心致志研究,若干年后或可以确切说出几件中国国性底特质与确实需要些什么。①

在这里,与对于西方文化的知识化处理一样,作为“接受教育”之当然前提的中国主体文化——国性、民性与文化精神,也被转化为知识,成了有待于客观反思、有待于研究和发现的事物,且不是短时期内所能完成。这种自我客观化和自我知识化的处理方式表明,舒新城对于文化认同和民族认同的提倡只是一种坚定的文化立场或文化信仰,是对于中国文化和教育“外国化”情境的一种情绪性反应②;至于认同于什么,则是一个令他迷惑、悬而未决的问题。所以,他在“知识—文化”框架内展开的留学史叙事,是中国教育在后

---

① 舒新城:《民国十四年中国教育指南》,第327页。

② 这不禁使我想到梁漱溟在《东西方文化及其哲学》的第五章、也是该书的最后一章“世界未来之文化与我们今日应持的态度”中,基于自己文化三路向说所提出的“我们现在应持的态度”:“第一,要排斥印度的态度,丝毫不能容留;第二,对于西方文化是全盘承受,而根本改过,就是对其态度要改一改;第三,批评的把中国原来的态度重新拿出来。”(梁漱溟:《东西文化及其哲学》,《梁漱溟全集》第一卷,山东人民出版社1989年版,第528页)梁氏把文化发展的根本问题放在“态度”上,实际上是一种文化立场的宣示。当时有人撰文批评梁氏,以为以态度为取舍文化的标准并不符合科学要求。殊不知,梁氏所要突出强调的,恰恰是态度——在西强中弱的历史情势之下,中国人自信自肯的文化心态已被扭曲——这是一个态度成了问题,因而需要确立自己的“正确态度”的时代。而“批评的”则意味着,中国所应当具有的态度,既不同于西方,也不同于传统,需要基于当下情境重新、独立认取。无独有偶,1930年代的陈寅恪,亦强调思想、学术创造中文化态度的重要性。他在《冯友兰中国哲学史下册审查报告》中说:“其真能于思想上自成系统,有所创获者,必须一方面输入吸收外来之学说,一方面不忘本来民族之地位。此二种相反而适相成之态度,乃道教之真精神,新儒家之旧途径,而二千年吾民族与他民族思想接触之所昭示者也。”(陈寅恪:《金明馆丛稿二编》,生活·读书·新知三联书店2001年版,第284—285页)

“五四”阶段文化认同危机的一种特定表现形式。这种危机，既是舒新城反思的对象，也是他反思的存在论前提。

文化认同危机的存在，使舒新城的“近代教育史”叙事，难以保持逻辑一贯性。我们可以比较一下《现代教育方法》与《近代中国教育思想史》的学术理路。把60年来的中国近代教育看作教育发展的变态阶段，把小农社会教育与工商业社会教育的冲突视为变态发展的根本原因，这是两者的共同之处。此外，两者也都强调中国新教育的出路在于古今中外的融通。当然，差异也在这里。前者是通过“传统教育精神”与“现代科学方法”的结合来融通的；按照这一思路，中国近代教育思想乃至整个中国近代教育史应该重点考察“传统教育精神”是如何逐步沦丧的。后者则采用了萌芽状态中的“现代化史”或“近代化史”（故阿部洋以“舒新城的中国教育近代化论”为题论述舒新城的教育思想）模式；在具体论述中，中国传统教育呈现出一副完全与现代（西方）教育相对立的消极落后面孔。不难看出，他的中国近代教育史研究，并没有形成一个具有逻辑统一性的内在评价体系。它同时也表明，“教育史研究”阶段的舒新城，仍然没能走出古今中西的矛盾冲突，只是这一冲突又在国家规划的现代化设计层面、在教育史研究的范式冲突中展开。

总而言之，舒新城的有关学术理路，是在新教育的历史反思阶段，出于教育和学术独立的历史需要，去重置中西古今教育关系的知识化形式。他所面对的实际难题是：如何既认同于自我的独特性，又能充分领取西方的现代教育经验。这是中国教育史学科建立时期的深层、典型中国问题。由于他是立于文化冲突和文化认同危机（这既是时代状况，也是舒新城的内在精神状态）的基础上，去安排中西古今关系的，故其具体文本的学术理路之间不可避免地存在着矛盾和冲突。这又是教育史学科建立时期,中国学者思考中国问题时所存在的突出问题之一。这些问题,也从一个侧面反映了知识建构与社会建构之间的密切关联。